Geschichte

PHILIP PARKER

»WER SICH NICHT AN DIE VERGANGENHEIT ERINNERT, IST DAZU VERDAMMT, SIE ZU WIEDERHOLEN.«

George Santayana (1863–1952), amerikanischer Philosoph

»DIE VERGANGENHEIT UND DIE GEGENWART SIND UNSERE MITTEL; DIE ZUKUNFT ALLEIN IST UNSER ZWECK.«

Blaise Pascal (1623–1662), französischer Philosoph

Cheflektorat	Camilla Hallinan
Projektbetreuung	Sam Atkinson
Bildredation	Karen Self, Anna Hall
Kartografie	Simon Mumford, Paul Eames
Herstellung	Imogen Boase, Luca Frassinetti
Art Director	Bryn Walls
Programmleitung	Jonathan Metcalf
Projektleitung	Liz Wheeler

Produziert für Dorling Kindersley von

cobaltid

The Stables, Wood Farm, Deopham Road,
Attleborough, Norfolk NR17 1AJ
www.cobaltid.co.uk

Redaktion Marek Waisiewicz, Kati Dye, Louise Abbott,
Judy Barrett, Robin Sampson

Bildredation Paul Reid, Darren Bland, Claire Dale,
Lloyd Tillbury, Annika Skoog

Für die deutsche Ausgabe:
Programmleitung Monika Schlitzer
Redaktionsleitung Caren Hummel
Projektbetreuung Andrea Göppner, Silke Körber
Herstellungsleitung Dorothee Whittaker
Herstellungskoordination Arnika Marx, Katharina Schäfer
Herstellung Sophie Schiela

Titel der englischen Originalausgabe:
Eyewitness Companions World History

© Dorling Kindersley Limited, London, 2006
Ein Unternehmen der Penguin Random House Group
Alle Rechte vorbehalten
© Text: Jonathan Glancey, 2006

© der deutschsprachigen Ausgabe by
Dorling Kindersley Verlag GmbH, München 2007, 2012, 2016
Alle deutschsprachigen Rechte vorbehalten

Jegliche – auch auszugsweise – Verwertung, Wiedergabe,
Vervielfältigung oder Speicherung, ob elektronisch,
mechanisch, durch Fotokopie oder Aufzeichnung, bedarf der
vorherigen schriftlichen Genehmigung durch den Verlag.

Übersetzung Kristina Köper, Birgit Lamerz-Beckschäfer,
Annette Wiethüchter, Peter Friedrich
Redaktion Janette Schroeder, München
Überarbeitung 2016 interconcept medienagentur, München
Satz Roman Bold & Black, Köln

ISBN: 978-3-8310-3135-1

Repro Media Development Printing Ltd.
Druck und Bindung Leo Paper Products, China

Besuchen Sie uns im Internet
www.dorlingkindersley.de

Symbole

 Ort/Region/Land

 Zeit/Zeitraum

Vorwort 10

Was ist Geschichte?
12

Chronik der Weltgeschichte
26

Vorgeschichte bis 3000 v. Chr.
56

Unsere Vorfahren *60*

Erste Menschen *64*

Frühe Gesellschaften *72*

Frühe Hochkulturen 3000–700 v. Chr.
80

Naher Osten *84*

Ägypten *92*

Europa *100*

Südasien *102*

Ostasien *104*

Amerika *106*

INHALT

Klassisches Altertum 700 v. Chr.– 600 n. Chr.
108

Persien *112*
Griechenland *116*
Rom *128*
Europa der Kelten und Germanen *142*
Steppenvölker *144*
Indien *146*
China *150*
Amerika *154*

Mittelalter 600–1450
158

Ost- und Südostasien *162*
Naher Osten und Nordafrika *180*
Indien *184*
Südlich der Sahara *186*
Europa *188*
Byzantinisches Reich *202*
Amerika *204*
Polynesien *212*

Wege in die Neuzeit 1450–1750
214

Asien *218*
Amerika *232*
Europa *238*

Zeit der Imperien 1750–1914
256

Amerika *260*
Europa *270*
Asien *294*
Ozeanien *302*
Afrika *306*

Die moderne Welt 1914 bis heute
310

Erster Weltkrieg *314*
Zwischenkriegszeit *326*
Zweiter Weltkrieg *338*
Europa nach dem Krieg *358*
Amerika *370*
Asien und der Nahe Osten *380*
Afrika *397*
Neue Aufgaben *404*

Register 417
Dank 431

VORWORT

Das Vergangene ist Teil unseres Lebens. Unsere heutigen Gesellschaften wurden durch das Handeln unserer Vorfahren geprägt, das seinerseits einer Kette von Ereignissen entsprang, die in versunkene Vergangenheiten führen. Das Ziel von »Geschichte« ist es, das Vergangene zu ordnen und begreiflich zu machen.

Das Vergangene ist nur schwer festzuhalten. Je genauer wir ein historisches Ereignis betrachten, desto mehr scheint es sich aufzulösen: Aus einem simplen Faktum wird ein verwirrendes Geflecht konkurrierender Ursachen, die nach Ordnung schreien. Unmengen von Gründen wurden angeführt, um beispielsweise den Fall des Römischen Reichs zu erklären, wie etwa exzessive Weltabkehr im Gefolge des Christentums bis zu exzessiver Diesseitigkeit in Gestalt luxuriöser Importe und Dekadenz der Sitten.

In letzter Zeit haben Historiker gefragt, ob das Wort »Fall« und die damit verbundene Assoziation einer plötzlichen und gewaltsamen Veränderung angemessen sei, oder ob man nicht eher in Prozessen des »Übergangs« denken und nach der Kontinuität suchen müsse, die zwischen Rom und den sich in Westeuropa bildenden germanischen Nachfolgestaaten bestand. Derartige Theorien haben alle etwas für sich, selbst wenn keine allein eine befriedigende Erklärung für den Niedergang Roms liefern kann. Zu diesem Thema gibt es sehr viele Bücher; Dutzende befassen sich mit einer einzigen Gestalt aus der Geschichte dieses Reichs, mit Julius Caesar.

GESCHICHTE ERZÄHLEN

So scheint es eine entmutigende Aufgabe, eine »Weltgeschichte« erzählen zu wollen. Welche der unzähligen Ereignisse soll man herausgreifen, welche der zahllosen Personen, von denen die Quellen berichten, würdigen? Auf den

Vergangene Kämpfe verlangen Aufmerksamkeit. Historiker ergründen ihre Ursachen und Folgen.

Seiten eines einzigen Bands mag das aussichtslos sein. Doch wenn man die Geschichte auf wesentliche Züge – Personen, Ereignisse und deren Ursachen, die unsere Welt geformt haben – verdichtet, dann wird die Bandbreite der Menschheitsgeschichte etwas fassbarer und verständlicher.

GEGENSÄTZE UND VERGLEICHE

In diesem Buch können die Leser der Geschichte von Völkern und Ländern nachgehen, wie etwa der von China, beginnend mit seinen ersten Siedlungen am Jangtsekiang bis hin zur entwickelten Wirtschaftsmacht des 21. Jh. Oder sie können herausfinden, was in Lateinamerika geschah, während die Römer die Britischen Inseln eroberten.

Unausweichlich musste ich vieles weglassen. Doch ich hoffe, dass es diesem Buch gelingt, die Schlüsselelemente einer Weltgeschichte zu präsentieren und einen ersten Einblick zu geben in den schier unerschöpflichen (und noch immer wachsenden) Vorrat faszinierender Geschichten, den die Vergangenheit bereithält.

Die Gräber ägyptischer Pharaonen geben uns unvergleichliche Einsichten in die Geschichte und Bräuche einer der ältesten Kulturen.

VORWORT  11

WAS IST GESCHICHTE?

WAS IST GESCHICHTE?

Geschichte ist nicht gleichbedeutend mit der Vergangenheit. Wir wissen nicht, wie es war, als Gladiator im römischen Kolosseum zu kämpfen, oder was genau Napoleon bewog, als er sich 1812 zum Russlandfeldzug entschloss. Was geschah, ist vergangen – Geschichte ist dagegen der Versuch, Vergangenes aus den Zeugnissen zu rekonstruieren, die geblieben sind.

»Historie«, das griechische Lehnwort für Geschichte, ist abgeleitet von *historein*: »durch Fragen herausfinden«. Geschichte ist demnach die Untersuchung dessen, was mit den Menschen auf der Erde geschah und warum.

GESCHICHTE UND FAKTEN

Geschichte ist also mehr als die Summe von Fakten. Historiker fragen nicht nur: »Was ist geschehen?«, sondern auch: »Warum ist es geschehen, wie und mit welchen Folgen?« Aus den Antworten ergeben sich Zusammenhänge und Schlussfolgerungen, und erst daraus lässt sich eine zusammenhängende Erzählung schaffen: eine fassbare »Geschichte«.

Bis heute gibt es Kulturen, die sich nicht mit der Aufzeichnung der Geschichte befassen, zumindest nicht im Sinn einer chronologischen Erzählung. Völker mit einer ausgeprägten oralen Tradition verweben stattdessen Ereignisse der weitentfernten mit solchen der jüngsten Vergangenheit und diese wiederum mit mythischen und realen Geschehnissen. Auch so entsteht ein Wissen, das, über Generationen durch Erzählung und Ritual weitergegeben, für das Selbstverständnis dieser Kultur bedeutsam ist.

HISTORISCHE QUELLEN

Geschichte ist ein stets unvollständiges Puzzle aus Fragmenten, Spuren und zufällig Überliefertem. Die »Quellen«, aus denen Historiker die Geschichte konstruieren, reichen von Pollen, die man im Nahen Osten fand (und die uns zeigen, welches Getreide angebaut wurde) bis zu einer Urkunde über eine Grundstücksschenkung im mittelalterlichen Frankreich; von Schriften eines Historikers, der im alten Rom lebte, bis zur Erzählung eines Soldaten, der im Zweiten Weltkrieg kämpfte.

Man unterscheidet zwischen Primär- und Sekundärquellen. Erstere stammen aus der Zeit, aus der sie berichten – etwa ein Text von Tacitus über das Rom im 1. Jh. v. Chr. Die Sekundärquellen dagegen wurden nach dem Ereignis verfasst, auch unter Benutzung von Primärquellen. Nicht immer lassen sich beide Quellentypen sauber voneinander abgrenzen. So sind beispielsweise Machiavellis im 16. Jh. entstandene Studien zur römischen Geschichte bezogen auf das antike Rom Sekundärquellen, da sie aber seine Sicht auf die Welt zu erkennen geben, sind sie eine primäre Quelle zum Leben und Denken im Florenz der Renaissance.

Das Weitergeben von Geschichten ist Element der oralen Kultur von Völkern, z. B. der San (Namibia).

Aus der langen Periode der Vor- und Frühgeschichte gibt es keine schriftlichen Primärquellen, denn erst sehr spät entwickelten die Menschen Schriften. Für die Zeit davor deuten Archäologen andere Spuren vergangener Gesellschaften, die aus Ausgrabungen stammen: Knochen, bauliche Überreste und Artefakte wie Werkzeuge oder Keramiken.

WAS IST GESCHICHTE?

PERSPEKTIVEN

Geschichte kann aus verschiedenen Blickwinkeln geschrieben werden. Was im 19. Jh. kurz nach der Französischen Revolution notiert wurde, verfolgte andere Interessen als die Aufzeichnungen eines chinesischen Beamten aus dem 2. Jh. v. Chr. oder die eines muslimischen Reisenden um das Jahr 1000.

Zudem ist die Deutung von Fakten stets Interpretationssache. Häufig sind Historiker unterschiedlicher Meinung darüber, wie bestimmte Tatsachen zusammenhängen. Auch in der Geschichte selbst treffen wir auf widersprüchliche Vorstellungen zu einzelnen Ereignissen. Die Perspektive eines französischen Chronisten, wie etwa Gottfried de Villehardouin, der am Vierten Kreuzzug teilnahm, ist natürlich eine ganz andere als die seines muslimischen Zeitgenossen und Historikers Ibn al-Athir. Unausweichlich neigen wir in unserem Geschichtsinteresse dazu, sie nach unseren eigenen Vorstellungen und Vorurteilen zu konstruieren; und ganz unabhängig von aller Ideologie folgen Historiker dem Bedürfnis nach Ordnung und Übersicht. Periodisierungen, wie »Klassik« oder »Mittelalter«, sowie Namen für Bewegungen und Kulturen folgen nicht den jeweiligen historischen Eigenbezeichnungen. Dennoch dienen sie zur Gliederung des Vergangenen und dessen Interpretation in übersichtliche Abschnitte und ermöglichen auf diese Weise allen das Verstehen historischer Zusammenhänge.

»DIE VERGANGENHEIT IST EIN FREMDES LAND, DORT GELTEN ANDERE REGELN.«

Lesley Poles Hartley, *The Go-Between,* 1955

Monumentale Relikte lange untergegangener Kulturen provozieren viele Fragen über die Völker und Menschen, die sie schufen.

URALTE ZEITEN

Die schriftlose Zeit wird als Vorgeschichte bezeichnet. Was wir von ihr wissen, verdanken wir Archäologen. Sobald frühe Gesellschaften Schriften entwickelt hatten, hinterließen sie nicht nur Artefakte, sondern auch schriftliche Quellen, aus denen sich ihre Geschichte rekonstruieren lässt.

Das Interesse an längst vergangenen Zeiten ist sehr alt. So ließ der römische Feldherr Sertorius 81 v. Chr. in Nordafrika ein Skelett ausgraben – zweifellos das eines Dinosauriers, Sertorius aber glaubte, die Knochen des Riesen Tingi gefunden zu haben, des sagenhaften Gründers der benachbarten Stadt. Zu verlässlichen Ergebnissen führte das Studium der Vorgeschichte erst im 19. Jh., angeregt durch die hitzigen Debatten um Charles Darwins These, Menschen und Affen hätten die gleichen Vorfahren (*Die Abstammung des Menschen*, 1871). Der niederländische Gelehrte Eugène Dubois suchte daraufhin nach Vorfahren des Menschen. Und er fand 1891 auf Java tatsächlich Überreste des *Pithecanthropus erectus* (später *Homo erectus* genannt). Im 20. Jh. hoben Richard und Louis Leakey im Rift Valley (Ostafrika) Knochenrelikte aus, die wertvollen Aufschluss über die Evolution des anatomisch modernen Menschen gaben.

ERSTE KULTUREN

Im 19. und frühen 20. Jh. wuchs das Interesse von Forschern und Archäologen aus Europa insbesondere an Aufstieg und Niedergang alter Reiche. Es war die Zeit der europäischen Imperien, und wer es sich leisten konnte, absolvierte während seines Studiums eine sogenannte »Grand Tour«: Angehende Wissenschaftler besuchten klassische Städte wie Athen oder Rom, bald aber auch Stätten älterer Kulturen im Nahen Osten. Dort fanden Forscher verstärkt Hinweise auf bislang unbekannte, viel ältere Kulturen, die wiederum neues Licht auf die bereits bekannte Antike warfen. In den 1920er-Jahren legte Leonard Woolley die frühsumerische Stadt Ur frei, Howard Carter entdeckte im Tal der Könige (Ägypten) das Grab Tutanchamuns, Sir John Marshall begann mit seinen Grabungen in Mohenjo-Daro systematische Studien der Kulturen des Industals und Sir Arthur Evans wies in Knossos (Kreta) die minoische Kultur nach.

SCHRIFTLICHE QUELLEN

Auch die Entzifferung der sumerischen Keilschrift machte in den 1920er-Jahren erste Fortschritte. Während Höhlenmalereien, geschnitzte Artefakte und andere Frühformen der Kunst die versunkenen Welten nur andeuten, sind nach

Die Sumerer erstellten z. B. Verzeichnisse ihrer Herden in Keilschriftzeichen, die in feuchte Tontafeln gedrückt wurden.

URALTE ZEITEN

Der Sarkophag von Tutanchamun: Howard Carters Entdeckung ist als historisches Ereignis bekannter als Einzelheiten aus dem Leben des Pharao.

der Entwicklung der Schrift (ab Mitte des 4. Jt. v. Chr.) die Quellen informativer: Bei den ältesten schriftlichen Zeugnissen handelt es sich nicht um Schilderungen des damaligen Lebens, sondern um Bilanzen sumerischer Kaufleute oder Aufzeichnungen der königlich-assyrischen Verwaltung in Keilschrift. Auch die Hieroglyphen ägyptischer Grabanlagen erzählen nicht direkt vom Dasein der Verstorbenen. Sie geben uns jedoch eine Vielzahl von Einblicken in den Alltag der alten Ägypter.

MYTHEN

Die wohl lebendigsten Berichte aus früheren Welten liefern Mythen und mündliche Überlieferungen: Die aztekischen Erzählungen aus der Zeit vor Tenochtitláns Gründung etwa oder das sumerische Gilgamesch-Epos sind Geschichten von der Entstehung der Welt und damit vom Ursprung der jeweiligen Völker, auch von Helden und Königen. Allerdings haben nur wenige dieser Erzählungen so vollständig überlebt wie die des Alten Testaments. Was wir dort vom Auszug des Volks Israel aus Ägypten und seiner Eroberung Palästinas hören, spiegelt ohne Zweifel die Völkerwanderungen und Unruhen im Nahen Osten um 1000 v. Chr.

Weil aber solche Erzählungen vor allem kultischen Zwecken oder der Legitimation von Dynastien dienten, lassen sie sich nicht sicher und direkt auf historische Ereignisse beziehen.

Das Gilgamesch-Epos enthält den Bericht einer großen Flut, der in vielem an biblische Geschichten der Arche Noah erinnert.

ERSTE HISTORIKER

Im antiken Griechenland entwickelten sich erste Formen historischer Forschung. Gleichzeitig hinterfragten erste (Natur-)Philosophen die mythischen Welterklärungen. In Rom oder in China versuchten Gelehrte, die Geschichte und Größe ihrer Völker zu ergründen.

Die klassischen Epochen der antiken Welt haben uns vollendete Literaturen und Bauwerke hinterlassen – Letztere zudem geschmückt mit Bildwerken und Inschriften, denen wir bedeutsame Hinweise auf Macht und Ausdehnung der jeweiligen Imperien, auf ihre gesellschaftliche Ordnung und die Riten dieser Zeit entnehmen können. Aber auch scheinbar triviale Funde bieten Einblicke ins Alltagsleben. So etwa beweist ein Schuhlöffel, der an einem Wachturm des römischen Limes in Südwestdeutschland gefunden wurde, dass die Legionäre an der Ferse geschlossene, und nicht, wie zuvor angenommen, offene Sandalen trugen. Doch sind wir für unser Verständnis der antiken Welt nicht allein auf Artefakte und Kunstwerke angewiesen: Es haben sich ab dem 5. Jh. v. Chr. Texte erhalten, deren Autoren wir durchaus als Historiker bezeichnen können.

Einblick ins antike Leben: Diese griechische Vase zeigt, was ein Soldat in der Schlacht trug.

GRIECHENLAND

Als »Vater der Geschichtsschreibung« gilt der Grieche Herodot (um 485–430 v. Chr.), der auf ausgedehnten Reisen ums Mittelmeer und nach Kleinasien das Material für sein Werk *Historien* sammelte. Das Neue an seinen Schriften war, dass er sich als erster Chronist ausdrücklich bemühte, nicht nur Fakten und Entwicklungen wiederzugeben, sondern auch die dahinterliegenden Ursachen aufzudecken. Eine Generation später erzählte Thukydides (um 460–400 v. Chr.) in *Der Peloponnesische Krieg* die Geschichte des Konflikts zwischen Athen und Sparta. Seine detaillierte und stilistisch geschliffene Darstellung der politischen und militärischen Schachzüge wurde zum Vorbild für die abendländischen Historiker künftiger Jahrhunderte.

ROM

In den ersten Jahrhunderten nach der Zeitenwende entwickelte sich in Rom, der nun vorherrschenden Macht im Mittelmeerraum, eine eigene historiografische Tradition. Autoren wie Livius (59 v. Chr.–17 n. Chr.) oder Tacitus (55–120 n. Chr.) untersuchten die Gründe für die Stärke und den Glanz ihrer Stadt – sowie für den Beginn ihres sich damals bereits abzeichnenden Niedergangs. Tacitus etwa sah die moralische Grundstruktur des Staates durch die zu große Macht der Kaiser gefährdet. Römische Historiker scheuten sich auch nicht, den Klatsch vom Kaiserhof wiederzugeben. Sueton z. B. berichtet in seinen *Kaiserbiografien* von den dekadent-obszönen Sitten der Cäsaren. Der heutigen Militärgeschichte ähnlicher sind Julius Caesars *Kommentare über den Gallischen Krieg*, wobei er den Bericht über die von ihm geführten Feldzüge in Gallien auch darauf anlegte, seinen Ruhm zu mehren und seine politische Karriere zu fördern. Von Plinius dem Jüngeren stammt ein anschaulicher

ERSTE HISTORIKER

Sima Qian, Gelehrter am Hof der Han-Dynastie, versuchte, die kaiserliche Geschichte vor allem durch aneinandergereihte Kurzbiografien darzustellen.

CHINA

Auch andere klassische Kulturen brachten eigenständige Geschichtswerke hervor. Vor allem aus dem klassischen China sind historiografische Schriften bekannt. Bereits um 753 v. Chr. entstanden Chroniken bedeutsamer Ereignisse, die von Schreibern des Hofs von Ch'in stammen. Aus dem Staat Lu sind Annalen der Epoche von 722–481 v. Chr. überliefert. Der vielleicht berühmteste chinesische Historiker war Sima Qian (um 135–86 v. Chr.), Sohn des Hofastrologen der Han-Kaiser. Er verfasste *Shiji*, den ersten Überblick über mehr als 2000 Jahre chinesischer Geschichte. Als er beim Kaiser in Ungnade fiel und zur Kastration verurteilt wurde, nahm er sich nicht, wie in solchen Fällen üblich, das Leben, sondern akzeptierte die Strafe, um sein Werk vollenden zu können.

Bericht über den Ausbruch des Vesuvs, der 79 n. Chr. die Stadt Pompeji zerstörte und seinem Onkel, dem Naturforscher Plinius dem Älteren, das Leben kostete. Plinius' Bericht ist fast wissenschaftlich präzise zu nennen, denn darin spielen übernatürliche Kräfte keine Rolle. Seine Zeitgenossen hingegen glaubten, der Zorn der Götter habe die Katastrophe herbeigeführt. Noch im 4. Jh. n. Chr. brachten gebildete Senatoren auf dem Altar des Senatsgebäudes Opfer dar – in der festen Überzeugung, eine Vernachlässigung der alten Gebräuche würde den Untergang ihrer Stadt herbeiführen.

79 n. Chr. begrub ein Ausbruch des Vesuv die Stadt Pompeji unter einem Ascheregen. Plinius der Jüngere dokumentierte die Katastrophe.

> »VIELE HOBEN DIE HÄNDE ZU DEN GÖTTERN; ANDERE WIEDER ERKLÄRTEN, ES GEBE KEINE GÖTTER MEHR…«
>
> Plinius der Jüngere über den Vesuvausbruch 79 n. Chr.

EINE ZEIT DER GELEHRSAMKEIT

Im Weströmischen Reich wurde das Christentum im 4. Jh. zur Staatsreligion. Als das Imperium 150 Jahre später zusammenbrach, verfügte die Kirche über das größte und mächtigste Netzwerk in Europa. Mit dem aufkommenden Islam erstarkte eine weitere Säule der Gelehrsamkeit.

Nach dem Fall des Weströmischen Reichs entstanden in Europa eine Reihe von Geschichtswerken, vor allem zwischen dem 8. und 10. Jh. Ihre Verfasser wollten die Ursprünge der germanischen Königreiche, die sich auf ehemals römischem Territorium gebildet hatten, (wieder-)entdecken oder auch erfinden. Zunächst waren es einfache Mönche, die entlang der Kirchenkalender niederschrieben, was ihnen wissenswert erschien. Daraus wurden lange, kunstvolle Erzählungen der Geschehnisse seit der Schöpfung der Welt, durchsetzt mit Berichten über Plagen und Katastrophen sowie Legenden, die aber als historische Quellen nicht verlässlich sind. Autoren dieser Chroniken waren Kirchenmänner, wie Bischof Gregor von Tours oder Otto von Freising. Fast alle diese Texte entstammen dem Umkreis der Kirche, denn nur Kleriker konnten damals schreiben und lesen. Die Kirche bestimmte, welche Bücher geschrieben und abgeschrieben werden sowie welche zirkulieren durften. Erst im Spätmittelalter lösten sich die Geschichtswerke von rein kirchlichen Interessen und erweiterten ihr Spektrum – so etwa Gottfried von Villehardouins Chronik des Vierten Kreuzzugs.

Der Mönch Guillaume de Nangis übergibt seine *Chroniques* an König Philipp IV. von Frankreich. Diese Illustration zeigt, dass kirchliche Chronisten der königlichen Patronage viel verdankten.

AUFSTIEG DES ISLAM

Die islamische Welt erlebte vom 6. bis 10. Jh. eine Zeit politischer Machtentfaltung und kultureller Produktivität. Muslimische Gelehrte suchten hauptsächlich nach genauen biografischen Informationen, denn sie hatten zu entscheiden, welche Berichte und Legenden zum Leben des Propheten und der ersten Kalifen zuverlässig waren. Gleichzeitig bewahrten und übersetzten sie, vor allem in der Abbasidenhauptstadt Bagdad, Texte der griechischen und lateinischen Antike, die in Europa verschollen waren. Ihren Höhepunkt fand die muslimische Geschichtsschreibung mit Autoren wie Ibn Khaldun (1332–1406), einem nordafrikanischen Gelehrten, dessen bahnbrechendstes Werk *Muqaddima* die komplette Geschichte des Islam wiedergibt,

EINE ZEIT DER GELEHRSAMKEIT

dazu viele Aspekte der sozialen und Wirtschaftsgeschichte, die europäische Historiker erst Jahrhunderte später untersuchen sollten.

EUROPÄISCHE RENAISSANCE

Ab dem 12. Jh. kamen klassische Texte, wie die Schriften von Aristoteles oder des Arztes Galen, über das muslimische Sizilien und Spanien nach Europa zurück. In den oberitalienischen Städten bemühte man sich – unter anderem mithilfe byzantinischer Gelehrter – um das fast vergessene Griechisch. Ab dem 14. Jh. mündeten diese Bestrebungen in die Renaissance und den Humanismus. Deren Schriftsteller, Künstler und Gelehrte begeisterten sich für die Vergangenheit, hauptsächlich für die wiederentdeckte Antike und ihre Errungenschaften, und wollten so an das Erbe des Römischen Reichs anknüpfen. Niccolò Machiavelli z. B. verfasste seine *Geschichte von Florenz* nach dem Vorbild lateinischer Autoren. Man schrieb aber nicht mehr nur in Latein, sondern auch in den jeweiligen Landessprachen, um mehr Leser zu erreichen. Die Bildung war nun nicht mehr ausschließlich Sache der Kirche.

Islamische Chronik mit Darstellungen von höfischen Ereignissen und Gesandtschaftsbesuchen

BUCHDRUCK

Die Erfindung des Buchdrucks mit beweglichen Lettern sorgte für eine bislang ungeahnt rasche Verbreitung alter und neuer Texte. Flugschriften, Anschläge und Nachrichtenblätter verkündeten weitläufig die neuen Ideen und Entwicklungen. Insbesondere die Reformation und Gegenreformation profitierten im 16. und 17. Jh. von diesen »neuen Medien«.

Gedruckte Flugblätter lieferten einem immer breiteren Publikum Neuigkeiten in Wort und Bild: hier über die »Schießpulververschwörung« (1605) der Katholiken gegen den englischen König.

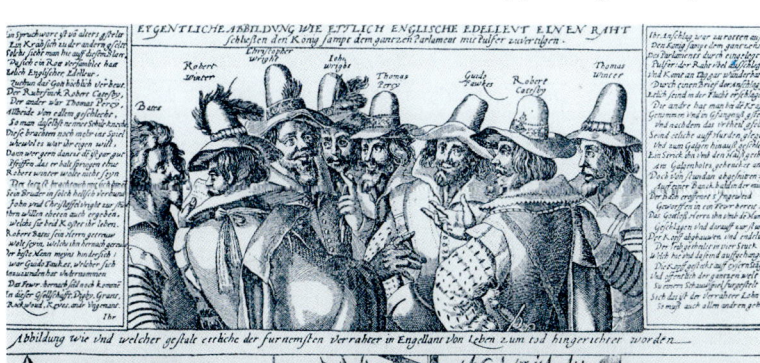

NEUE WELTREICHE

Das 18. und 19. Jh. waren eine Epoche der europäischen Expansion und des Imperialismus. Viele Quellen dieser Zeit sprechen die Sprache der damals Herrschenden. Aber es war auch eine Epoche der Revolutionen, in der alte Machtstrukturen infrage gestellt und sogar beseitigt wurden.

Im 18. Jh. erschütterte die Aufklärung die bis dahin auf der Religion basierenden Denkweisen und Moralvorstellungen. Nun rückten das Individuum und seine Vernunft in den Mittelpunkt. Damit weitete sich auch der Horizont der Geschichtsschreibung. Der schottische Moralphilosoph und Ökonom Adam Smith (1723–1790) lieferte mit *Wohlstand der Nationen* einen historischen Zugang zur neuen Wirtschaftsweise des Kapitalismus. Der französische Philosoph Voltaire (1694–1778) hielt die Wirtschafts- und Sozialgeschichte für ebenso bedeutsam wie die herkömmlichen politisch-dynastischen Chroniken. Zudem sollte man zum besseren Verständnis des Eigenen auch fremde Kulturen wie Indien oder China studieren. Gottfried von Herder (1744–1803) prägte den Begriff der Weltgeschichte und ermunterte zeitgenössische Historiker, sich zu ihrer gründlichen Erforschung in das Leben fremder Epochen und Kulturen einzufühlen.

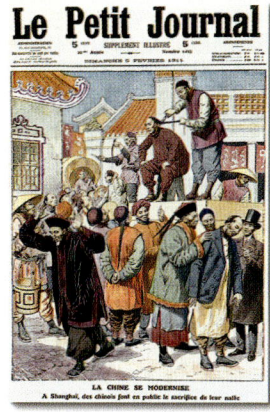

Zeitungen brachten begierig erwartete Neuigkeiten und Bilder der Ereignisse und Situationen in weit entfernten Ländern.

GROSSMÄCHTE

Andere Autoren betrachteten die nationale Größe ihrer Staaten als Gipfel der menschlichen Zivilisation. Deutsche Historiker begannen, der Kleinstaaterei eine einheitliche Geschichte der deutschen Nation, die 1871 politisch vereinigt wurde, entgegen-

NEUE WELTREICHE

Bilder der Sklaverei: Damals erschienen der Raub und Verkauf von Menschen vielen als legitim; heute werfen solche Bilder dunkle Schatten auf den Imperialismus.

zusetzen. Baron Macaulay (1800–1859) wiederum erzählte seine *Geschichte Englands* als kontinuierlichen Aufstieg zu britischer Größe.

Auch außerhalb Europas wurden positive Bilder imperialer Stärke entworfen. Der Inder Ghulâm Husayn Khân Tabâtabâ'î sah in *Siyar al-Muta'akhkhirîn* (1781) die britische Machtübernahme in Indien als produktive Überwindung des Vakuums, das der Niedergang der Mogulherrschaft hinterlassen hatte. Rai Sanyo (1780–1832) erklärte in seiner *Inoffiziellen Geschichte Japans*, die Beherrschung des Landes durch Kriegerclans sei Japans Unglück und die Macht gehöre allein dem Kaiser. Das Buch inspirierte die Bewegung, die 1868 die Macht des Tenno restaurierte.

NEUE QUELLEN

Immer mehr Menschen lernten Lesen und Schreiben, sodass Historikern nicht mehr nur die Ansichten der gebildeten Klassen zur Verfügung standen, sondern auch die einfacher Leute. Aus den Napoleonischen Kriegen etwa gibt es bewegende Berichte gewöhnlicher Soldaten. Alexis de Tocqueville (1805–1859) schrieb seine Geschichte der Französischen Revolution gestützt auf Augenzeugenberichte und die *cahiers de doléances* (Beschwerdehefte), die französische Gemeinden 1789 an die Legislative sandten.

Mit der Zeit schuf die Technik ganz neue Methoden der Dokumentation: Ab den 1830er-Jahren lieferte die Fotografie realistische Bilder der Zustände und Ereignisse; Filme und Tonaufnahmen des frühen 20. Jh. ermöglichen uns schließlich heutzutage einen noch genaueren Einblick in die Vergangenheit – ein Stück lebendiger Geschichte.

Das Kapitol in Washington: Neoklassizistische Architekturen sollten Ideale der Vergangenheit repräsentieren und sowohl den alten als auch den aufstrebenden Nationen, wie der USA, Würde verleihen.

GESTERN, HEUTE, MORGEN

Die Revolutionen und furchtbaren Kriege des 20. Jh. haben die Ansichten der Menschen über ihre Zeit und deren Geschichte geprägt. Auch das 21. Jh. bombardiert uns mit erschreckenden Ereignissen, um deren Verständnis wir noch ringen.

Die Revolution, die 1917 die russischen Zaren stürzte, folgte einer neuen Weltanschauung – dem Marxismus. Nach Karl Marx (1818–1883) ist Geschichte ein Prozess, in dem sich Gesellschaften über verschiedene Stufen aus der Alten Welt über den Feudalismus zur bürgerlichen und schließlich zur kommunistischen Gesellschaft entwickeln. Angetrieben würden sie durch die Klassenkämpfe, die sich an gesellschaftlichen Widersprüchen, wie zuletzt der privaten Aneignung des gemeinschaftlich produzierten Reichtums, entzünden. Anders als von Marx vorausgesagt, kam es jedoch im kaum industrialisierten Russland zu einer sozialistischen Revolution und nicht etwa im ökonomisch fortgeschrittenen Deutschland. Der Marxismus mag viele Historiker zu einem neuen Geschichtsbild gebracht haben, doch die beiden Weltkriege lenkten ihren Blick auch auf andere Zusammenhänge und Fragen.

Der Zweite Weltkrieg zerstörte große Teile Europas und Asiens, erschütterte die politischen Systeme weltweit. Man könnte meinen, die bloße Menge an Quellen, die allein zu diesem Krieg existieren, machten die Arbeit des Historikers einfacher. Doch sie wurde angesichts der Informationsfülle auf allen Seiten des Konflikts eher komplexer, verzerrt zudem durch die ideologischen Konfrontationen des beginnenden Kalten Kriegs.

MOMENTANE LAGE

Die technischen Fortschritte seit 1945 in Gestalt des Fernsehens, Computers, Mobiltelefons und Internets haben die Daten und Informationen, die uns zu wichtigen Ereignisse zur Verfügung stehen, noch einmal in früher kaum vorstellbarem Ausmaß vermehrt, und vor allem: Sie sind augenblicklich und jederzeit abrufbar. Die Übermittlung von

Die Russische Revolution von 1917 versprach eine neue Weltordnung, doch 1989 wurden die sozialistischen Systeme selbst gestürzt.

GESTERN, HEUTE, MORGEN

Nachrichten und von Wissen geschieht mittlerweile in einem Tempo, das noch vor 200 Jahren als übernatürlich gegolten hätte.

ZUKÜNFTIGE PERSPEKTIVEN

Der direkte Zugang zu Informationen sowie Berichte von Zeitzeugen, z. B. des Zweiten Weltkriegs, könnten uns zu dem Gefühl verleiten, dass wir die jüngste Vergangenheit »kennen« würden. Doch so, wie das »Hinterfragen« der alten Griechen der erste Schritt zur Schaffung einer Historie war, sind unsere Aufzeichnungen der Geschehnisse nur zusätzliche Beiträge zu einer

Kunst vermittelt uns einen ganz eigenen, bewegenden Blick auf Vergangenes – so Pablo Picassos bildliche Interpretation des Luftangriffs auf Guernica im Spanischen Bürgerkrieg.

In vielen Fällen erschließt sich die volle Einsicht in die Gründe und Folgen von Begebenheiten erst im Nachhinein. Künftige Historiker müssen auch stets unsere Vorstellungen und Vorurteile überprüfen, möglicherweise verwerfen. Und wenn sie nicht nur fragen »Was geschah?«, sondern auch »Warum ist es geschehen?«, können sie zu Antworten gelangen, die sich von denen, die wir für gesichert halten, unterscheiden werden.

»DIE REVOLUTIONEN SIND DIE LOKOMOTIVEN DER GESCHICHTE.«

Karl Marx, *Klassenkämpfe in Frankreich*, 1850

Fülle von Quellen – dem Material, das wir Historikern hinterlassen, die eines Tages auf das 20. und 21. Jh. zurückblicken. Ihre Aufgabe wird es sein, diese Überlieferungen zu sichten und zu deuten, denn erst daraus entsteht »Geschichte«.

Immer wieder wenden sich Historiker dem Vergangenen erneut zu und bewerten es im Licht gesellschaftlich gewandelter Erfahrungen und Einstellungen – man denke dabei nur an die Ethnografie oder Genderforschung.

Das Fernsehen wurde zu einem bedeutenden Mittel der Propaganda, das z. B. al-Quaida-Führer Osama bin Laden ausgiebig und weltweit nutzte.

CHRONIK DER WELTGESCHICHTE

VORGESCHICHTE
4,5 MIO. JAHRE–3000 V. CHR.

4,5 Mrd. Jahre ist die Erde alt – gemessen daran hat sich der moderne Mensch erstaunlich spät entwickelt: Vor 24 000 Jahren war *Homo sapiens* die einzige überlebende Art unter zahlreichen Hominiden. Vor etwa 5000 Jahren haben sich erste Kulturen entwickelt.

vor 4 Mio. Jahren
Australopithecinen (»Südliche Affenmenschen«) in Ostafrika: aufrechter Gang, ein Drittel des Gehirnvolumens des modernen Menschen.

vor 3,75 Mio. Jahren
Australopithecus afarensis besiedelt Ostafrika.

vor 2,75–1 Mio. Jahren
Älteste bekannte Steinwerkzeuge (Äthiopien). Hominiden ernähren sich von energiereichem Fleisch.

vor 2,3 Mio. Jahren
Homo habilis, die erste Menschenart, in der Olduvai-Schlucht (Ostafrika).

vor 1,8 Mio.– vor 500 000 Jahren
Erste Zeugnisse für die Nutzung des Feuers.

vor 1 Mio. Jahren
Homo erectus wird fest ansässig in Nordafrika und im Nahen Osten.

vor 400 000 Jahren
Homo heidelbergensis in Mitteleuropa, benutzt beidseitig fein abgeschlagene Steinwerkzeuge.

vor 350 000 Jahren
Homo neanderthalensis erscheint in Europa.

vor 150 000 Jahren
Erstes Auftreten des *Homo sapiens* in Afrika. Lebt später in Asien neben *Homo erectus*, in Europa und Nahem Osten neben *Homo neanderthalensis*.

vor 70 000 Jahren
Bevölkerungswachstum unterbrochen, vielleicht aufgrund eines Vulkanausbruchs in Toba (Sumatra); für 1000 Jahre niedrigere Temperaturen.

vor 40 000 Jahren
Höhlenkunst und verzierte Artefakte der Cro-Magnon-Kultur in West- und Mitteleuropa.

vor 25 000 Jahren
Homo neanderthalensis stirbt aus.

vor 20 000 Jahren
Menschen der Eiszeit leben vom Sammeln und Jagen. Sie bauen Unterkünfte aus gefundenen Materialien.

um 11 000 v. Chr.
Ende der Eiszeit, Gletscher schmelzen, der Meeresspiegel steigt. Sibirien trennt sich von Nordamerika.

um 10 000 v. Chr.
Erste Keramik in Jomon (Japan): Vorboten einer Revolution in Transport und Lagerung von Lebensmitteln.

um 8500–6000 v. Chr.
Erste sesshafte Bauern in Anatolien, Mesopotamien und im Nahen Osten. Hinweise auf die Domestizierung von Schafen und Ziegen im nördlichen Mesopotamien.

um 8000 v. Chr.
Gründung von Jericho (Palästina), der ältesten ständigen Siedlung der Geschichte.

um 7000 v. Chr.
Erste bäuerliche Gemeinschaften im Jangtsetal (China). Ausbreitung des Ackerbaus von Kleinasien nach Europa.

um 6000 v. Chr.
Kupferschmelzöfen, Handel mit Obsidian (Çatal Höyük, Türkei).

um 6500 v. Chr.
Domestizierung von Rindern in Nordafrika, im Industal und in Asien.

um 6000 v. Chr.
Frühe Stadtkulturen wie die Halaf-Kultur in Mesopotamien.

um 5500–4500 v. Chr.
Blütezeit der Linearbandkeramik-Kultur in Mitteleuropa.

um 5500 v. Chr.
Ältestes nachgewiesenes Bewässerungssystem in Mesopotamien.

um 5000 v. Chr.
Maisanbau in Ecuador, in Teilen Nordamerikas und im Tal von Tehuacán (Mittelamerika). Kupferverarbeitung in Mesopotamien. Artefakte aus Gold und Kupfer in Südosteuropa.

um 4800–3750 v. Chr.
Erste Stadtstaaten in Mesopotamien: Uruk wahrscheinlich erste Stadt der Geschichte.

um 4500 v. Chr.
Bewässerungssysteme im Industal. Domestizierung von Pferden in Zentralasien.

um 4000 v. Chr.
Einführung des Pflugs in Mesopotamien.

um 3200 v. Chr.
Erste Hieroglyphenschrift in Ägypten. Fund von Transportmitteln auf Rädern in Sumer. Megalithbauten in Nord- und Westeuropa.

um 3100 v. Chr.
König Narmer vereinigt Ober- und Unterägypten und wird erster Pharao. Nechen ist eine bedeutende Handelsstadt.

FRÜHE HOCHKULTUREN
3000–700 V. CHR.

Handel, technischer Fortschritt und wachsender Wohlstand bildeten die Grundlage mächtiger, zentralisierter Staaten und späterer Imperien. Sie führten aber auch zu Konflikten zwischen den sich entwickelnden Gesellschaften, insbesondere im dicht bevölkerten Nahen Osten.

um 3000 v. Chr.
Erste Dynastien in den mesopotamischen Stadtstaaten, auch im sumerisch sprechenden Uruk und Ur.

um 3000–2750 v. Chr.
Erste Städte in Südamerika. An der Küste Perus entstehen Siedlungen mit Tempelanlagen.

um 2900 v. Chr.
Frühe Marmorfigurinen der griechischen Kykladenkultur.

um 2800 v. Chr.
Ende der frühen Harappa-Phase (Indus-Kultur, ab 3300 v. Chr.).

um 2700 v. Chr.
Der Sage nach regiert König Gilgamesch in Uruk (Mesopotamien). In China beginnt die Seidenweberei. Beginn der Bronzezeit in Europa (minoisches Kreta, Kykladen).

um 2650 v. Chr.
Stufenpyramide des Pharao Djoser (Sakkara): Beginn des Pyramidenbaus in Ägypten.

2649 v. Chr.
In Ägypten ruft die 3. Dynastie das Alte Reich aus.

um 2614 v. Chr.
Beginn der 4. Dynastie in Ägypten. Bau der ersten wirklichen Pyramiden.

um 2600 v. Chr.
Gebrauch des Pflugs im Industal.

um 2580 v. Chr.
Bau der Pyramide des Cheops in Gizeh (Ägypten).

um 2550 v. Chr.
Äußerer Steinkreis in Stonehenge (England) errichtet.

um 2500 v. Chr.
Blüte der Kulturen im Industal. Kupferverarbeitung verbreitet sich in Europa bis England.

um 2500–2350 v. Chr.
Grenzkonflikt zwischen Umma und Lagasch in Mesopotamien: der erste dokumentierte zwischenstaatliche Krieg. Reiche Beigaben in den Königsgräbern von Ur (Mesopotamien) verweisen auf Handelsbeziehungen bis zum Indus.

um 2334 v. Chr.
Sargon gründet seine Residenz Akkad und vereinigt die mesopotamischen Stadtstaaten zum ersten Reich.

um 2300 v. Chr.
Zerstörung der Stadt Ebla (Syrien); die Palastarchive bleiben erhalten.

um 2300 v. Chr.
Beginn der Bronzezeit im übrigen Europa.

Die Zikkurat von Ur (heutiger Irak) – ein sumerischer Tempel, der dem Mondgott Nanna geweiht war

CHRONIK DER WELTGESCHICHTE

um 2200 v. Chr.
Erste Keramik in Südamerika tritt auf.

2134 v. Chr.
Die 6. Dynastie endet in Ägypten mit dem Zusammenbruch des Alten Reichs. Die Erste Zwischenzeit beginnt.

um 2100 v. Chr.
Mit der 3. Dynastie von Ur lebt die sumerische Kultur in Südmesopotamien wieder auf. König Ur-Nammu lässt die Zikkurat von Ur errichten, die für Mesopotamien typische Form der Großbauten.

um 2083 v. Chr.
Niedergang von Sargons akkadischem Reich in Mesopotamien. Aufstieg regionaler Herrscher und Stadtstaaten, zu ihnen zählt Gudea von Lagasch.

2040 v. Chr.
Mentuhotep II., König von Theben, vereint Ober- und Unterägypten und begründet das Mittlere Reich.

um 2000 v. Chr.
Assur steigt zur bedeutendsten Handelsstadt Mesopotamiens auf. Das Mittlere Reich in Ägypten wird von mächtigen Beamten, den Wesiren, regiert.

um 2000–1800 v. Chr.
Von Indonesien aus besiedeln die Lapiter Melanesien (Pazifik). Blüte der minoischen Kultur auf Kreta: Bau des Palasts von Knossos, Entwicklung der kretischen Linear-A-Schrift.

1943 v. Chr.
Sesostris I. von Ägypten erobert Nubien und verschiebt die Südgrenze Ägyptens bis zum Zweiten Nilkatarakt.

um 1900 v. Chr.
In Mesopotamien bildet sich das Altbabylonische Reich.

um 1900 v. Chr.
Am Gelben Fluss (China) entsteht die Stadt Erlitou: Erste Artefakte aus Bronze in China.

um 1900–1700 v. Chr.
Niedergang der Kulturen im Industal.

um 1890 v. Chr.
Das kurzlebige Reich von Shamshi-Adad, ein Vorläufer Assyriens, vereint den Norden Mesopotamiens.

um 1800 v. Chr.
Shang-Dynastie in China. Bronzeartefakte in Skandinavien: Sonnenkult. In Nordamerika bilden sich ausgedehnte Handelsrouten.

um 1763 v. Chr.
König Hammurabi von Babylon besiegt das benachbarte Elam und erobert das Königreich Larsa.

um 1761 v. Chr.
Babylon beherrscht ganz Mesopotamien.

um 1755 v. Chr.
Das Gesetzeswerk des Hammurabi wird auf monumentalen Stelen in ganz Mesopotamien verbreitet.

um 1750 v. Chr.
Kolossale Sakralarchitektur in Sechin Alto (Peru).

um 1730 v. Chr.
Zerfall des Mittleren Reichs in Ägypten. Beginn der Zweiten Zwischenperiode.

um 1700 v. Chr.
Die meisten Städte des Industals sind verlassen.

um 1680 v. Chr.
Entwicklung des Sauerteigbrots in Ägypten.

um 1650 v. Chr.
Anatolische Stadtstaaten vereinen sich zum Althethitischen Reich mit der Hauptstadt Hattusa. Arische Völker dringen nach Indien vor.

VOR- UND FRÜHGESCHICHTE

um 1650–1550 v. Chr.
In der Zweiten Zwischenperiode wird Unterägypten von den Hyksos beherrscht, einer Kriegerelite aus Asien, Oberägypten von einheimischen Königen aus Theben.

um 1627 v. Chr.
Beginn einer längeren Kälteperiode (nachweisbar durch Baumringe), die möglicherweise durch Vulkanausbrüche verursacht wird.

um 1600 v. Chr.
Mykene (Griechenland) wird kulturelles Zentrum der Ägäis, Entwicklung der mykenischen Linear-B-Schrift.

1595 v. Chr.
Hethiterkönig Mursili II. plündert Babylon. Ende der Hammurabi-Dynastie und des Altbabylonischen Reichs.

16. Jh. v. Chr.
Die Kassiten, eine Kriegerelite des zerfallenden Altbabylonischen Reichs, beherrschen Südmesopotamien.

um 1550–1070 v. Chr.
Ägyptische Herrscher des Neuen Reichs werden im Tal der Könige (Westufer des Nils bei Luxor) bestattet.

um 1550 v. Chr.
Arier besiedeln Nordindien. Aufstieg des Neuen Reichs in Ägypten mit der Hauptstadt Theben am Ostufer des Nils, dem Tal der Könige gegenüber.

um 1500 v. Chr.
Niedergang des Althethitischen Reichs in Anatolien. Königreich Mitanni in Nordmesopotamien. Vulkanausbruch auf Thera begräbt die minoische Stadt Akrotiri.

um 1500–900 v. Chr.
Arier der vedischen Periode verbreiten sich in Nordindien. Die Verse des Rigveda entstehen.

Anfang 15. Jh. v. Chr.
Bronzeverarbeitung in Thailand und Vietnam. Kupferbearbeitung in der Sahara. Erster Nachweis der Metallverarbeitung in Peru. Erste Keramiken in Mittelamerika.

um 1450 v. Chr.
Kreta gerät unter mykenische Herrschaft: Mykene, mit Handelskontakten von der Levante bis Sizilien, ist auf der Höhe seiner Macht. Die Lapita kolonisieren von Melanesien aus den Pazifikraum.

Ende 15. Jh. v. Chr.
Krieg zwischen dem ägyptischen Neuen Reich, den Hethitern und Mitanni um die Herrschaft über die Levante.

um 1400 v. Chr.
Die Shang-Dynastie verlegt ihre Residenz von Zhengzhou nach Anyang (China). Erste chinesische Inschriften auf Orakelknochen. Nomadische Rinderzucht in den Steppen.

1391 v. Chr.
Ägyptens Neues Reich erreicht unter Amenophis III. seinen Höhepunkt.

14. Jh. v. Chr.
Erste Alphabete entstehen auf der Sinai-Halbinsel und in der Stadt Ugarit (Levante). Das kassitische Babylonien, die Hethiter, Mitanni und Ägypten sind diplomatisch sowie durch Heiraten miteinander verbunden.

Dieser Innere Sarg aus dem Grab Tutanchamuns (reg. 1333–1323 v. Chr.) enthielt die Mumie des Pharao und besteht aus purem Gold. Kopf und Brust bedeckte die Totenmaske.

CHRONIK DER WELTGESCHICHTE

um 1350 v. Chr.
Amarna-Periode in Ägypten: Amenophis IV. nimmt den Namen Echnaton an, gründet die Hauptstadt El-Amarna, führt den Aton-Kult ein und löst eine künstlerische Revolution aus.

Mitte 14. Jh. v. Chr.
Die Stadt Assur befreit sich von den Mitanni, die Herrscher erklären sich zu Königen.

um 1335 v. Chr.
Amun-Priester unter Tutanchamun restaurieren die Orthodoxie.

13. Jh. v. Chr.
Mittelassyrische Periode: Könige wie Tiglath-Pileser I. errichten ein Imperium in Nordmesopotamien, Syrien und Anatolien. In Ägypten verbreitet sich der Osiriskult mit dem »Totenbuch«.

um 1274 v. Chr.
Schlacht von Kadesch zwischen Ägypten unter dem Pharao Ramses II. und den Hethitern.

um 1258 v. Chr.
Hethiterkönig Hattusili III. schließt mit Ramses II. den Frieden von Kadesch.

um 1250 v. Chr.
Verstärkte Verteidigungsanlagen um den Palast von Mykene verweisen auf steigende Bedrohung.

1223 v. Chr.
Tod Ramses' II.

um 1207 v. Chr.
Hattusa wird von unbekannten Angreifern zerstört, das Hethiter-Reich zerfällt.

um 1200 v. Chr.
Urnenfeld-Kultur an der Donau. Olmeken-Kultur in Mexiko. Exodus der Israeliten aus Ägypten.

12. Jh. v. Chr.
Mykenische Städte zerstört. Ugarit-Briefe dokumentieren Angriffe auf die Levanteküste. Ägypten kämpft gegen die »Seevölker«, die z. T. mit den Philistern verbündet sind. Der Streitwagen verbreitet sich von Zentralasien nach China.

1158 v. Chr.
Tod Ramses' III., des letzten großen Pharao.

1154 v. Chr.
Plünderung Babylons durch den Nachbarstaat Elam: Ende der Kassitendynastie.

um 1100 v. Chr.
Erste befestigte Bergsiedlungen in Westeuropa. Siedlungen in Poverty Point (Louisiana).

11. Jh. v. Chr.
Wandervölker wie die Philister siedeln in Syrien und an der Levante. Phönizier erobern den Mittelmeerraum.

um 1070 v. Chr.
Zusammenbruch von Mykene: Beginn des Dunklen Zeitalters Griechenlands.

1069 v. Chr.
Das Neue Reich in Ägypten zerfällt in kleine Königreiche.

um 1050 v. Chr.
Assyrien verliert Gebiete an einwandernde Aramäer, bleibt aber als Staat erhalten. Dunkles Zeitalter im Vorderen Orient (150 Jahre).

um 1030 v. Chr.
Arier besiedeln das Gangestal (Indien).

1027 v. Chr.
Die Westliche Zhou-Dynastie verdrängt die Shang in China.

Wirbelnde Drachen zieren einen rituellen Bronzekessel aus der Westlichen Zhou-Dynastie (China).

1006 v. Chr.
König David eint nach biblischer Überlieferung das Reich Israel.

um 1000 v. Chr.
Die Westliche Zhou-Dynastie kartografiert China. Anbau von Nassreis und Bronzeverarbeitung gelangen nach Korea. Eisenverarbeitung in Mitteleuropa. Griechische Kolonien in Kleinasien. Etrusker erreichen Italien.

um 1000 v. Chr.
Das Assyrische Reich gliedert zurückeroberte Territorien wieder ein.

10. Jh. v. Chr.
Die Phönizier beherrschen als führende Seemacht den Mittelmeerraum, ihre Alphabet-Schrift ist weit verbreitet. Arische Agrarstaaten in Indien. Adena-Kultur am Ohio (Amerika). Die Polynesische Kultur entfaltet sich im Pazifikraum.

um 965 v. Chr.
Salomon ist König von Israel: Megiddo wird zur bedeutendsten Königsfestung.

945 v. Chr.
Bürgerkrieg im zersplitterten Ägypten, das danach von fremden Herrschern (Scheschonk) regiert wird.

um 926 v. Chr.
Tod König Salomons: Spaltung des Reichs in Judäa und Israel.

um 900 v. Chr.
Chavín-Kultur kommt an der Küste Perus auf. Königreich Urartu in Ostanatolien. In Indien entstehen die späten Veden. Nubierreich Kusch im Süden Ägyptens. Aufstieg der Olmekensiedlung La Venta (Mittelamerika).

um 900–700 v. Chr.
Die Skythen, ein Reiter- und Hirtenvolk, errichten Kurgane (Grabhügel) in der Steppe.

883 v. Chr.
Assurnasirpal II. erbt den assyrischen Thron und verlegt seine Residenz nach Nimrud.

um 850 v. Chr.
Erste Siedlung auf dem Palatin (Rom). Die Chavín dominieren Peru politisch und kulturell.

817 v. Chr.
Überliefertes Geburtsdatum von Parshvanata, einem Begründer der Jain-Religion.

814 v. Chr.
Überliefertes Datum der Gründung Karthagos, einer phönizischen Kolonie in Nordafrika.

um 800 v. Chr.
Entstehung von Stadtkulturen am Ganges. Eisenverhüttung in der Südsahara. Erste Periode der keltischen Eisenzeit. Stadtstaaten in Mittelitalien. Griechen übernehmen die phönizische Schrift. Schriftfunde in Mittelamerika.

Die prächtige Palastanlage Nimrud, erbaut vom Assyrerkönig Assurnasirpal II., dargestellt in einem Druck des 19. Jh.

776 v. Chr.
Erste bezeugte panhellenische Athletenspiele in Olympia (Peloponnes) zu Ehren des Gottes Zeus.

771 v. Chr.
Zusammenbruch der westlichen Zhou-Herrschaft (China), östliche Zhou errichten die neue Hauptstadt Chengzhou (Luoyang).

753 v. Chr.
Nach der römischen Mythologie gründet Romulus (wie sein Bruder Remulus angeblicher Sohn des Gottes Mars und der Priesterin Rhea Silvia) Rom.

um 750 v. Chr.
Amos wird der erste große Prophet in Israel. Griechische Stadtstaaten (*poleis*) entstehen. Kusch erobert Nordägypten.

727–722 v. Chr.
Salmanassar V. macht Israel zur assyrischen Provinz und vertreibt die »verlorenen Stämme« Israels.

um 700 v. Chr.
Das Neuassyrische Reich belagert Israel. Werke Homers (*Ilias* und *Odysee*) werden niedergeschrieben und Hesiods *Theogonie* über den griechischen Götterhimmel entsteht.

KLASSISCHES ALTERTUM
700 V. CHR.–600 N. CHR.

Geschätzte 250 Mio. Menschen lebten im 1. Jh n. Chr. auf der Erde, etwa die Hälfte davon in den großen klassischen Kulturen in Griechenland, Rom, Persien, Indien, China. Gleichzeitig entstanden in Südamerika, Afrika und Japan neue Kulturen.

um 700 v. Chr.
Skythen aus Zentralasien besiedeln Osteuropa. Aufstieg der griechischen Stadtstaaten. Frühe keltische Hallstatt-Kultur in Europa. Ackerbau im Südosten Nordamerikas.

689 v. Chr.
Assyrer unter König Sanherib zerstören Babylon.

663 v. Chr.
Assyrer plündern das ägyptische Theben; größte Ausdehnung ihres Reichs.

660 v. Chr.
Beginn der Herrschaft Jimmus, Japans legendärem erstem Kaiser.

um 650 v. Chr.
Erste Münzen in Lydien (Kleinasien). Herrschaft der »Tyrannen« in vielen griechischen Städten. Beginn der Eisenverarbeitung in China.

616 v. Chr.
Der Etrusker Tarquinius Priscus wird König von Rom.

612 v. Chr.
Meder und Babylonier plündern die Städte Ninive und Nimrud: Das bedeutet das Ende des Assyrischen Reichs.

um 600 v. Chr.
Geburt des Lao-tse, des Begründers des Taoismus. Eisenverarbeitung in Nok (Nigeria). Weitere griechische Kolonisierung des Mittelmeerraums: Gründung von Massilia (Marseille). Erste griechische Münzen kommen in Umlauf. Beginn der Paracas-Kultur (Peru).

Anfang 6. Jh. v. Chr.
Meder kontrollieren für kurze Zeit große Teile des Nahen Ostens. Mesopotamien steht unter neubabylonischer Herrschaft.

587 v. Chr.
Babylonier unter Nebukadnezar II. zerstören den Tempel in Jerusalem und zwingen das Volk Israel ins Exil.

563 v. Chr.
Vermutliches Geburtsjahr von Siddhartha Gautama, dem Buddha.

um 551 v. Chr.
Zoroastrismus breitet sich in Persien aus. Geburt des Konfuzius.

um 550 v. Chr.
Perser unter Kyros schlagen die Meder, gründen das achämenidische Perserreich. Gusseisenproduktion in China.

539 v. Chr.
Persien absorbiert das Neubabylonische Reich.

530 v. Chr.
Blüte der Etrusker in Italien.

KLASSISCHES ALTERTUM

525 v. Chr.
Perserkönig Kambyses II. annektiert Ägypten.

um 521 v. Chr.
Unter Dareios I. größte Ausdehnung des Perserreichs.

um 520–460 v. Chr.
Der indische Gelehrte Panini verfasst die erste Sanskritgrammatik.

um 515 v. Chr.
Dareios I. errichtet seine Residenz in Susa, der früheren Hauptstadt von Elam.

509 v. Chr.
Sturz des Etruskerkönigs in Rom, Gründung der Römischen Republik.

507 v. Chr.
Kleisthenes gibt Athen demokratische Gesetze.

um 500 v. Chr.
Reisanbau gelangt von China nach Japan. Eisenverarbeitung in Südostasien und Ostafrika. Bronzemünzen in China. Zapoteken-Kultur mit Stadt Monte Albán (Mittelamerika) entsteht. Kastensystem in Indien.

496 v. Chr.
Sieg Roms über die Latiner am Regillussee.

490 v. Chr.
Schlacht bei Marathon: Sieg der Athener über die Perser.

481 v. Chr.
Abschluss der »Frühlings- und Herbstannalen«: älteste Chronik in China.

um 480 v. Chr.
Ende der archaischen Periode, Beginn der griechischen Klassik.

480–479 v. Chr.
Siege der Griechen über die Perser unter Xerxes (bei Salamis, Plataä und Mykale).

478 v. Chr.
Gründung des Attischen Seebunds, Keimzelle der Herrschaft Athens.

um 460 v. Chr.
Einführung des Pergaments in der persischen Verwaltung.

um 450 v. Chr.
Keltische Latène-Kultur verbreitet sich von Mitteleuropa nach Osten und Süden sowie auf die britischen Inseln. Gräber von Steppennomaden bei Pazyryk und Noib-Ula (Sibirien).

448–429 v. Chr.
Athens »Goldenes Zeitalter« unter Perikles.

447–432 v. Chr.
Wiederaufbau des im Perserkrieg zerstörten Tempels in Athen, nun Parthenon.

431–404 v. Chr.
Peloponnesischer Krieg zwischen Athen und Sparta.

um 401 v. Chr.
Xenophon, ein Athener im Exil, führt ein Heer von 10 000 griechischen Söldnern, die eine persische Rebellion unterstützen, von Kunaxa ans Schwarze Meer.

um 400 v. Chr.
Eisenverarbeitung in Korea. Karthago beherrscht das westliche Mittelmeer. Kelten in Norditalien. Niedergang der Olmeken-Kultur in Mittelamerika.

um 390 v. Chr.
Kelten plündern Rom.

um 384 v. Chr.
Platon vollendet sein Werk *Das Gastmahl*.

370 v. Chr.
Eudoxos von Knidos entwickelt ein Modell der Planetenbahnen und berechnet das astronomische Jahr.

um 360 v. Chr.
Einsatz der Armbrust in chinesischen Armeen.

359–338 v. Chr.
Unter Philipp II. wächst Makedoniens Macht.

336 v. Chr.
Alexander (der Große) wird Nachfolger Philipps II. von Makedonien.

331 v. Chr.
Schlacht von Gaugamela: Das Persische Reich fällt an Alexander; Gründung Alexandrias (Ägypten).

323 v. Chr.
Tod Alexanders des Großen.

321 v. Chr.
Chandragupta Maurya begründet das Maurya-Reich in Indien.

um 300 v. Chr.
Hopewell-Kultur im Nordosten Nordamerikas. Erste keltische Stadtstaaten entstehen in Europa. Aufteilung des Alexander-Reichs: Dynastien der Seleukiden, Antigoniden und Ptolemäer.

um 290 v. Chr.
Geometrie des Euklid.

um 286 v. Chr.
Expansion der Qin-Dynastie in China.

Der Poseidontempel am Kap Sounion (Attika) wurde um 440 v. Chr. nach den Perserkriegen errichtet.

272 v. Chr.
Tarent, bedeutendste griechische Kolonie in Italien, fällt an Rom.

um 268 v. Chr.
Ashoka wird König in Indien; Beginn von Eroberungen.

264–241 v. Chr.
Erster Punischer Krieg zwischen Rom und Karthago.

261 v. Chr.
Ashoka folgt nach erschreckenden Kriegserlebnissen dem Buddhismus (Legende).

250 v. Chr.
Rom beherrscht ganz Italien.

um 247 v. Chr.
König Devanampiya Tissa von Sri Lanka übernimmt den Buddhismus.

236 v. Chr.
Karthager erobern Teile Spaniens.

221 v. Chr.
China unter Qin Shi Huangdi, dem ersten Qin-Kaiser, vereinigt.

218–201 v. Chr.
Zweiter Punischer Krieg.

um 212 v. Chr.
Beginn des Baus der Großen Mauer in China.

206 v. Chr.
Han-Dynastie unter Liu Bang (Gaozu) übernimmt die Macht in China.

um 200 v. Chr.
Blüte der Wissenschaft in Alexandria. Liu Bang (Gaozu) gründet die Hauptstadt Chang'an. Maya-Kultur in Mittelamerika. Erdglyphen der Nazca in Peru. Lapita-Kultur erreicht die Marquesainseln (Pazifik).

um 185 v. Chr.
Ende der Maurya-Dynastie in Indien.

171–138 v. Chr.
Erste Eroberungen Mithridates' I. in Kleinasien, Gründung des Parther-Reichs.

168 v. Chr.
Rom gewinnt Einfluss im östlichen Mittelmeerraum.

um 150 v. Chr.
Bau des Hügelgrabs Große Schlange (Ohio, USA).

149–146 v. Chr.
Dritter Punischer Krieg: Sieg Roms, Karthago wird zur Provinz Africa; auch Griechenland fällt an Rom. Mithridates I. erobert Mesopotamien. Mit den Skythen verwandte Nomaden fallen in Baktrien ein.

142 v. Chr.
Die Juden befreien Jerusalem und machen es zur Hauptstadt.

124 v. Chr.
Erste Staatsprüfungen für Beamte in China.

123 v. Chr.
Größte Ausdehnung des Parther-Reichs.

Der Gott Krishna *(rechts)* ist der Erzähler der *Bhagavad Gita*, eines heiligen Texts des Hinduismus.

101 v. Chr.
Han-Chinesen beherrschen Zentralasien, Korea und Nordvietnam.

um 100 v. Chr.
Durch Seehandel indischer Einfluss in Südostasien. In Indien entsteht die *Bhagavad Gita*. Aufstieg von Axum (Äthiopien). Befestigte keltische Siedlungen in Europa werden errichtet. Moche-Kultur in Peru. Blüte der Adena-Kultur (Ohio).

um 90 v. Chr.
Gandhara (Indien) fällt an Steppennomaden.

89 v. Chr.
Römisches Bürgerrecht für alle Bewohner Italiens (außer Frauen und Sklaven).

63 v. Chr.
Pompeius erobert Jerusalem und annektiert Judäa; Bündnis mit Antiochos I. von Kommagene.

58–51 v. Chr.
Gaius Julius Caesar erobert Gallien.

46 v. Chr.
Caesar wird Diktator auf Lebenszeit.

44 v. Chr.
Caesar wird von einer Gruppe von Republikanern um Marcus Brutus ermordet.

KLASSISCHES ALTERTUM

30 v. Chr.
Selbstmord von Antonius und Kleopatra.

27 v. Chr.
Octavian nimmt als erster römischer Kaiser den Titel »Augustus« (der Erhabene) an.

4 v. Chr.
Vermutliches Geburtsjahr von Jesus von Nazareth.

um 1 n. Chr.
Kuschanen-Einfall in Indien. Buddhismus verbreitet sich an den Küsten Südostasiens. Nabatäer, Verbündete Roms, beherrschen den Handel am Roten Meer.

2 n. Chr.
Erste Volkszählung in China.

9 n. Chr.
Niederlage in der Varusschlacht erzwingt den Rückzug der Römer ans Westufer des Rheins.

14 n. Chr.
Tod des Augustus, Nachfolger wird sein Stiefsohn Tiberius.

um 25 n. Chr.
Erste Buddhadarstellung in Gandhara (Indien).

um 30 n. Chr.
Kreuzigung von Jesus.

um 40 n. Chr.
Amerika: Die Arawak wandern den Orinoko hinab und besiedeln die Karibik.

43 n. Chr.
Römer besetzen Britannien.

47–57 n. Chr.
Reisen des Apostel Paulus.

um 50 n. Chr.
Bedeutendes Handelszentrum in Axum (Äthiopien).

60 n. Chr.
Kuschanen-Reich in Indien und Zentralasien.

65 n. Chr.
Erste Zeugnisse des Buddhismus in China.

66–70 n. Chr.
Jüdischer Krieg gegen Rom.

73 n. Chr.
Han-Dynastie feiert militärische Erfolge.

79 n. Chr.
Ausbruch des Vesuv: Pompeji und Herculaneum werden verschüttet.

87 n. Chr.
Gesandtschaft der indischen Kuschanen in Luoyang, der östlichen Hauptstadt Chinas.

99 n. Chr.
Gesandtschaft der Kuschanen in Rom.

um 100 n. Chr.
Teotihuacán expandiert in Mexiko; Baubeginn des Sonnen- und Mondtempels. Alexandria ist das Zentrum christlicher Gelehrsamkeit. Kuschanenkaiser Kanischka verbreitet Buddismus.

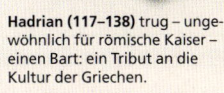

Hadrian (117–138) trug – ungewöhnlich für römische Kaiser – einen Bart: ein Tribut an die Kultur der Griechen.

117 n. Chr.
Größte Ausdehnung des Römischen Reichs.

122–128 n. Chr.
Bau des Hadrianwalls in Britannien: Nordgrenze des Römischen Reichs.

132–135 n. Chr.
Zweiter jüdischer Aufstand gegen Rom, Diaspora der Juden bis ins 20. Jh.

um 150 n. Chr.
Han-China erobert Herrschaft über Zentralasien zurück. Christentum verbreitet sich in Nordafrika. *Geographia* des Ptolemäus von Alexandria. Blüte der Eisenzeitkultur der Nok (Nigeria).

166 n. Chr.
Gesandtschaft syrischer Kaufleute in China. Germanische Stämme überfallen Norditalien.

180 n. Chr.
Goten (aus Skandinavien) siedeln am Schwarzen Meer.

um 200 n. Chr.
Blüte des Handels zwischen Indien, China und Rom. Han-Chinesen aus Korea vertrieben: Königreiche Koguryeo, Baekje und Silla. Teotihuacán ist größte Stadt Amerikas. Klassische Zeit der Zapoteken. Aufstieg der Maya-Stadt Tikal. Hopewell-Hügelgrabkultur in Nordamerika.

um 219 n. Chr.
Verbindliche Fassung der *Mischna*, der mündlichen Überlieferung der jüdischen Tora.

um 220 n. Chr.
Ende der Han-Dynastie. Zeit der Drei Königreiche Shu, Wu und Wei.

226 n. Chr.
Parther-Reich fällt an Ardaschir I., Gründer der Sassaniden-Dynastie in Persien.

235 n. Chr.
Überfälle germanischer Alemannen auf den Limes im Schwarzwald und am Rhein.

um 250 n. Chr.
Erfindung des Magnetkompasses in China. Beginn der klassischen Periode der Maya-Kultur.

CHRONIK DER WELTGESCHICHTE

269–272 n. Chr.
Königin Zenobia von Palmyra vertreibt Römer aus Syrien und Ägypten, unterliegt dann aber Kaiser Aurelian und gerät in Gefangenschaft.

280 n. Chr.
China unter der Jin-Dynastie wiedervereinigt.

293 n. Chr.
Kaiser Diokletian teilt das Römische Reich in West- und Ostrom. Maya-Kalender in Tikal.

um 300
Armenien wird christlich. Münzwesen in Axum (Äthiopien).

304
Die Xiongnu (Hunnen) fallen in China ein. Christenverfolgung in Rom unter Diokletian.

312/13
Konstantin siegt an der Milvischen Brücke; das Edikt von Mailand gewährt Christen religiöse Freiheit.

320
»Goldenes Zeitalter« der Gupta-Dynastie in Indien.

330
Kaiser Konstantin macht Konstantinopel (das alte Byzantion) zur Hauptstadt Ostroms.

370
Die »Weißen Hunnen« ziehen aus Zentralasien nach Westen und schlagen die Ostgoten in der Ukraine.

376–415
Blüte der Gupta-Dynastie.

378
Schwere Niederlage Roms gegen die Westgoten.

um 400
Teotihuacán (Mexiko) hat 250 000 Einwohner. Polynesier besiedeln die Osterinseln.

404
Abschluss der lateinischen Bibelübersetzung.

410
Westgoten unter Alarich plündern und besetzen Rom.

439
Vandalen erobern Karthago.

452
Hunnen unter Attila fallen in Italien ein.

475
Westgoten beherrschen Spanien und Südwestgallien.

477
Buddhismus wird Staatsreligion in China. Ende der Liu-Song-Dynastie.

478
Erster Shinto-Schrein in Japan.

479
Kurze Herrschaft der Südlichen Qi-Dynastie in China.

481
Chlodwig: König der Franken.

493
Ostgoten unter Theoderich erobern Italien.

um 496
Chlodwig lässt sich taufen.

um 500
Angeln, Sachsen und Jüten siedeln in Britannien, Kelten in Wales und Irland.

527
Justinian oströmischer (byzantinischer) Kaiser.

529–534
Codex Justinianus: Kodifizierung des römischen Rechts.

552
Buddhismus in Japan.

568
Byzanz überlässt große Teile Italiens den Langobarden. Staat der Avaren in Ungarn.

um 570
Geburt Mohammeds in Mekka. Ende des Gupta-Reichs.

um 581–588
Sui-Dynastie vereinigt China.

590
Gregor I. (der Große) erweitert die Macht der Päpste.

595
Dezimalsystem in Indien.

597
Hl. Augustinus von Canterbury missioniert die Angelsachsen.

Die imposante, 65 m hohe Sonnenpyramide in Teotihuacán (Mexiko) wurde um 100 n. Chr. erbaut.

MITTELALTER
600–1450

Roms Niedergang bremste die Entwicklung Europas, dafür drängten China und islamische Völker vorwärts. In Amerika, Indien und Südostasien entwickelten sich neue Kulturen. Ab 1400 begann Europa, die bekannte Welt erneut zu dominieren und neue Welten zu entdecken.

618
Tang-Dynastie in China. Xian wird Hauptstadt.

622
Mit der Hedschra, Mohammeds Flucht nach Medina, beginnt die Ära des Islam.

624
Schlacht von Badr: Mohammeds Truppen besiegen Mekka.

632
Tod Mohammeds.

635–642
Muslimische Araber unterwerfen Syrien, Palästina, Jerusalem, Ägypten und Persien.

661
Gründung des Umayyaden-Kalifats.

668
Korea zum Reich der Silla vereint.

698
Muslimische Einnahme Karthagos (Nordafrika).

692
Der Bau des Felsendoms in Jerusalem wird abgeschlossen.

um 700
Evangeliar von Lindisfarne (England) verfasst. Teotihuacán wird verlassen.

711
Muslimische Eroberung Spaniens. Muslimische Araber in Sindh (Indien).

725
Beda Venerabilis, Mönch und Gelehrter, entwickelt die Zeitrechnung ab Christi Geburt.

um 730
Das Verbot der Ikonenanbetung durch Kaiser Leo III. von Byzanz löst den »Bilderstreit« aus.

um 732
Der Sieg der Franken über die Muslime bei Tours und Poitiers stoppt deren Vordringen nach Westeuropa.

739
Umayyaden werden bei Akrionon von Byzanz besiegt und aus Kleinasien vertrieben.

750
Aufstand gegen die Umayyaden, Gründung des Abbasiden-Kalifats.

756
Sieg der Franken unter Pippin III. gegen die Langobarden. Verbannte Umayyaden gründen das Emirat Cordoba (Spanien).

760
Abbasiden-Dynastie übernimmt indisches Dezimalsystem.

774
Franken unter Karl dem Großen besiegen die Langobarden in Norditalien.

um 782
»Karolingische Renaissance« am Hof Karls des Großen durch namhafte Gelehrte.

786
Harun al-Raschid, unsterblich durch *Tausend und eine Nacht*, wird Abbasiden-Kalif.

um 790
Erste Wikingerüberfälle in Westeuropa.

794
Japans Kaiser Kammu verlegt seine Residenz nach Kyoto.

800
Karl der Große wird von Papst Leo III. zum römischen Kaiser gekrönt.

802
Jayavarman II. begründet Angkor-Dynastie im heutigen Kambodscha (Südostasien).

809
Tod Harun al-Raschids.

814
Tod Karls des Großen.

um 830
Kalif al-Mamun gründet in Bagdad das »Haus der Weisheit« zur Übersetzung und zum Studium griechischer Texte.

843
Vertrag von Verdun: Dreiteilung des Frankenreichs. West- und Ostfranken entsprechen etwa den heutigen Gebieten von Frankreich und Deutschland.

um 850
Arabische Navigatoren verbessern das Astrolabium. Chola-Reich unter König Vijayalaya in Südindien.

858–1180
Fujiwara-Clan beherrscht Japan.

um 860
In Osteuropa entsteht das Kyrillische Alphabet.

866
Wikinger erobern York und gründen ein Königreich in Nordengland.

CHRONIK DER WELTGESCHICHTE

868
Die *Diamant-Sutra*, das älteste überlieferte Druckerzeugnis, entsteht in China.

874
Muslimische Samaniden-Dynastie in Turkestan.

878
König Alfred der Große besiegt die Dänen bei Edington und stoppt die dänische Invasion in England.

ab 900
Blüte des hinduistischen Tempelbaus in Indien.

906
Zusammenbruch der Tang-Dynastie in China. Magyaren verwüsten Mähren und beginnen Feldzüge nach Westeuropa.

910
Gründung der benediktinischen Reformabtei Cluny (Burgund).

911
Die Karolinger geben dem Normannenfürsten Rollo das Herzogtum Normandie zum Lehen.

916
Gründung des Kitan-Reichs in der Mongolei.

935
Korea unter Goryeo-Dynastie vereinigt.

937
Nomadenvolk der Kitan unterwirft Nordchina und ruft die Liao-Dynastie aus.

938
Königreich Dai Viet (Vietnam) befreit sich aus chinesischer Herrschaft.

955
Der deutsche König Otto I. schlägt die Magyaren auf dem Lechfeld (bei Augsburg) und stoppt deren Vordringen nach Westen.

960
Song-Dynastie in China.

962
Wahl Ottos I. (des Großen) zum Kaiser des Heiligen Römischen Reichs.

966
Mieszko I. lässt sich taufen und schafft einen einheitlichen polnischen Staat.

969
Tunesische Fatimiden beherrschen Nordafrika bis Ägypten mit Kairo als Residenz.

972
Ungarn wird unter Großfürst Geza geeint.

986
Erik der Rote gründet Wikingersiedlungen auf Grönland.

987
Beginn der Kapetinger-Dynastie in Frankreich.

um 990
Tolteken erobern die Maya-Stadt Chichén Itzá.

1000
Großfürst Stephan wird zum ersten König von Ungarn gekrönt.

1008
Erste muslimische Raubzüge unter Mohammed von Ghazni in Nordindien.

1013
Erneute dänische Invasion in England.

1016
König Knut (der Große) vereint England, Dänemark und Norwegen.

1031
Christliche Wiedereroberung Spaniens. Fall des Umayyaden-Kalifats in Cordoba.

1044
Formel für Schießpulver in China öffentlich bekannt gegeben.

1045
Erster Buchdruck mit beweglichen Lettern in China.

1047
Beginn der normannischen Eroberung Süditaliens und Siziliens.

1048
Fatimiden verlieren Libyen.

1054
Endgültiger Bruch zwischen römisch-katholischer West- und orthodoxer Ostkirche.

1055
Türkische Seldschuken nehmen Bagdad ein.

1066
Schlacht bei Hastings: Normannen erobern England.

1070
Gründung der Almorawiden-Hauptstadt Marrakesch (Nordafrika).

1071
Schlacht bei Manzikert: Sieg der türkischen Seldschuken über Byzanz, das zudem Süditalien an die Normannen verliert.

1076
Königreich Ghana (Westafrika) fällt an die Almorawiden. Investiturstreit: Papst Gregor VII. exkommuniziert den deutschen Kaiser Heinrich IV., der daraufhin seinen »Gang nach Canossa« antritt.

1096–1099
Erster Kreuzzug, der mit der Eroberung Jerusalems endet.

um 1100
Aufstieg Groß-Simbabwes (Südostafrika). Entstehung der Pueblo-Kultur im Südwesten Nordamerikas.

um 1118
Gründung des Templerordens der Kreuzritter.

1122
Das Konkordat von Worms beendet den Investiturstreit.

1125
Liao-Dynastie in China unterliegt den mandschurischen Jin.

1130
Sieg der Jin über Nordchina: Song-Dynastie verlegt ihre Hauptstadt nach Hangzhou.

1144
Der Kreuzfahrerstaat Edessa fällt an die Muslime.

1147–1149
Zweiter Kreuzzug. Das christliche Heer scheitert vor Damaskus.

1147
Almohaden erobern das almorawidische Marrakesch, erringen die Macht in Nordafrika.

um 1162
Geburt des späteren mongolischen Herrschers und Eroberers Dschingis Khan.

1169
Beginn der englischen Unterwerfung Irlands.

1171
Niederlage des Fatimiden-Kalifats in Ägypten gegen den Ayyubiden-Sultan Saladin.

um 1180
Das Reich Angkor (Kambodscha) erreicht unter Jayavarman VII. seine größte Ausdehnung.

1185
Gründung des Kamakura-Shogunats in Japan.

1187
Schlacht bei Hattin: Saladin schlägt das Kreuzfahrerheer.

1189–1192
Dritter Kreuzzug.

1192
Minamoto Yoritomo wird Shogun (Japan).

um 1194
Mayapán wird Hauptstadt der Maya (Mittelamerika).

um 1200
Inkas gründen unter Manco Capác in den Anden Cuzco. Azteken dringen nach Mexiko.

1202–1204
Vierter Kreuzzug. Kreuzritter verwüsten Konstantinopel.

1206
Entstehung des Sultanats Delhi, des ersten muslimischen Reichs in Indien.

1206
Dschingis Khan eint die Mongolenstämme und wird zum Großkhan ausgerufen.

Die Kämpfe zwischen den Kreuzrittern und Muslimen dauerten fast zwei Jahrhunderte.

1209–1229
Kreuzzug gegen die Katharer (Albigenser) in Südfrankreich.

um 1216
Gründung des Franziskaner- und des Dominikanerordens.

1215
Mongolen erobern Zhongdu (Peking).

1217–1221
Fünfter Kreuzzug.

1218
Mongolen bezwingen das Khanat Kara-Kitai (Zentralasien).

1227
Tod Dschingis Khans.

1235
Gründung des Königreichs Mali in Westafrika.

1258
Raubzug der Mongolen in Bagdad: Ende der Abbasiden.

1260
Sieg der Mamelucken über die Mongolen bei Ain Djalut.

CHRONIK DER WELTGESCHICHTE

1261
Byzantiner gewinnen Konstantinopel zurück.

1266
Kublai Khan verlegt die mongolische Hauptstadt nach Khanbalik (Peking). Marco Polo lebt an seinem Hof.

1274
Mongolische Invasion in Japan scheitert (ebenso 1281).

1276
Erste europäische Papiermühle in Fabriano (Italien).

1279
Endgültiger Sieg der Mongolen über die Song-Dynastie in China: Kublai Khan gründet Yuan-Dynastie.

1291
Kreuzfahrerbastion Akkon fällt an die Mamelucken. Ende der Kreuzzüge.

um 1300
Osman I. gründet das Osmanische Reich: Erste Phase der Expansion beginnt.

1302
Inselfestung Aruad, letzte Bastion der Tempelritter, fällt.

1324
»Gold-Pilgerfahrt« von Mansa Musa, des Königs von Mali, nach Ägypten und Mekka.

um 1325
Azteken gründen ihre Hauptstadt Tenochtitlán (Mexiko).

1333
Ende des Kamakura-Shogunats in Japan.

1336
Gründung des Ashikaga-Shogunats in Japan.

1337
Beginn des Hundertjährigen Kriegs zwischen England und Frankreich.

1347–1352
Verheerende Pest (»Schwarzer Tod«) aus Asien wütet in Europa.

1349
Chinesische Siedlung in Singapur, Anfänge der chinesischen Besiedlung Südostasiens.

um 1354
Osmanen besetzen Gallipoli, ihr erster Stützpunkt in Europa.

1360
Friede von Brétigny beendet erste Phase des Hundertjährigen Kriegs (Ende: 1453).

um 1360
Blütezeit des Vijayanagara-Reichs in Südindien.

1368
Gründung der Ming-Dynastie in China.

Der Mongolenführer Tamerlan (auch Timur) eroberte weite Teile West- und Zentralasiens, um das Mongolenreich zu restituieren.

um 1370
Konflikt zwischen Inkas und Chimú in Nordperu.

1375
Katalanischer Atlas: Erster Weltatlas mit Handelsrouten.

1378–1417
Großes Schisma zwischen rivalisierenden Päpsten in Rom und Avignon.

1389
Schlacht auf dem Amselfeld: Beginn der Osmanen-Herrschaft auf dem Balkan.

1392
Gründung der Joseon-Dynastie in Korea.

1398
Mongolenheere des Timur zerstören Delhi (Indien).

um 1400
Aufstieg des Reichs Benin in Afrika.

1415
Schlacht von Azincourt: England siegt über die Franzosen. Portugiesen unter Heinrich dem Seefahrer erobern Ceuta: die erste europäische Besitzung in Nordafrika.

1429
Expansion des Aztekenreichs in Mittelamerika.

um 1430
Brügge steigt zum Wirtschaftszentrum Nordwesteuropas auf.

1436
Portugiesen erkunden und kartografieren die Küste Westafrikas.

1438
Eroberungsfeldzüge des Inkakönigs Pachacuti (Südamerika).

um 1445
Johannes Gutenberg erfindet die Buchdruckpresse mit beweglichen Metalllettern.

um 1450
Niedergang Groß-Simbabwes, Aufstieg des Mutapa-Reichs.

WEGE IN DIE NEUZEIT
1450–1750

Entdeckungsreisen begründeten Europas weltweite imperiale Herrschaft. Es besaß allerdings Gegenspieler: Bis 1700 waren China (Ming- und Qing-Dynastie), die Moguln in Indien und das safawidische Persien den Mächten Europas ebenbürtig. Das Osmanenreich blieb bis 1683 gefürchteter Gegner.

1453
Osmanen erobern Konstantinopel: Ende des Byzantinischen Reichs.

1455
Gutenberg-Bibel in Deutschland gedruckt.

1455–1485
Rosenkriege in England: dynastische Kämpfe um den Thron.

1467
Onin-Krieg in Japan: Beginn der jahrhundertelangen »Zeit der Streitenden Mächte« (Sengoku-Periode).

1468
Die Songhoy erobern Timbuktu von den Tuareg zurück und werden zur führenden Macht in Westafrika.

um 1470
Chimú von den Inkas unterworfen, die ihre imperiale Expansion in Angriff nehmen.

1471
Annamiten nehmen das Hindu-Reich Champa in Südvietnam ein. Verfall der Khmer-Kultur. Portugiesen erobern Tanger (Marokko).

1472
Iwan III. von Russland heiratet Zoë, die Nichte des byzantinischen Kaisers, und nimmt den Titel »Zar« an.

1477
Schlacht von Nancy: Tod Karls des Kühnen, Burgund fällt an Habsburg.

1479
Union zwischen Kastilien und Aragon (Spanien) nach Heirat Isabellas I. mit Ferdinand.

1480
Das Großfürstentum Moskau unter Iwan III. beendet die Herrschaft der Tartarmongolen.

1485
Schlacht von Bosworth: Heinrich VII. von England schlägt Richard III. und sichert den Tudors den Thron.

1492
Fall von Granada: Ende der Reconquista. Kolumbus' erste Atlantiküberquerung, Landung auf den Karibischen Inseln.

1494
Vertrag von Tordesillas: Papst teilt Neue Welt zwischen Spanien und Portugal auf. Frankreich erhebt Anspruch auf Neapel: Italienische Kriege.

1497
John Cabot, italienischer Navigator in englischen Diensten, erreicht Neufundland.

1498
Vasco da Gama segelt um das Kap der Guten Hoffnung nach Indien. Kolumbus erreicht als erster Europäer Südamerika.

1499
Frankreich erobert Mailand. Amerigo Vespucci landet nahe der Amazonasmündung (Südamerika).

1500
Ludwig XII. fällt in Mailand ein. Cabral reklamiert Brasilien für Portugal.

1502
Erste Sklavenschiffe fahren aus Afrika in die Neue Welt (Kuba): Beginn des Sklavenhandels im Dreieck Westafrika, Amerika, Europa.

um 1510
Höhepunkt der italienischen Renaissance.

1513
Ponce de León, Entdecker und Statthalter Spaniens in Puerto Rico, beansprucht Florida für Spanien.

1514
Schlacht von Tschaldiran: Osmanen besiegen die persischen Safawiden.

1516/17
Osmanen unter Selim I. erobern Syrien, Ägypten, Hedschas (Mekka, Medina) und Jemen.

1517
Martin Luthers 95 Thesen in Wittenberg: Beginn der Reformation.

1520
Portugiesische Handelsmission nach China. Magellan entdeckt den Seeweg um Südamerika.

1529
Türken vor Wien. Friede von Cambrai: Frankreich verzichtet auf Italien, Flandern und Artois, Kaiser Karl V. auf Burgund.

1531
Francisco Pizarro erreicht Peru.

1533
Pizarro ermordet den Inka-Herrscher Atahualpa und erobert die Hauptstadt Cuzco.

1534
Heinrich VIII. bricht mit Rom: Entstehung der Anglikanischen Kirche. Krieg zwischen Osmanen und Safawiden, Besetzung Bagdads. Jacques Cartier erforscht den Sankt-Lorenz-Strom (Nordamerika).

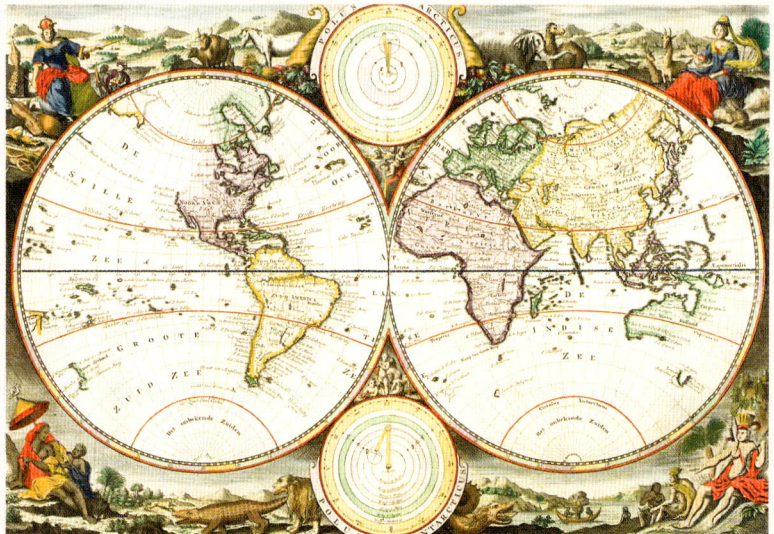

1536
Vereinigung von Wales und England. Heinrich VIII. löst Klöster auf, katholische Aufstände werden niedergeschlagen.

1545
Konzil von Trient (bis 1563): Beginn der Gegenreformation. Entdeckung der Silbervorkommen in Potosí (Bolivien).

1547
Schlacht bei Mühlberg: Söldner Kaiser Karls V. besiegen den Schmalkaldischen Bund (Protestanten).

1550
Bau der Süleiman-Moschee in Istanbul.

1552
Heinrich II. von Frankreich unterstützt deutsche Protestanten gegen Kaiser Karl V.

1555
Augsburger Religionsfrieden besiegelt die dauerhafte Koexistenz von katholischem und lutherischem Bekenntnis im Reich. Aber: Die deutschen Fürsten bestimmen den Glauben ihrer Untertanen.

1556
Mogulkaiser Akbar übernimmt die Macht (Indien).

1558
Elisabeth I. wird Königin von England. England verliert Calais, die letzte Besitzung in Frankreich. Akbar erobert das Gebiet von Gwalior (Zentralindien).

1565
Beginn der »Schreckensherrschaft« Iwans IV. in Russland. Spanien beansprucht die Philippinen. Europäische Krankheiten dezimieren die Indiobevölkerung in Südamerika.

um 1570
Weltkarte des flämischen Kartografen Mercator, mit neuer Projektion.

1570
Portugal gründet die Kolonie Angola und beginnt Sklavenhandel.

1571
Schlacht von Lepanto stoppt osmanische Expansion im Mittelmeerraum. Portugiesen dringen in Sambesi (Westafrika) ein.

1576
Mogultruppen erobern Bengalen (Nordindien).

1585
Spanien gründet erste europäische Kolonie auf Cebu

Mercator erstellte seine Weltkarte mit einer neuen Projektion und zeigte die damals bekannten Kontinente in uns vertrauter Form.

(Philippinen). Vertrag von Nonsuch: England unterstützt holländische Aufständische gegen Spanien.

1588
Schah Abbas von Persien drängt Osmanen zurück. Der Versuch der Spanischen Armada, England zu erobern, scheitert.

1590
Friedensvertrag zwischen Safawiden und Osmanen. Vereinigung Japans durch Toyotomi Hideyoshi.

um 1590
Bevölkerungswachstum der Maori in Neuseeland führt zu Lebensmittelmangel und Kriegen.

1592
Japans Invasion Koreas wird von chinesischen Soldaten und koreanischen Seestreitkräften zurückgeschlagen.

1593–1615
»Langer Türkischer Krieg« zwischen dem Habsburger- und dem Osmanischen Reich.

WEGE IN DIE NEUZEIT

1598
Heinrich IV. setzt mit dem Edikt von Nantes den (vorläufigen) Schlusspunkt unter die Religionskriege in Frankreich.

1600
Schlacht von Sekigahara, Tokugawa Ieyasu übernimmt die Macht in Japan. Verlegung der Hauptstadt 1603 von Kyoto nach Edo (Tokio). Gründung der Britischen Ostindien-Kompanie.

1602
Gründung der Niederländischen Ostindien-Kompanie.

1618
Aufstand böhmischer Protestanten gegen die katholischen Habsburger: Ausbruch des Dreißigjährigen Kriegs in Europa.

1620
Fahrt der *Mayflower* mit den Pilgervätern von England nach Plymouth (Nordamerika); 1621 erste Thanksgiving-Feier mit Indianern.

1624
Schah Abbas erobert Bagdad zurück, dehnt das Safawiden-Reich bis Anatolien aus. Kardinal Richelieu dominiert den Ministerrat in Frankreich.

Gewürzhändler des 17. Jh. brachten den in muslimischen und afrikanischen Ländern seit Langem bekannten Kaffee nach Europa.

1626
Niederländer gründen die Kolonie Neu-Amsterdam (New York).

1631
Schlacht von Breitenfeld: Gustav II. Adolf stärkt die schwedische Position in Deutschland; nach zehn Jahren wendet sich das Kriegsglück zugunsten der Protestanten.

1635
Franzosen greifen gegen Habsburg in den Krieg ein und torpedieren den Friedensschluss in Prag.

1638
Murad IV. vertreibt die Safawiden aus Bagdad.

1642
Beginn des Ersten Englischen Bürgerkriegs. Der Niederländer Abel Tasman entdeckt Tasmanien.

1644
Mandschu erobern China: Beginn der Qing-Dynastie.

1648
Frieden von Münster und Osnabrück: Ende des Dreißigjährigen Kriegs. Bürgerkrieg in Frankreich (*Fronde*).

1652
Niederländische Kolonie am Kap der Guten Hoffnung.

1653
Oliver Cromwell wird Lord Protector (Regent) von England.

1654
Taj Mahal in Agra (Indien) fertiggestellt.

1660
Gründung der Royal Society in London.

1661
Erste Jesuitenmission in Tibet. Ludwig XIV. von Frankreich wird nach dem Tod Kardinal Mazarins absolutistischer Monarch.

1664
Zweiter Englisch-Niederländischer Krieg: Engländer erobern Neu-Amsterdam (New York).

1666
Gründung der Académie Royale des Sciences in Paris.

1668
Unabhängigkeit Portugals von Spanien. Vertrag von Aachen: Frankreich erhält Teile der Spanischen Niederlande.

1669
Einführung des Kaffees in Westeuropa.

1672
Beginn des ersten Koalitionskriegs europäischer Großmächte gegen Frankreich.

1682
La Salle fährt den Mississippi aufwärts und beansprucht Louisiana für Frankreich. Ludwig XIV. verlegt seinen Hof nach Versailles. Peter I. wird Zar von Russland.

1683
Niederlage der Osmanen vor Wien: Ende der »Türkengefahr« in Europa (seit 1453).

1689
Vertrag von Nertschinsk beendet russisch-chinesischen-Territorialstreit. Wilhelm III. von Oranien und Maria II. Stuart gemeinsam auf englischem Thron. Protestantische »Große Allianz« gegen Ludwig XIV.

CHRONIK DER WELTGESCHICHTE

1690
Gründung des englischen Handelspostens Fort William in Kalkutta (Indien).

1694
Gründung der Bank of England.

um 1700
Boston wird Hauptumschlagplatz des Sklavenhandels.

1700–1721
(Großer) Nordischer Krieg in Ost- und Nordosteuropa.

1701
Beginn des Spanischen Erbfolgekriegs. Vormacht der Ashanti in Westafrika.

1704
Opticks, Isaac Newtons Theorie des Lichts, erscheint.

1707
Mit dem Tod des Aurangzeb beginnt der Niedergang des Mogulreichs in Indien.

1713
Vertrag von Utrecht: Ende des Spanischen Erbfolgekriegs, besiegelt die Trennung von französischer und spanischer Krone, bestätigt britische Herrschaft über Neufundland und Nova Scotia.

1717
Pirat Blackbeard beginnt die Seeräuberei in der Karibik.

1720
Qing-Chinesen vertreiben Mongolen aus Tibet. Spanien erwirbt Texas.

1722
Afghanen stürzen letzten Safawiden-Schah.

1724
König von Dahomey (heute Benin) ist Hauptlieferant von Sklaven an europäische Händler.

1727
Erste Kaffeeplantage in Brasilien.

1728
Marathen schlagen Nizam von Hyderabad (Indien). Der Däne Vitus Bering erforscht in russischem Auftrag Alaska.

1734
Lloyd's List, Zeitung für Schifffahrtsnachrichten, in London gegründet. Sultan von Bornu unterwirft die Kanem und gründet großen Handelsstaat südlich der Sahara.

1735
John Harrison präsentiert Schiffschronometer.

1736
Nadir Schah besteigt den persischen Thron, beginnt Expansionspolitik. Die hinduistischen Marathen dehnen ihren Machtbereich nach Nordindien aus. Franzosen besetzen Madras.

1739
Perser besiegen die Moguln in Karnal, besetzen Delhi und beherrschen Indien entlang des Indus. Frieden von Belgrad sichert osmanische Besitzungen auf dem Balkan.

1740
Beginn des Ersten Schlesischen Kriegs zwischen Preußen und Österreich.

1747
Ahmad Khan Abdali gründet Königreich Afghanistan. Yoruba-Stämme erobern Dahomey.

1748
Einfall der Afghanen im Punjab (Indien). Ende des Österreichischen Erbfolgekriegs.

1749
Königreich Mysore erringt Vormacht in Südindien.

um 1750
Wahabitische Bewegung zur Reinigung des Islam in Arabien. Baumwollspinnereien in Lancashire verdrängen westeuropäischen Stoffhandel mit Südasien.

Figur eines Yoruba-Heiligtums: Ein Jäger sammelt Heilkräuter im Busch. Die Yoruba sind die größte Ethnie Westafrikas.

ZEIT DER IMPERIEN
1750–1914

Die Revolutionen in Amerika und Frankreich veränderten die politischen Ideen des Abendlands. Die Forderung nach Freiheit hallte durch das 19. Jh., zugleich aber beherrschten die europäischen Mächte alle Kontinente und trieben ihre imperialistischen Bestrebungen weltweit voran.

1750
Vertrag von Madrid regelt die Grenzen zwischen Brasilien und den südamerikanischen Kolonien Spaniens.

1751
Der erste Band von Diderots *Encyclopédie* erscheint.

1755
Das Erdbeben von Lissabon mit 60 000 bis 100 000 Toten erschüttert den Optimismus der Aufklärung.

1756
Beginn des Siebenjährigen Kriegs: Preußen unter Friedrich II., Hannover und England kämpfen gegen Frankreich, Österreich und Russland.

1757
Preußen besiegt Österreich bei Leuthen und bekommt Schlesien. Sieg bei Plassey (Indien) sichert der Britischen Ostindien-Kompanie Bengalen.

1758
Sieg Preußens gegen Russland bei Zorndorf. Großbritannien schlägt Frankreich bei Fort Duquesne (Nordamerika) und erobert den Senegal.

1759
Schwere Niederlage Preußens gegen Russland und Österreich bei Kunersdorf. Großbritannien nimmt Frankreich Quebec.

1760
Burensiedlungen im südafrikanischen Landesinneren.

um 1760
Höhepunkt der Aufklärung: geprägt von Gelehrten wie Immanuel Kant, Voltaire und Adam Smith.

1762
Katharina (die Große) wird russische Zarin.

1763
Pariser Frieden bestätigt britische Vorherrschaft in Nordamerika.

1768
Russisch-Türkischer Krieg beginnt. James Cook startet zur ersten Pazifikreise (bis 1771).

1772
Erste Teilung Polens unter Österreich, Preußen und Russland.

1773
Boston Tea-Party: Protest gegen britische Steuerpolitik in den amerikanischen Kolonien.

1775–1783
Unabhängigkeitskrieg der amerikanischen Kolonien. 1776 erklären sie ihre Unabhängigkeit von Großbritannien.

1777
Vertrag von San Idelfonso: Uruguay geht an Spanien, das Amazonasbecken an Portugal.

1778
Frankreich unterstützt die USA im Freiheitskrieg. Cook entdeckt die Hawaii-Inseln.

1781
Schlacht von Yorktown: Amerikaner unter George Washington und Franzosen schlagen die Briten. Massaker der Buren an den Xhosa.

1782
Friedensverhandlungen zwischen Briten und Amerikanern. Aufstand der Peruaner von Spanien unterdrückt.

1783
Frieden von Paris: Briten erkennen die amerikanische Unabhängigkeit an.

1784
India Act: Großbritannien übernimmt direkte Herrschaft über Indien.

1789
Sturm auf die Bastille: Beginn der Französischen Revolution. Washington wird erster Präsident der USA (bis 1797).

1792
Sturz Ludwigs XVI., Ausrufung der Republik. Frankreich erklärt Österreich, Preußen und Piemont den Krieg.

1793
Hinrichtung des französischen Königspaars, Beginn der Schreckensherrschaft unter Robespierre.

1798
Ägyptenfeldzug Napoleon Bonapartes. Schlacht am Nil: Briten zerstören die französische Flotte. Ceylon wird britische Kolonie.

1799
Staatsstreich des 18. Brumaire: Napoleon wird Erster Konsul. Großbritannien übernimmt Südindien.

1803
Großbritannien erklärt Frankreich den Krieg (bis 1815). Niederlande gewinnt Kapkolonie zurück. Frankreich verkauft Louisiana an die USA.

1804
Napoleon zum Kaiser gekrönt. Einführung des bürgerlichen Gesetzbuchs *Code Napoléon*.

CHRONIK DER WELTGESCHICHTE

Napoleon überquerte die Alpen (angeblich auf einem Maultier) und besiegte die überraschten Österreicher bei Marengo.

1805
Schlacht von Trafalgar: Sieg der Briten über die französisch-spanische Flotte. Schlacht von Austerlitz: Sieg Frankreichs über Österreich und Russland.

1806
Frankreich besiegt Preußen bei Jena und Auerstedt. Beginn der Stein-Hardenbergschen Reformen: u. a. Abschaffung der Leibeigenschaft.

1809
Schweden tritt Finnland an Russland ab.

1810
Unabhängigkeitsbewegung in Mexiko unter Miguel Hidalgo y Costilla gegen Spanien.

1812
Napoleons Russlandfeldzug: Besetzung Moskaus, dann verlustreicher Rückzug. Ägypten fordert Mekka und Medina vom Osmanischen Reich.

1813
»Völkerschlacht« bei Leipzig: Niederlage Frankreichs.

1814
Alliierte Truppen (Russland, Preußen, Österreich) nehmen Paris ein. Napoleons Exil auf Elba beginnt. Wiener Kongress zur Zukunft Europas wird eröffnet.

1815
Napoleon flieht von Elba, seine Herrschaft der 100 Tage endet in der Niederlage gegen die Preußen und Briten bei Waterloo (Belgien): neues Exil auf St. Helena; Restitution der französischen Monarchie. Serbien rebelliert gegen die osmanische Herrschaft.

1818
Schlacht von Maipú: Chile gewinnt Unabhängigkeit. Shaka vereint die Zulu-Völker Südafrikas.

1819
USA kaufen Florida von Spanien. Kolumbien wird unabhängig.

1821
Griechischer Befreiungskrieg gegen die Osmanen (bis 1829). Mexiko wird unabhängig.

1824–1826
Erster Britisch-Birmanischer Krieg.

1824
Ägypten unterstützt das Osmanische Reich gegen die Griechen. Peru wird mithilfe von Simón Bolívar unabhängig.

1826–1828
Russisch-Persischer Krieg.

1828
Russland erobert Armenien, erklärt dem Osmanischen Reich den Krieg, erobert Varna (Bulgarien). Rückzug Ägyptens aus Griechenland.

1830
Revolution in Paris: Karl X. stürzt, »Bürgerkönig« Louis Philippe kommt an die Macht. Belgischer Unabhängigkeitskrieg (bis 1831). Erster Siedlungstreck nach Kalifornien. Das Osmanische Reich erkennt die Unabhängigkeit Griechenlands und Serbiens an. Erste Personeneisenbahn zwischen Manchester und Liverpool.

1831
Belgien wird unabhängig. Beginn der Massenauswanderung von Iren in die USA.

1832
Russland erklärt »Kongresspolen« zur russischen Provinz.

1834
Abschaffung der Sklaverei im Britischen Empire.

1835–1838
Großer Burentreck (Südafrika).

1838
Schlacht am Blood River: Burenmassaker an den Zulu.

1839
Osmanisches Reich: Reformen Mahmuds II. Darwin veröffentlicht seinen Reisebericht *Die Fahrt der Beagle*.

ZEIT DER IMPERIEN

1840
Erster Opiumkrieg bricht in China aus (bis 1842). Maori müssen britische Herrschaft in Neuseeland akzeptieren.

1842
Vertrag von Nanjing: China tritt Hongkong an die Briten ab, öffnet fünf Häfen für den Handel. Webster-Ashburton-Vertrag regelt Grenze USA – Kanada.

1846
Japan verweigert den USA Handelsverträge. Mexikanisch-Amerikanischer Krieg: nach seiner Niederlage (1848) muss Mexiko Kalifornien abtreten.

1848
Bürgerliche Revolutionen in Europa. Karl Marx und Friedrich Engels veröffentlichen das *Manifest der Kommunistischen Partei*. Goldrausch in Kalifornien.

1851
Feldzüge der Taiping-Rebellen in China. Weltausstellung in London.

1852
Großbritannien akzeptiert Unabhängigkeit des burischen Transvaal (Südafrika).

1853–1856
Krimkrieg: Osmanisches Reich, Großbritannien und Frankreich gegen Russland.

1854
Briten erkennen Oranje-Freistaat an (seit 1842, Südafrika).

1857
Sepoj-Aufstand gegen die Briten in Indien; diese verbannen den letzten Mogul-Kaiser. Britisch-französische Kriegserklärung an China, Guangzhou wird besetzt.

1859
Zweiter Italienischer Freiheitskrieg gegen Österreich, angeführt von Guiseppe Garibaldi. Ägypten: Bau des Suezkanals. Darwin veröffentlicht *Über die Entstehung der Arten*.

1860
Angriff der Taiping-Rebellen auf Shanghai.

1861
Abraham Lincoln wird Präsident der USA. Über die Sklavenfrage entbrennt der Amerikanische Bürgerkrieg (bis 1865). Russland schafft die Leibeigenschaft ab. Einigung Italiens.

1862
Otto von Bismarck wird als preußischer Ministerpräsident berufen. Ausweisung der Ausländer aus Japan.

1865
Sieg der Union im amerikanischen Bürgerkrieg: Der Süden ist schwer verwüstet; Abschaffung der Sklaverei; Ermordung Lincolns. Gründung der französischen Kolonie Senegal (Westafrika).

1867
Österreichisch-Ungarische Doppelmonarchie. Bismarck Kanzler des Norddeutschen Bunds. USA erwerben Alaska von Russland.

1870/71
Deutsch-Französischer Krieg.

1871
Kapitulation Frankreichs. Ausrufung des (Zweiten) Deutschen Kaiserreichs in Versailles. Frankreich verliert Elsass-Lothringen. Aufstand der Pariser Kommune. Reformen in Japan.

1875
Aufstände auf dem Balkan gegen die Osmanenherrschaft.

Abraham Lincoln wird 1860 zum 16. Präsidenten der USA gewählt. Ein Jahr später führt er das Land in den Bürgerkrieg.

CHRONIK DER WELTGESCHICHTE

1876
Serbien unterliegt im Krieg gegen das Osmanische Reich. Alexander Graham Bell lässt sich das Telefon patentieren.

1877
Großbritannien annektiert Transvaal.

1878
Unabhängigkeit für Serbien, Montenegro und Rumänien.

1880
Buren vertreiben Briten aus Transvaal.

1881
Briten erkennen die Eigenständigkeit von Transvaal und Oranje erneut an. Antisemitische Pogrome in Russland führen zu jüdischen Massenauswanderungen in die USA.

1882
Antifranzösische Allianz zwischen Deutschland, Österreich und Italien.

1884/85
Kongokonferenz in Berlin teilt Afrika auf (Kongoakte).

1885
Der Kongo wird belgische Kolonie, Madagaskar französisches Protektorat, Tansania Teil von Deutsch-Ostafrika. Daimler und Benz entwickeln die ersten Kraftwagen.

1889
Brasilien wird Republik.

1890
Eritrea wird Italiens erste afrikanische Kolonie.

1894
Türkisches Massaker an Armeniern. Franzosen erobern Dahomey. Erster Chinesisch-Japanischer Krieg.

1895
Schlacht von Wei-Hai-Wei: vernichtende Niederlage Chinas, Japan besetzt Formosa (Taiwan). Antispanische Aufstände auf Kuba.

1897
Griechische Niederlage im Griechisch-Türkischen Krieg. Kuba wird autonom (1898 unabhängig).

1899
Burenkrieg in Südafrika. Großbritannien und Ägypten teilen sich die Macht im Sudan. Deutsches Reich besetzt Ruanda.

1900
Boxeraufstand in China: Europäische Truppen besetzen Peking.

1901
Commonwealth of Australia ausgerufen. Tod der englischen Königin Viktoria.

1905
Revolution in Russland zwingt Zar Nikolaus II. zu Zugeständnissen. Norwegen wird unabhängig. Einstein veröffentlicht seine Spezielle Relativitätstheorie.

1909
»Jungtürken« stürzen den osmanischen Sultan. Bulgarien wird unabhängig.

1910
Republik Portugal. China marschiert in Tibet ein. Japan annektiert Korea. Beginn der mexikanischen Revolution.

Gottlieb Daimler und sein Sohn (am Steuer) in der ersten »Motorkutsche« aus Bad Cannstatt (1886).

DIE MODERNE WELT
1914 BIS HEUTE

Zwei Weltkriege prägten das 20. Jh., erschöpften die Staaten Europas und trugen direkt zur Entkolonisierung Afrikas, des Nahen Ostens und Südostasiens bei. Anstelle des ideologischen Ost-West-Konflikts bestimmt heute ein verändertes ökonomisches Gleichgewicht das Ringen um die Weltmacht.

1914
Der Mord am österreichischen Thronfolger Erzherzog Franz Ferdinand in Sarajewo führt zum Ersten Weltkrieg. Österreich erklärt Russland den Krieg, Deutschland marschiert in Frankreich ein. Das Osmanische Reich verbündet sich mit den Mittelmächten.

1915
Italien schließt sich der Entente an. Die USA besetzen Haiti. Aufstände in Niederländisch-Ostindien. Türken verschleppen und töten rund 1 Mio. Armenier.

1916
Zermürbungskrieg an der Westfront, Schlachten von Verdun und Somme. Französisch-britisches Abkommen über Aufteilung des Osmanen-Reichs.

1917
Russische Revolution: Abdankung des Zaren zugunsten der liberalen Regierung Kerenski. Bolschewistische Oktoberrevolution unter Lenin. Kriegseintritt der USA.

1918
Frieden von Brest-Litowsk: Russland tritt Ukraine an Deutschland ab. Revolution und Ausrufung der Republik in Deutschland. Waffenstillstand der Entente mit Deutschland und Österreich-Ungarn. »Spanische Grippe« fordert 6 Mio. Tote in Europa.

1919
Pariser Vorortverträge: Neuordnung Europas. Gründung des Völkerbunds. Rutherford spaltet den Atomkern. Erster transatlantischer Motorflug durch Alcock und Brown.

1920
Osmanische Besitzungen im Nahen Osten werden britisches und französisches Völkerbundmandat. Deutsche Kolonien in Afrika kommen zu Großbritannien, Frankreich, Belgien und Südafrika (bis 1922). Sieg der Roten Armee im russischen Bürgerkrieg.

1921
Türkei wird Republik.

1923
Atatürk wird Präsident: säkulare Reformen. Höhepunkt der Hyperinflation in Deutschland. Putschversuch Adolf Hitlers. Militärputsch in Spanien. Kuomintang-Regierung in China.

1924
Tod Lenins: Stalin gewinnt Machtkämpfe in der UdSSR. Festungshaft Hitlers wegen Hochverrats.

1925
Bürgerkrieg in China. Aufstände in Syrien. Erstes Fernsehbild.

1926
Tschiang Kai-schek einigt chinesisches Kernland. Italien wird unter Mussolini zum Einparteienstaat.

1927
Ölvorkommen im Irak entdeckt. Antikommunistische Säuberungen in China. Erste Tonfilme.

1928
Erster Fünfjahresplan der UdSSR: Industrialisierung und Zwangskollektivierung.

1929
Beginn der Weltwirtschaftskrise. Kommunistische Räterepublik in Jiangxi (Südchina).

1930
Räteregierung auch in Pu'an (China). Zusammenbruch von über 3000 Banken in den USA.

1932
Millionen von Hungertoten in der UdSSR. Irak wird unabhängig. Proklamation des Königreichs Saudi-Arabien. Krieg zwischen Bolivien und Paraguay.

1933
Hitler wird deutscher Reichskanzler. Staatsstreich in Österreich, diktatorisches Regime Dollfuss. Roosevelt wird US-Präsident und startet den »New Deal«.

1934
Tod Hindenburgs, Hitler übernimmt das Amt des Reichspräsidenten, nennt sich jedoch »Führer«. Einparteienherrschaft und Beginn der Wiederbewaffnung. UdSSR tritt dem Völkerbund bei. »Langer Marsch« der Kommunisten unter Mao Zedong.

1936
Remilitarisierung des Rheinlands. Antikominternpakt zwischen Deutschland und Japan. Moskauer Schauprozesse, »Säuberung« von Partei und Armee: Höhepunkt des stalinistischen Terrors. Beginn des Spanischen Bürgerkriegs.

1937
Italien verlässt den Völkerbund, tritt dem Antikominternpakt bei. Beginn des Chinesisch-Japanischen Kriegs (bis 1945), japanisches Massaker in Nanjing. Antifranzösischer Aufstand in Tunesien. Autoritärer »Neuer Staat« in Brasilien.

CHRONIK DER WELTGESCHICHTE

1938
Deutschland annektiert Österreich und das Sudetenland. Pogromnacht am 9. November: Jüdische Häuser, Geschäfte und Synagogen werden in ganz Deutschland zerstört.

1939
Deutscher Einmarsch in die Tschechoslowakei. Franco errichtet Diktatur in Spanien. Deutsch-sowjetischer Nichtangriffspakt. Deutschland greift Polen an: Beginn des Zweiten Weltkriegs.

1940
Deutschland besetzt Dänemark, Norwegen, die Niederlande, Luxemburg, Belgien, Frankreich. Italien tritt auf deutscher Seite in den Krieg ein. Japan bestätigt Bündnis mit Deutschland und Italien.

1941
Deutscher Überfall auf die UdSSR. Japanischer Angriff auf Pearl Harbor: Kriegseintritt der USA. Pazifikfeldzug der Japaner.

1942
Schlacht um Stalingrad beendet den deutschen Vormarsch. Wannseekonferenz zur »Endlösung der Judenfrage«: Der Massenmord in den Vernichtungslagern beginnt. Schlacht um Midway: Die USA stoppen den japanischen Vorstoß. Niederlage von General Rommel in El Alamein (Ägypten).

1944
Ende der Belagerung Leningrads. V2-Angriffe auf London. Alliierte Landung in der Normandie, Kampf um Frankreich, Befreiung von Paris und Brüssel. Ardennenschlacht: Die letzte deutsche Westoffensive wird gestoppt.

1945
Die Rote Armee erobert Berlin. Hitler begeht Selbstmord, Deutschland kapituliert. USA werfen Atombomben auf Hiroshima und Nagasaki ab; Japan kapituliert. Gründung der Vereinten Nationen (UN).

1947
Indien und Pakistan unabhängig, Gewaltexzesse und Zwangsumsiedlungen. USA legt Marshall-Plan auf. UN stimmen Aufteilung Palästinas zu. GATT unterzeichnet.

1948
Gründung Israels, erster Israelisch-Arabischer Krieg. Berlinblockade und Luftbrücke. Kommunistische Regime in Polen, Ungarn, CSSR. Unabhängigkeit für Birma und Ceylon. Teilung Koreas. Gandhi wird in Neu-Delhi ermordet.

1949
Die beiden deutschen Staaten BRD und DDR entstehen. Gründung der NATO als westliches Militärbündnis. Maos Kommunisten siegen im Bürgerkrieg. Erste Atombombe der UdSSR, Rüstungswettlauf der Supermächte.

1950
Koreakrieg: erster Großkonflikt des Kalten Kriegs (bis 1953). USA unterstützen Frankreich in Indochina. China fällt in Tibet ein.

1952
Militärputsch in Ägypten. »Mau-Mau«-Aufstand in Kenia. Gründung der Montanunion (Vorläufer der EG). USA zünden Wasserstoffbombe.

1953
Antisowjetische Volksaufstände in Polen und der DDR. Tod Stalins. Crick und Watson entdecken die Doppelhelix der DNS. Impfstoff gegen Polio gefunden. Hillary und Tenzing bezwingen den Mount Everest.

1954
Niederlage der Kolonialmacht Frankreich: Laos, Kambodscha, Vietnam unabhängig. Erstes atomgetriebenes U-Boot (USA).

1955
Der Warschauer Pakt wird als militärischer Beistandspakt des Ostblocks gegründet. Sowjetische Militärhilfe für Ägypten. Aufstände in Algerien und Marokko. Sturz des Perón-Regimes in Argentinien.

DIE MODERNE WELT

1956
UdSSR schlägt Ungarn-Aufstand nieder. Suezkrise: Der britisch-französische Versuch, den Kanal zu erobern, scheitert am Veto der USA. Marokko, Tunesien und Sudan unabhängig.

1957
Römische Verträge: Gründung der EWG. Jungfernflug der Boeing 707, des ersten Langstreckenflugzeugs mit Düsenantrieb.

1958
Chinas »Großer Sprung«: 20 Mio. Tote durch forcierte Industrialisierung. De Gaulle wird Staatspräsident der Fünften Republik in Frankreich.

1959
Revolution in Kuba, Regime Fidel Castros von der UdSSR unterstützt. China schlägt tibetischen Aufstand nieder.

1960
Zwölf afrikanische Kolonien Frankreichs werden unabhängig, ebenso Kongo (von Belgien), Nigeria und Somalia (von Großbritannien).

1961
Die DDR riegelt ihre Grenzen gegen den Westen ab, Bau der Berliner Mauer. John F. Kennedy wird US-Präsident. Der von den USA unterstützte Versuch, Castro zu stürzen, scheitert. Yuri Gagarin ist der erste Mensch im All.

1962
Internationale Raketenkrise um Kuba. Algerien wird unabhängig von Frankreich, Uganda, Jamaika, Trinidad, Tobago von Großbritannien.

1963
USA und UdSSR beenden oberirdische Atomtests. Präsident Kennedy ermordet. Bürgerkrieg im Sudan. Singapur, Sarawak, Sabah, Malaya schließen sich zu Malaysia zusammen.

1965
US-Truppen marschieren in Vietnam ein. US-Wahlrechtsreform erhöht die Zahl schwarzer Wähler. Indisch-Pakistanischer Krieg um Kaschmir. Marcos ergreift die Macht auf den Philippinen. Siegeszug der Antibabypille.

1967
Israel erobert im Sechstagekrieg Sinai, Gazastreifen, Westjordanland, Golanhöhen und Ostjerusalem. Krieg zwischen Biafra und Nigeria. Militärregime in Griechenland.

1968
Der Prager Frühling wird von Truppen des Warschauer Pakts gewaltsam niedergeschlagen. Ermordung des Bürgerrechtlers Martin Luther King mit anschließenden Rassenunruhen in den USA. Im Irak ergreift die Baath-Partei die Macht.

1969
SALT-Gespräche zur Begrenzung strategischer Waffen zwischen USA und UdSSR. Gaddafi ergreift die Macht in Libyen. Militärregierung in Somalia. Bürgerkrieg in Nordirland. Erste Landung auf dem Mond: USA gewinnt den Wettlauf im Weltall mit Neil Armstrong.

Infanteristen der US-Marine trugen zwischen 1941 und 1945 die Hauptlast des Pazifikkriegs gegen Japan.

CHRONIK DER WELTGESCHICHTE

1970
Atomwaffensperrvertrag zwischen USA, UdSSR und Großbritannien. Allende wird Präsident in Chile. Kniefall Willy Brandts in Warschau.

1971
Dritter Indisch-Pakistanischer Krieg; Unabhängigkeit Bangladeschs. Mogadishu-Erklärung gegen Apartheit in Südafrika. Idi Amin ergreift die Macht in Uganda.

1972
Blutsonntag in Nordirland: Britische Soldaten schießen auf katholische Demonstranten.

1973
Yom-Kippur-Krieg; OPEC erhöht Ölpreis, weltweite Rezession. US-Rückzug aus Vietnam. Pinochets Militärputsch in Chile, Tod Allendes. Großbritannien, Irland, Dänemark treten der EWG bei.

1974
Putsch in Äthiopien, Haile Selassie stürzt. Türkei besetzt Zypern. Indonesien besetzt Osttimor. US-Präsident Nixon stürzt über Watergateaffäre. Demokratie in Portugal.

1975
Tod Francos, Spanien wird konstitutionelle Monarchie. Kommunistische Herrschaft in Laos und Kambodscha. Bürgerkrieg im Libanon.

1976
Tod Maos, Staatsstreich der »Viererbande« misslingt. Syrien interveniert im Libanon. Erste schwarze Homelands in Südafrika, Rassenunruhen in Soweto.

1977
Friedensgespräche zwischen Israel und Ägypten. Militärputsch in Pakistan. Gaddafi verordnet Libyen den »islamischen Sozialismus«.

1978
Friedensvertrag von Camp David: Annäherung Israels und Ägyptens.

1979
UdSSR marschiert in Afghanistan ein. Sturz des Schahs von Persien: Islamische Republik. Sturz der Roten Khmer in Kambodscha.

1980
Saddam Hussein beginnt Krieg gegen Iran. Gründung der antikommunistischen Gewerkschaft Solidarność (Polen). Schwarze Regierung in Simbabwe. Sechs iranische Terroristen nehmen in der Londoner Botschaft des Irans mehrere Geiseln.

1981
Rückzug Israels aus dem Sinai. Unruhen im indischen Punjab. Erster Flug eines US-Spaceshuttle. Kriegsrecht in Polen.

1982
Falklandkrieg zwischen Großbritannien und Argentinien. USA und UdSSR beginnen START-Gespräche. Kriegsrecht in Bangladesch. Gründung der schiitisch-islamistischen Terrororganisation Hisbollah im Libanon.

1983
Argentinien kehrt zur Demokratie zurück. Islamisches Recht im Sudan provoziert Bürgerkrieg.

1985
Reformprozess unter Michail Gorbatschow in der UdSSR. Ausnahmezustand in Südafrika. Rückzug Israels aus dem Libanon.

1986
USA und UdSSR vereinbaren nukleare Abrüstung. Brasilien wird wieder demokratisch. Sturz des Marcos-Regimes auf den Philippinen. USA bombardieren Libyen: Vergeltung für libyschen Terroranschlag. Reaktorkatastrophe in Tschernobyl.

1987
Aufstand (»Intifada«) der Palästinenser im Gazastreifen und Westjordanland gegen israelisches Regiment; arabisch-israelische Spannungen eskalieren. USA und UdSSR vereinbaren nukleare Abrüstung.

1989
Zusammenbruch der kommunistischen Regime, Fall der Berliner Mauer. Freie Wahlen in Teilen der UdSSR.

1990
Freie Wahlen in der DDR. Wiedervereinigung Deutschlands. Irak überfällt Kuwait.

1991
Baltische Staaten werden unabhängig. Auflösung der UdSSR, Gründung der Russischen Föderation. Tschetschenien erklärt sich unabhängig. Slowenien und Kroatien verteidigen ihre Unabhängigkeit gegen Serbien.

1992
Bosnien erklärt sich unabhängig; Bürgerkrieg im ehemaligen Jugoslawien. Hindu-Extremisten zerstören die Moschee von Ayodha in Indien.

1993
Auflösung der Tschechoslowakei. Osloer Verträge: Israel und PLO vereinbaren bedingte palästinensische Autonomie. Ende der Diktatur in Kambodscha. AIDS-Epidemie im südlichen Afrika.

1994
Bürgerkrieg in Ruanda: 500 000 Tutsis werden ermordet, 2 Mio. Hutus sind auf der Flucht. ANC gewinnt Wahlen in Südafrika. Erster Tschetschenienkrieg (bis 1996).

1995
Österreich, Finnland und Schweden werden EU-Mitglieder. Israels Premier Jitzhak Rabin ermordet. Dayton-Vertrag: Ende des Balkankriegs.

1996
Taliban erobern Kabul. Jelzin gewinnt die russischen Präsidentschaftswahlen gegen seinen kommunistischen Herausforderer Sjuganow.

1997
Großbritannien gibt Hongkong an China zurück. Finanzkrise in Asien. Putsch in Zaire. Israelis ziehen sich aus Hebron zurück.

DIE MODERNE WELT

1998
Indien und Pakistan testen Atomwaffen. Kosovokonflikt zwischen Serben und Albanern. Karfreitagsabkommen in Nordirland.

1999
Russland beginnt zweiten Tschetschenienkrieg. »Ethnische Säuberung« des Kosovo durch Serben. USA und Großbritannien fliegen Luftangriffe auf den Irak.

2000
Wladimir Putin wird russischer Präsident. Erste Entschlüsselung des menschlichen Genoms.

2001
11. September: Terrorangriffe der al-Qaida auf New York und Washington mit über 3 000 Toten. US-Präsident Bush erklärt den »Krieg gegen den Terror«. Britische und US-Luftangriffe auf Afghanistan, Sturz der Taliban.

2002
Zwölf von 15 EU-Staaten führen den Euro als Bargeld ein. Erneute palästinensische Angriffe auf Israel. Mugabe gewinnt manipulierte Wahlen in Simbabwe. UN-Waffeninspektion im Irak.

2003
Ethnische Konflikte in Darfur. Angriff auf Irak unter Führung der USA, Eroberung Bagdads, Sturz Saddam Husseins, Beginn des asymmetrischen Kriegs im Irak. Erster bemannter Weltraumflug Chinas.

2004
Islamistischer Bombenanschlag in Madrid mit 191 Toten. Tsunami fordert über 210 000 Menschenleben in Südostasien. Erweiterung der EU um zehn weitere Staaten.

2005
Islamistischer Bombenanschlag in London mit 52 Opfern. Rückzug Israels aus Gaza; syrische Truppen verlassen den Libanon. Allgemeine Wahlen im Irak. Kyotoprotokoll für Klimaschutz.

Barack Obama wird am 5. November 2008 als erster Afroamerikaner zum Präsidenten der USA gewählt.

2006
Völkermord in Darfur. Neuer Konflikt zwischen Israel und Hisbollah im Libanon. Nordkorea testet Atomwaffen. Montenegro stimmt für die Trennung von Serbien.

2007
Iran setzt trotz UN-Sanktionen sein Atomprogramm fort. Bürgerkrieg im Irak eskaliert.

2008
Der Kosovo erklärt sich von Serbien unabhängig. Dmitri Medwedjew wird russischer Präsident. Nepal wird Republik. Weltweite Finanzkrise. Politische Unruhen in Thailand.

2009
Offensive Israels in Gaza. Barack Obama wird als US-Präsident vereidigt. Prozess gegen ehemalige Rote-Khmer-Führer in Kambodscha. Oppositionsführer Morgan Tsvangirai teilt die Macht in Simbabwe mit Robert Mugabe.

2010
Ein Erdbeben der Stärke 7,0 zerstört die haitische Hauptstadt Port-au-Prince. Die Ölplattform Deepwater Horizon explodiert im Golf von Mexiko und verursacht die bisher größte Ölkatastrophe. Die Enthüllungsplattform Wikileaks beginnt damit, geheime diplomatische Dokumente im Internet zu veröffentlichen.

2011
Revolution in Tunesien: Beginn der Proteste oppositioneller Gruppen in der arabischen Welt (»Arabischer Frühling«), Ausbruch des syrischen Bürgerkriegs. Schwere Erdbeben und Tsunami an der Ostküste Japans zerstören das Kernkraftwerk Fukushima: größte Atomkatastrophe seit Tschernobyl. Südsudan wird durch Wahl unabhängiger Staat. In Libyen wird Diktator Muammar al-Gaddafi gestürzt. Abzug der US-Kampftruppen aus dem Irak.

2012
Stromausfälle in Indien: 620 Mio. Menschen ohne Elektrizität. Der Rover *Curiosity* landet auf dem Mars.

2013
Benedikt XVI. tritt als erster Papst seit fast 600 Jahren zurück, sein Nachfolger wird Franziskus, der erste südamerikanische Papst. NSA-Affäre: Edward Snowden enthüllt die globalen Überwachungspraktiken vor allem der US-Geheimdienste, erhält Asyl in Russland.

2014
Höhepunkt der Ebola-Epidemie in Westafrika (über 11 000 Tote). Russland annektiert die ukrainische Krim und unterstützt die Separatisten in der Ostukraine. Die Terrormiliz Islamischer Staat erobert weite Gebiete im Irak und in Syrien, ruft das Kalifat aus, begeht schwerste Kriegsverbrechen bis zum Völkermord (Jesiden). US-Präsident Obama kündigt die Normalisierung der Beziehungen zum kommunistischen Kuba an.

2015
Islamistischer Terror der Boko Haram in Nigeria mit Tausenden Opfern. Humanitäre Katastrophe nach Erdbeben in Nepal. Bürgerkrieg in Syrien treibt Millionen in die Flucht. Griechische Staatsschuldenkrise und Flüchtlingskrise belasten die EU. Terroranschläge in Paris, Brüssel, Istanbul und Ankara erschüttern die Welt. UN-Klimakonferenz einigt sich auf verbindliche Ziele.

VORGESCHICHTE

DIE WELT BIS 3000 V. CHR.

Vor rund 4,5 Mrd. Jahren entstand die Erde. Verglichen mit ihrem Alter ist die Geschichte der Menschheit nur kurz. Vor 5–6 Mio. Jahren trennten sich die Vorfahren der Menschen genetisch von ihren affenähnlichen Verwandten, doch erst vor etwa 150 000 Jahren entstand der anatomisch moderne Menschentyp. Rasch verließen

Die ersten Menschen erreichten Amerika auf einer Landbrücke über die Beringstraße. Vor 25 000 Jahren ragte sie aus dem Wasser, weil die Eiszeit den Meeresspiegel sinken ließ.

Ausbreitung des modernen Menschen

- Vermutliche Besiedlungsrouten
- Größere Siedlungen 100 000–12 000 v. Chr.
- Eisdecke um 18 000 v. Chr.
- Eisdecke um 10 000 v. Chr.
- Küstenlinien um 18 000 v. Chr. (Hauptkarte)
- Alte Seen

VORGESCHICHTLICHE WELT

Vor 40 000 Jahren erreichten Frühmenschen Australien, spätestens vor 12 000 Jahren Amerika. Die ersten Städte und Hochkulturen entstanden 5000–3000 v. Chr. in Mesopotamien, Ägypten, Nordwestindien und im Jangtsetal (China).

DIE WELT BIS 3000 V. CHR.

die Hominiden ihre afrikanische Ursprungsregion und hatten sich bereits vor rund 12 000 Jahren auf der ganzen Erde verbreitet. Etwa 2000 Jahre später führte die Entwicklung des Ackerbaus im Nahen Osten zur Herausbildung sesshafter und zunehmend komplexerer Gesellschaften, schließlich auch der ersten Städte.

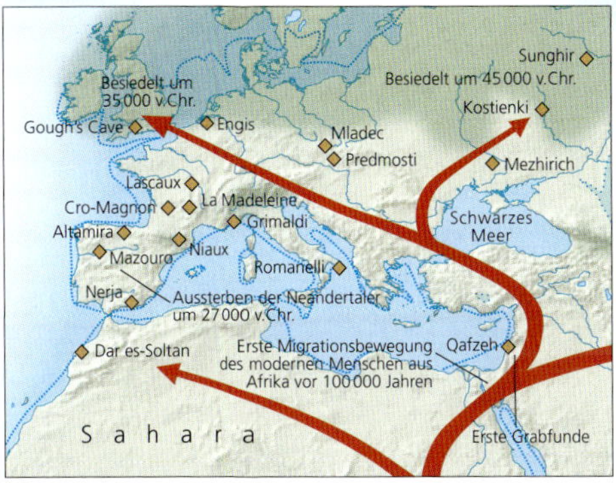

Vor rund 45 000 Jahren erreichte *Homo sapiens* Europa. Seine Vertreter, die nach ihrer Kultur Cro-Magnon-Menschen genannt werden, verdrängten die letzten Neandertaler. Sie entwickelten eine eigene Tradition der Höhlenmalerei, deren berühmteste Beispiele in den Höhlen von Lascaux, Niaux (Frankreich) und Altamira (Spanien) zu besichtigen sind.

VORGESCHICHTE BIS 3000 V. CHR.

UNSERE VORFAHREN

Vor 5–6 Mio. Jahren entwickelten sich Schimpansen und Menschen genetisch auseinander: Die Geschichte des Menschen beginnt. Dieser Prozess lässt sich nur schwer zurückverfolgen, denn wir haben nur wenige verstreute Funde, die kein einheitliches Bild ergeben. *Homo sapiens*, der anatomisch moderne Mensch, ist erst vor etwa 150 000 Jahren in Erscheinung getreten. Die ersten uns bekannten menschlichen Siedlungen sind nur rund 12 000 Jahre alt.

AUSTRALOPITHECINEN

Ostafrika ⚹ vor 4 Mio. Jahren

Zu den frühesten bekannten Vorfahren des Menschen gehören die Australopithecinen (»südliche Affenmenschen«), die in den Urwäldern Ostafrikas lebten. Vor 4 Mio. Jahren hatten sich viele unterschiedliche Arten herausgebildet, die eines gemeinsam hatten: Sie gingen aufrecht, auf zwei Beinen.

DIE FUSSSPUREN VON LAETOLI UND LUCY

Bei Laetoli (Tansania) lagerte sich vor rund 3,75 Mio. Jahren eine vulkanische Ascheschicht ab. Regen ließ die Asche wie Zement erhärten, sodass sich darin Fußabdrücke von drei Australopithecinen erhalten konnten, die zeigen, dass sich diese aufrecht bewegten und dabei den Fuß abrollten. Das Skelett mit dem höchsten Vollständigkeitsgrad, 1975 in Äthiopien entdeckt, ist das einer Frau, die die Forscher »Lucy« nannten. Lucy war etwa 1 m groß, wog 27 kg und konnte auf zwei Beinen gehen, was ihr engeres Becken verrät. Der aufrechte Gang erlaubte den Australopithecinen, die Wälder zu verlassen und sich im offenen Gelände der Savanne zu bewegen, wo sie mehr Nahrung fanden als ihre Rivalen. Vor 3 Mio. Jahren verbreiteten sie sich weiträumig im Gebiet südlich der Sahara.

Die »Wiege der Menschheit«: In der Olduvai-Schlucht (Tansania) entdeckten Archäologen die ältesten menschlichen Vorfahren.

HOMO HABILIS

Ostafrika   vor 2,3–1,75 Mio. Jahren

Die frühesten »Hominiden« – Vorfahren der modernen Spezies *Homo sapiens* – entwickelten sich vor etwa 2 Mio. Jahren. Die erste Art, die in der Olduvai-Schlucht (Tansania) entdeckt wurde, war *Homo habilis* – »der geschickte Mensch«, sogenannt, weil er Werkzeuge aus Stein benutzt hat.

Er war den Australopithecinen ähnlich, hatte aber ein größeres Gehirn. Seine Zähne und Hände wiesen schon stärkere Ähnlichkeiten mit dem modernen Menschen auf. Der Schädel allerdings war lang gestreckt mit starken Augenwülsten und die Arme waren überlang.

In der Olduvai-Schlucht, der Fundstätte des *Homo habilis*, wurden auch einfache Werkzeuge aus behauenem Feuerstein und zerbrochene Tierknochen geborgen, die belegen, dass *Homo habilis* Tierkadaver zerlegte. Er schlief, um vor Löwen und anderen Raubtieren sicher zu sein, wahrscheinlich auf Bäumen. Es gibt Anzeichen dafür, dass er eine rudimentäre Sprachfähigkeit besaß, die es ihm ermöglichte, komplexere soziale Strukturen auszubilden.

Schädel eines *Homo habilis*, eines der ältesten Vorfahren des Menschen

HOMO ERECTUS

Ostafrika, Asien, Europa   vor 2–0,5 Mio. Jahren

Die frühesten, in Ostafrika gefundenen Exemplare einer neuen Hominidenart, des *Homo erectus* (»aufrechter Mensch«), sind rund 2 Mio. Jahre alt. Seine Werkzeuge waren gegenüber denen des *Homo habilis* deutlich verbessert, differenziert in Handbeile und Schneidewerkzeuge, die besonderen Zwecken, etwa dem Schlachten von Tieren, dienten.

Diese Frühmenschen waren recht geschickte Jäger, die sich rasch auf unterschiedliche Umweltbedingungen einstellen und diese zu ihrem Vorteil nutzen konnten – gewiss ein entscheidender Faktor für eine erfolgreiche Weiterentwicklung der Art. Denn vor 500 000 Jahren hatte sie sich an verschiedene tropische und gemäßigte Gegenden angepasst und war bis nach China vorgedrungen: Viele Knochenfragmente einer als *Homo erectus* klassifizierten Art wurden in der Höhle von Zhoukoudian (bei Peking) gefunden. Diese »Pekingmensch« genannte Spezies kannte das Feuer, konnte also auch in kalten Gegenden überleben und ihre Nahrung garen, was dazu führte, dass sich kleinere Kiefer und weniger starke Zähne entwickelten.

Homo erectus war stark gebaut, hatte kräftige Augenwülste, ein breites Gesicht und einen langen flachen Schädel.

WERKZEUGE UND SPRACHE

Auch bestimmte Affenarten, darunter die Schimpansen, können Werkzeuge, wie z. B. Stöcke oder Steine, benutzen, um zu graben, Schalentiere zu öffnen oder um Feinden zu drohen. Unsere frühen Vorfahren vor 2 Mio. Jahren jedoch stellten Werkzeuge bewusst her. Zugleich entwickelten sich bei ihnen im Gehirn und im Kehlkopf die Voraussetzungen für ein artikuliertes Sprechen.

ENTWICKLUNG VON WERKZEUGEN

Die noch sehr primitiven Werkzeuge aus Stein oder Knochen, die an Stätten des *Homo habilis* entdeckt wurden (S. 61), sind rund 2 Mio. Jahre alt und wahrscheinlich die frühesten überhaupt. Von Kieseln und von aus Felsen gebrochenen Steinen wurden Klingen abgespalten, die zum Schaben, Hacken oder Graben dienten. Die Grundformen haben sich über Tausende von Jahren kaum verändert. Als vermutlich Erste haben die Neandertaler vor etwa 300 000 Jahren Schaber, Speerspitzen und Klingen an hölzernen Griffen befestigt.

KÖRPERLICHE ENTWICKLUNG UND SPRACHE

Die Entstehung der Sprache war eine entscheidende Schwelle in der menschlichen Entwicklung, denn Sprache ist die Voraussetzung für die Organisation des Zusammenlebens in größeren Gruppen. Wann es dazu kam, lässt sich nicht genau sagen. *Homo habilis* hatte einen menschenähnlicheren Stirnlappen (das Sprachzentrum im Gehirn) als die Australopithecinen; *Homo erectus*, vor etwa 1,8 Mio. Jahren, besaß einen tiefer liegenden Kehlkopf und konnte darum mehr Vokale hervorbringen. Beim vor 400 000 Jahren lebenden *Homo heidelbergensis* entwickelte sich das Zungenbein, das zur Lautartikulation notwendig ist. Erst vor 300 000 Jahren war die Schädelbasis so gestaltet, dass man ein Sprachzentrum vermuten kann. Und schließlich vor 50 000 bis 40 000 Jahren, während des »Großen Sprungs nach vorn«, scheint sich die Sprache in einer Form entwickelt zu haben, die unserer nahekommt. Etwa gleich alt sind die historisch ersten bildlichen Darstellungen, wie z. B. die Malereien in den Höhlen von Lascaux (Frankreich; S. 69). Sprache und Symbole erlaubten unseren Vorfahren, Techniken, Traditionen und Entdeckungen weiterzugeben. Dies war eine wesentliche Voraussetzung dafür, dass ab 10 000 v. Chr. komplexere Formen des Zusammenlebens entstanden.

Eine zweiseitig behauene Feuersteinklinge aus der Zeit, in der mit *Homo erectus* auch verfeinertere Werkzeuge auftauchten.

NEANDERTALER

🌍 Afrika, Westeurasien ⏳ vor 350 000 – 24 000 Jahren

Vor rund 350 000 Jahren trat in Afrika eine neue Spezies auf, *Homo neanderthalensis*, die letzte große Hominidenart vor dem modernen Menschen. Die Neandertaler wanderten vor 200 000 Jahren von Afrika bis nach Usbekistan, auf die Iberische Halbinsel und weiter nach Nordeuropa. Erste Skelette dieser Art wurden 1856 im Neandertal (bei Düsseldorf) gefunden, das ihnen den Namen gab. Sie waren klein und stämmig, hatten kräftige Gliedmaßen, ein vorspringendes Kinn, starke Augenwülste und einen Körperbau, der dem des modernen Menschen ähnlicher ist als dem älterer Hominiden.

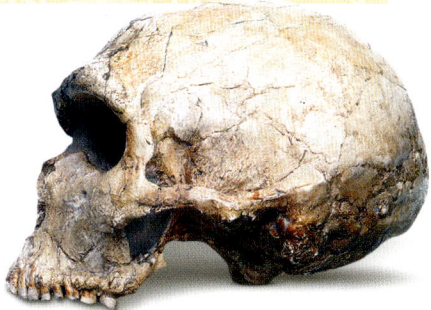

Schädel eines Neandertalers mit den charakteristischen starken Augenwülsten und der runderen Schädelform mit größerem Volumen

LEBENSWEISE

Die Neandertaler waren geschickte Jäger, die sich mit ihren Speeren – an Holzschäften befestigte Steinspitzen – auch an größere Tiere wie Wisente heranwagten. Überhaupt war ihr Werkzeug vergleichsweise spezialisiert. Sie siedelten in Höhlen, unter Felsüberhängen und in offenen Lagern. Vielleicht konnten sie auch sprechen. Ihr Kehlkopf allerdings lag höher als beim modernen Menschen, was das Spektrum möglicher Laute einschränkte. Als erste Art kannten sie so etwas wie Bestattungsriten. In einem Grab in Teschik-Tasch (Usbekistan) fand man Feuerspuren und rings um den Schädel angeordnete Steinbockhörner.

DNA-Analysen von Knochenfunden ergaben, dass die Neandertaler nicht unsere unmittelbaren Vorfahren waren. Sie lebten neben dem *Homo sapiens*, dem anatomisch modernen Menschen, der vor etwa 45 000 Jahren von Afrika nach Europa einwanderte. Warum die Neandertaler vor 25 000 Jahren ausstarben, ist noch nicht geklärt; eine Ausrottung durch *Homo sapiens* schließen viele Forscher aus.

Gorham-Höhle in Gibraltar: eine der letzten Stätten, an denen Neandertaler vor ihrem Aussterben siedelten.

ERSTE MENSCHEN

Homo sapiens, der moderne Mensch, entwickelte sich vor rund 150 000 Jahren in Ostafrika. Körperlich war er schlecht dazu ausgestattet, in kälteren Klimazonen zu leben. So beschränkte die etwa gleichzeitig beginnende Eiszeit seine Verbreitung zunächst auf das tropische Afrika und Südwestasien. Doch erlaubten ihm sein größeres Gehirnvolumen und seine Sprachfähigkeit bald, seine Ursprungsgebiete zu verlassen.

EISZEITEN

weltweit, außer in tropischen Regionen   vor 2 Mio.–11 000 Jahren

Für Jahrmillionen herrschten immer wieder Eiszeiten auf der Erde, deren letzte vor etwa 2,5 Mio. Jahren begann. Unterbrochen wurden die Kälteperioden durch mildere Zwischeneiszeiten. Auch wir leben in einer solchen milderen Periode, die vor 11 000 Jahren einsetzte.

Die Vergletscherung während der letzten Kälteperiode veränderte die Erdoberfläche und Umwelt gewaltig. Riesige Eisplatten überzogen Skandinavien sowie fast ganz Kanada und den Norden der USA bis zu den Großen Seen. Auch die Pyrenäen, die Anden und die Gebirge Zentralasiens waren von riesigen Gletschern bedeckt. Südlich davon war vom Atlantik bis Sibirien kahles ödes Land. Neun Monate lange, strenge Winter zwangen unsere Vorfahren, nach Süden, in wärmere Regionen auszuweichen. Die in der letzten Zwischeneiszeit abschmelzenden Gletscher hinterließen die uns bekannten Landschaftsformationen. Der Meeresspiegel stieg (England etwa wurde zur Insel), und die Menschen folgten den Tieren und Pflanzen, die ihnen Nahrung boten, wieder nach Norden.

Mit der Vereisung der Meere sank der Meeresspiegel. Sibirien und Nordamerika waren damals über eine Landbrücke miteinander verbunden.

HOMO SAPIENS IN AFRIKA

 Afrika   vor 195 000–50 000 Jahren

Der anatomisch moderne Mensch entwickelte sich vor 150 000 Jahren, vermutlich in Ostafrika. Er war größer (die Männer maßen durchschnittlich 1,75 m) und schwerer als seine unmittelbaren Vorfahren.

Unterkiefer und Kinn ragten weniger weit nach vorne und die Augenwülste waren nicht so stark ausgeprägt wie beim Neandertaler *(S. 63)*. Kleiner als bei diesem, doch größer als bei den meisten älteren Arten, war das Gehirnvolumen des *Homo sapiens*. Sein Kehlkopf lag tiefer, sodass er eine lautreiche, artikulierte Sprache entwickeln konnte.

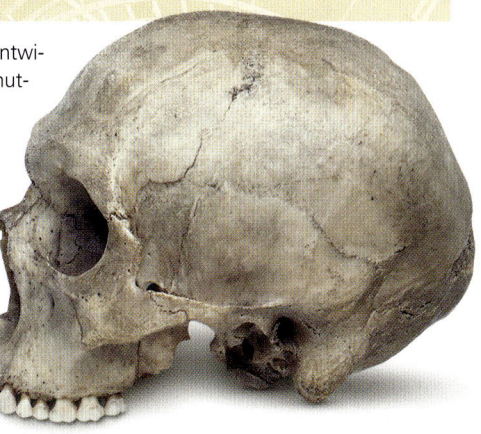

Schädel eines frühen *Homo sapiens* aus Südafrika: Seine Form ist der des heutigen Menschen schon sehr ähnlich.

Homo sapiens hatte lange Glieder. Weil seine Hautoberfläche entsprechend größer war, verlor er leicht Wärme, was ein Vorteil war im warmen Klima seiner Ursprungsgegend. Aufrechte Haltung und Gang waren voll ausgebildet und damit das Becken entsprechend enger. Deshalb mussten seine Nachkommen früh, ohne voll entwickelten Schädel geboren werden und waren von ihren Eltern länger abhängig als Nachkommen früherer Arten, womit sich die Phase sozialen Lernens ausdehnte. Zudem erhöhten kürzere Schwangerschaften das Bevölkerungswachstum. Doch konnte *Homo sapiens* seine evolutionären Vorteile gegenüber den Neandertalerpopulationen in Europa und Südwestasien zunächst nicht ausspielen. Er lebte, wie die bedeutendsten Fundstätten für den frühen *Homo sapiens* zeigen, in Afrika, auch im heutigen Israel. Die ältesten, auf 195 000 Jahre geschätzten Knochenfunde stammen aus Omo (Äthiopien). Vor 120 000 Jahren lebte eine Population des *Homo sapiens* in Klasies Cave (Südafrika), jagte Robben und Antilopen und sammelte Wurzeln sowie Schalentiere.

MITOCHONDRIALE EVA

Unterschiedlichste Proben mitochondrialer DNA (Materie außerhalb des Zellkerns, die von der Mutter an das Kind weitergegeben wird) zeigen, dass alle lebenden Menschen eine gemeinsame Ahnin haben, die vor 200 000 Jahren in Afrika lebte. Diese unbekannte Matriarchin wurde »mitochondriale Eva« genannt, mit der auch wir noch einige genetische Informationen teilen. Die mitochondriale DNA liefert zudem Hinweise auf die schrittweise Ausbreitung des *Homo sapiens* über die Erde.

KULTURELLE FORTSCHRITTE

Kunstwerke gelten als wichtige Indikatoren für den Zeitpunkt, an dem *Homo sapiens* seine kognitiven Fähigkeiten voll entwickelt hatte. Um etwas symbolisch darzustellen, musste er abstrahieren, planen, Gefühle ausdrücken können. Die ältesten Funde dekorativer Artefakte (etwa 40 000 Jahre alte Perlen aus Straußeneierschalen) stammen aus Kenia und Tansania. Sie markieren den Übergang zur Altsteinzeit, in der sich *Homo sapiens* mit geschätzten Populationen von etwa einer Million rasch vermehrte und ausbreitete.

BESIEDLUNG DER ERDE

📍 weltweit ⏳ vor 50 000–15 000 Jahren

Die wichtigste aller Wanderungen der Menschheit begann während der letzten Eiszeit vor rund 50 000 Jahren *(S. 64)*. Damals breitete sich *Homo sapiens* über Afrika auf das eurasische Festland bis nach Amerika aus. Mithilfe von Kanus oder Flößen überquerte er sogar tropische Gewässer und gelangte nach Neuguinea und Australien. Die Kolonisierung der Erde war kein planvolles Projekt. Die Populationen folgten einfach den Wanderungen des Wilds, suchten jagend und sammelnd neue Tiere und Pflanzen. Mit seiner Anpassungsfähigkeit konnte *Homo sapiens* selbst ungünstigen Umweltbedingungen das für ihn Nötige abtrotzen.

Höhlenmalereien gab es in Europa schon vor 32 000 Jahren. Diese Szene aus Lascaux zeigt ein Wisent, ein häufiges Motiv vorgeschichtlicher Höhlenmalerei.

BESIEDLUNG NORDAMERIKAS

Die Vorfahren der amerikanischen Ureinwohner kamen über eine Landbrücke nach Nordamerika, die bis vor 10 000 Jahren bestand. Heute ist dort die Beringstraße. Lange glaubte man, die 12 000 bis 11 000 Jahre alten menschlichen Siedlungen in Broken Mammoth und Healy Lake (Alaska), seien die ersten in Amerika.

Doch die Besiedlung begann viel früher, was 25 000 Jahre alte Funde in Bluefish Caves (Kanada) und 14 000 Jahre alte in Monte Verde (Chile) belegen. Die Populationen in Alaska schufen die sogenannte Clovis-Kultur, die sich weit

Fußabdrücke aus Willandra Lakes (New South Wales, Australien) zeigen, dass dort schon vor 40 000 Jahren Menschen siedelten.

ERSTE MENSCHEN

südlich, bis nach Panama, ausbreitete. Möglicherweise waren die Clovis-Menschen verantwortlich für das Aussterben der Großsäugetiere, das in diese Zeit fiel. Dies wiederum könnte dazu beigetragen haben, dass ihre Kultur vor etwa 11000 Jahren verschwand.

AUSBREITUNG NACH AUSTRALIEN

Auch wenn die Inseln Java, Sumatra und Borneo vor 50000 Jahren noch miteinander verbunden waren, musste *Homo sapiens,* um nach Australien zu gelangen, das offene Meer überqueren, also bereits über seetüchtige Boote verfügen. Sicher ist, dass er das australische Festland vor etwa 35000 Jahren erreichte. Doch die Besiedlung Australiens begann vermutlich schon vor 60000 bis 50000 Jahren, worauf Funde unter Felsüberhängen im Northern Territory verweisen. Die bedeutendste, 40000 Jahre alte Fundstätte ist Lake Mungo (New South Wales). Die dort entdeckten Relikte waren teilweise mit rotem Ocker bedeckt, was auf ein Ritual bei Bestattungen schließen lässt.

Als die Menschen in Australien ankamen, starben die großen, dort heimischen Wirbeltiere aus. Allerdings wissen wir nicht, ob die Neuankömmlinge sie durch die Jagd ausrotteten oder ihren Lebensraum durch Buschfeuer zerstörten. Die frühen Siedler, Vorfahren der Aborigines, brachten eine isolierte und einzigartige Kultur hervor, die bis heute überlebt hat. Der älteste, im Wyrie Swamp auf Tasmanien gefundene Bumerang stammt aus der Zeit um 8000 v. Chr.

VERBREITUNG IN ANDERE RICHTUNGEN

Nach und nach drang *Homo sapiens* in fast jede bewohnbare Gegend der Erde vor. Vor 45000 Jahren gelangte er nach Südwesteuropa. Die dortige Population des *Homo sapiens* wird als Cro-Magnon bezeichnet. Sie verdrängte die älteren Neandertaler-Populationen fast vollständig. Osteuropa und das südwestliche Sibirien, etwas später auch Japan, erreichte *Homo sapiens* vor 40000 Jahren.

Die Clovis-Menschen, die Nordamerika besiedelten, drangen nicht bis nach Südamerika vor; andere Menschengruppen entdeckten um 9000 v. Chr. die Südspitze des Kontinents für sich. Damit war, abgesehen von einigen Pazifikinseln und anderen entlegenen Regionen auf der Erde, die lange Auswanderung des *Homo sapiens* aus Afrika abgeschlossen.

Speerspitze der Clovis-Kultur: Diese Form mit zwei geriffelten, konkaven Schneiden fand sich im gesamten Verbreitungsgebiet.

JÄGER UND SAMMLER

Bis vor 12 000 Jahren ernährten sich die Menschen allein vom Jagen und vom Sammeln von Pflanzen. Sie waren mobiler als die späteren sesshaften Ackerbaugesellschaften, was auch Vorteile mit sich brachte. Dennoch haben nur wenige Jäger- und Sammlergesellschaften bis heute überlebt, wie z. B. im Amazonasbecken oder in Afrika. Sie lassen uns ahnen, wie unsere prähistorischen Vorfahren gelebt haben.

FRÜHE FUNDE

Die frühen Jäger und Sammler brauchten zur Nahrungssuche große Gebiete. Daher war ihr Besitz, den sie mit sich führten, gering. Nur wenige Relikte ihres Lebens sind deshalb zu finden, wie etwa die Grabstöcke aus Gwisho (Zentralafrika) oder Sichelschneiden aus Feuerstein.

Solche Funde zeigen, dass unsere Vorfahren Knollen ausgruben und Wildgetreide ernteten. Weitere Einblicke in ihre Ernährungsweise geben Tierknochen, Gräten, Pflanzenpollen und weggeworfene Weichtierschalen.

10 000 Jahre alte, mit Widerhaken versehene Harpunenspitze aus Geweihknochen für die Jagd

Fundstätten wie Star Carr (Nordostengland) belegen, dass die frühen Jäger und Sammler, den jahreszeitlich bestimmten Wanderungen der Wildtierherden folgend, immer wieder an die gleichen Plätze zurückkamen. Venusfigurinen, geschnitzte Bären und Mammuts aus Dolní Věstonice (Tschechien) oder die bemerkenswerten Fischskulpturen aus Lepenski Vir (Serbien) demonstrieren den Grad an kultureller Entwicklung dieser frühen Gesellschaften.

Dennoch löste der Ackerbau die Jäger- und Sammlerwirtschaft allmählich ab. Vermutlich übernahmen einige Gemeinschaften, als sie mit sesshaften Ackerbauern in Kontakt kamen, deren Lebensweise, während andere Nomadengruppen in Randgebiete verdrängt wurden.

In klimatisch ungünstigen Gegenden drohten immer wieder Missernten und Rückschläge. Bis heute folgen kleine isolierte Gemeinschaften, wie etwa die San in der Kalahari, uralten Jäger- und Sammlertraditionen.

Bild eines Jägers: Diese Höhlenmalerei aus Faraway Bay (Westaustralien) ist etwa 20 000 Jahre alt.

KUNST UND RITUAL

weltweit · vor 40 000–4000 Jahren

Die ältesten bekannten Kunstwerke sind 40 000 bis 50 000 Jahre alt: lebendige, mal realistische, mal symbolisierte Darstellungen, in Tierknochen geritzt, auf Höhlenwände gemalt, aus Knochen und Elfenbein geschnitzt. Aus dem gleichen Zeitraum gibt es erste Hinweise auf religiöse Vorstellungen. Sie beweisen, dass die Menschen gelernt hatten, in Ideen oder Begriffen zu denken, die über das unmittelbare, alltägliche Leben hinausreichten.

In der jüngeren Felsenkunst finden sich neben Darstellungen von Tieren und menschlichen Figuren auch Symbole wie dieser Kreis mit Punkten.

HÖHLENKUNST

Vor rund 40 000 Jahren entwickelten die Cro-Magnon-Populationen Westeuropas ihre farbenprächtige Kunst, die auf Höhlenwänden überlebt hat. Die Höhlenmalereien stellen Tiere dar, die, wie Mammut oder Wollnashorn, seit Langem ausgestorben oder, wie Wildpferd, Wisent und Rentier, noch immer bekannt sind. Da diese Gemeinschaften von der Jagd lebten, könnten Tierdarstellungen rituelle Bedeutungen gehabt haben, um reiche Ausbeuten zu gewährleisten.

Seltener dagegen tauchen in den Höhlenmalereien menschliche Figuren auf, und die wenigen, die es gibt, sind sehr stilisiert oder maskiert. An den Höhlenwänden von Altamira (Spanien) und Chauvet, Niaux und Lascaux (Frankreich) sieht man häufig auch Handabdrücke sowie andere, nicht zu deutende Zeichen. Eine mögliche Erklärung dafür ist, dass die Malereien von Schamanen stammen, die als Vermittler mit der spirituellen Welt auch mit Ahnen und Geisttotems kommunizierten. Andere Kunstwerke, wie etwa geschnitzte weibliche Figurinen, verweisen wohl auf Furchtbarkeitskulte der Jäger und Sammler, Grabbeigaben wiederum auf Vorstellungen von Wiedergeburt oder einem Leben nach dem Tod.

Die Venus von Willendorf, um 25 000 v. Chr. aus Kalkstein gefertigt, war wohl ein Fruchtbarkeitsidol.

VOM RITUAL ZUR RELIGION

Als die Gesellschaften komplexer wurden, widmeten sie Kultpraktiken besondere Flächen und Räume. In Çatal Höyük (Türkei) z. B. sind auf 9000 Jahre alten Wandgemälden Orte ritueller Praktiken zu sehen. Aus einfachen Kultstätten entwickelten sich mit der Zeit aufwendige Tempel zur Verehrung von Göttern, in denen eine Priesterkaste immer vielschichtigere Rituale zelebrierte. Die Felsenkunst der australischen Aborigines lässt uns vermuten, wie auch vorzeitliche Jäger und Sammler der Geister ihrer Vorfahren gedacht haben mögen.

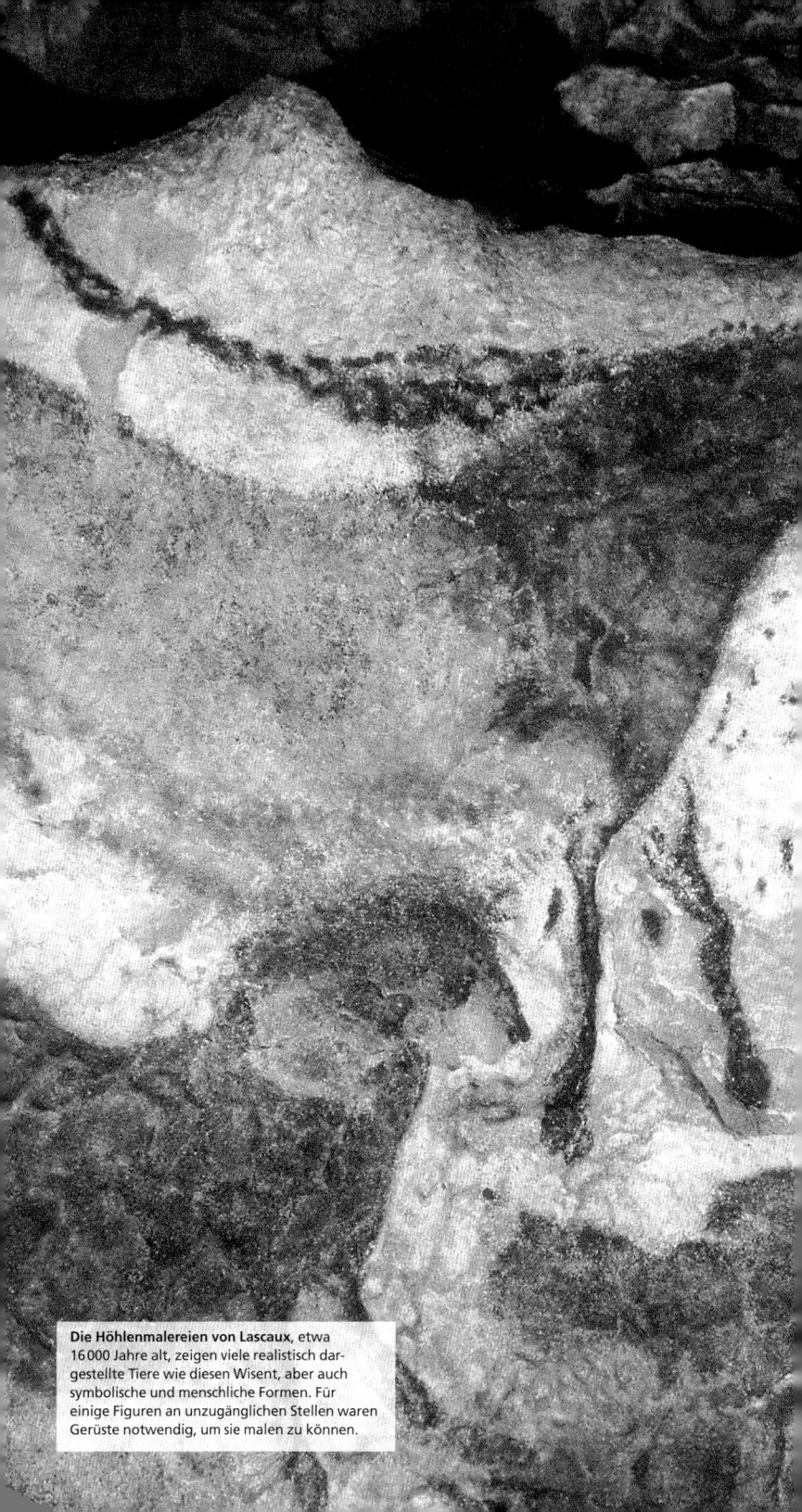

Die Höhlenmalereien von Lascaux, etwa 16 000 Jahre alt, zeigen viele realistisch dargestellte Tiere wie diesen Wisent, aber auch symbolische und menschliche Formen. Für einige Figuren an unzugänglichen Stellen waren Gerüste notwendig, um sie malen zu können.

FRÜHE GESELLSCHAFTEN

Der Übergang zu Ackerbau und Viehzucht, der vor 11 000 Jahren einsetzte und um 2000 v. Chr. abgeschlossen war, führte zu ersten festen Siedlungen und ermöglichte neue Lebensweisen. Aus dieser als Jungsteinzeit bezeichneten Periode stammen die ältesten erhaltenen Monumente. Auch die großen Megalithbauten in Nord- und Westeuropa wurden in dieser Zeit errichtet.

WIEGE DES ACKERBAUS

Türkei, Syrien, Irak, Pakistan, China, Mesoamerika   8500–6000 v. Chr.

Das Ende der letzten Eiszeit vor 11 000 Jahren sowie der damit einhergehende Anstieg der Temperaturen lösten den Übergang der Jäger- und Sammlerkulturen zu einer auf Ackerbau und Viehzucht gegründeten Lebensweise aus. Begonnen hat diese Entwicklung um 8500 v. Chr. im »Fruchtbaren Halbmond«, einem Gebiet, das Teile der heutigen Türkei, Syriens und des Irak umfasste. Warme und trockene Sommer, kühle feuchte Winter sowie das Vorkommen verschiedener Wildgetreidearten und Hülsenfrüchte boten ideale Voraussetzungen für den Ackerbau. Auch in anderen Gebieten mit ähnlich günstigen klimatischen Bedingungen entwickelte sich der Ackerbau: vor etwa 7000 Jahren im Jangtsetal (China) und vor etwa 6000 Jahren in Mittelamerika, möglicherweise auch in Mehrgarh (Pakistan).

FRÜHER ACKERBAU

Die ersten aus Wildgräsern kultivierten Getreidesorten waren Emmer und Einkorn, Gerste und Roggen. Sie konnten in Abu Hureyra (Syrien), einer kleinen Siedlung von Jägern und Sammlern, aus der sich ein festes Dorf mit Lehmhäusern entwickelte, nachgewiesen werden.

Zugleich wurden Tiere domestiziert: erst Ziegen, später Schafe, Schweine und Rinder. Die sesshafte Lebensweise und die stete Verfügbarkeit ausreichender Nahrung führten zu einem starken Bevölkerungswachstum. In 'Ain Ghazal (Jordanien) verdoppelte sich die Einwohnerzahl zwischen 7250 v. Chr. und 6750 v. Chr.

Ähre des Emmer: Die ersten Ackerbauern züchteten dieses Wildgras, um ihre Ernten zu steigern.

FRÜHE GESELLSCHAFTEN

AUSBREITUNG DES ACKERBAUS

weltweit 7000–2000 v. Chr.

Um 7000 v. Chr. nahm in den Ackerbau betreibenden Gesellschaften des Nahen Ostens der Bevölkerungsdruck zu. Manche Siedlungen schrumpften, andere wurden aufgegeben. Eventuell aus diesem Grund zerstreuten sich diese Gemeinschaften wieder und nomadische Lebensformen mit Viehherden breiteten sich aus.

In Behältnissen, z. B. aus Ton, wurden die Erzeugnisse des Ackerbaus eingelagert.

könnte. Um 3000 v. Chr. erreichte sie das Gangestal, etwa 2500 v. Chr. den Altai in Zentralasien. In Ostasien drang der Anbau von Reis und Hirse um 3000 v. Chr. von seinem Ursprung im Jangtsetal nach Südchina vor und rund 2300 v. Chr. schließlich bis nach Südostasien.

EUROPA UND ASIEN

Ackerbau und Viehzucht scheinen um 6500 v. Chr. den Balkan, 1000 Jahre später die Iberische Halbinsel erobert zu haben. Etwa 3500 v. Chr. sind sie auch in Norddeutschland, Skandinavien und auf den britischen Inseln nachweisbar.

Im Osten setzte sich diese Lebensweise erst im Zagrosgebirge (Grenzland von Irak und Iran) durch, dann im Kaukasus, in Turkmenistan und in Pakistan, wo sie sich auch selbstständig entwickelt haben

AFRIKA UND AMERIKA

In Ägypten vollzog sich der Übergang zur bäuerlichen Lebensweise um 5500 v. Chr. und breitete sich von dort nach Süden aus. Denkbar ist auch, dass sie südlich der Sahara etwa 2000 v. Chr. unabhängig entstanden ist.

In Amerika wurden um 4000 v. Chr. Sonnenblumen angebaut. Mais und Bohnen, Hauptnahrungsmittel der amerikanischen Ureinwohner, wurden in Mittelamerika schon ab 5000 v. Chr. domestiziert. Ebenso wurden in den Anden Kartoffeln angebaut und Lamas gezähmt.

In Mittelamerika gab es nur wenige Tiere, die sich für die Domestizierung und Zucht eigneten. Das Lama war Packtier und lieferte Fleisch und Wolle.

ERSTE SIEDLUNGEN

Jordanien, Syrien, Türkei 9600–7000 v. Chr.

Mit Ackerbau und Viehzucht entwickelten sich feste Siedlungen, wobei die ersten Dörfer nicht mehr waren als dicht gedrängte Haufen von Lehmhäusern. In Abu Hureyra (Syrien) etwa lebten mehrere Hundert Bauern direkt bei ihren Feldern. Jericho war um 8000 v. Chr. bereits eine kleine ummauerte Stadt. Die wabenförmig angelegten Häuser hatten Steinfundamente und gepflasterte Fußböden, unter denen die Toten bestattet wurden.

Skara Brae, eine gut erhaltene neolithische Siedlung auf einer Orkneyinsel (Schottland)

HANDEL, GESELLSCHAFT, RELIGION

Eine ebenfalls erfolgreiche Siedlung war Çatal Höyük (Türkei), die von 7000 v. Chr. an über 1000 Jahre lang bewohnt wurde. Die Menschen lebten in rechteckigen, eng aneinander gebauten Häusern, die gekalkt und mit geometrischen Mustern verziert waren. Vom Dach aus gelangte man ins Innere. Der Grund dieser Blüte Çatal Höyüks lag vermutlich im Handel mit Obsidian, einem schwarzen Vulkanglasgestein und kostbarem Werkstoff für Klingen. Handelsnetze sind stets ein Zeichen dafür, dass Überschüsse produziert wurden. Diese erlaubten es den Dörfern, Rohstoffe aus anderen Gegenden im Tausch gegen ihre restlichen, bäuerlichen Erzeugnisse zu erwerben.

Sobald nicht mehr alle Menschen für die unmittelbare Nahrungsbeschaffung arbeiten mussten, konnten einige spezielle Techniken und Fertigkeiten auf anderen Gebieten entwickeln. Manche wurden Töpfer oder Maurer, andere Schamanen und Priester für die aufkommenden Ahnen- und Fruchtbarkeitskulte.

In der Andenregion entstanden Dörfer um 2500 v. Chr. Um 800 v. Chr. hatten sie sich bis zu den Rändern der Atacamawüste bei Tulor ausgebreitet

ENTDECKUNG DER METALLE

Eurasien, Mesoamerika   8000–2000 v. Chr.

Tausende von Jahren hatten die Menschen Werkzeuge aus Stein, Knochen und Holz hergestellt, bis sie lernten, Kupfer zu verarbeiten – eine umwälzende Entdeckung.

An der Erdoberfläche gelagertes Kupfererz wurde an vielen Orten rund ums Mittelmeer gefunden. Die ältesten Gegenstände aus Kupfer sind roh gehämmerte Beile und Perlen. Erst die mit Holzkohle betriebene Verhüttung, das Herauslösen des reinen Kupfers aus dem Roherz, machte es möglich, sehr viele praktische und auch dekorative Artefakte herzustellen. Zuerst wurde das Kupfer in offenen Feuern geschmolzen, dann fand man heraus, dass sich das Reinmetall effizienter in Tiegeln, also hitzebeständigen Gefäßen aus gebranntem Ton, gewinnen ließ.

Beile aus Kupfer: Der neue Werkstoff ließ sich in Formen gießen, damit wurden die Werkzeuge vielfältiger.

VERBREITUNG DER METALLURGIE

Die Metallschmelze scheint um 6000 v. Chr. im westlichen, vor 2000 v. Chr. unabhängig davon auch im östlichen Asien entdeckt worden zu sein. Um 6000 bis 5000 v. Chr. kamen für rituelle und dekorative Zwecke Gold und Silber in Gebrauch, die für den täglichen Gebrauch zu weich waren. Zwischen 4000 und 2000 v. Chr. war die Metallbearbeitung in Eurasien und Nordafrika fast überall bekannt. Die Nachfrage nach Metallen förderte die Ausdehnung von Handelsnetzen. In der mesopotamischen Ebene etwa, der Wiege der frühesten Hochkulturen, gibt es keine Erzvorkommen. Sie mussten infolgedessen aus Anatolien oder von der iranischen Hochebene eingeführt werden. Die erste europäische Kupfermine entstand um 5100 v. Chr. in Varna (Bulgarien).

VOM KUPFER ZUR BRONZE

Nach 3500 v. Chr. entdeckte man, dass sich Kupfer und Zinn zu Bronze mischen ließen, einer Legierung, die haltbarer war als Kupfer und sich zur Herstellung von Waffen, Rüstungen und Werkzeugen eignete. Um 3300 v. Chr. übernahmen die Mesopotamier, etwas später auch die Ägypter diese Technik: der Beginn der Bronzezeit. In China wurde die Bronzeverarbeitung um 2000 v. Chr. entdeckt und verbreitete sich von dort in ganz Ost- und Südostasien.

Grab aus Varna (Bulgarien): Mit den reichen Metallvorkommen entwickelte sich eine Kultur, die den Toten kostbare Beigaben mitgeben konnte.

MEGALITHKULTUREN

Mit dem Ackerbau entstanden in Nord- und Westeuropa sowie auf Malta Gesellschaften, die so gut organisiert waren, dass sie Monumente aus riesigen Steinblöcken errichten konnten: die sogenannten Megalithen. Ihr genauer Zweck ist unbekannt, fest steht nur, dass sie die Kreisbewegungen der Sonne, des Monds und der Sterne markierten. Sie verweisen also auf kosmisch-religiöse Vorstellungen.

HÜGELGRÄBER UND HENGES

Im 4. Jt. legten bäuerliche Gemeinschaften in Europa Hügelgräber und Grabstätten aus Stein an. Im Hügelgrab von West Kennet (Wiltshire, Südengland) führt ein Durchgang zu Seitenkammern, in denen 46 Tote beerdigt waren. In ähnlichen Grabkammern in Newgrange (Irland) fanden sich spiral- und kreisförmige Muster. Diese neuen künstlerischen Techniken sind typisch für die Zeit der Megalithbaumeister.

Kreisförmige oder ovale Einfriedungen um eine Vertiefung im Inneren der Anlage, sogenannte Henges, wurden seit 3200 v. Chr. errichtet. Die Begrenzung entlang eines Walls konnte aus Holzpfählen oder großen Steinen bestehen. Anlagen aus Holzpfählen sind längst vergangen, nur die Pfahllöcher sind, wie in Woodhenge (Wiltshire), noch zu erkennen, manche von ihnen 2 m tief. Daraus lässt sich schließen, dass die Pfähle bis zu 7,5 m hoch waren.

Die bemerkenswertesten Monumente des Megalithzeitalters sind jedoch die in ganz Nord- und Westeuropa verbreiteten Steinkreise. Allein auf den britischen Inseln gibt es rund 1000 davon. Der Steinkreis in Avebury (Wiltshire) ist mit einem Durchmesser von 420 m der größte und war vermutlich ein ritueller Mittelpunkt für große Teile Südwestenglands. Im westfranzösischen Carnac bilden lange Reihen stehender Steine ein ähnlich beeindruckendes Ensemble.

Stonehenge war vermutlich ein riesiger Kalender zur Anzeige von Winter- und Sommersonnenwende: wichtige Ereignisse für bäuerliche Gemeinschaften.

Der Mnajdra-Tempelkomplex, errichtet um 3500 v. Chr., war die Krönung einer blühenden Megalithkultur auf Malta.

STONEHENGE

Die wahrscheinlich berühmteste Megalithstätte steht in Stonehenge (Südengland). Um 3000 v. Chr. entstand zunächst ein einfacher Erdwall, der in den folgenden 1000 Jahren kontinuierlich ergänzt wurde. Der Kreis aus Blausteinen, die aus dem 250 km entfernten Preseli (Südwales) herbeigeschafft wurden, kam um 2500 v. Chr. hinzu. Etwa 200 Jahre später wurde der weltbekannte äußere Kreis aus riesigen, 26 t schweren und maßgerecht behauenen Sandsteinblöcken errichtet. Wie genau das gelingen konnte, darüber rätselt die Altertumswissenschaft bis heute. Es muss aber ungeheure Mühen und viel Zeit gekostet haben, und nur eine arbeitsteilige, zentral gelenkte Gemeinschaft kann das bewerkstelligt haben.

ENDE DER MEGALITHZEIT

Um 1500 v. Chr. ging die Zeit der jungsteinzeitlichen Megalithbauten in Europa zu Ende. Weder in England noch in Nordfrankreich wurden danach weitere Steinkreise errichtet. Die religiösen Praktiken mussten sich geändert haben, worauf Anhäufungen von Waffen hindeuten, die rituell in Seen und Sümpfen versenkt worden waren. Letzte Veränderungen in Stonehenge fanden um 1100 v. Chr. statt. Nur 100 Jahre später wurden einige Steine offenbar absichtlich umgestürzt. Die Monumente blieben, ihre Erbauer und ihre Bedeutung jedoch gerieten in Vergessenheit.

Ein Steingang führt zur Grabkammer in der 5000 Jahre alten Megalith-Grabanlage in Newgrange (Irland).

ERSTE STÄDTE

🗺 Naher Osten　⌛ 5000–3000 v. Chr.

Die erste Stadtanlagen entstanden im 4. Jt. in Mesopotamien, weil vermutlich der Bau und die Unterhaltung von Bewässerungskanälen eine zentrale Leitung voraussetzten. Vorläufer dieser Städte waren dörfliche Siedlungsgruppen, in denen größere Sippen lebten. Sie wurden rasch zu Zentren für den Handel und für die aufwendigen Bewässerungsarbeiten, die dem Land zu mehreren jährlichen Ernten und damit zur Versorgung großer Bevölkerungen verhalfen.

Jericho am Jordan, ab 6000 v. Chr. permanente Siedlung, entwickelte sich zu einer der ersten Städte.

STÄDTE UND HIERARCHIEN

Doch infolge wachsender Gemeinschaften entstanden nicht nur die Städte. Gleichzeitig veränderten sich auch die sozialen, wirtschaftlichen und politischen Strukturen. Es bildeten sich gesellschaftliche Hierarchien heraus.

An der Spitze standen häufig als Gottheiten verehrte Herrscher. Ihnen schloss sich die privilegierte Klasse hoher Beamter und Priester an, die alles organisierte. Darauf folgten Handwerker, untergeordnete Beamte, Soldaten, zuletzt das Volk. Nicht allein Gewalt hielt diese Gemeinschaften zusammen, sondern vor allem religiöse Überzeugungen, an die in Tempeln, Bildwerken, Inschriften erinnert und die durch Zeremonien immer wieder bestätigt wurden. Zentrum der mesopotamischen Städte war der Tempelbezirk, der auf einer Lehmziegelpyramide, dem Zikkurat (»Götterberg«), errichtet war. Auch diese hoch entwickelten Städte lebten von der Landwirtschaft. Ihre den Kosmos nachbildende Ordnung sicherte die jährliche Wiederkehr der Ernten.

Aus Südmesopotamien verbreiteten sich Stadtkulturen nach Norden: Ninive am Tigris, Mari am Euphrat, Susa im heutigen westlichen Iran. Jede Stadt stellte eine unabhängige Einheit, einen Stadtstaat, dar. In Ägypten hatte sich bis um 3000 v. Chr. ein einziger, einheitlicher Großstaat herausgebildet.

Çatal Höyük (Türkei), ab 7500 v. Chr., zählte in seiner Blütezeit 8000 Einwohner, erhielt sich jedoch nicht bis in die Bronzezeit und wurde nicht zur Stadt.

FRÜHES MESOPOTAMIEN

📍 Irak, Westiran, Südostsyrien   ⌛ 6000–3000 v. Chr.

Um 6000 v. Chr. hatte sich im nördlichen Mesopotamien die sogenannte Halaf-Kultur etabliert. Die Menschen lebten in Dörfern aus Lehmhäusern mit Kuppeldächern, betrieben Fernhandel und begruben ihre Toten in Schachtgräbern. Die folgende Ubaid-Kultur baute als Erste Bewässerungsanlagen, um die Ernteerträge zu steigern. Gleichzeitig bildeten sich die städtischen Zentren Eridu und Uruk heraus.

FRÜHE STÄDTISCHE ZENTREN

Wie andere Städte in Mesopotamien war auch Eridu zunächst ein Heiligtum, das den Gott Enki, den Herrn der Erde und des Süßwassers, der aus dem Chaos Ordnung geschaffen hatte, ehrte. Das Heiligtum wurde mindestens sechs Mal umgebaut und erweitert, bis schließlich eine imposante Stufenpyramide entstand.

Uruk, ewa 4800 v. Chr. gegründet, war um 2800 v. Chr. 250 ha groß und zählte 5000 Einwohner. Die Stadt wuchs durch den Handel mit ihrem Getreide, das sie gegen andere Waren eintauschte. Eventuell um Handelswege zu sichern, errichtete sie mehrere Hundert Kilometer weiter nördlich, im Zagrosgebirge, Kolonien.

Darbringen von Opfergaben: Statuette aus Uruk, 3. Jt. v. Chr.

PRÄDYNASTISCHES ÄGYPTEN

📍 Ägypten   ⌛ 4000–3100 v. Chr.

Ägypten umfasste 4000 v. Chr. das Niltal, in dem Bauern in dörflichen Gemeinschaften zusammenlebten. Jährliche Hochwasser hinterließen einen fruchtbaren Schlamm. Blieben sie aus, herrschten Hungersnöte. Es gab kleinere Königreiche, die größten z. B. um die aufstrebenden Städte Abydos und Nechen (Hierakonpolis). Um 3300 v. Chr. entstand die befestigte Stadt Naqada, vor der reich ausgestattete Herrschergräber gefunden wurden. Die kleinen Königreiche verschmolzen zu dieser Zeit zu Ober- und Unterägypten, die wiederum etwa 3100 v. Chr. durch Herrscher Oberägyptens vereinigt wurden. Dabei handelte es sich entweder um Narmer, der als erster Pharao sowie als Gründer der 1. Dynastie und der Hauptstadt Memphis gilt, oder um dessen Nachfolger Hor Aha (auch Menes genannt); beide könnten aber auch ein und dieselbe Person gewesen sein. Auf den ersten Pharao geht der Kult des Gottkönigs zurück. Er hatte in der Gemeinschaft der Götter die kosmischen Kräfte zu bändigen und so den Erhalt des Gemeinwesens zu sichern.

Prunkpalette des Narmer: Der Pharao trägt Krone, Zepter und Dreschflegel auf einer Siegesprozession, möglicherweise zur Feier der Vereinigung Ägyptens.

FRÜHE HOCHKULTUREN

DIE WELT UM 3000–700 V. CHR.

Um 3000 v. Chr. waren an Euphrat und Tigris sowie an den Ufern des Nils komplexe Hochkulturen entstanden. Chinas frühe Zivilisationen entwickelten sich am Fluss Jangtsekiang, und nur wenig später erlebten die Kulturen der Chavín (Peru) und der Olmeken (Mexiko) ihre Blütezeit. Mit dem Handel und neuen

Die Welt um 750 v. Chr.

- .... Ungefähre Grenzen
- Griechische Städte und Gebiete
- Phönizische Städte und Gebiete
- Kleine Staaten Chinas unter den östlichen Zhou

HINWEIS: *Kursiv* gesetzte Siedlungen entstanden nach 750 v.Chr., wurden im Zeitraum dieses Kapitels aber bedeutsam.

DIE WELT UM 750 V. CHR.

Um 750 v. Chr. war Ägyptens Neues Reich untergegangen, und der Nahe Osten stand unter der Herrschaft der Assyrer. Die Griechen begannen die Kolonisierung des Mittelmeerraums; Rom war ein kleines Dorf. Mit der Zhou-Dynastie war die chinesische Zentralmacht zusammengebrochen. Indiens Indus-Kultur war schon lange verschwunden.

DIE WELT UM 3000–700 V. CHR.

Techniken wuchs der Wohlstand. Im dicht bevölkerten Nahen Osten rief die Konkurrenz benachbarter Staaten Kriege hervor, in deren Folge die Ägypter, Hethiter, Assyrer und Babylonier ihre Reiche durch Eroberungszüge vergrößerten. Etwa 2000 v. Chr. begann im minoischen Kreta die erste europäische Hochkultur.

Die Phönizier hatten bis 750 v. Chr. vom heutigen Libanon aus große Küstenabschnitte des Mittelmeers kolonisiert und gerieten nun in Konkurrenz zu den Griechen. Im Nahen Osten dominierte das Assyrische Reich, nur Urartu blieb unabhängig.

FRÜHE HOCHKULTUREN 3000–700 V. CHR.

NAHER OSTEN

Die ersten komplexen Gesellschaften entstanden in Mesopotamien, in den fruchtbaren Regionen zwischen Euphrat und Tigris. Um 3000 v. Chr. blühten dort reiche rivalisierende Stadtstaaten auf mit hoch entwickelten Bewässerungssystemen, Handelsbeziehungen, prächtigen Palästen und Tempeln. Auf die älteste Kultur, die der Sumerer, folgten die Reiche der Babylonier und der Assyrer, die beide fast die gesamte Region beherrschten.

SUMERISCHE STADTSTAATEN

heutiger Irak   um 3000–2340 v. Chr.

Zwischen einigen Stadtstaaten im Süden Mesopotamiens entwickelten sich wirtschaftliche und politische Beziehungen, die die Basis der ersten Hochkultur legten. Sie zeichnete sich durch zentralisierte Hierarchien aus, an deren Spitze Herrscher standen, die oft auch Priesterfunktionen ausübten, meist aber, im Gegensatz zu den ägyptischen Pharaonen, nicht als Götter verehrt wurden. Vielmehr galten sumerische Städte als der Sitz einer Hauptgottheit (Nanna in Ur, Ischtar in Uruk). Ihnen zu Ehren bauten die Sumerer in der Frühdynastischen Periode (um 3000–2340 v. Chr.) gestufte Tempeltürme, die Zikkurats. Darauf bezieht sich der »Turmbau zu Babel« in der Bibel.

Die Verwaltung der hoch differenzierten Palastkulturen übernahmen spezialisierte Beamte, Kaufleute und Schreiber. Sie hatten die Bücher zu führen, woraus sich die erste vollständige Schriftform, die Keilschrift, entwickelte.

EROBERUNG UND NIEDERGANG

Um 2400 v. Chr. wurden die sumerischen Stadtstaaten für kurze Zeit vereinigt: König Lugalzagesi von Umma eroberte Ur sowie Uruk und machte Lagasch tributpflichtig. Innerhalb eines halben Jahrhunderts jedoch fiel das gesamte Gebiet an das Großreich Akkad unter dessen König Sargon.

Zu Uruk, der ersten sumerischen Stadt, gehörte der Tempelbezirk Eanna, das »Haus des Himmels«.

UR

 Süden des heutigen Irak   um 3000–2000 v. Chr.

Um 2400 v. Chr. erlebte der sumerische Stadtstaat Ur eine große Blüte, von deren Reichtum die kostbaren Grabbeigaben für Königin Puabi und König Meskalamdug zeugen.

Nach ihrer Eroberung durch Sargon, den König von Akkad, folgte eine Periode des Niedergangs, bis Ur-Nammu um 2100 v. Chr. die 3. Dynastie von Ur begründete. 70 Jahre lang herrschte die Stadt über ein großes, in 20 Provinzen gegliedertes Gebiet, das von Susa (Iran) bis Aschur im Nordwesten des sumerischen Kernlands reichte. In dieser Zeit wuchs die Bevölkerung, und die Städte, die sich auf ein System der Zwangsarbeit stützten, prosperierten. Damals entstand auch der große Zikkurat von Ur. Die Erben von Ur-Nammu, unter ihnen vor allem Schulgi (reg. 2094–2047 v. Chr.), vergrößerten das Reich. Unter Ibbi-Sin (reg. 2028–2004 v. Chr.) jedoch fielen abseits gelegene Regionen ab, und Einfälle der benachbarten Elamiter setzten der Macht der 3. Dynastie schließlich ein Ende.

Ein sumerisches Brettspiel mit Muschel- und Lapislazuliintarsien, fand man in der königlichen Grabanlage in Ur.

AKKADISCHES REICH

 heutiger Irak, Südwestiran, Syrien, Libanon, Südosttürkei   um 2300–2083 v. Chr.

Vom nördlichen Teil Sumers, bekannt als Babylonien, ging der erste Versuch aus, die Reiche im Nahen Osten zu vereinigen: Sargon beendete die Herrschaft Lugalzagesis von Umma und übernahm die Macht. Akkad wurde zur Hauptstadt seines immer stärker zentralisierten Reichs. Man führte einen Kalender, neue Steuersysteme sowie standardisierte Maße und Gewichte ein und erklärte Akkadisch zur Verwaltungssprache. Sargons Armeen drangen bis zur Mittelmeerküste vor, allerdings waren die weit entfernten Regionen auf Dauer nur schwer zu kontrollieren. Unter der Regierung von Sargons Enkel Naram-sin (reg. 2254–2218 v. Chr.), der den Titel »König der Welt« führte und schon zu Lebzeiten als Gott verehrt wurde, brachen Aufstände aus. Naram-sin blieb siegreich, nach ihm jedoch gerieten die Akkader in die Defensive. Nach der Regierungszeit von Naram-Sins Sohn Scharkalischarri (2218–2193 v. Chr) zerfiel das Reich und ging unter.

SARGON VON AKKAD

Sargon, von einfacher Herkunft, kam in der Stadt Kisch an die Macht und nahm den Namen Scharru-kin (Sargon) an: »Der König ist rechtmäßig.« Von Akkad aus begründete er zwischen 2334–2279 v. Chr. das erste Imperium der Welt.

AUFSTIEG BABYLONS

📍 heutiger Irak, Südostsyrien ⌛ um 1900–1595 v. Chr.

Seit etwa 1900 v. Chr. annektierten die babylonischen Könige Sippar, Kisch und andere Staaten im Norden, womit die »Altbabylonische« Periode begann. Weitere Eroberungszüge wurden durch Schamschi-Adad aufgehalten, dem Regenten eines mächtigen Staats im oberen Mesopotamien.

BABYLON UNTER HAMMURABI

Schamschi-Adads Nachfolger Hammurabi eroberte zwischen 1766 und 1761 v. Chr. das ganze südliche Mesopotamien und erweiterte das Babylonische Reich noch einmal. Nur im Westen (heute Syrien) versuchten Könige wie Zimri-Lim von Mari (reg. um 1775–1762 v. Chr.) ihre Unabhängigkeit zu verteidigen. In späteren Feldzügen konnte Hammurabi auch

DER CODEX HAMMURABI

Hammurabi, Feldherr, Politiker und Gesetzgeber (reg. 1792–1750 v. Chr.), baute den kleinen Stadtstaat Babylon zur führenden Macht in Mesopotamien aus. Sich selbst nannte er »König, der die vier Teile der Erde unterwarf«. Sein Gesetzescodex enthält 282 Vorschriften zur Regelung von Streitigkeiten; die Rechtsfälle zeigen, dass Babylon vor allem ein Staat von Bauern war. Ein Echo der Strafvorschriften Hammurabis – etwa: »Auge um Auge, Zahn um Zahn« – findet sich in den Mosaischen Gesetzen des Alten Testaments.

> »AUF BEFEHL DES SONNENGOTTES … SOLL MEINE GERECHTIGKEIT IM LAND SICHTBAR WERDEN.«
>
> Codex Hammurabi, um 1750 v. Chr.

Mari unterwerfen und Zimri-Lim zu seinem Vasallen machen. Nachdem er seine Expansionsziele erreicht hatte, widmete er sich seinem berühmten Rechtskodex. Als Hammurabi starb, war Babylon zur Großmacht in der Region aufgestiegen.

BABYLONS NIEDERGANG

Unter Hammurabis Sohn Samsuiluna (reg. 1749–1712 v. Chr.) brachen Aufstände aus; Nippur und Ur lösten sich aus dem Reich. Das südliche Mesopotamien verfiel, im Norden jedoch herrschte die Altbabylonische Dynastie bis zum Einfall der Kassiten im Jahr 1595 v. Chr.

Bild des gerechten Herrschers: Hammurabi empfängt seinen Codex von Schamasch, dem Gott der Gerechtigkeit.

REICH DER HETHITER

📍 Zentral- und Südosttürkei   ⏳ um 1700–1200 v. Chr.

Hatti, das Königreich der Hethiter, lag um die Hauptstadt Hattusa in Zentralanatolien, aber seine Grenzen verschoben sich ständig. Zeitweise reichte es bis nach Syrien, zum Schwarzen Meer und zur Ägäis.

Vom Alten Reich der Hethiter wissen wir wenig. Etwa 1650 v. Chr. gründete Hattusili, sein erster Herrscher, Hattusa. Sein Nachfolger Mursili I. (reg. um 1620–1590 v. Chr.) sandte hethitische Armeen bis nach Syrien; unter Telipinu (reg. um 1525–1500 v. Chr.) schrumpfte das Reich wieder auf das Stammland um die Hauptstadt.

Erst unter Tudhalija III. (reg. um 1360–1344 v. Chr.), dem ersten König des Neuen Reichs, konnten die Hethiter ihren Herrschaftsbereich weiter ausdehnen, weil sie die Herrscher von Aleppo und von Mitanni besiegten. Großkönig Suppiluliuma I. unterwarf ganz Nordsyrien und bedrohte sogar Ägyptens Herrschaft über Palästina. Unter seiner Regentschaft erreichte Hatti seine größte Ausdehnung.

Mursili III. (reg. 1295–1272 v. Chr.) lieferte sich 1274 v. Chr. bei Kadesch eine erbitterte Schlacht mit Ägypten, deren Ausgang beide Seiten als ihren Sieg darstellten. Immerhin gelang es den Hethitern nach dieser Schlacht, ihre Herrschaft in Syrien zu festigen. Später schwächten Assyrien im Osten und aufständische Vasallenstaaten im Westen das Hethiterreich. 1207 v. Chr. fielen unbekannte Reiterhorden in Hatti ein, und das Reich ging unter.

Göttin aus dem hethitischen Pantheon, dessen Oberhäupter der Windgott Teschub und die Sonnengöttin Hebat waren.

SUPPILULIUMA I.

Der König (reg. 1344–1322 v. Chr.), ein äußerst erfolgreicher Feldherr, eroberte Mitanni im Norden und Teile Syriens. Sein Ruhm und Einfluss waren so groß, dass die Witwe des Pharao Tutanchamun einen seiner Söhne zu ihrem Gatten machen wollte.

Das Löwentor von Hattusa (heute Boğazköy in der Türkei) war ein eindrucksvoller zeremonieller Eingang zur hethitischen Hauptstadt.

ENDE DER BRONZEZEIT

📍 Naher Osten ⌛ um 1200–1050 v. Chr.

In der späten Bronzezeit des Nahen Ostens hatten verschiedene Reiche ein florierendes Fernhandelssystem errichtet. Ab 1200 v. Chr. verweisen die Chroniken auf Umwälzungen, Überfälle und Völkerwanderungen, die die alten Reiche hinwegfegten. Der Zusammenbruch begann wahrscheinlich vor 1200 v. Chr., als auch die Zitadellen des mykenischen Griechenlands *(S. 101)* zerstört wurden.

UNTERGANG DER REICHE
1207 v. Chr. wurde Hattusa, die Hauptstadt der Hethiter, geplündert; das Reich Hatti ging unter. Die Ägypter mussten Einfälle der (von ihnen sogenannten) Seevölker abwehren, was 1069 v. Chr. zum Ende des Neuen Reichs führte. Die kassitische Dynastie in Babylon erlosch 1154 v. Chr., und Assyrien litt unter ständigen Kleinkriegen. Das folgende »Dunkle Zeitalter«, aus dem es kaum schriftliche Quellen gibt, dauerte 150 Jahre.

Eine Gruppe Philister als Kriegsgefangene des Pharao Ramses III. um 1182 v. Chr. Die Philister waren eines der legendären Seevölker.

PHÖNIZIER

📍 heutiger Libanon, Mittelmeerküste ⌛ um 1200–146 v. Chr.

Seit etwa 1200 v. Chr. bildeten die Küstenstädte Tyrus, Byblos und Sidon in einem Gebiet, das die Griechen Phönizien nannten, den Mittelpunkt einer Seehandelsmacht, die ein dichtes Netz von Handelsrouten über das Mittelmeer spannte und kontrollierte. Bis nach Mesopotamien und zum Roten Meer reichten ihre Beziehungen im Handel mit vor allem kostbaren Stoffen, Glaswaren und Zedernholz. Auch Kolonien gründeten die Phönizier an den Küsten des Mittelmeers: Lixus (Marokko), Gades (Cadiz, Spanien), Motya auf Sizilien und im Jahr 814 v. Chr. Karthago (Tunesien). Nachdem das phönizische Stammland im 9. Jh. an Assyrien (später an Ägypten, Babylonien und Persien) fiel, wurde Karthago zum Zentrum der phönizischen Politik. Die Stadt entwickelte sich zu einem Machtzentrum im westlichen Mittelmeer, bis sie im 3. und 2. Jh. v. Chr. die Vorherrschaft an die Römer verlor, die sich 146 v. Chr. im Dritten Punischen Krieg durchsetzten und ihrem Reich Karthagos Besitzungen einverleibten.

Die Phönizier waren geschickte Seefahrer und bauten diverse Schiffstypen, wie z. B. Galeeren mit vielen Rudern.

NAHER OSTEN 89

ASSYRISCHES REICH

heutiger Irak, Westiran, Syrien, Libanon, Südwesttürkei   2000–610 v. Chr.

Um 2000 v. Chr. stieg Assyrien, das vom Kupferhandel mit Anatolien profitierte, zur Großmacht auf. Unter der Herrschaft von Assur-Ubalit (reg. 1363–1328 v. Chr.) schufen die Assyrer ein Reich, das schließlich unter Tukulti-Ninurta I. (reg. 1243–1207 v. Chr.) sogar Babylon eroberte, aber nach den Überfällen der Seevölker einen Niedergang erlebte. Erst um 1000 v. Chr. erlangte das Neuassyrische Reich wieder Macht und Einfluss.

Die Armeen der als wilde Krieger berüchtigten Neuassyrer verfügten über Streitwagen, Fußsoldaten, Reiter und auch schon über die neuen Eisenwaffen.

TIGLATH-PILESER III.

Die Verwaltungsreform Tiglath-Pilesers III. (reg. 744–727 v. Chr.) stärkte das Neuassyrische Reich. Er erweiterte es bis zum Mittelmeer, wurde König von Babylon und führte eine Armee bis vor die Tore Tuspas, der Hauptstadt von Urartu.

Ihre Feinde terrorisierten sie mit Massenhinrichtungen und Verschleppungen.

Unter Assurnasirpal II. (reg. 883–859 v. Chr.) und Schalmaneser III. (reg. 858–824 v. Chr.) dehnten die Assyrer ihre Herrschaft bis ans Mittelmeer aus. Nach kurzem Verfall erlebte das Neuassyrische Reich unter Tiglath-Pileser III. und seinem Erben Sargon II. (reg. 721–705 v. Chr.) einen erneuten Aufstieg.

ZUSAMMENBRUCH

Unter der Herrschaft von Sanherib (reg. 704–681 v. Chr.) eroberten die Neuassyrer 689 Babylon, mit Assurbanipal (reg. 668–627 v. Chr.) auch Teile Ägyptens. Damit aber hatten sie sich übernommen: 612 v. Chr. stürmten Meder und Babylonier gemeinsam die assyrische Hauptstadt Ninive. Das Reich zerfiel um 610.

Nergal-Tor in Ninive (rekonstruiert), einer der großen Städte des Assyrischen Reichs: Unter Sanherib und seinen Nachfolgern wurde Ninive zur Hauptstadt.

DIE ERFINDUNG DER SCHRIFT

Mit der Schrift gelang den Menschen ein großer Sprung in ihrer geistig-kulturellen Entwicklung. Schriften entstanden unabhängig voneinander in fünf Regionen: Mesopotamien, Ägypten, Indien, China und Mittelamerika. Die ältesten schriftlichen Dokumente sind auf Steinen, Papyri (Ägypten) und Tontafeln (Mesopotamien) überliefert, die bedeutende Quellen dieser alten Kulturen sind.

VOM SYMBOL ZUM ZEICHEN

Die Entwicklung der Schrift – der Darstellung der gesprochenen Sprache durch Zeichen – war ein allmählicher Prozess, der im Mittleren Osten wohl Mitte des 4. Jt. begann. Die ersten Schriften waren eher bildhafte Aufzeichnungen von Handelsgeschäften. Mit der Zeit wurden diese Bilder zu Symbolen vereinfacht. Aus diesen ging in Mesopotamien die Keilschrift hervor und in Ägypten seit etwa 3200 v. Chr. die bildhafte Hieroglyphenschrift, die über 3000 Jahre lang verwendet wurde. Andere alte Schriftsysteme waren

Die Keilschrift, in noch feuchte Tontafeln geritzt, ist eine der ältesten schriftlichen Ausdrucksformen.

logografisch aufgebaut, d. h. jedes Zeichen repräsentierte ein ganzes Wort oder einen Begriff. In der Keil- und der Hieroglyphenschrift waren Logogramme mit Zeichen, die für die Laute standen, gemischt. Mit dieser Kombination ließ sich die gesprochene Sprache schließlich exakt in schriftlicher Form wiedergeben. Aus Archiven in Mari und Ugarit (Syrien) besitzen wir eine Fülle von Informationen über die wirtschaftlichen Praktiken der Herrscher. Von den Königen der Maya in Mittelamerika bis zu den ägyptischen Pharaonen und den Kaisern von China haben alle Herrscher an ihren Monumenten Inschriften hinter-

Die ägyptischen Hieroglyphen blieben über Jahrhunderte unverändert, weil sie – wie auf diesem Sarkophag aus dem 20. Jh. v. Chr – auch für heilige Texte verwendet wurden.

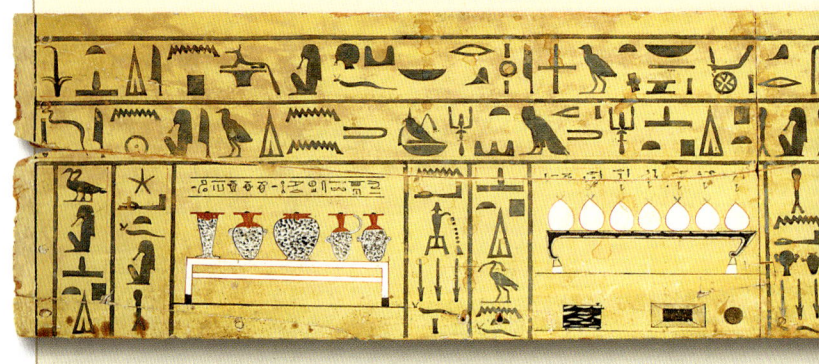

NAHER OSTEN  91

Stein von Rosetta: Mit drei gleichlautenden Texten (u. a. in Altgriechisch) bot das im Nildelta entdeckte Bruchstück einer Stele dem Sprachwissenschaftler François Champollion 1822 bis 1824 die Möglichkeit, die ersten Hieroglyphen zu entziffern.

lassen, mit denen sie an ihre Taten erinnern und die Ehrfurcht ihrer Untertanen wecken wollten.

SCHREIBER

In den Archiven und Verwaltungen brauchte man eine gebildete Klasse, die lesen und schreiben konnte. In Ägypten wurden zukünftige Schreiber von Jugend an für ihr hoch angesehenes Amt ausgebildet und ebenso in Mathematik sowie Buchführung unterwiesen. In Ägypten und Mesopotamien wurden Texte zudem für literarische und kultische Zwecke angefertigt; lesen aber konnten sie nur Angehörige der Oberschicht.

> »DEM VOLK DER PHÖNIZIER GEBÜHRT GROSSE EHRE, WEIL ES DIE BUCHSTABEN DES ALPHABETS ERFUNDEN HAT.«
>
> Plinius der Ältere (römischer Schriftsteller), *Naturkunde*, 1. Jh. n. Chr.

ALPHABET

Ein Alphabet, in dem jedes Zeichen einen bestimmten Laut darstellt, bildete sich erst gegen Ende des 2. Jt. v. Chr heraus. In Ugarit (Syrien) wurde 2000 v. Chr ein Keilschriftalphabet geschaffen. Wenig später nutzten die Betreiber eines Bergwerks für Türkise auf dem Sinai ein anderes alphabetisches System. Möglicherweise war es diese aus 30 Zeichen bestehende Schrift, die sich über Palästina bis nach Phönizien verbreitete und sich dort um 1000 v. Chr zum phönizischen Alphabet mit 22 Zeichen weiterentwickelte. Diese Phönizische Schrift eroberte den ganzen Mittelmeerraum und beeinflusste auch die Entstehung der Schriften von Griechen und Römern.

ÄGYPTEN

Um 3100 v. Chr. wurde Ägypten zu einem Reich vereinigt, das sich nilaufwärts bis Assuan erstreckte. Über 2000 Jahre erlebte Ägypten zunächst in der Frühdynastischen Zeit (etwa 3100–2649 v. Chr.), dann im Alten (2649–2134 v. Chr.), im Mittleren (2040–1640 v. Chr.) sowie schließlich im Neuen Reich (1550–1070 v. Chr.) eine Zeit des Wohlstands und der kulturellen Kontinuität. Sie endete erst mit der Herrschaft fremder Völker, die das Land ab dem 8. Jh. v. Chr. besetzten.

ALTES REICH

Ägypten 2649–2134 v. Chr.

Etwa 3100 v. Chr. wurden Oberägypten im Süden und Unterägypten im Norden unter dem Pharao Menes zu einem Staatswesen vereinigt. Ab 2649 v. Chr. installierten die Herrscher der 3. Dynastie das Alte Reich mit Memphis als Hauptstadt. Deren beeindruckendste Zeugnisse sind die großen Grabanlagen der Pyramiden. Archäologische Funde lassen aber auch einen starken zentralisierten Staat mit einer verzweigten Bürokratie erkennen. An der Spitze der diversen Gaue und ihrer Verwaltungen standen Gaufürsten.

Der als Gott verehrte Pharao verbürgte mit Unterstützung der Priesterkaste die jährliche Überschwemmung des Nils, die das Tal fruchtbar hielt. Aufwendige Bewässerungsanlagen leiteten das Wasser auf große Ackerflächen um, und sogenannte Nilometer ermöglichten Voraussagen über den Wasserstand sowie den Ertrag der zu erwartenden Ernte.

Schon im Alten Reich dehnten die Ägypter ihr Einflussgebiet über das Niltal hinaus aus. Unter Snofru (reg. um 2614–2579 v. Chr.) unternahmen sie Feldzüge nach Nubien, um sich die dort vorhandenen Rohstoffe zu sichern und in der 6. Dynastie (2322–2191 v. Chr.) zogen sie gegen Libyen. Während der langen Regierungszeit des Pharao Pepi II. (2246–2152 v. Chr.) löste sich die zentrale Machtstruktur auf. Es kam zu Hungersnöten, und Gaufürsten rissen die Herrschaft an sich. In nur 20 Jahren brach das Alte Reich zusammen. Ihm folgte die Erste Zwischenzeit (2134–2040 v. Chr.), die zu einem unruhigen Jahrhundert wurde.

Steinplastik eines Beamten des Alten Reichs mit Familie. Solche Grabschätze sind wichtige Quellen für die Forscher.

PYRAMIDEN

📍 Plateau von Gizeh, Ägypten ⌛ um 2600–1525 v. Chr.

Die Pharaonen der frühen Dynastien wurden in *mastabas*, schachtelartigen Gräbern aus Lehmziegeln, beigesetzt. Unter Pharao Djoser (3. Dynastie, reg. um 2665–2645 v. Chr.) wurden die Grabmäler größer. Seine Stufenpyramide bei Sakkara bestand aus übereinandergesetzten *mastabas*, Vorläufern der echten königlichen Pyramiden, mit deren Bau die 4. Dynastie (um 2614–2504 v. Chr.) begann. Wahrscheinlich hat bereits Pharao Snofru Pyramiden in Dahschur und Meidum errichten lassen. Sein Nachfolger Cheops (Chufu) befahl daraufhin den Bau der Großen Pyramide in Gizeh bei Memphis. Sie wurde aus über 2 Mio. Steinblöcken errichtet, von denen jeder 2300 kg wog.

Dem Kult des toten Pharao gewidmet, waren die aus Kalkstein errichteten

In Sakkara wurden auch höfische Würdenträger beigesetzt. Dieses Basrelief stammt aus dem Grab von Hezyre, u. a. Arzt des Pharao Djoser.

Pyramiden Grab und Tempel zugleich. Der königliche Sarkophag war tief im Inneren der Pyramide in einer Kammer aus Granit verborgen. Neben den Pyramiden befanden sich Totentempel, kleinere Pyramiden für die Königinnen, *mastabas* für hohe Beamte, Erdlöcher, in denen heilige Boote begraben wurden, sowie ein erhöhter Fußweg. Dieser führte zu einem Tempel im Tal – dem zeremoniellen Eingang des ganzen Komplexes.

ENDE DES PYRAMIDENBAUS

Ab der 5. Dynastie wurden die Pyramiden nicht mehr in Gizeh, sondern an anderen Orten gebaut, wie z. B. in Abusir bei Sakkara. Sie waren kleiner als die Große Pyramide des Cheops. Die letzte echte Pyramide ließ sich Ahmosis I. (reg. 1550–1525 v. Chr.) errichten. Die Pharaonen des Neuen Reichs wählten für ihre Bestattungen weniger aufwendige Gräber im Tal der Könige bei Theben.

CHEOPS (CHUFU)

Über die Regierung dieses Pharaonen (um 2579–2556 v. Chr.) ist – außer dem Bau der Großen Pyramide – wenig bekannt. Der griechische Geschichtsschreiber Herodot erwähnte seine Grausamkeit – gemeint war vermutlich die Durchsetzungskraft, die er gehabt haben muss, um sich ein solches Monument errichten zu lassen. Die Grabkammer wurde schon in der Antike ausgeraubt. Der erste Reisende, der sie betrat, war 1765 der britische Konsul Nathaniel Davison.

Die Cheops-Pyramide, größte und älteste der drei Pyramiden von Gizeh, hatte eine Bauzeit von 20 Jahren.

Der Totentempel der Hatschepsut (reg. 1473–1458 v. Chr.) in Deir el Bahri bei Theben ist ein spektakuläres Monument für eine der wenigen Herrscherinnen im alten Ägypten. Sie übernahm alle Insignien eines Pharao. So zeigen sie z. B. Statuen auf einer der Terrassen als Gott Osiris.

FRÜHE HOCHKULTUREN 3000–700 V. CHR.

MITTLERES REICH

Ägypten 2040–1640 v. Chr.

Die in der Ersten Zwischenzeit mächtigsten ägyptischen Herrscher residierten in Herakleopolis südlich von Memphis. 2150 v. Chr. begannen Machtkämpfe zwischen den Pharaonen von Herakleopolis und ihren Rivalen in Edfu und Theben. Schließlich setzte sich um 2040 v. Chr. Nebhepetre Mentuhotep II. (reg. 2061–2010 v. Chr.), der König von Theben, durch, vereinigte Ägypten erneut und begründete das Mittlere Reich.

BLÜTEZEIT
Unter Amenemhet I. (1991–1962 v. Chr.), dem ersten Pharao der 12. Dynastie, erstarkte Ägypten wieder. Er ließ in Itj-taui bei Memphis eine neue Hauptstadt bauen, schickte ein Heer nach Nubien (heutiger Sudan) und unterwarf im Süden Territorien bis zum zweiten Katarakt des Nils. Auch in Syrien und Palästina führte diese Dynastie Krieg.

Die Pharaonen der 13. Dynastie (1783–1640 v. Chr.) herrschten jeweils nur kurz. Offensichtlich sank die Macht der Zentralgewalt, doch gibt es kaum Anzeichen für einen Verfall, wohl aber für zunehmende Völkerwanderungen aus Palästina, durch die das Mittlere Reich unter Druck geriet. Sein allmählicher Niedergang kündigte sich damit an.

> »ASIATEN WERDEN DUCH SEIN SCHWERT FALLEN, LIBYER DURCH SEINE FLAMME VERZEHRT, AUFSTÄNDISCHE WERDEN SEINEN ZORN SPÜREN, VERRÄTER SEINE MACHT.«
>
> Weissagung Nefertis, aus der Zeit Amenemhets I.

ENDE
In der Endphase der 13. Dynastie wurde Ägpyten von Stämmen bedrängt, die aus Asien nach Westen zogen und mit der Zeit große Gebiete im Nildelta besetzten. Einer dieser Stämme, die Hyksos (ägyptisch für »Fremde Fürsten«), errichtete um 1650 v. Chr. ein eigenes Königreich in Nordägypten. Die Pharaonen behielten ihren Einfluss über das Gebiet südlich von Theben, konnten die Hyksos aber nicht aus ihrer Hauptstadt Avaris vertreiben. Dieses Jahrhundert voller politischer Unruhen wird als Zweite Zwischenzeit bezeichnet.

Gemälde aus dem Grab von Sarenput II.: Solche farbenprächtigen Fresken schmückten die Wände der Grabmale des Mittleren Reichs.

DIE RELIGION DER ÄGYPTER

Die ägyptische Religion war sehr komplex und von vielen, oft lokalen Göttern mit mehreren Funktionen bevölkert. Die frühen Pharaonen waren Horus, dem Himmelsgott, oder dem Sonnengott Re gleichgestellt. Allmählich setzte sich jedoch der Osiriskult um den Gott des Jenseits und der Wiedergeburt durch. Im Zentrum aller religiösen Vorstellungen stand die Unsterblichkeit der Seele des Herrschers.

TOTENKULT

Im Alten Reich wurden die lokalen Götterwelten vereinheitlicht. Die Aufgabe des Pharaos bestand darin, im Verlauf eines Jahres mit immer wiederkehrenden Ritualen sicherzustellen, dass das Land fruchtbar blieb und die Sonne jeden Tag ihre Bahn zog.

Am bedeutsamsten war der Totenkult. Die Ägypter glaubten, der Pharao werde nach seinem Tod als Osiris, als König des Jenseits, wiedergeboren. Eine komplexe Mythologie wurde in Riten anschaulich, die seine Auferstehung herbeiführen sollten: Das königliche *ka* (Lebenskraft) musste sich mit *ba* (der Seele) vereinigen. Wiedergeboren wurde *ka* nur, wenn es seinen Körper wiedererkannte, weshalb der Leichnam mumifiziert wurde. Die Seele musste vor einem Gericht aus zwölf Göttern bestehen, das seine Missetaten gegen eine Feder aufwog. Nur die Seele, die diese Prüfung bestand, konnte in die Ewigkeit eingehen.

Echnaton (reg. 1353–1335 v. Chr.) stürzte das vielgestaltige Pantheon, die Gemeinschaft aller Götter, für kurze Zeit: Unter seiner Herrschaft sollte der Sonnengott Aton als einziger verehrt werden. Dies war vermutlich der erste Versuch, eine monotheistische Religion zu etablieren.

Die »Trinität« von Horus, Isis und Osiris stand im Mittelpunkt der Religion des Alten Reichs.

Zur Mumifizierung wurden wesentliche Organe entnommen, dann der Leichnam mit speziell präparierten Leinenbinden aufgefüllt und umwickelt.

NEUES REICH UND DANACH

Ägypten 1550–1070 v. Chr.

Kamose (reg. 1555–1550 v. Chr.), der König von Theben, und sein Nachfolger Ahmose I., der erste Pharao des Neuen Reichs (1550–1525 v. Chr.), konnten die Hyksos schließlich vertreiben. Diese Ära wird oft als Ägyptens Goldenes Zeitalter bezeichnet. Das Neue Reich baute sein Handelsnetz aus und schloss neue Bündnisse. Seine Militärmacht wuchs, weil die Armee des Pharao Kriegstechniken der Hyksos übernahm.

BLÜTE VON REICH UND KULTUR

Die ersten Herrscher der 18. Dynastie (1550–1307 v. Chr.) machten sich daran, zuerst in Palästina, dann in Teilen Syriens ein ägyptisches Großreich zu schaffen. Thutmosis I. (reg. 1504–1492 v. Chr.) drang bis zum Euphrat vor und ließ dort eine Stele aufstellen, deren Inschriften an seine militärischen Erfolge erinnerten. Zwischen 1493 und 1458 v. Chr. weiteten Thutmosis II. und seine Witwe Hatschepsut den ägyptischen Einflussbereich noch aus, gingen dabei allerdings langsamer vor. Hatschepsuts Neffe Thutmosis III. (reg. 1479–1425 v. Chr.) wiederum unternahm viele Feldzüge nach Palästina und Syrien und besiegte die Mitanni am Euphrat; auch nach Süden vergrößerte er sein Herrschaftsgebiet.

Nach einer kurzen Schwächeperiode, die auf den frühen Tod Tutanchamuns (1333–1323 v. Chr.) folgte, konnte die 19. Dynastie Ägyptens Herrschaft im Nahen Osten festigen. Unter Sethi I. (reg. 1305–1290 v. Chr.) begann eine weitere Phase der Expansion, woraufhin Ägypten in Konflikt mit den Hethitern geriet. Sein Sohn Ramses II. setzte den Krieg fort, 1274 v. Chr. jedoch wurden seine Truppen bei der syrischen Stadt Kadesch nahezu aufgerieben. Anschließend endete auch die ägyptische Herrschaft über Palästina. Merenptah (1224–1214 v. Chr.) musste mehrere Feldzüge führen, um libysche Stämme aus dem Nildelta fernzuhalten. Ramses III. (reg. 1190–1158 v. Chr.) sah sich einer großen Armee von Seevölkern gegenüber, die Syrien und Palästina verwüstet hatten, und unterwarf sie 1182 v. Chr. Doch auch dieser Sieg konnte nicht verhindern, dass das Neue Reich unter Ramses' schwachen Nachfolgern zerfiel.

Totenmaske des Tutanchamun: Ihre Pracht verdeckt, dass dieser Pharao noch ein Kind war und nur wenig Macht besaß.

RAMSES II.

Ramses II. (reg. 1290–1223 v. Chr.), einer der bedeutendsten Pharaonen, bestieg den Thron, als Ägyptens Macht am größten war. Zu Beginn führte er erfolgreiche Feldzüge nach Syrien, 1274 v. Chr. aber wurde er von den Hethitern bei Kadesch geschlagen, konnte sich nicht mehr behaupten und musste 1258 mit ihnen einen Friedensvertrag schließen. Unter seiner Ägide entstanden der Tempel bei Abu Simbel, die neue Hauptstadt Pi-Ramses im östlichen Nildelta und nahe dem Tal der Könige der große Totentempel Ramesseum.

Während seiner Regierungszeit ließ Ramses II. prachtvolle Bauwerke errichten. Von besonderer Majestät sind diese Statuen vor dem Felsentempel in Abu Simbel (Nubien).

Das Neue Reich war ein Zeitalter prächtiger Bauten und Kunstwerke. Weltbekannt sind vor allem die opulente Grabkammer des Tutanchamun und der Tempel mit den Statuen Ramses' II. in Abu Simbel. Die Pharaonen wurden nun in unterirdischen Grabkammern im Tal der Könige bei Theben bestattet. Unruhe herrschte nur unter Amenophis IV. (reg. 1353–1335 v. Chr.). Zusammen mit seiner Frau Nofretete zwang er seinen Untertanen den Kult des Sonnengottes Aton auf und nannte sich fortan als Zeichen seiner Verbundenheit mit ihm Echnaton.

DRITTE ZWISCHENZEIT UND SPÄTZEIT

Nach dem Ende des Neuen Reichs kämpften die Hohepriester des Amun und die Könige von Tanis im Nildelta 150 Jahre lang um die Macht. Mit der 945 v. Chr. von Scheschonk, einem libyschen Feldherrn, gegründeten 22. Dynastie fiel Ägypten unter Fremdherrschaft. Dessen Wiedervereinigung erreichte der nubische König Schabaka (712–698 v. Chr.) in der 25. Dynastie. Es folgten Perioden nubischer, assyrischer und persischer Hegemonien. Nur für jeweils kurze Zwischenzeiten konnten sich ägyptische Könige durchsetzen. Zu einer letzten Pharaonenherrschaft kam es unter den Ptolemäern (304–330 v. Chr.), einer Dynastie griechischen Ursprungs.

Die Blüte des Neuen Reichs zeigte sich auch in üppigen Grabbeigaben wie dieser Skarabäusbrosche.

EUROPA

Die ersten europäischen Hochkulturen entwickelten sich im Südosten, zunächst auf Kreta, wo die Minoer zur Bronzezeit ihre blühende, hoch differenzierte Kultur schufen. Etwa 1450 v. Chr. wurden sie von den Mykenern verdrängt. Diese stammten vom griechischen Festland, besetzten die Paläste der Minoer und übernahmen vieles aus deren Kultur. Doch in der politisch unruhigen Zeit um 1200 v. Chr. ging auch die minoische Gesellschaft unter.

MINOISCHES KRETA

Kreta ⚑ um 2700–1450 v. Chr.

Um 2000 v. Chr. erlebten die Handelsstädte an Kretas Küsten eine kulturelle Blüte, in deren Zentrum die Paläste von Knossos, Phaistos, Malia und Zakros standen. Die Minoer lebten vor allem vom Fernhandel, waren geschickte Seefahrer und verfügten über eine große Flotte, mit der sie ihre Handelsgüter und Artefakte im östlichen Mittelmeer vertrieben. Eine zweite Säule, auf die die minoischen Herrscher ihre politische Macht gründeten, war wohl ihre religiöse Stellung. So fungierten vermutlich auch hohe Beamte als Priester und führten die offiziellen Archive. Ihre Schrift – Linear A genannt – konnte allerdings bis heute nicht entziffert werden. Die Gesellschaft war in Klassen eingeteilt, für den materiellen Unterhalt des Hofs sorgte die große Klasse der Landarbeiter. Handwerker stellten kunstvolle Waren her, so auch die Kamáres-Keramik mit ihren typischen Linearmustern in Schwarz, Weiß und Rot.

ENDE DER PALASTKULTUR
Wir wissen nicht, warum die Kultur der Minoer unterging. Vielleicht hat der Vulkanausbruch auf der Nachbarinsel Thera (Santorin) ihr Handelsnetz, die Basis ihres Reichtums, unterbrochen. Um 1450 v. Chr. zerstörte ein Erdbeben einige Paläste, und anschließend eroberten die Mykener die minoischen Stadtstaaten.

Die Ruinen des Palasts von Malia: Anders als Knossos und Phaistos war dieses bedeutende minoische Verwaltungszentrum von einer Stadtmauer umgeben.

PALAST VON KNOSSOS

📍 Knossos, Kreta   📅 um 2000–1400 v. Chr.

Knossos in der Nähe von Heraklion war der prächtigste minoische Palast, so kunstvoll gebaut, dass er zur Entstehung der Legende vom Labyrinth führte. In diesem soll Minotaurus, ein Ungeheuer, halb Mensch und halb Stier, sein Unwesen getrieben haben. Bei Grabungen des britischen Archäologen Sir Arthur Evans wurden von 1900 bis 1932 zahlreiche Fresken mit Stierbildern entdeckt, ferner Doppeläxte und Schlangen, die alle eine wichtige Rolle in der religiösen Symbolik der Minoer gespielt haben müssen. Um 1700 v. Chr. wurde der Palast durch ein Erdbeben beschädigt, anschließend aber noch prächtiger und größer auf einer Fläche von 18 ha wiederaufgebaut und genutzt. Selbst die erneute Naturkatastrophe von 1450 v. Chr scheint er gut überstanden zu haben, denn Eindringlinge, wahrscheinlich aus Mykene, fanden weitere 200 Jahre lang Gefallen an ihm.

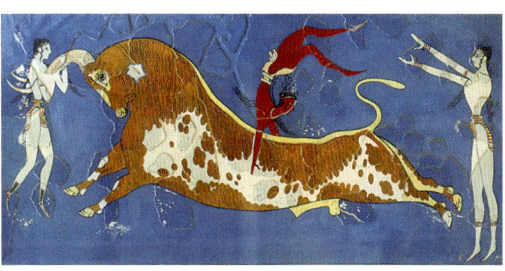

Fresko aus Knossos: Dargestellt wird das »Stierspringen«, eventuell ein Sport oder religiöses Ritual.

MYKENISCHE KULTUR

📍 griechisches Festland, Kreta   📅 um 1600–1070 v. Chr.

Die mykenische Kultur, entstanden um 1600 v. Chr., dehnte sich im Lauf von zwei Jahrhunderten vom südlichen Griechenland bis nach Thessalien, ab 1450 v. Chr. auch nach Süden aus, wobei sie die bereits geschwächte minoische Zivilisation zu Fall brachte. Obwohl die Mykener keine derart erfolgreichen Kaufleute waren wie die Minoer und ihre Macht nicht allein auf den Handel gründeten, unterhielten auch sie Handelsniederlassungen, z. B. auf Rhodos.

Totenmaske aus Mykene, die zunächst dem griechischen König Agamemnon zugeordnet wurde.

Paläste wie in Mykene, Pylos und Tiryns bildeten die Zentren der mykenischen Kultur. Sie waren mit dicken Ringmauern befestigt, die das *Megaron* – einen quadratischen Raum und Mittelpunkt des Palasts – umgaben. In den Palästen wurden umfangreiche, in Linear-B-Schrift verfasste Archive gefunden mit vielen Informationen über das sozioökonomische Leben der Mykener.

Um 1200 v. Chr. verfiel die mykenische Kultur: Brände zerstörten ihre wichtigsten Zentren, andere erlebten einen längeren, glanzlosen Niedergang. Die letzten Paläste wurden um 1070 v. Chr. aufgegeben. Damit begann für Griechenland das jahrhundertelange »Dunkle Zeitalter«, aus dem keine schriftlichen Zeugnisse überliefert sind.

SÜDASIEN

In fruchtbaren Gebieten, zu denen Teile des modernen Indiens, Pakistans und Afghanistans gehören, entstand Mitte des 4. Jt. v. Chr. die sogenannte Indus-Kultur. Ihre eindrucksvollen, sorgfältig geplanten Städte – die bekanntesten sind Harappa und Mohenjo-Daro – waren dicht bevölkert. Die Indus-Kultur brachte schöne Bauwerke und Artefakte hervor, dennoch wissen wir äußerst wenig über diesen Kulturkreis, denn seine Schrift ist bislang noch nicht entziffert.

INDUS-KULTUR

Pakistan, Nordwestindien, südöstliches Afghanistan   um 3300–1600 v. Chr.

Die Indus-Kultur entfaltete sich im Einzugsgebiet der Flüsse Indus und Ghaggar-Hakra. Wie in Mesopotamien und Ägypten war der Ackerbau abhängig von regelmäßigen Überschwemmungen sowie von Kanälen und Bewässerungsanlagen.

In der frühen Harappa-Kultur (um 3300–2800 v. Chr.) wurden Erbsen, Sesam und Datteln angebaut, ferner Wasserbüffel und andere Tiere domestiziert. Aus dieser Zeit stammen auch Abwasserkanäle zur Verbesserung der Hygiene und die älteste Form der Indus-Schrift.

Ein hoch entwickeltes Handwerk blühte in den Städten des Industals, das Schmuck aus Gold und Specksteinen, goldene und silberne Ornamente sowie Figurinen aus Bronze, Terrakotta und Fayence herstellte. Diese Artefakte deuten darauf hin, dass die Indus-Kultur von ständisch gegliederten Gesellschaften getragen wurde, deren herrschende Klasse reich genug war, um solche Kunstwerke in Auftrag zu geben. Doch Waren aus dem Industal wurden ebenso an weit entfernten Orten gefunden. Diese Gesellschaften unterhielten also weitverzweigte Handelsbeziehungen, vor allem nach Mesopotamien und ins Gebiet des heutigen Afghanistan und Iran.

Die unentzifferte Indus-Schrift findet sich zusammen mit Tierdarstellungen auf vielen Tonsiegeln.

Zwischen 2600 und 1900 v. Chr. erreichte die Indus-Kultur in der sogenannten Reifen Harappa-Periode ihren Höhepunkt und ließ planvoll angelegte Städte entstehen. Seit etwa 1700 v. Chr. scheinen diese jedoch unter starken Überschwemmungen und Angriffen unbekannter Dritter gelitten zu haben. Die Qualität der handwerklichen und künstlerischen Erzeugnisse ging daraufhin zurück, und die Hauptstädte verödeten allmählich.

MOHENJO-DARO

📕 Pakistan   ⌛ um 2500–1600 v. Chr.

Mohenjo-Daro, eine der ersten, gezielt angelegten Städte der Geschichte, war neben Harappa eine weitere Hauptsiedlung der Indus-Kultur. Breite Straßen und schmale Gassen bildeten ein Gitternetz, an dem geräumige Häuser standen. Die Brunnen der Stadt hatten hohe versiegelte Wände, um das Trinkwasser vor Verunreinigungen zu schützen.

ANLAGE DER STADT

Auf einem 12 m hoch aufgeschütteten Hügel lag die »Zitadelle« von Mohenjo-Daro, die wahrscheinlich aber als Ort öffentlicher Versammlungen und als Verwaltungszentrum diente und nicht als Befestigungsanlage. In diesem Komplex fand man das »Große Bad«, einen geschlossenen Wassertank oder Teich, der zu rituellen Zwecken benutzt worden sein könnte. Im westlichen Stadtviertel wurden Kornspeicher ausgegraben, die vermuten lassen, dass es eine zentrale Behörde gab,

Die »Unterstadt« von Mohenjo-Daro (vorne); im Hintergrund erhebt sich der Hügel mit der alles überragenden »Zitadelle«.

die die Lagerung von überschüssigem Getreide anordnen konnte.

In der südlich gelegenen »Unterstadt« wohnten die Handwerker und die unteren Klassen. Sicher ist, dass sich die Stadt im Mittelpunkt eines Netzes von Handels- und kulturellen Beziehungen befand, das bis nach Tilmun (heutiges Bahrain) am Persischen Golf reichte.

In der Ausgrabungsstätte wurden viele Kultgegenstände gefunden, vor allem Bildnisse einer Muttergottheit in häufiger Verbindung mit männlichen Symbolen. Sie lassen auf einen Fruchtbarkeitskult schließen, obwohl weder Tempel noch andere Bauten mit einer eindeutig religiösen Bestimmung entdeckt werden konnten.

VERFALL UND UNTERGANG

Mohenjo-Daro wurde neunmal durch das Hochwasser des Indus zerstört und stets an derselben Stelle wiederaufgebaut. Nach einer großen Flut um 1700 v. Chr. gab es zwar einen gewaltigen Deich. Doch 100 Jahre später verließen die Bewohner ihre Stadt endgültig.

Diese erstaunliche Plastik wurde als Darstellung eines Priesterkönigs gedeutet. Beweise, dass die Gesellschaft von Mohenjo-Daro ein solches Amt kannte, gibt es allerdings nicht.

OSTASIEN

Seit etwa 4500 v. Chr. siedelten neusteinzeitliche Gesellschaften an den Ufern des Gelben Flusses und brachten erste Städte mit erstaunlich fortgeschrittenen Kulturen hervor. Später, unter der Herrschaft der Shang-Dynastie (17.–11. Jh. v. Chr.), entstand auch der erste zentralisierte Staat in China. Die reiche Shang-Kultur und vor allem ihre Bronzeverarbeitung lebten in den künstlerischen Traditionen der folgenden Dynastien weiter.

FRÜHE KULTUREN IN CHINA

China um 4500–1800 v. Chr.

Gegen Ende der Jungsteinzeit bildeten sich in China komplexe Dorfkulturen. Über tausend Fundorte zeugen von dieser Yangshao-Kultur am Gelben Fluss (Zentralchina). In einem ihrer bekanntesten, Banpo, ergaben die Grabungen, dass die Menschen dieser Kultur Hirse anbauten, geschliffene Steinwerkzeuge benutzten und Kleidung aus Hanf und Seide trugen. Auch Keramiken aus rotem Lehm, häufig mit Spiralmustern dekoriert, wurden gefunden. Grabbeigaben verweisen zudem auf einen Geisterglauben.

Noch kunstvollere, zum Teil auf der Töpferscheibe hergestellte Gefäße aus schwarzem Ton sowie Steinbeile brachte die Longshan-Kultur am Unterlauf des Gelben Flusses (Provinz Shandong) hervor. Sie breitete sich entlang des Jangtsekiang nach Süden aus.

Des Weiteren entdeckten Archäologen 1959 im Tal des Gelben Flusses (Provinz Henan) die Erlitou-Kultur (um 2000–1500 v. Chr.). Sie gruben die ältesten, bislang in China gefundenen Artefakte aus Bronze sowie palastartige Gebäude aus. Inzwischen hat man auch außerhalb dieses Flusstals Hinweise auf Kulturen der späten Jungsteinzeit entdeckt, wie die Majiabang-Kultur am Jangtsekiang (Provinz Jiangsu) und die Dapenkeng-Kultur in Südchina.

Eine rote Vase aus der Yangshao-Kultur, etwa 2000 v. Chr. Solche Gefäße wurden in über tausend Stätten am Gelben Fluss gefunden.

SHANG-DYNASTIE

östliches China   um 1750–1027 v. Chr.

Die Shang, traditionell als zweite chinesische Dynastie gezählt, herrschten seit etwa 1750 v. Chr. über weite Teile Nord- und Zentralchinas. Es gab mehrere Hauptstädte, deren letzte in den 1920er-Jahren bei Anyang am Ufer des Huan entdeckt wurde. Die Ausgrabungen förderten Überreste eines großen zeremoniellen und administrativen Zentrums des späten Shang-Staats zutage. Um 1650 v. Chr. etablierten sich die Shang fest in der Hauptstadt Zhengzhou, einer großen Siedlung mit Häusern aus gestampftem Lehm und einem gewaltigen, 6,4 km langen Verteidigungswall.

SHANG-KULTUR

Die kostbarsten archäologischen Funde aus der Shang-Zeit sind Gegenstände aus Bronze, vornehmlich für zeremonielle Zwecke. Viele der in Zhengzhou und Anyang ausgegrabenen Gefäße waren für Rituale bestimmt, etwa zum Zubereiten von Opferfleisch oder zum Erhitzen von Wein. Auch dekorierte Bronzebehälter wurden gefunden. Die Shang setzten die Produktion von Jadescheiben fort, die in der Jungsteinzeit begonnen hatte. Die Funktion dieser häufig mit Gravuren verzierten Scheiben ist bis heute ein Rätsel. Vielleicht aber wurden sie den Toten mitgegeben. In Shang-Gräbern lagen zahlreiche »Orakelknochen« – Schulterblätter von Rindern –, die für die Vorhersage der Zukunft gebraucht wurden. Die Inschriften darauf sind die ältesten Zeugnisse der chinesischen Schrift.

Diese Maske ist bezeichnend für den hohen Stand der Bronzeverarbeitung in der Shang-Zeit.

Die Shang-Dynastie ging um 1050 v. Chr. in den von den Zhou angeführten Aufständen unter. Die Zhou, die ihren Einflussbereich um die heutigen Provinzen Shaanxi und Gansu erweitert hatten, stürzten den Shang-Kaiser und wurden für drei Jahrhunderte zur beherrschenden Macht.

In der Shang-Zeit wurden wichtige Persönlichkeiten mit ihren Streitwagen, Wagenlenkern und Pferden beigesetzt, wie hier in einem Dorf bei Anyang.

AMERIKA

Seit Mitte des 2. Jt. v. Chr. entwickelten sich in zwei verschiedenen Regionen des Kontinents fortgeschrittene Kulturen: in Peru und in Mittelamerika. Die älteste Kultur Perus ist die der Chavín, in Mittelamerika die der Olmeken. Beide schufen große rituelle Zentren, in denen der Kult des Jaguars eine Rolle spielte. Da sie kaum schriftliche Zeugnisse hinterließen, lässt sich ihre politische Geschichte so gut wie gar nicht rekonstruieren.

CHAVÍN-KULTUR

Peru um 900–200 v. Chr.

Um 1250 v. Chr. lebten die Dörfer vom Maisanbau und Keramiken wurden in Perus Küsten- und Bergregionen hergestellt. Eine erste, in fast ganz Peru verbreitete Kultur ist erst viel später, etwa 900 v. Chr. nachweisbar. Ihren Mittelpunkt hatte sie im großen Tempel von Chavín de Huántar, am Zusammenfluss von Wacheqsa und Mosna. Da bisher keine Überreste von Befestigungsanlagen und Armeen, auch keine anderen Anzeichen für imperiale Ambitionen gefunden wurden, ist anzunehmen, dass sich diese Kultur nicht kriegerisch ausdehnte.

CHAVÍN DE HUÁNTAR

Die Anordnung von Chavín de Huántar lässt große Ingenieurs- und Baumeisterkunst erkennen. Oben auf einer mächtigen, mit Terrassen versehenen Pyramide wurde um 900 v. Chr. der Alte Tempel errichtet. Von der zentralen Plattform ragten schreckenerregende Ungeheuer mit Reißzähnen hervor, und mitten im Tempel stand der Lanzón, eine 4,5 m hohe Granitstele, die wohl eine zeremonielle Bedeutung hatte. Zur Anlage gehörte zudem ein Hof, vielleicht eine Versammlungsstätte für rituelle Prozessionen. Kurz nach 500 v. Chr. bauten die Chavín den doppelt so großen Neuen Tempel. Doch die Kraft dieser Kultur schwand, und abgelegene Regionen gingen verloren. Um 200 v. Chr. endete die Chavín-Periode.

Wilde Jaguare, Treppenaufgang in Chavín de Huántar: Bildnisse zähnefletschender Tiere sind typisch für die Kunst der Chavín.

OLMEKEN

📍 Golfküste Mexikos 🕰 um 1800–400 v. Chr.

Die Kultur der Olmeken entstand nach 1800 v. Chr. in den Ebenen des südlichen Mexiko. Sie bauten vor allem Mais an und hatten sich bis 800 v. Chr. in weiten Teilen Mittelamerikas verbreitet.

KULTUR DER OLMEKEN

Das erste bedeutende Zentrum der Olmeken war San Lorenzo in Südmexiko, das seine Hochzeit zwischen 1200 und 900 v. Chr. erlebte. Die Stadt hatte wahrscheinlich ein entwickeltes Dränagesystem. Die Gebäude wurden auf Erdhügeln und um offene Plätze herum errichtet. Erhalten geblieben sind ein Tempel, Relikte reetgedeckter Häuser aus Holzpfählen sowie viele Monumente, z. B. riesige Steinköpfe, altarähnliche Bauten, große Skulpturen sitzender Menschen und Tierdarstellungen, vor allem des Jaguars.

In Cascajal (bei San Lorenzo) fanden Archäologen einen um 900 v. Chr. mit Symbolen versehenen Stein, bei denen es sich vielleicht um Schriftzeichen handeln könnte. Die Olmeken hätten damit das erste Schriftsystem in Mittelamerika erfunden. Als San Lorenzo offenbar etwa 900 v. Chr. unterging, wurden viele Bauten und Denkmäler zerstört.

Das zweite große Zentrum der Olmeken befand sich in der Stadt La Venta nahe der Grenze zwischen den heutigen mexikanischen Staaten Tabasco und Veracruz. La Venta war viel größer als San Lorenzo und entfaltete als nun bedeutendster Ort der olmekischen Kultur seine ganze Pracht zwischen 900 und 400 v. Chr. So wurden auch in La Venta kolossale Steinköpfe, Jaguarfiguren und -bildnisse sowie Tempelanlagen und eine große Pyramide gefunden. Die Großbauten waren genau auf einer Linie ausgerichtet, die sich vielleicht an astronomischen Beobachtungen orientierte. Um 400 v. Chr. begann die olmekische Kultur zu verfallen, ihr Einfluss jedoch erhielt sich in reglonalen Kulturen, besonders bei den Zapoteken um deren Hauptstadt Monte Albán.

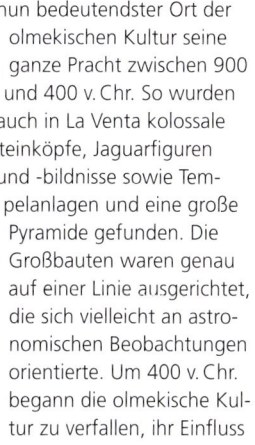

Ein Priester opfert einer Gottheit, die die Gestalt einer Klapperschlange mit Federn und Kamm hat.

Steinstatue aus La Venta: der sogenannte Statthalter. Dass er ein Herrscher war, lässt die kunstvolle Kleidung vermuten.

KLASSISCHES ALTERTUM

DIE WELT 700 V. CHR.–600 N. CHR.

Im Jahrtausend nach 750 v. Chr. lebte ein großer Teil der damaligen Weltbevölkerung in den klassischen Kulturen Eurasiens: in Griechenland, Rom, Persien, Indien und China. Diese Reiche entwickelten eine ungeahnte kulturelle Reife und militärische Schlagkraft. Die von ihnen hervorgebrachten Formen der Verwaltung

Die Welt um 100 n. Chr.

— Reichsgrenzen
...... Ungefähre Grenzen
 Reich der Han
 Römisches Reich und Vasallenstaaten
 Reich des Mithridates, um 100 n. Chr.
 Numidien unter Masinissa, ab 201 n. Chr.
 Dakien unter Burebista, 45 v. Chr.

Kursiv gesetzte Siedlungen entstanden nach 100 n. Chr., wurden im Zeitraum dieses Kapitel aber bedeutsam.

DIE WELT UM 100 N. CHR.

Um 100 n. Chr. war das einst riesige griechisch-hellenische Reich im Römischen Reich aufgegangen, das nun mit dem Parther-Reich (Persien) um die Macht rang. China, 221 v. Chr. geeinigt, wurde von der Han-Dynastie regiert; Indien dagegen war seit dem Niedergang des Maurya-Reichs (185 v. Chr.) zersplittert.

DIE WELT UM 700 V. CHR.–600 N. CHR.

und Wissenschaft wurden für Jahrhunderte zum Vorbild. In Mittel- und Südamerika, Afrika und Japan bildeten sich nicht weniger fortgeschrittene Kulturen heraus, doch war ihre Strahlkraft geringer als die der eurasischen. In dieser Epoche entstanden auch die großen Weltreligionen Buddhismus, Judentum und Christentum.

Das Römische Reich hatte um 100 n. Chr. alle Küstengebiete des Mittelmeers erobert, sich nach Kleinasien, Gallien und in Teile (des heutigen) Deutschlands ausgedehnt. Im folgenden Jahrhundert kamen die Britische Insel, Dakien (Rumänien) und Teile Mesopotamiens hinzu.

KLASSISCHES ALTERTUM 700 V. CHR.–600 N. CHR.

PERSIEN

Aus provinziellen Anfängen entwickelte sich die Dynastie der Achämeniden zu einer Großmacht, deren Herrschaft vom Mittelmeer bis Nordwestindien reichte. Im 5. Jh. v. Chr. versuchte sie vergeblich, Griechenland zu besetzen. Im 3. Jh. wendete sich das Blatt: Der Makedonier Alexander der Große unterwarf Persien. Unter Parthern und Sassaniden, die von 220 n. Chr. bis ins 7. Jh. n. Chr. mit den Römern Krieg führten, wurde Persien noch einmal zu einer einflussreichen Macht.

ACHÄMENIDENREICH

📌 westliches Vorderasien, Ägypten ⌛ 550–330 v. Chr.

Nach persischer Tradition gilt Kyros (reg. 559–530 v. Chr.) als Begründer des Achämenidenreichs. Zunächst Vasall des Mederkönigs Astyages, besiegte er 550 v. Chr. die Meder, unterwarf den östlichen Iran und eroberte 539 v. Chr. Babylon. Unter seinem Nachfolger Kambyses (reg. 529–522 v. Chr.) dehnte sich das Perserreich bis Ägypten aus, dann aber, während eines Aufstands unter Führung seines Bruders Bardiya, wurde Kambyses ermordet. In den folgenden Jahren besetzte Dareios I. (reg. 521–486 v. Chr.) Teile Libyens und Indiens. Seinen Versuch, auch Griechenland zu erobern, schlug eine Koalition griechischer Staaten 490 v. Chr. zurück. Zehn Jahre später scheiterte auch Xerxes (reg. 485–465 v. Chr.) in Griechenland. Danach erlahmte der Expansionsdrang der Achämeniden.

NIEDERGANG

Dynastische Auseinandersetzungen schwächten die Macht der Herrscher im 4. Jh. Das Reich war auf die Dienste ausländischer Söldner angewiesen und durch seine Größe sehr anfällig gegen Revolten und Überfälle. Den Untergang besiegelte schließlich Alexander der Große (S. 124–125) mit einem Sieg über Dareios III., den letzten Achämenidenkönig.

Grabmal des Kyros in Pasargadae, der um 550 v. Chr. von ihm gegründeten ersten Hauptstadt der Achämeniden

PERSEPOLIS

Hauptstadt des Achämenidenreichs war Persepolis. Von Dareios I. um 518 v. Chr. gegründet, war sie der Knotenpunkt eines effizienten Netzes von Königsstraßen. Die Regierungs- und Verwaltungsarbeit geschah gewöhnlich im Palast von Susa, Persepolis aber bildete das Zentrum der königlichen Macht.

STADT VOLLER KOSTBARKEITEN

Dareios gründete seine neue Hauptstadt auf einer Hochebene rund 80 km westlich des alten Machtzentrums Pasargadae. Auf einer 135 000 m² großen, künstlich aufgeschütteten Terrasse wurden Paläste und riesige Audienzsäle errichtet, deren größter die *apadana* war: Diese Säulenhalle bot wahrscheinlich 10 000 Menschen Platz. Die zu ihr hinaufführende Treppenflucht säumten Reliefs, die Abgesandte der 20 tributpflichtigen Provinzen des Reichs mit ihren Opfergaben zeigten: Persepolis war demnach wohl auch die Schatzkammer des Reichs. Unter Dareios I. entstand die prächtige Thronhalle, und noch während der Herrschaft von Artaxerxes III. (358–338 v. Chr.) wurde der Komplex durch Anbauten erweitert. 331 v. Chr. eroberte Alexander der Große Persepolis, im Jahr darauf zerstörte ein Brand die Stadt.

Goldener Armreif mit Greifen aus dem sagenhaften Oxus-Schatz der Achämeniden, im 19. Jh. in Afghanistan gefunden

Medische Würdenträger bringen ihren Tribut zur Ratshalle von Persepolis. Die Ruinenstadt gehört heute zum Weltkulturerbe der UNESCO.

PERSISCHE RELIGION

🏛 Iran ⧖ um 1000 v. Chr.–7. Jh. n. Chr.

Im Glaubenssystem der Perser verbanden sich altiranische Religionen mit den Lehren des Predigers Zarathustra (griech. Zoroaster), der um 1000, vielleicht auch im 7. Jh. v. Chr. lebte. Seine Lehre war dualistisch: Ahura Mazda, höchster Gott und Personifikation des Guten, liegt im beständigen Kampf mit Angra Mainyu, dem Geist der Finsternis. Zu Lebzeiten haben die Menschen die Wahl, sich für Gut oder Böse zu entscheiden. Der Sieg des Guten erfolgt mit dem jüngsten Gericht. Die Achämeniden folgten nicht nur der Lehre Zarathustras, sondern verehrten auch andere persische Götter. Ihre Nachfolger, die Parther, errichteten überall im Reich zarathustrische Feueraltäre, deren ewige Flamme als Zeichen der Reinigung galt. Erst unter den Sassaniden wurde Zarathustras Lehre zur Staatsreligion. Die bis dahin tolerierten Anhänger anderer Religionen wurden verfolgt.

Bas-Relief mit geflügelten Schutzgeistern, den Faravahar: Nach dem Zoroastrismus führen sie die Menschen ein Leben lang und bewahren sie vor Schaden.

PARTHER

🏛 Iran, Irak ⧖ 247 v. Chr.–226 n. Chr.

Im 3. Jh. v. Chr. herrschten nach Alexander dem Großen die Seleukiden (S. 126) in Persien, bis sie 247 v. Chr. von den Parthern vertrieben wurden. Dieses iranische Volk kontrollierte die Seidenstraße nach China und eroberte unter Mithridates I. (reg. 171–138 v. Chr.) den größten Teil des Seleukidengebiets in Mesopotamien. Das Parther-Reich war dennoch politisch gespalten, und seine Fürsten machten sich häufig unabhängig. Daher blieb eine weitere Expansion aus.

Die Armee mit ihrer ausgezeichneten Reiterei war nahezu unbesiegbar. 53 v. Chr. schlug sie bei Carrhae eine römische Armee. Das war der Beginn lang anhaltender Spannungen mit Rom, vor allem um Armenien. Denn die Bewerber um den dortigen Thron ersuchten häufig römische Hilfe gegen die Parther.

In den Jahren 116/17 n. Chr. hätte der römische Kaiser Trajan so fast das westliche Persien erobert. Aber noch einmal konnten sich die Parther retten, bis sie innere Unruhen 226 n. Chr. vollends zerrütteten und um ihre Macht brachten.

Ein Parther-König auf Löwenjagd: Schale aus getriebenem Silber

SASSANIDEN

Iran, Irak 226–651 n. Chr.

Die Sassaniden lösten die untergegangenen Parther ab und machten unter ihrem ersten König Ardaschir I. (reg. 226–241 n. Chr.) Persien wieder zu einem Machtfaktor in der Region. Von ihrer Hauptstadt Ktesiphon am Tigris aus zentralisierten sie den Staat noch konsequenter als die Parther. So konnten die Sassaniden sich im Westen sogar gegen die Römer behaupten. 238 n. Chr. besetzten sie die Grenzstädte Nisibis und Hatra und brachten den Römern unter Schapur I. (reg. 241–272 n. Chr.) zwei schwere Niederlagen bei: 244 gegen Kaiser Gordian III. und gegen Valerian 260. Schapur machte Anstalten, die östlichen Provinzen Roms zu überrennen, doch der arabische Herrscher Palmyras (Syrien) hinderte ihn daran.

Drei Jahrhunderte lang wechselte sich das Kriegsglück zwischen den Römern und den Sassaniden ab in einem mit befestigten Grenzstädten stark gesicherten Kampfgebiet. Anfang des 7. Jh. durchbrach Chosrau II. (reg. 591–628) das Patt: 619 besetzte er das römische Syrien, Palästina und Ägypten. Das Oströmische Reich (Byzanz) schlug zurück und machte 627 alle Eroberungen Chosraus rückgängig. Von diesen Kriegen erschöpft, hatten die Sassaniden den arabisch-muslimischen Armeen, die von Süden und Westen eindrangen, nichts mehr entgegenzusetzen. Yazdegerd III. (reg. 632–651), der letzte Sassanidenkönig, starb als Flüchtling in Merw (Zentralasien).

SCHAPUR DER GROSSE

Als Feldherr seines Vaters Ardaschir kämpfte Schapur gegen die Parther, 241 n. Chr. bestieg er den Thron. Unmittelbar danach überfielen die Römer sein Reich, scheiterten jedoch, und ihr Kaiser Gordian wurde ermordet. Dessen Nachfolger Kaiser Philippus konnte nur noch den Frieden aushandeln. Noch glänzender war Schapurs Sieg über die Römer bei Carrhae im Jahr 260: Er nahm Kaiser Valerian gefangen und ließ seinem Gegner die Haut abziehen, diese ausstopfen und als grausige Trophäe auf ein Pferd setzen.

Felsenrelief bei Naqsh-e Rustam nahe Persepolis: Schapur I. zu Pferd gebietet über die geschlagenen römischen Kaiser Philippus und Valerian.

KLASSISCHES ALTERTUM 700 V. CHR.–600 N. CHR.

GRIECHENLAND

Nach wenig verheißungsvollen Anfängen – Griechenland war zunächst nicht mehr als eine Ansammlung einander ständig befehdender kleiner Stadtstaaten – trat das Land in ein Zeitalter beispielloser Kreativität und militärischer Erfolge ein. Griechen trotzten dem mächtigen Perserreich und gründeten Kolonien rund ums Mittelmeer sowie am Schwarzen Meer. Unter Alexander dem Großen beherrschten sie fast den gesamten Nahen Osten. Auch nach dessen Tod blieb ihr kultureller Einfluss über Jahrhunderte erhalten.

ARCHAISCHES GRIECHENLAND

Griechenland ⏳ 700–500 v. Chr.

Wir wissen wenig über die Zeit nach dem Ende der mykenischen Kultur *(S. 101)*, weil es darüber keine schriftlichen Zeugnisse gibt. Um 750 v. Chr. jedoch waren aus Ansammlungen von Dörfern auf dem Festland, den Inseln und in Ionien (dem von Griechen kolonisierten Kleinasien) Stadtstaaten oder *poleis* geworden, die sich häufig bekriegten. Um 600 v. Chr. hatten sich Sparta, Theben, Korinth und Athen als Hauptmächte etabliert. Ihre politischen Systeme waren unterschiedlich. Monarchien überwogen zunächst, aber im 7. Jh. wurde das Königtum mancher Stadtstaaten durch die Tyrannis – die autokratische Herrschaft neuer Familien wie den Peisistratiden in Athen – abgelöst. Zugleich aber entwickelte sich eine elementare Form der Demokratie *(S. 118)*, ein Prozess, den in Athen um 594 v. Chr. die Reformen des Solon einläuteten.

Trotz aller Rivalitäten einte die *poleis* eine weitgehend gemeinsame Kultur: Sie hatten die gleichen Götter und nahmen an rituellen Ereignissen wie den panhellenischen Spielen in Olympia teil. Erste Philosophen, die Vorsokratiker, begannen vor allem in Ionien, die Natur des Universums zu ergründen Gleichzeitig entstanden die ersten schriftlichen Fassungen von Homers Epen *Ilias* und *Odyssee*.

Die Marmorlöwen auf der Insel Naxos waren im 7. Jh. v. Chr. dem Gott Apollon geweiht.

PERSERKRIEGE

📍 Griechenland, Ägäis, Kleinasien   ⏳ 499–449 v. Chr.

499 v. Chr. erhoben sich die ionischen Städte (Kleinasien) mit Unterstützung der Athener gegen die Perser, die das Gebiet 546 v. Chr. besetzt hatten. Die Perser schlugen die Revolte nieder, und ihr König Dareios I. *(S. 112)* entschloss sich, den Griechen eine Lektion zu erteilen, was sich jedoch als großer Fehler erwies. Nachdem persische Heere die griechischen Inseln problemlos erobert und Bundesgenossen unter den nordgriechischen Städten für sich gewonnen hatten, landeten sie im Spätsommer 490 v. Chr. bei Marathon, einer kleinen Stadt an der Küste Attikas, nordwestlich von Athen. Dort hielt jedoch eine undurchdringliche Schlachtreihe (Phalanx) aus athenischen Bürgersoldaten und ihren Verbündeten aus der Stadt Plataä die zahlenmäßig weit überlegenen Perser in Schach. Obwohl die Schlacht nicht entscheidend war, büßten die Perser dabei ihr kriegerisches Ansehen ein.

ZWEITE PERSISCHE INVASION

Doch sie gaben nicht auf: Unter Dareios' Nachfolger Xerxes begannen die Perser 480 v. Chr. einen erneuten Feldzug. Die griechischen Stadtstaaten bildeten dagegen eine Koalition, die allerdings nicht hielt. Trotz heldenhaften Widerstands verloren die Spartaner unter König Leonidas dramatisch die Schlacht bei den Thermopylen, in der sie alle umkamen. Die Perser indes konnten das bedeutende Theben auf ihre Seite ziehen und Athen niederbrennen. Inzwischen aber hatte der Staatsmann und Feldherr Themistokles die Athener überzeugt, selbst eine Flotte zu bauen. So konnten sie die persische Flotte 480 v. Chr. in der Seeschlacht von Salamis vernichten. Ein weiterer Sieg bei Plataä im Jahr 479 v. Chr. stärkte die Entschlossenheit der Griechen und zwang die Hauptarmee der Perser zum endgültigen Rückzug vom griechischen Festland. In Ionien allerdings und in der Ägäis wurde noch bis 449 v. Chr. gekämpft. Dennoch hatten die Griechen ihre Unabhängigkeit insgesamt erfolgreich gegen die Perser verteidigt.

Leonidas, König von Sparta, führte in der Schlacht bei den Thermopylen eine Armee von nur 300 Spartanern gegen die Perser.

ATTISCHE DEMOKRATIE

Athen 594–338 v. Chr.

Die erste und stabilste Demokratie des antiken Griechenlands entwickelte sich in Athen. Alle männlichen Bürger waren dort berechtigt, an politischen Entscheidungsprozessen teilzunehmen. Frauen und Sklaven waren ausgeschlossen.

Anfang des 6. Jh. v. Chr. hatten Solons Reformen die Macht der Aristokraten zugunsten der Volksversammlung (*ekklesia*) eingeschränkt, aber erst unter Kleisthenes (um 570–507 v. Chr.) erhielt die athenische Verfassung ihre endgültige Form. Er teilte die Stadt in 140 Stimmbezirke (*demes*) ein, die zu zehn Stämmen (*phylai*) zusammengefasst wurden. Jede Phyle entsandte Jahr um Jahr 50 Mitglieder in den Rat der 500, aus dem 50 Ratsführer (*prytaneis*) gewählt wurden, die die Stadt regierten.

VOLKSVERSAMMLUNG

Die jährliche Wiederwahl der Ratsführer sorgte dafür, dass niemand zu lange an der Macht blieb. Die *ekklesia* – mit einem Quorum von 6000 Bürgern – trat 40-mal im Jahr auf dem Pnyx, einem Berg nahe der Akropolis, zusammen, um wichtige Angelegenheiten zu beraten, wie z. B. die Wahl der Armeeführer (*strategoi*). Der glänzende Redner Perikles (495–429 v. Chr.) festigte die Macht des Volkes, indem er durchsetzte, dass Arme eine materielle Entschädigung für ihre Anwesenheit in der Versammlung erhalten sollten.

> »WER SICH NICHT FÜR POLITIK INTERESSIERT, HAT HIER NICHTS ZU SUCHEN.«
>
> Perikles, 495–429 v. Chr.

DEMOKRATIE UND IMPERIUM

Dank Athens zunehmender Stärke gewannen die öffentlichen Ämter immer größere Bedeutung. Machtmissbrauch sollte mithilfe des Ostrakismos – dem Scherbengericht zur Amtsenthebung zu mächtiger Politiker durch die *ekklesia* – verhindert werden. Athens Niederlagen im Peloponnesischen Krieg (431–404 v. Chr.) führten zweimal zur Aussetzung der demokratischen Verfahren. Die Macht der Städte und ihrer demokratischen Institutionen war damit dauerhaft gebrochen. Mitte des 2. Jh. fiel Griechenland an Rom.

Die Korenhalle der athenischen Akropolis wurde 480 v. Chr. von den Persern niedergebrannt und nach dem Krieg wiederaufgebaut.

GRIECHISCHE KOLONIEN

Seit Ende des 9. Jh. v. Chr. gründeten die Griechen am ganzen Mittelmeer und am Schwarzen Meer über 300 Jahre lang Kolonien. Welchen Grund diese Ansiedlungen hatten, ist unklar. Sie werden aber wahrscheinlich neue Handelsbeziehungen gestiftet und zugleich den Bevölkerungsüberschuss der griechischen Städte oder politisch Unzufriedene aufgefangen haben.

LANDNAHME

Nach der Ionischen Kolonisation (11./10. Jh. v Chr.), in der Griechen die kleinasiatischen Küstenregionen besiedelten, erfolgte im Rahmen der Großen Kolonisation (8.–6. Jh. v. Chr.) die Ausbreitung der griechischen Stadtkultur im gesamten Mittelmeerraum. Zu den ersten Kolonien gehörte das 733 v. Chr auf Sizilien gegründete Syrakus. Daraufhin zogen Griechen nach Süditalien und schufen dort ein so dichtes Netz von Städten und Dörfern, dass die Region magna graecia (»Großgriechenland«) genannt wurde. Um 630 v. Chr. entstand in Nordafrika die Kolonie Cyrene, um 600 v. Chr. Massilia (Marseilles) in Südfrankreich. Auf die Iberische Halbinsel gelangten Griechen um 640 v. Chr., wo sie Tartessus (Spanien) gründeten. Im Osten breiteten sich Kolonien an der Schwarzmeerküste aus, von Byzanz bis zur Krim sowie in Trapezunt (Trabzon) an der Nordküste der anatolischen Halbinsel. Im ausgehenden 6. Jh. erlahmte die Kolonisierungsbewegung, und als das System der Stadtstaaten in Griechenland selbst unter Druck geriet, vollzog sich die weitere Ausbreitung der griechischen Kultur unter der Schirmherrschaft von Alexanders makedonischem Reich und dessen Nachfolgestaaten.

Silbermünze aus Catana (Catania), einer griechischen, um 720 v. Chr. gegründeten Kolonie auf Sizilien

Die Stadt Ephesos, an der türkischen Westküste, entstand bereits während der frühen griechischen Expansionswelle im 11. Jh. v. Chr.

Der Parthenon, der große Tempel der Göttin Athene, wurde Mitte des 5. Jh. v. Chr. errichtet. Der führende Politiker Athens, Perikles, initiierte den Bau, der u. a. von Phidias, einem der größten damaligen Künstler, geleitet wurde. Um 432 v. Chr. war das Heiligtum vollendet.

PELOPONNESISCHER KRIEG

📍 Griechenland, Kleinasien, Sizilien ⚔ 431–404 v. Chr.

Der 30 Jahre währende, erbittert geführte Peloponnesische Krieg entzündete sich an Rivalitäten zwischen Athen und Sparta, den beiden bedeutendsten griechischen Städten. Sparta hatte im Unterschied zu seinem Gegner *(S. 118)* keine demokratische Verfassung, sondern wurde von Königen und einer kleinen militärischen Elite regiert, deren Macht durch fünf jährlich gewählte Stadträte (Ephoren) eingeschränkt wurde. Heloten, faktisch Sklaven ohne politische Rechte, bildeten die große Masse der Bevölkerung. Mitte des 5. Jh. baute Athen – gestützt auf seine starke Flotte – ein Reich auf, das die Landmacht Sparta herausforderte.

> **THUKYDIDES**
>
> Thukydides (um 460–404 v. Chr.) war einer der ersten Historiker und verfasste die *Geschichte des Peloponnesischen Kriegs*, den er selbst miterlebt hatte. Die Reden in diesem Werk gehören zu den Meisterwerken der griechischen Literatur.

KRIEGSVERLAUF

Der Krieg begann 432–431 v. Chr. mit dem Versuch Potidaeas, einer von Athen abhängigen Stadt im Norden, sich aus dem attischen Städtebund zu lösen. Sparta eilte Potidaea zu Hilfe, aber Athen behielt die Oberhand. Jedoch errangen die Spartaner 422 v. Chr. einen großen Sieg bei Amphipolis, in dessen Folge ein 50-jähriger Waffenstillstand vereinbart wurde.

Doch schon 415 v. Chr., als die Athener eine große Flotte nach Sizilien schickten, um sich Syrakus einzuverleiben, brachen die Feindseligkeiten erneut aus. Sparta schlug sich auf die Seite von Syrakus, und Athen wurde in eine kräftezehrende, letztendlich erfolglose Belagerung der Stadt hineingezogen. 413 v. Chr. zerstörten die Spartaner die athenische Expeditionsflotte vor Sizilien und bemächtigten sich 405 v. Chr. am Hellespont (Dardanellen) eines großen Teils der auf den Strand gezogenen athenischen Flotte. Da Athen aber ohne seine Schiffe einer Seeblockade durch die Spartaner nicht standhalten konnte, musste es um 404 v. Chr. kapitulieren und die Verteidigungswälle schleifen. Athen hatte seine beherrschende Stellung unter den griechischen Stadtstaaten endgültig verloren.

Solche Helme trugen die Hopliten, die schwer bewaffneten Fußsoldaten der griechischen Armeen.

Triere der athenischen Flotte: Dieses Schlachtschiff war mit drei Ruderreihen ausgestattet, sehr schnell und manövrierfähig und konnte den Rammsporn am Bug einsetzen.

GRIECHISCHE KLASSIK

Die griechischen Stadtstaaten waren vom 6. bis 4. Jh. v. Chr. Zentren einer schöpferischen Zivilisation, die große religiöse und kulturelle Gemeinsamkeiten, aber ebenso deutliche politische Gegensätze aufwies. Die Werke der Philosophen, Künstler und Bühnenautoren dieser Zeit vermögen bis heute zu begeistern.

RELIGION, KUNST, PHILOSOPHIE

Im Mittelpunkt des »Griechentums« stand die gemeinsame Religion. Tempel, Heiligtümer und Orakel waren den Hauptgöttern – Götterkönig Zeus, seiner Gemahlin Hera sowie Sonnengott Apollo – geweiht und entstanden in ganz Griechenland und den griechischen Kolonien. Kultische Zentren, wie Olympia und Delphi, waren für alle Griechen bedeutsame Versammlungsorte.

Sokrates regte seine Mitbürger zum eigenständigen Denken an. Weil er alle Werte hinterfragte, wurde er zum Tode verurteilt.

Die Tempel zählen zu den eindrucksvollsten Relikten des klassischen Altertums, allen voran der Parthenon, 447–432 v. Chr. auf der athenischen Akropolis errichtet. Der Bildhauer Phidias (geb. 490 v. Chr.), Schöpfer der großen Athene-Statue für den Parthenon, ist einer der ersten namentlich bekannten Künstler der Geschichte.

Auch in der Theaterkunst schufen die Griechen Meisterwerke. Tragödien des Aischylos, Sophokles und Euripides sowie Komödien des Aristophanes wurden während der jährlichen Festspiele zu Ehren des Gottes Dionysos aufgeführt. Richtungsweisend wurden zudem griechische Philosophen wie Sokrates (um 469–399 v. Chr.), Platon (etwa 427–347 v. Chr.) und Aristoteles (384–322 v. Chr.). Sie verfolgten einen durchgehend rationalen Ansatz, um die Welt zu erklären. Ihre Werke, die von islamischen Gelehrten tradiert wurden, prägten gegen Ende des Mittelalters die Geisteshaltung der Renaissance und des Humanismus.

Die Kunst der Vasenmalerei erreichte in Griechenlands klassischer Zeit einen neuen Höhepunkt. Oft wurden mythologische Szenen dargestellt.

EROBERUNGEN ALEXANDERS DES GROSSEN

Griechenland, Naher Osten   336–323 v. Chr.

Im 4. Jh. kämpften mehrere Stadtstaaten in Griechenland um die Vorherrschaft, wobei sich zunächst Sparta, dann ab 371 v. Chr. Theben durchsetzte. Etwa 350 v. Chr. begann der nordgriechische Staat Makedonien unter seinem energischen und rücksichtslosen König Philipp II. zu expandieren. Er besiegte 338 v. Chr. bei Chaironeia mit Unterstützung seines 18-jährigen Sohns Alexander die Thebaner und ihre Verbündeten. Die anderen griechischen Staaten fügten sich bald in die makedonische Oberhoheit.

Der junge Alexander war nicht Philipps einziger Sohn, seine Thronfolge entsprechend ungesichert. Deshalb bestand lange der Verdacht, dass er hinter Philipps Ermordung im Jahr 336 v. Chr. stand. Nach dem Tod seines Vaters schaltete er seine Rivalen mit brutalen Mitteln aus und erstickte 335 v. Chr. einen Aufstand der Thebaner.

EROBERUNG PERSIENS

Der Thron war gesichert, und Alexander wandte sich einem höchst ehrgeizigen Unternehmen zu: der Eroberung des persischen Achämenidenreichs. 334 v. Chr. führte er eine Armee von etwa 50 000 Mann nach Kleinasien, um dort zunächst die griechischen Städte vom persischen Joch zu befreien. Dynastische Streitereien und Rebellionen hatten das Reich geschwächt, noch aber verfügte König Dareios III. über Ressourcen, die denen

GRIECHENLAND 125

Der Tempel in der ägyptischen Oase Siwa, in dem Alexander 332 v. Chr. das Orakel des Zeus Ammon befragte.

Alexanders weit überlegen waren. Doch dieser, ein überlegener Taktiker und Stratege und getrieben vom Ehrgeiz, sich zum Alleinherrscher der Welt zu machen, vernichtete 334 v. Chr. am Granikos eine große persische Streitmacht und brachte 333 dem von Dareios III. geführten Perserheer bei Issos (Syrien) eine empfindliche Niederlage bei. Seine gut geschulten, kleinen und äußerst beweglichen Truppenverbände waren den riesigen, starren persischen Armeen letztlich überlegen. Nach einem Abstecher nach Ägypten besiegte Alexander Dareios 331 v. Chr. in einer letzten Schlacht bei Gaugamela am Tigris. Der König wurde im folgenden Jahr ermordet, und Alexander übernahm die Insignien sowie das Hofzeremoniell eines orientalischen Potentaten. In weiteren Feldzügen brachte er alle Provinzen des früheren Achämenidenreichs unter seine Gewalt.

LETZTE FELDZÜGE UND TOD

329 und 328 v. Chr. schlug Alexander Aufstände in den östlichen Provinzen Baktrien und Sogdien nieder und marschierte anschließend nach Nordwestindien. Hier weigerten sich schließlich sogar seine ihm treu ergebenen Makedonier weiterzuziehen. Ein langer zermürbender Rückmarsch durch wüstenähnliche Gebiete sowie der in Alexanders Umgebung wachsende Einfluss von Persern führten zu Meutereien. Im Alter von nur 32 Jahren starb der Eroberer der damals bekannten Welt in Babylon am Fieber. Sein einbalsamierter Leichnam wurde nach Ägypten gebracht. Da der noch junge Alexander keinen Nachfolger bestimmt hatte, suchte jeder seiner Generäle, die Macht an sich zu reißen. Sein Reich zerfiel rasch wieder.

Dieses römische Mosaik zeigt Alexander auf seinem Pferd Bukephalos in einer Schlacht, vermutlich der bei Issos 333 v. Chr.

> »SEINE FREUNDE FRAGTEN: ›WEM WIRST DU DAS REICH ÜBERGEBEN?‹ UND ER ANTWORTETE: ›DEM STÄRKSTEN‹.«
>
> Diodor über Alexanders Tod
> (*Griechische Weltgeschichte*, XVII, 117)

ALEXANDERS NACHFOLGER

Ägypten, Syrien, Makedonien   323–31 v. Chr.

Auf den frühen Tod des jungen Königs folgten jahrelange Machtkämpfe, die sofort begannen, denn Alexanders Gemahlin Roxane war schwanger. Die Armee war gespalten. Die einen wollten abwarten, ob sie einen Sohn gebar, andere seinen geistig behinderten Halbbruder Philipp Arrhidaios auf den Thron setzen. Schließlich wurde ein Junge geboren (Alexander III.), der Thron zwischen ihm und Arrhidaios (Philipp IV.) geteilt. Damit wurden die tiefen Spannungen unter den Feldherren aber nur verschleiert, die weiterhin eigene Herrschaftsgebiete beanspruchten: Ptolemaios in Ägypten, Antigonos in Makedonien, Lysimachos in Thrakien, Eumenes in Kappadokien und Seleukos in Persien. Zwischen diesen *diadochoi* (»Nachfolgern«) kam es von 323 bis 279 v. Chr. zu Kämpfen, in deren Verlauf die schwächeren Konkurrenten ausgeschaltet wurden.

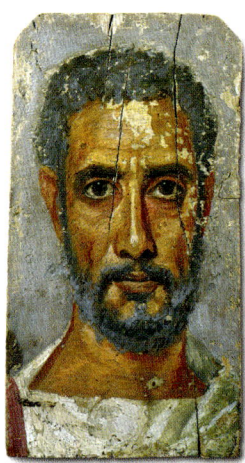

Die Ptolemäer übernahmen die ägyptische Praxis der Mumifizierung und schmückten die Mumien mit lebensähnlichen Porträts der Toten.

VERFALL UND UNTERGANG

Um 301 v. Chr. waren drei größere Nachfolgestaaten übrig geblieben: Makedonien unter den Antigoniden, Mesopotamien und Syrien unter den Seleukiden und Ägypten unter den Ptolemäern. Nachdem Antigonos I. von Makedonien von seinen Rivalen 301 v. Chr. bei Ipsos geschlagen und die schwächeren Staaten eliminiert worden waren, ließen die Spannungen nach und drei griechische Königreiche überlebten, bis sie von den Römern geschluckt wurden: Makedonien 168 v. Chr., das verkleinerte Seleukidenreich 64 v. Chr. und schließlich Ägypten 31 v. Chr.

Korinth auf der Peloponnes – mit der Eroberung der Stadt durch die Römer (146 v. Chr) verlor das griechische Festland seine Unabhängigkeit.

HELLENISMUS

Durch Alexanders Eroberungen gerieten große Teile des westlichen Asiens und Nordafrikas unter griechischen Einfluss. Um seine Macht über diese riesigen Gebiete zu festigen, regte Alexander die Gründung griechischer Städte an; deren berühmteste wurde Alexandria in Ägypten. Von diesen Städten verbreitete sich die als Hellenismus bezeichnete griechische Kultur im Osten.

HELLENISCHE STÄDTE

In Alexanders Reich und den Diadochenstaaten sprachen nur wenige Griechisch, überall jedoch besaßen die Städte Merkmale eines griechischen Stadtstaates: in griechischem Stil gebaute Tempel, ein zentraler Markt- und Versammlungsplatz (*agora*) und das *gymnasion*, das Ort sportlicher Ertüchtigung sowie der Bildung war: Hier studierten junge Männer die klassischen Texte und entwickelten die griechische Kultur fort.

AUFLÖSUNGSPROZESSE

Zwar waren die hellenischen Städte und Reiche durch die griechische Kultur verbunden, sie nahmen aber auch östliche Einflüsse auf, besonders in Ägypten, wo griechisch sprechende Könige als Pharaonen herrschten. Die hellenistische Kunst gelangte zudem weit nach Osten und beeinflusste im 2. Jh. v. Chr. etwa die Buddhafiguren in Gandhara (heute afghanisch-pakistanische Grenzregion). In Wissenschaft und Literatur setzten Griechen klassische Traditionen fort: Die Mathematiker Euklid (um 300 v. Chr.) und Archimedes (287–212 v. Chr.), der Komödiendichter Menander (342–293 v. Chr.) sowie der Historiker Polybios (etwa 200–118 v. Chr.) sind nur einige derjenigen, deren Werke von den Römern aufgenommen wurden. Mochten die *poleis* (Stadtstaaten) untergegangen sein, das kulturelle Erbe Griechenlands bestand weiter.

Antiochos I. von Kommagene (reg. 70–38 v. Chr.), König eines hellenistischen Kleinstaats bei Armenien, ließ sich dieses Grabmal im griechischen Stil errichten.

ROM

Mitte des 8. Jh. v. Chr. aus einer kleinen mittelitalienischen Hügelsiedlung entstanden, eroberte Rom nach einer turbulenten Frühzeit die italienische Halbinsel und schuf ein Reich, das die ganze Mittelmeerwelt, Teile des Nahen Ostens, Nordafrikas und Nordwesteuropas umfasste. Mit militärischer Stärke und einem straff organisierten Staatswesen überstand es mehrere große Krisen, bis einfallende Barbaren sein Ende herbeiführten.

RÖMISCHE FRÜHZEIT

Mittelitalien　753–509 v. Chr.

Seiner Gründungsgeschichte zufolge wurde Rom am 21. April 753 v. Chr. von Romulus, dem Sohn des Gottes Mars, gegründet. Wie bei allen derartigen tradierten Erzählungen ist es schwer, reales Geschehen und Mythos auseinanderzuhalten.

RÖMISCHES KÖNIGTUM

Die erste Siedlung auf dem Palatin über dem Tiber unterschied sich kaum von den zahllosen anderen kleinen Dörfern der Region. Doch muss diese Siedlung für Einflüsse von außen empfänglicher gewesen sein als ihre Rivalen, besonders für die entwickeltere etruskische Kultur, die um diese Zeit in Mittelitalien blühte. Vermutlich waren einige der ersten Könige Roms sogar Etrusker. Numa Pompilius, der zweite dieser (der Überlieferung nach sieben) Könige, soll eine Reihe religiöser Traditionen begründet haben, Ancus Marcius das Gebiet des entstehenden Stadtstaats im 7. Jh. durch Kriegszüge gegen die benachbarten latinischen Stämme erweitert haben. Die

Romulus, der legendäre Gründer Roms, wird mit seinem Zwillingsbruder Remus von einer Wölfin gesäugt: ein Marmorbildnis der Renaissancezeit.

unter Tullus Hostilius (673–642 v. Chr.) erbaute *Cura Hostilia* ist der erste Hinweis auf die Existenz eines Senats. Tullus' Nachfolger Tarquinius Priscus – wahrscheinlich ein Etrusker – trieb die Entwicklung Roms kräftig voran. Sein Nachfolger Tarquinius Superbus wiederum herrschte als Tyrann und wurde 509 v. Chr. wegen seiner unpopulären Regierungsweise von einer Gruppe von Aristokraten abgesetzt. Ab diesem Zeitpunkt wurde Rom zur Republik.

RÖMISCHE REPUBLIK

📍 italienische Halbinsel　⌛ 509 v. Chr.–250 v. Chr.

Das republikanische Rom behielt einige Elemente eines monarchischen Systems bei, wie den Senat, der aus den honorigen Ältesten bestand und wichtige Entscheidungsbefugnisse besaß. Jedes Jahr wählte eine Volksversammlung zwei Konsuln, deren geteilte Macht Amtsmissbrauch verhindern sollte.

GESELLSCHAFTSORDNUNG

Die frühe Republik prägten Konflikte zwischen der Elite der Großgrundbesitzer (Patrizier) und der großen Masse des Volks, der Freigeborenen (Plebejer). Die Patrizier verfügten über alle Macht und stellten die Mitglieder des Senats. Ihrer Unzufriedenheit über diese festgefügte Rangordnung machten die Plebejer in gewaltsamen Konflikten Luft, woraufhin 494 v. Chr. eine Plebejerversammlung mit zwei gewählten Volkstribunen eingesetzt wurde, die später ein Vetorecht gegen Senatsbeschlüsse bekamen. Das »Zwölftafelgesetz« von 445 v. Chr. gab den Plebejern weitere Freiheiten, und 366 v. Chr. wurde der Erste aus ihrer Mitte zum Konsul gewählt.

Statue eines Liktors mit den Fasces, dem Rutenbündel mit Axt, das die Macht der Römischen Republik symbolisierte.

ROMS EXPANSION

Nach dem Sieg über ein Bündnis ihrer latinischen Nachbarn im Jahr 496 v. Chr. bildeten römische Bürger Kolonien in Mittelitalien, aus denen ein Netz von Städten erwuchs, die von Rom abhängig waren oder auf seiner Seite standen. Nach der Eroberung der etruskischen Stadt Veji (396 v. Chr.) und dem Sieg über die Samniten Anfang des 3. Jh. erweiterte die Römische Republik ihren Machtbereich nach Süden.

Forum Romanum mit Castor- und Pollux-Tempel (Mitte rechts): Hier berieten die Patrizier in der frühen Römischen Republik über die Politik.

PUNISCHE KRIEGE

Italien, Spanien, Nordafrika 264–148 v. Chr.

Weil Rom seinen Machtbereich auf der italienischen Halbinsel weiter ausdehnte, geriet es immer häufiger in Konflikt mit anderen Mittelmeermächten, allen voran mit Karthago, das von Nordafrika aus auch über Sizilien herrschte. Zum Krieg kam es 264 v. Chr., ausgelöst durch Streitigkeiten zwischen Karthagos Verbündetem Syrakus und den Mamertinern von Messana (Messina) auf Sizilien, die Rom zu Hilfe riefen. 23 Jahre dauerte dieser Erste Punische Krieg – mit Schlachten und Belagerungen zu Land, die meistens die Römer gewannen, sowie den oft noch entscheidenderen Seeschlachten, die 241 v. Chr. mit einem römischen Sieg bei den Ägadischen Inseln endeten. Karthago verlor seine Besitzungen auf Sizilien, entschädigte sich für den Verlust jedoch mit dem Aufbau eines neuen Reichs in Spanien. Dort nahm der Zweite Punische Krieg seinen Ausgang.

218 v. Chr. bat die Stadt Sagunt aus Furcht vor einer Besetzung durch Karthagos Feldherrn Hannibal den Römischen Senat um Unterstützung. Dieser forderte

»WIR HABEN EINE GROSSE SCHLACHT VERLOREN.«

Marcus Pomponius in seiner Bekanntgabe der Niederlage am Trasimenischen See, 217 v. Chr.

Hannibal auf, seinen Feldzug abzubrechen. Doch der zog stattdessen gegen Rom, überquerte im Winter 218 v. Chr. mit seiner Armee, zu der auch Elefanten gehörten, die Alpen und besiegte ein römisches Heer bei Ticinus und Trebia in Norditalien.

Grabstele aus Karthago: Das hornartige Symbol steht für die Mondgöttin Tanit.

HANNIBALS ITALIENFELDZUG

Nach diesem Sieg liefen die Stämme der cisalpinen Gallier – Kelten, die um Mailand siedelten – zu Hannibal über. Bei einer weiteren Niederlage am Trasimenischen See 217 v. Chr. verloren die Römer 15 000 Mann. Noch größer war die Katastrophe im folgenden Jahr: Bei Cannae, in der wichtigsten Schlacht des Zweiten Punischen Kriegs, gelang es den Karthagern, die zahlenmäßig weit überlegene römische Armee des römischen Feldherrn Varro zu umgehen, mit ihrer Reiterei einzukesseln und niederzumetzeln.

Daraufhin fielen weitere Städte von Rom ab, allerdings konnte der römische Feldherr Fabius Maximus Hannibal von Rom fernhalten. 207 v. Chr. wurde Hannibals Bruder Hasdrubal in Norditalien am Metaurus besiegt und getötet. Fünf Jahre später zwang ein Gegenangriff des Römers Scipio Hannibal zum Rückzug nach Afrika.

Schlacht bei Zama: 202 v. Chr. verlor Hannibal mit 20 000 Gefallenen seine letzte Armee: ein Gemälde aus der Zeit der Romantik.

DAS ENDE DER PUNISCHEN KRIEGE

Im Oktober 202 v. Chr. waren die Karthager besiegt und mussten sich aus Italien sowie ihren spanischen Territorien zurückziehen. Lediglich ein Rumpfgebiet um Karthago blieb ihnen. Doch Rom, noch immer nicht zufrieden, begann 149 v. Chr. unter einem Vorwand den Dritten Punischen Krieg. Das geschwächte Karthago wurde belagert, 148 v. Chr. gestürmt und in Schutt und Asche gelegt, die Bewohner der Stadt verschleppt. Nordafrika wurde damit römisch und zur Kornkammer des Imperiums.

HANNIBAL (247–183 V. CHR.)

Im Zweiten Punischen Krieg erhielt Hannibal den Oberbefehl über Karthagos Armee. Er riskierte, eine Armee durch Südgallien (heutiges Frankreich) nach Italien zu führen, und bewies in einer Reihe von Siegen taktisches Genie. Jedoch fehlten ihm strategische Visionen, und er scheiterte letztlich am Widerstand der Römer. 196 v. Chr. wurde er zum obersten Magistrat Karthagos gewählt, setzte Reformen durch, wurde aber durch Roms ständige Verfolgung ins Exil getrieben. Er nahm sich schließlich das Leben, um der römischen Gefangenschaft zu entgehen.

ENDE DER REPUBLIK

📍 Italien, Gallien   ⏳ 137–44 v. Chr.

Innenpolitische Spannungen führten schließlich in den 80er-Jahren v. Chr. zu Machtkämpfen in Rom. Nach auswärtigen militärischen Erfolgen landete Sulla mit seinem Heer in Italien und zog, unterstützt von der Adelspartei der Optimaten, gegen Rom. Die Popularen, die die Volksvertretung verteidigen wollten, unterlagen, und Sulla ließ sich zum Diktator wählen. Nach seinem Tod (78 v. Chr.) kam Pompeius, siegreicher Heerführer der Popularen, für 15 Jahre an die Macht. Damit wurde ein grundsätzlicher Widerspruch der späten Republik offenbar: Zwar war sie auf Machtrotation angelegt, musste aber zum Schutz des riesigen Imperiums langfristige Kommandos vergeben. Starke Feldherren waren jedoch nicht mehr ins republikanische System zu integrieren.

Tyrannenmord: Aus Furcht, er werde die Monarchie wieder einführen, wurde Caesar ermordet. Die meisten Verschwörer flohen und warteten die weitere Entwicklung ab.

JULIUS CAESAR (100–44 V. CHR.)
Der Patrizier wurde 59 v. Chr. Konsul. Als genialer Feldherr eroberte Caesar für Rom 58 bis 52 die neue Provinz Gallien, was ihm zu großer politischer Macht und Popularität verhalf – und im Jahr 44 v. Chr. zu seiner Ermordung führte.

POMPEIUS UND CAESAR
Pompeius suchte die Machtfrage durch das Erste Triumvirat 60 v. Chr. zu lösen, das er mit dem reichen Crassus und Julius Caesar bildete. Ihr Bündnis scheiterte 49 v. Chr. und ein Bürgerkrieg entbrannte: Caesar drängte Pompeius aus Italien und besiegte ihn 48 v. Chr. bei Pharsalos (Thessalien). Auch nach seiner Ermordung in Ägypten gaben seine Parteigänger nicht auf. Caesar triumphierte und wurde 46 v. Chr. Diktator auf Lebenszeit. Aus Furcht, er wolle König werden, ermordete ihn eine Gruppe von Republikanern um Marcus Brutus (44 v. Chr.). Ihre Tat rettete die Republik aber nicht.

DER ERSTE KAISER: AUGUSTUS

 Römisches Reich   44 v. Chr.–14 n. Chr.

Nach Caesars Tod verbündete sich sein Stellvertreter Marcus Antonius mit Octavian, dem 18-jährigen Adoptivsohn des Diktators, um dessen familiäre und politische Verbindungen zu nutzen. Doch unterschätzte er Octavian, der noch gerissener taktierte als Caesar. Bis die Armeen von Brutus und Cassius, Caesars Mördern, geschlagen waren, hielt er am Bündnis mit Antonius und Lepidus, dem Geldgeber des nun errichteten Zweiten Triumvirats, fest. Dann begann er 32 v. Chr. einen weiteren Bürgerkrieg.

Ein Jahr später wurde Antonius bei Actium geschlagen, woraufhin er und seine Geliebte, die ägyptische Königin Kleopatra, Selbstmord begingen. Octavian rächte sich nicht sofort an Antonius' Parteigängern, erhob sich auch nicht zum Diktator. Stattdessen beeinflusste er geschickt die republikanische Politik und strebte nach der höchsten Macht im Staat, ohne den Eindruck zu erwecken, dass er die Autorität des Senats stürzen wolle.

VOM FELDHERRN ZUM KAISER

27 v. Chr. erhielt Octavian auf zehn Jahre das *imperium proconsulare*, ein Amt, das ihm erlaubte, in den Provinzen, in denen die Armee gerade stationiert war, unabhängig vom Senat zu regieren. Gleichzeitig nahm er den Kaisertitel »Augustus« (der Erhabene) an. 23 v. Chr. wurde ihm die Macht eines Volkstribuns auf Lebenszeit übertragen: Kein Gericht konnte ihn nun zur Rechenschaft ziehen. Obwohl er damit die Stellung eines Imperators innehatte, ließ er sich offiziell nicht so nennen.

MILITÄRISCHE EXPANSION

Augustus sicherte die Reichsgrenzen an der Donau und schickte Truppen über den Rhein, um Germanien zu erobern. Erst Varus' Niederlage gegen den Cheruskerfürst Arminius um 9 n. Chr. erzwang den Rückzug. In seinen letzten Regierungsjahren wurden die Grenzen gesichert. Rom erlebte eine neue Blüte.

> »KRIEGE ZU WASSER UND ZU LANDE GEGEN INNERE UND ÄUSSERE FEINDE HABE ICH … VIELE GEFÜHRT.«
>
> *Res Gestae Divi Augusti*
> Inschrift in Ankara (Türkei), um 14 n. Chr.

Kaiserbildnisse wie diese Statue aus Turin wurden unter Augustus (reg. 27–14 n. Chr.) zum wesentlichen Element imperialer Propaganda.

REGIERUNG UND ARMEE

🏛 Römisches Reich   ⌛ 27 v. Chr.–um 200 n. Chr.

Das Reich, über das Augustus seit 27 v. Chr. herrschte, reichte von der Iberischen Halbinsel im Westen bis nach Syrien und Armenien im Osten und umfasste große Teile Nordafrikas. In dieser Größenordnung war es mit den politischen Mitteln der frühen Republik, die aus einer aristokratisch-informellen Stadtverfassung entstanden waren, nicht mehr zu regieren.

REGIERUNG UND PROVINZEN

Der Kaiser war Alleinherrscher, musste sich aber stets mit Aristokratie und Senat arrangieren, dem fast alle Provinzstatthalter angehörten. Claudius (reg. 41–54 n. Chr.) etwa setzte auf Kooperation und tat so, als sei der Kaiser nur eine höhere Art Senator. Nero dagegen (reg. 54–68 n. Chr.) übte seine Macht direkt und despotisch aus. Das frühe Kaiserreich hatte so gut wie keine öffentliche Verwaltung, wichtige Aufgaben, wie die Organisation des Staatshaushalts, übernahmen Freigelassene, also ehemalige Sklaven. Ihre Einnahmen erzielte die römische Regierung hauptsächlich durch indirekte Steuern auf Handelswaren und durch Sterbegelder. Ein kleiner Teil wurde für den Bau und Unterhalt der Straßen ausgegeben, die die wichtigsten Städte des Imperiums miteinander verbanden. Den Großteil, um die 80 Prozent, verschlang die Armee.

Waffen und Rüstung der Legionen waren fast allen Gegnern Roms überlegen.

RÖMISCHE LEGIONEN

Augustus hatte 80 Legionen übernommen, die er auf 28 reduzierte. Alle Truppen unterstanden unmittelbar dem Kaiser. Eine Legion zählte 5000 Männer, dazu gab es Fußtruppen und Reiterregimenter, in denen keine römischen Bürger dienten (sogenannte Hilfs- und Auxiliartruppen). Die Gesamttruppenstärke belief sich auf etwa 300 000 Mann.

Die gut ausgebildeten Legionen bildeten eine nahezu unüberwindliche Streitmacht. Ihre Ingenieure konnten Belagerungen und auch große Bauprojekte fachmännisch organisieren, wie Straßen, Befestigungen oder Garnisonsstädte. Mit der Zeit wurde die Armee – mit kaiserlichen Garden (Prätorianern) in Rom und den Grenzgarnisonen – selbst zu einem Machtfaktor: Sie sorgte für Sicherheit nach außen und war zugleich Ursache für Instabilität im Inneren.

Das römische Straßennetz, das häufig gepflastert wurde, diente schnellen Truppenbewegungen und dem Handel im Reich.

FRÜHES KAISERREICH

Römisches Reich 14–69 n. Chr.

Augustus hatte Tiberius, den Sohn aus der ersten Ehe seiner Frau Livia, zum Nachfolger bestimmt. Als dieser 14 n. Chr. mit 55 Jahren den Thron bestieg, hatte er sich bereits als Feldherr und Verwaltungsmann bewährt, wurde aber nie wirklich populär. In der Mitte seiner Regierungszeit geriet er unter den Einfluss von Seianus, dem Präfekten der Prätorianer. Am Ende seines Lebens schloss er sich in seinem Palast auf der Insel Capri ein, was in Rom zu Frustration und Stagnation führte.

Kamee mit dem Bildnis von Augustus' Frau Livia und ihrem Sohn Tiberius, der der zweite Kaiser der Julisch-Claudischen Dynastie (27–68 n. Chr.) wurde.

KAISER NACH TIBERIUS

Auf Tiberius folgte der junge Kaiser Caligula (reg. 37–41 n. Chr.), von dem sich die herrschende Klasse viel versprach. Doch er zeigte sich labil und launisch und wurde schließlich ermordet. Nun hoben die Prätorianer Claudius (reg. 41–54 v. Chr.) auf den Thron, den sie für leicht beeinflussbar hielten. Er allerdings war ein kluger Herrscher, ließ die Armee Britannien erobern, führte in Rom große öffentliche Arbeiten durch wie auch in Ostia den Bau eines neuen Hafens. Auf ihn folgte der unberechenbare Nero (reg. 54–68 n. Chr.), dessen despotische Regierung in einen Sumpf aus Korruption mündete. Nach einer Armeerevolte in Spanien kam es zum Bürgerkrieg. Während eines Jahres lösten vier Kaiser einander ab, bis sich mit Vespasian (reg. 69–79 n. Chr.) ein realistisch denkender Heerführer durchsetzte.

Das Kolosseum, das größte Amphitheater des Reichs und Ort spektakulärer Gladiatorenkämpfe, wurde unter Vespasian begonnen und unter Titus fertiggestellt.

BLÜTE DES KAISERREICHS

📍 Römisches Reich ⌛ 69–180 n. Chr.

Mit Vespasian kam die neue Dynastie der Flavier an die Macht, die eine Periode der Stabilität einzuleiten schien. Wirtschaftsreformen füllten die Staatskassen, und in Britannien, Germanien und Kleinasien wurden neue Gebiete erobert. Aber Vespasians Sohn Titus, der ihm 79 auf den Thron folgte, starb nach zwei Jahren.

Sein jüngerer Bruder Domitian (reg. 81–96) entwickelte sich nach einem verheißungsvollen Anfang zum Tyrannen und wurde, möglicherweise auf Betreiben des Senats, ermordet.

Die Kaiser Hadrian, Mark Aurel und Lucius Verus: Marmorfries aus Ephesos. Hadrian trägt einen Bart, eine griechische Mode, die er in Rom populär machte.

GOLDENES ZEITALTER

Der Senat bestimmte daraufhin aus den eigenen Reihen einen neuen Kaiser: den 70-jährigen, sehr angesehenen Senator Nerva. Um die Nachfolge zu sichern, adoptierte er Trajan, den fähigen Statthalter von Obergermanien. Diese Praxis setzten die nächsten Kaiser fort: Hadrian, Antoninus Pius und Mark Aurel waren alle von ihrem Vorgänger adoptiert worden. Unter den »Adoptivkaisern« erlebte das Reich ein Goldenes Zeitalter – ein Jahrhundert der Stabilität.

TRAJAN UND HADRIAN

Nerva starb nach zwei Jahren. Unter Trajan (reg. 98–117) wurde das Reich um Dakien (Rumänien), das Handelsreich Nabatäa (Jordanien) und Teile Mesopotamiens (Irak) erweitert. Die reiche Beute dieser Feldzüge füllte die Staatskassen. Die östlichen Gebiete waren jedoch noch nicht gesichert und ständig in Aufruhr, als Trajan starb.

Vielleicht ging sein Nachfolger Hadrian (reg. 117–138) deshalb vorsichtiger vor. Er führte keine weiteren Expansionskriege, sondern beschränkte sich auf den Bau der Verteidigungsanlagen (Limes) in Germanien und Britannien. Auf seinen vielen Reisen sah er mehr vom Reich

Der Hadrianswall zieht sich über 117 km durch das nördliche Britannien. Er sollte die Provinz gegen Barbareneinfälle schützen.

TRAJAN (53–117 N. CHR.)

Trajan (reg. 98–117) entstammte einer Familie, die von Italien nach Spanien gezogen war. Zu Ruhm und Namen kam er während Domitians Rheinfeldzug und als Statthalter von Obergermanien. In der Armee war er beliebt, so lag es nahe, dass Nerva ihn zu seinem Nachfolger machte. Mit erstaunlicher Tatkraft ging er an die Erweiterung der Reichsgrenzen und ließ diese Leistung auf einer Siegessäule, der sogenannten Trajanssäule, verewigen. Sie steht noch heute neben den Resten des neuen Forums, das Trajan in Rom bauen ließ.

als die Kaiser vor ihm. Mit dem von ihm eingesetzten ständigen Reichsrat beschränkte er die Macht des Senats.

DIE SPÄTEREN ANTONINEN

Damit sein Schützling Mark Aurel schnell den Thron besteigen konnte, adoptierte Hadrian zunächst dessen bereits älteren Onkel Antoninus Pius (reg. 138–161), der aber noch 23 Jahre in einer ruhigen, nur von wenigen Grenzkonflikten bestimmten Zeit regierte. Nachdem er endlich zum Kaiser ernannt worden war, hatte Mark Aurel (reg. 161–180), unterstützt von seinem Mitregenten Lucius Verus (ebenfalls aus Hadrians Zirkel), einige Krisen zu bewältigen. Eine Seuche forderte einige Tausend Tote und an der Donau mussten die Markomannen bekämpft werden. Vor seinem Tod bestimmte der »Philosophenkaiser« Mark Aurel seinen Sohn Commodus zu seinem Nachfolger. Commodus war der bis dahin erste Sohn, der einem Kaiser geboren wurde, doch wie zuvor Domitian auch ein labiler Herrscher (reg. 180–192). Mit seiner Regierung ging Roms Goldenes Zeitalter zu Ende.

> »ER WAR DER ERSTE, DER EINEN GRENZWALL BAUTE …, DER BARBAREN UND RÖMER TRENNEN SOLLTE.«
>
> *Historia Augusta* zu Hadrians Grenzwall

KRISE UND REFORM

🏛 Römisches Reich ⌛ 180–305 n. Chr.

Die Kaiser des späten 1. und 2. Jh. v. Chr. hatten ihre Nachfolger sorgfältig ausgewählt. Mark Aurel hingegen bestimmte als Erster seinen leiblichen Sohn Commodus zum Nachfolger, der sogleich ein Beispiel für die Schwächen der Erbfolge lieferte. Sein unberechenbares Verhalten löste im Militär Revolten aus, die Septimius Severus, den Statthalter der Provinz Oberpannonien (heutiges Ungarn), an die Macht brachten (reg. 193–211). Er war ein sicherer und aktiver Herrscher, der das Vertrauen in das Imperium wiederherstellte. Er halbierte große Provinzen, damit nicht ein Statthalter zu viel militärische Gewalt besaß, und eroberte Gebiete in Mesopotamien. Sein Nachfolger Caracalla (reg. 211–217) wiederum machte sich eher Feinde, als dass er regierte, weil er z. B. seinen Bruder und Mitkaiser Geta ermorden ließ. Auch er fiel 217 bei Carrhae (heutige Türkei) einem Anschlag seiner Truppen zum Opfer. Seine Attentäter wollten ihrer eigenen Hinrichtung zuvorkommen.

Römische Münze aus dem Jahr 218 mit dem Bildnis des äußerst umstrittenen Kaisers Elagabal

> »DIESER MANN … STÜRZTE DIE ORDNUNG DER DINGE UM: ER WÄHLTE DREI ANDERE MÄNNER AUS, UM MIT IHNEN DIE KAISERLICHE REGIERUNG ZU TEILEN.«
>
> Lactantius, *De Mortibus Persecutorum*

BEGINN DES NIEDERGANGS

Eine Zeit lang schwankte das Reich zwischen Hoffnung und Farce. Kaiser Elagabal (kaiserlicher Name Marcus Aurelius Antoninus, reg. 218–222), ein syrischer Hohepriester von zweifelhafter Moral, verärgerte mit seinen zahlreichen Skandalen den Senat. Sein Vetter Severus Alexander löste ihn gewaltsam ab, verlor jedoch die Unterstützung der Armee und wurde 235 in Germanien ermordet. Danach herrschten für ein halbes Jahrhundert chaotische Zustände: Die Kaiser wurden von ihren Soldaten an die Macht geputscht und kurze Zeit später von ihnen umgebracht. In Gallien regierte 20 Jahre lang ein eigener Kaiser. Nachdem Kaiser Valerian (reg. 253–260) den Persern in die Hände gefallen war, entstand in Palmyra (Syrien) ein eigenes Reich unter Königin Zenobia. Barbarenstämme aus Ost- und Mitteleuropa begannen, ihren Druck auf die Grenzen an Rhein und Donau zu erhöhen.

Aurelian (reg. 270–275) siegte schließlich über Zenobia und führte auch Gallien zurück ins Reich. Dakien allerdings musste er räumen. Weiterhin fielen Franken und Alemannen in Gallien ein, die Goten unternahmen ihre Raubzüge über die Donau. Mit so vielen Konflikten konnte ein einziger Kaiser nicht fertig werden.

TETRARCHIE

284 n. Chr. wurde Diokletian von der Armee zum Kaiser ausgerufen. Er teilte die Macht zunächst mit seinem ehemaligen Waffengefährten und Mitkaiser Maximian. 293 n. Chr. berief er noch zwei »Unterkaiser« (Caesar), die zusammen mit den beiden »Oberkaisern« (Augustus) regierten.

Mit diesem System der vier Kaiser (Tetrarchie) war es möglich, Konflikte in den verschiedenen Regionen des Reichs gleichzeitig zu lösen. Mit einer Armeereform verkleinerte Diokletian die Legionen, um beweglicher auf Barbareneinfälle reagieren zu können. Beispiellos war auch seine Abdankung aus gesundheitlichen Gründen. Im Jahr 305 zog er sich endgültig in seinen Palast in Spalatum (Split, heutiges Kroatien) zurück.

Das Relief dieses Marmorsarkophags zeigt römische Soldaten des 3. Jh. im Kampf gegen die Goten.

KONSTANTIN UND DAS CHRISTENTUM

🏛 Römisches Reich   ⌛ 306–337 n. Chr.

Mit Kaiser Diokletians Abdankung im Jahr 305 n. Chr. brach das System der Tetrarchie *(S. 139)* zusammen. Maxentius, der Sohn von Diokletians Mitkaiser Maximian, und Konstantin, der Sohn eines Unterkaisers in der vorherigen Tetrarchie, wurden aus dem neuen Kollegium gedrängt. Chaotische Zustände folgten, und im Jahr 310 stritten letzlich sieben Kaiser um die Macht. Im anschließenden Bürgerkrieg setzte sich Konstantin durch mit seinem legendären Sieg über Maxentius in der Schlacht an der Milvischen Brücke vor Rom (312) und wurde 324 zum unbestrittenen Alleinherrscher.

KONSTANTINS REFORMEN

Konstantin reoganisierte die Armee, indem er sie in die mobile Feldtruppe (*comitatenses*) und die Grenzgarnisonen (*limitanei*) teilte. Die Verwaltung wurde gestrafft und einem Präfekten der Prätorianer unterstellt. Mit Konstantinopel im ehemaligen Byzantion (heute Istanbul) gründete der Kaiser eine neue Hauptstadt, von der aus er ab 330 den östlichen Reichsteil regierte.

Am folgenreichsten jedoch war die Konstantinische Wende genannte neue Politik gegenüber dem Christentum, das noch unter Diokletian verfolgt worden war. Mit dem Edikt von Mailand (313) garantierte er den Christen Religionsfreiheit, ließ in Rom die ersten großen Kirchen bauen und gewährte den Bischöfen eine wichtigere Rolle in der Politik.

> **KONSTANTIN (UM 285–337)**
>
> Konstantin soll vor der Schlacht an der Milvischen Brücke (312) das christliche Kreuz als Schutzzeichen erschienen sein. Nach errungenem Sieg achtete er den Gott der Christen und förderte ihre Religion. Er selbst ließ sich aber erst 337 auf dem Totenbett taufen.

Fresko aus dem 12. Jh.: Konstantin (rechts) übergibt die Symbole imperialer Macht – phrygische Mütze, Baldachin und Lateranpalast – an Papst Silvester I.

UNTERGANG DES IMPERIUMS

🏛 Römisches Reich   ⌛ 337–476 n. Chr.

In der nachkonstantinischen Zeit wurde das Römische Reich zunehmend durch sein komplexes und starres System sowie durch immer häufigere Barbareneinfälle und erfolglose weströmische Kaiser geschwächt. Das Reich konnte dem Druck auf seine Grenzen kaum standhalten. Mitte des 4. Jh. befand es sich nur noch in der Defensive, und die katastrophale Niederlage gegen die Goten bei Adrianopel im Jahr 378 hätte fast zu seinem Untergang geführt. Die endgültige Spaltung des Imperiums in einen westlichen und einen östlichen Teil erfolgte 395.

Römischer Legionär und germanischer Krieger im Kampf. Die einst fast unbesiegbare römische Armee hatte ihre Ressourcen und damit ihre Stärke verloren.

AUFLÖSUNG UND UNTERGANG

Die Barbaren waren nun nicht mehr nur auf Beutezüge aus, sondern verlangten Siedlungsland. Damit verminderte sich der Anteil der römischen Bürger, die besteuert und zu Arbeitseinsätzen herangezogen werden konnten. Das Oströmische Reich vermochte sich noch einigermaßen zu schützen, in der Westhäfte jedoch gingen seit Anfang des 5. Jh. große Gebiete verloren: in Spanien und Gallien an die Westgoten und Franken, die Kornprovinzen Nordafrikas an die Vandalen (429–439). Um 410 löste sich Britannien vom Reich, und Rom wurde – zum ersten Mal seit 800 Jahren – von feindlichen Truppen, den Goten, besetzt und geplündert. Außerdem näherten sich ab 430 die Hunnen von Osten. Das Reich war an zu vielen Stellen gleichzeitig bedroht, doch unter der schwachen Regierung der Kaiser Honorius (reg. 395–423) und Valentinian III. (reg. 424–455) geschah kaum etwas dagegen.

Die rasch wechselnden weströmischen Kaiser gerieten zu Marionetten siegreicher germanischer Häuptlinge. 476 forderte der germanische Heerführer und weströmische Feldherr Odoaker Land für seine Soldaten in Italien. Als sich Kaiser Romulus Augustulus weigerte, setzte ihn Odoaker im Auftrag Ostroms ab und wurde von seinen germanischen Söldnern zum König ausgerufen. Das bedeutete das Ende des weströmischen Reichs.

> »DIE KAISERLICHE STADT … WAR DER ZÜGELLOSEN WILDHEIT GERMANISCHER UND SKYTHISCHER STÄMME AUSGELIEFERT.«
>
> Edward Gibbon, *Verfall und Untergang des römischen Imperiums,* über die Plünderung Roms im Jahr 410

Die Barbaren kämpften mit primitiven Waffen gegen die Römer, z. B. mit solchen Wurfbeilen.

KLASSISCHES ALTERTUM 700 V. CHR.–600 N. CHR.

EUROPA DER KELTEN UND GERMANEN

Unser Wissen über die Völker an den Grenzen des Römischen Reichs stammt vor allem von römischen Autoren. Doch hatten auch diese Völker eine eigene Überlieferung. Die keltische Kultur blühte in Westeuropa, bis die Römer Gallien und Britannien eroberten. Die germanischen Stämme zogen nach Westen und Süden und brachten im 4. und 5. Jh. weite Teile des Weströmischen Reichs unter ihre Gewalt.

KELTEN

Mittel- und Westeuropa   500 v. Chr.–83 n. Chr.

Die Kelten, wilde Krieger, geschickte Metallhandwerker und Freunde festlicher Gelage, verbreiteten sich um 500 v. Chr. über weite Teile Europas und beherrschten um 200 v. Chr. West- und Mitteleuropa. Was sie verband, war eine gemeinsame Kultur. Sie lebten in Stämmen oder Clans, in Dörfern oder als Nomaden und führten häufig untereinander Krieg. Zu ihrem Schutz bauten sie auf Hügelkuppen Ringburgen mit Wällen und Gräben.

RELIGION UND NIEDERGANG

Sänger (Barden) und Dichter überlieferten die keltische Kultur. Sie kannten viele Götter, und die religiösen Riten wurden von einer Oberschicht von Priestern (den Druiden, die auch politische Funktionen ausübten) geleitet. Als Kriegervölker legten sie großen Wert auf kunstvoll gearbeitete und verzierte Waffen und Streitwagen. Reichere Haushalte verfügten über schöne Metallgefäße.

Ab 50 v. Chr. drängten die Römer die Kelten an den Rand Europas: Die gallischen Stämme wurden von Julius Caesar erobert, und zwischen 43 und 83 n. Chr. unterwarfen römische Legionen die keltischen Königreiche in Britannien. Nur in Schottland und Irland, im äußersten Westen Europas, überlebten die keltische Sprache und Kultur.

Detail aus dem Kessel von Gundestrup (Dänemark), 1. Jh. v. Chr.: Das Gefäß diente vermutlich rituellen Zwecken.

ROMS NACHFOLGESTAATEN

West- und Südeuropa 418–774 n. Chr.

Als Roms Macht schwand, ließen sich Barbarenvölker auf römischem Gebiet nieder und schufen stabilere politische Systeme. Das bedeutendste neue Reich war das Frankenreich. Zunächst bildeten die Franken nur ein lockeres Bündnis verschiedener germanischer Stämme im Gebiet des heutigen Belgien und Holland. Unter König Chlodwig (reg. 481–511) unterwarfen sie große Teile Galliens und schufen ein einheitliches Reichsgebilde. Chlodwig ließ sich nach katholischem Ritus taufen – andere germanische Könige schlossen sich dem Arianismus an, einer christlichen Glaubensrichtung aus dem 4. Jh., die die Göttlichkeit Christi leugnete und seit dem Konzil von Nicäa (325) in Rom als ketzerischer Irrglaube verfolgt wurde. Chlodwigs Nachkommen, die Merowinger, beherrschten das Frankenreich bis ins 8. Jh.

Alarich, dessen Name »aller König« bedeutet, war der erfolgreichste Heerführer der Goten. Im Jahr 410 eroberten und plünderten sie unter seiner Führung Rom.

Die gotischen Stämme, die das Römische Reich ab 400 bedrohten, teilten sich in Westgoten und Ostgoten. Erstere ließen sich unter Theoderich I. in Südwestfrankreich nieder, wichen dann, um 507 von den Franken bedrängt, nach Spanien aus. Die Ostgoten zogen im Auftrag des oströmischen Kaisers Zenon 489 unter Theoderich dem Großen vom Balkan nach Italien, um Odoaker – seit 476 König von Italien – zu stürzen. Nach dessen Tod (493) errichtete Theoderich das Ostgotenreich mit der Hauptstadt Ravenna. Seine Dynastie herrschte, bis das Oströmische Reich 554 Italien zurückeroberte.

In der Schlacht bei Zülpich siegte der fränkische König Chlodwig über die Alemannen, Gemälde aus dem 19. Jh.

STEPPENVÖLKER

Die Steppe – das Grasland, das sich von Osteuropa bis China erstreckt – war Jahrtausende die Heimat nomadischer und halbnomadischer Völker. Ihre Geschichte ist bestimmt durch die geografischen Besonderheiten der Steppe. Zudem gerieten sie auf ihren Wanderungen mit dem Römischen Reich im Westen sowie im Osten mit den Parthern, Sassaniden und den indischen Mauryas in Konflikt.

SKYTHEN

Zentralasien 6. Jh. v. Chr.–2. Jh. n. Chr.

Zum ersten Mal werden die Skythen in Quellen aus dem 6. Jh. v. Chr. erwähnt. Wahrscheinlich waren sie schon um diese Zeit von Zentralasien nach Südrussland gewandert. Ihre kurzen Bogen erlaubten den Reiternomaden das Schießen vom Pferd aus, im Nahkampf nutzten sie Äxte. Typisch waren ihre spitzen Filzmützen, und nur adlige Krieger trugen Rüstungen. Sie hielten, so Herodot, alle sesshaft lebenden Steppenvölker »für ihre Sklaven«.

KULTUR UND WOHLSTAND

Die Skythen herrschten über weite Gebiete, doch lassen sich ihre Spuren nur schwer verfolgen, denn griechische und römische Autoren haben Steppenvölker unterschiedslos als »Skythen« bezeichnet. Nach Herodot lebten die »Skoloten« (die Königlichen) im südlichen Russland. Dort lassen jüngste Grabfunde eine hoch entwickelte Kultur erkennen. Besonders im Gebiet um Pazyryk errichteten Skythen pyramidenförmige Grabhügel, die Kurgane. Darin fand man mumifizierte Leichen ihrer Herrscher zusammen mit

Der goldene Kamm aus dem Solocha Kurgan zeigt kämpfende Skythen. Die Ausrüstung des Reiters ist der seiner Kameraden zu Fuß weit überlegen.

Pferden und kostbaren Grabbeigaben aus Gold.

Im 2. Jh. n. Chr. wurden die Skythen von den Sarmaten verdrängt, also iranisch sprechenden Eindringlingen, die ihrerseits im 4. Jh. n. Chr. von den Hunnen verdrängt wurden.

STEPPENVÖLKER

HUNNEN

 Südrussland, Mitteleuropa, Balkan   4. und 5. Jh. n. Chr.

Die um 370 n. Chr. auftauchenden Hunnen, die von den Römern gefürchtetsten und bestgehassten Barbaren, waren vermutlich kein homogenes Volk. Sie vermischten sich mit ihren besiegten Gegnern und vergrößerten sich dadurch.

Nach dem Tod des Hunnenkönigs Rua begann sein Sohn Attila eine Schreckensherrschaft. Er verwüstete große Teile des Balkans und plünderte 441/42 und 447 eine Reihe von Städten. 451 zogen die Hunnen bis ins reiche Gallien, wurden aber von einer Notkoalition zwischen den Römern unter dem Feldherrn Aëtius und ihren barbarischen Verbündeten geschlagen. Unbeeindruckt zog Attila 452 nach Italien. Es erfolgte jedoch kein Angriff auf Rom, weil möglicherweise eine Seuche ausbrach. 449 starb Attila. Seine Söhne allerdings konnten das Reich nicht zusammenhalten, und bereits zehn Jahre später spielten die Hunnen politisch keine Rolle mehr.

ATTILA

Attila (reg. 434–453) wurde die »Geißel Gottes« genannt, weil er Teile des Römischen Reichs vernichtete. Der rücksichtslose Krieger starb nicht im Kampf, sondern nach seinem zu üppigen Hochzeitsfest.

KUSCHANA

 Zentralasien, Nordindien   1. Jh. v. Chr. – etwa 350 n. Chr.

Ursprünglich wohl ein Nomadenvolk, kontollierten die Kuschana ab Anfang des 1. Jh. n. Chr. ein Gebiet um das Punjab (Nordindien).

Seine Hochzeit erlebte ihr Reich unter Kanischka (um 78–100), der praktisch über ganz Nordindien herrschte, eingeschlossen die großen Städte Ujjain und Pataliputra. Seit etwa 220 n. Chr. wurde das Reich durch die persischen Sassaniden (S. 115) heftig bedrängt und ging endgültig in den 320er-Jahren unter, erobert durch die indischen Guptas. Die Kunst der Kuschana, die von griechischen Vorbildern und vom Buddhismus (zu dem sie konvertierten) beeinflusst wurde, ist vor allem für ihre eleganten Statuen bekannt.

Tempel bei Takht-i-Rustam (Afghanistan), 4. Jh. n. Chr. Die zoroastrisch beeinflussten Kuschana übernahmen den Buddhismus und errichteten solche Tempel.

INDIEN

Seit dem 4. Jh. v. Chr. entstanden in Nord- und Mittelindien verschiedene Reiche: zunächst das Maurya-Reich, das seine kulturelle Blütezeit unter Ashoka erlebte, einem Förderer des Buddhismus. Nach dem Zwischenspiel der Kuschanaherrschaft kamen die Guptas und regierten für 150 Jahre in Indien, bis Angriffe der barbarischen Weißen Hunnen zum Zerfall der Region in viele kleinere Königreiche führten.

CHANDRAGUPTA UND DER AUFSTIEG MAURYAS

📍 Indien   ⌛ um 321–185 v. Chr.

Um 321 v. Chr. stürzte Chandragupta Maurya (reg. um 321–298 v. Chr.) die Nanda-Dynastie von Magadha, dem reichsten Staat Nordindiens, und begründete das Maurya-Reich. Bald kontrollierte er den gesamten Nordwesten des Subkontinents.

MAURYA-DYNASTIE

303 v. Chr. hatte Chandragupta das persische Reich der Seleukiden geschlagen und Gebiete um das moderne Herat und in Belutschistan an sich gebracht. Mit seiner mächtigen Armee gebot er über einen blühenden Staat. Sein Sohn Bindusara (reg. um 298–272 v. Chr.) erweiterte das Reich nach Süden; Ashoka (reg. um 268–232 v. Chr.) wiederum eroberte 261/60 v. Chr. Kalinga (Orissa). Nach seinem Tod aber zerfiel das Reich in zwei Teile und trotz einer kurzen Wiedervereinigung um 223 v. Chr. schrumpfte es allmählich auf sein Kerngebiet in Magadha zusammen. Die Ermordung des letzten Kaisers Brihadratha im Jahr 185 v. Chr. beendete schließlich die Maurya-Ära.

Wandmalereien in den Höhlen von Ajanta (Maharashtra): Sie entstanden zwischen dem 2. Jh. und dem 6. Jh. v. Chr.

ASHOKA UND DER BUDDHISMUS

Indien 268–232 v. Chr.

Nach einer wilden Schlacht bei Dayala im Staat Kalinga, bei der sich die Flüsse vom Blut der Gefallenen rot färbten, soll der Maurya-Kaiser Ashoka Reue gezeigt haben und Buddhist geworden sein. 259 v. Chr. reiste er durch sein Reich, verbreitete die buddhistische Botschaft des *dhamma*, der moralischen Grundsätze, und ließ Steinsäulen mit Edikten aufstellen, die der buddhistischen Lehre entnommen waren. Er entsandte auch Missionare in andere Länder. Seine Regierungszeit war eine Periode des Friedens und des Wohlstands, den folgenden Maurya-Herrschern allerdings stand der Krieg näher als Fragen von Religion und Moral.

Metallrelief mit vier Löwen: ein Symbol, das Ashoka auf die Säuleninschriften setzen ließ, die überall im Land aufgestellt wurden.

GUPTA-REICH

Indien um 320–570 n. Chr.

Nach den Mauryas kontrollierten für eine Zwischenzeit die Sungas bis 73 v. Chr. Zentralindien. Abgesehen von der 100-jährigen Kuschanaherrschaft im späten 1. und frühen 2. Jh. n. Chr., erreichte danach keines der indischen Reiche mehr die Größe des Maurya-Imperiums, bis Chandragupta I. (reg. um 320–330 n. Chr.) die alte Hauptstadt Pataliputra einnahm und damit die Dynastie der Gupta begründete. Ein goldenes Zeitalter begann. Ihr Herrschaftsgebiet erreichte unter Chandragupta II. (reg. um 376–415 n. Chr.) seine größte Ausdehnung: Er schlug die Satrapen (Statthalter) der Saken in Westindien und expandierte ostwärts bis nach Bengalen. Unter Kumara Gupta (reg. um 415–455 n. Chr.) bedrohten Einfälle der Hephtaliten (oder »Weißen Hunnen«) das Reich. Mitte des 6. Jh. war es auf ein kleines Gebiet um Maghada zusammengeschrumpft, um 570 n. Chr. völlig verschwunden.

Tempelkomplex von Udayagiri in Orissa: Wahrscheinlich im 2. Jh. entstanden, wurden die Tempel bis in die Gupta-Zeit genutzt.

WELTRELIGIONEN

Seit dem 1. Jt. v. Chr. breiteten sich Religionen in immer größeren Gebieten aus: Hinduismus und Buddhismus in Südostasien; im Nahen Osten zunächst das Judentum, anschließend Christentum und Islam. Im 7. Jh. befanden sich Hinduismus und Buddhismus auf dem Rückzug, Christentum und Islam dagegen hatten sich im Römischen Reich und im persischen Sassanidenreich fest verankert.

HINDUISMUS

Indiens alte Religion kannte im 6. Jh. drei Hauptgottheiten: den fernen Gott Brahma, Vishnu den Erhalter und Shiva den Zerstörer. Um 500 v. Chr. galt die Verehrung vor allem Brahma. Zur selben Zeit entstanden die großen Epen *Mahabharata* und *Ramayana*. Der Hinduismus verbreitete sich bis nach Java, wo im 9. Jh. der prächtige Tempelkomplex von Prambanan enstand, und ebenso nach Bali, Angkor (Kambodscha) und Champa (Vietnam).

Die Verehrung Shivas des Zerstörers wurde vor allem in Südasien eine der Hauptformen des Hinduismus.

BUDDHISMUS

Um 563 v. Chr. in Nordostindien geboren, gab Prinz Siddhartha Gautama seine Macht und seinen Reichtum auf und begann ein asketisches Leben. Seine als Buddhismus bekannt gewordene Lehre drehte sich weniger um den Götterglauben als um die moralische Vervollkommnung jedes Gläubigen: um den Weg, auf dem allein die Menschen dem ewigen Kreislauf von Leben und Tod *(samsara)* entgehen und Ruhe finden können. Der Buddhismus gewann unter dem Maurya-Kaiser Ashoka im 3. Jh. v. Chr. eine große Anhängerschaft. Später verschwand er fast vollständig aus Indien, verbreitete sich jedoch ab dem 7. Jh. in China und Japan.

MONOTHEISMUS

Das Judentum, die erste größere monotheistische Religion, entwickelte sich aus einer älteren, Moses zugeschriebenen Form des Ritus. Nach dem Jüdischen Krieg, der Zerstörung des Tempels in Jerusalem (66–70) und zwei weiteren Aufständen gegen die Römer (116 und 132–135) begann die jüdische Diaspora. Immer wieder verfolgt, blieb das Judentum aber eine Weltreligion.

Das Christentum formte sich aus dem Judentum zu einer eigenen Religion. Diese verkündete den Glauben an Jesus Christus, Gottes Sohn, der zur Sühne für die Sünden der Menschen am Kreuz gestorben ist. Im römischen Kaiserreich wurden die Christen verfolgt, namentlich unter Domitian und unter Diokletian. Nach dem Toleranzedikt Kaiser Konstantins (313) wurde das Christentum zur Staatsreligion und verbreitete sich im ganzen Imperium. Es bildeten sich Papsttum und universelle Kirche mit Sitz in Rom.

Als letzte der drei monotheistischen Religionen entstand im 7. Jh. in Arabien der Islam. Seine Lehre ist im Koran niedergelegt, der göttlichen Offenbarung des Propheten Mohammed, die Elemente der beiden anderen »abrahamitischen Religionen« (Judentum und Christentum) enthält. Arabische Armeen trugen den Islam in den Nahen Osten, nach Indien, Nordafrika und 711 bis nach Spanien.

Diese Bronzelampe aus dem 4. Jh. zeigt die Heiligen Petrus und Paulus in einem Boot.

Die Stupas (Kuppeln) und Buddhastatuen aus Borobodur (Java, um 800 n. Chr.) sind Teil einer der bedeutendsten buddhistischen Tempelanlagen.

CHINA

Im 5. Jh. v. Chr. war China in mehrere sich befehdender Königreiche zerfallen. Es war die Zeit der Streitenden Reiche. Die Qin-Dynastie eroberte diese Reiche nacheinander, bis 221 v. Chr. unter Kaiser Qin Shi Huangdi das Reich wieder vereinigt war und eine Periode der Stabilität und des Wohlstands ihren Lauf nahm. Doch die Qin-Dynastie bestand nicht lange. Um 200 v. Chr. ergriffen die Han die Macht und herrschten vier Jahrhunderte lang über China.

ZEIT DER STREITENDEN REICHE

China 481–221 v. Chr.

Die Zhou-Dynastie, die auf die Shang (S. 105) folgte, war die letzte vorkaiserliche Dynastie. Sie hatte sich länger als alle anderen Herrscherfamilien der chinesischen Geschichte gehalten, doch seit etwa 771 v. Chr. zerfiel ihr Reich in mehrere selbstständige Staaten. 481 v. Chr. begann die Zeit der Streitenden Reiche. Die Konflikte führten allerdings zwischen kleineren Fürsten zu einer allmählichen Konsolidierung, und schon im 3. Jh. gab es nur noch sieben rivalisierende Staaten, darunter der mächtige Staat der Qin.

356 v. Chr. begründete Shang Yang, der Erste Minister des Qin-Staats, das System des Legalismus, mit dem die Macht des Adels vermindert und die des Herrschers gestärkt wurde. Alles wurde ganz auf die Kriegsführung ausgerichtet und jeder erwachsene Mann musste sich für den Militärdienst registrieren lassen. Um 230 v. Chr. war der Qin-Staat bereit, mit der Eroberung seiner noch verbliebenen Rivalen zu beginnen.

Bronzegefäß für Wein, aus der Zeit der Streitenden Reiche: Trotz der damaligen Unruhen wurden große kulturelle Leistungen vollbracht.

DER ERSTE KAISER

🏛 China ⏳ 246–206 v. Chr.

246 v. Chr. bestieg Qin Shi Huangdi den Thron von Qin und wurde ein energischer und rücksichtsloser Herrscher. 230 v. Chr. begann er, die anderen chinesischen Staaten zu unterwerfen, was 221 v. Chr. mit der Einnahme des Staats Qi gelungen war. Nachdem er seine Position als »Erster Kaiser« gesichert hatte, begann Qin Shi Huangdi mit Reformen, um seine Macht zu festigen.

REFORMEN

Unter der Führung seines Ersten Ministers Li Si setzte Qin Shi Huangdi legalistische Reformen durch, schaffte das Feudalwesen ab und verordnete seinem Reich eine einheitliche Schrift sowie offizielle Maße und Gewichte. 213/12 v. Chr. befahl er die Verbrennung von Büchern, in denen seine Politik kritisiert wurde; einer Säuberung unter den Gelehrten fielen 450 Menschen zum Opfer. Zur Grenzsicherung ließ er in der Provinz Ordos (Innere Mongolei) einen Verteidigungswall bauen, den Vorläufer der Großen Mauer, und die 800 km lange »Gerade Straße« von der Hauptstadt Xianyang nach Ordos entstand, auf der Truppen rasch in die Grenzregion entsandt werden konnten. Ferner schickte er Truppen nach Guangdong, um neue Territorien zu erobern.

Inschrift zur Feier der Einigung Chinas durch Qin Shi Huangdi, verfasst in der Schrift, die nun im ganzen Land benutzt werden musste.

QINS ENDE

Schließlich ließ Qin Shi Huangdis Kraft nach und er beschäftigte sich nur noch mit seiner Unsterblichkeit. Nach dem Tod des Ersten Kaisers (210 v. Chr.) hatte China unter Volksaufständen und Fraktionskämpfen am Hof zu leiden. Obwohl Qin Shi Huangdi erklärt hatte, seine Dynastie werde ewig bestehen, wurde Xianyang 206 v. Chr. niedergebrannt und der letzte Qin-Kaiser Ziying abgesetzt.

Terrakottaarmee aus dem Mausoleum Qin Shi Huangdis: Sie sollte den Ersten Kaiser nach seinem Tod verteidigen.

HAN-DYNASTIE

📍 China ⌛ 206 v. Chr.–220 n. Chr.

Der Untergang der Qin-Dynastie war begleitet von einem Bürgerkrieg, den Liu Bang siegreich beendete, indem er 210 bei Gaixia (heutige Provinz Anhui) eine letzte Entscheidungsschlacht gewann und vier Jahre später die Hauptstadt Xianyang eroberte. Als Kaiser nannte er sich Gaozu und begründete die Han-Dynastie, die 400 Jahre lang China regierte.

REGIERUNG DES GAOZU

Gaozu legte den Grundstein für die neue Hauptstadt Chang'an. Er vereinfachte das Hofzeremoniell und setzte gegen den Legalismus, die politische Philosophie des alten Regimes, den Konfuzianismus, aus dessen Ordnungslehre sich Beamtentum und Kaiserkult entwickelten. Durch die Einrichtung von Kommandanturen wurde die Zentralgewalt gestärkt, um einen Rückfall in das Chaos der Streitenden Reiche zu verhindern. Zunächst jedoch duldete er die Existenz zehn halb selbstständiger Staaten im Norden und Osten. Die starke Bürokratie blieb bestehen und wurde durch einen Erlass von 196 v. Chr. streng hierarchisch organisiert.

Dieses Modell eines Wachturms aus glasierter Keramik zeigt genaue architektonische Einzelheiten. Solche Artefakte wurden als Grabbeigaben für bedeutende Persönlichkeiten angefertigt.

BLÜTE DER HAN-DYNASTIE

Unter der langen Herrschaft des bedeutenden Kaisers Wudi (reg. 141–87 v. Chr.) erreichten die Han den Höhepunkt ihrer Macht. Er nahm dem Adel die letzten Privilegien und stützte sich auf sorgfältig ausgewählte Beamte, zu deren Ausbildung er 124 v. Chr. eine Akademie gründete und Prüfungsordnungen erließ. Um die Lebensmittelpreise unter Kontrolle zu halten, ließ er staatliche Speicher anlegen.

Zudem erweiterte er das Reich durch ausgedehnte Kriegszüge: 114–91 v. Chr. führte er Krieg gegen die nomadischen

CHINA

Xiongnu im Norden, verleibte sich nach 128 v. Chr. Korea ein, wo er vier Kommandanturen einrichtete; im Süden besetzte seine Armee ab 111 v. Chr. (die heutigen Provinzen) Guangdong, Guangzi und Teile Nordvietnams. In den letzten Jahren seiner Herrschaft jedoch zog er sich in die Meditation zurück und suchte nach Unsterblichkeit. Die meisten seiner Nachfolger waren schwach, die Politik des Hofs bestimmten stattdessen die Eunuchen. Die Wirtschaft litt an einer falschen Finanzpolitik, der Staat an einer massiven Steuerflucht.

DIE LETZTEN HAN

Im Jahr 9 n. Chr. bemächtigte sich Wang Mang, der Regent mehrerer Kindkaiser, des Han-Throns. Er ließ große private Ländereien zerschlagen und schränkte u. a. die Sklaverei ein. Aber eine katastrophale, auf eine Umleitung des Gelben Flusses (11 n. Chr.) folgende Hungersnot führte zu Bauernaufständen. Unter Guang Wudi wurde die Han-Dynastie 25 n. Chr. restauriert und die Hauptstadt nach Luoyang verlegt. Doch es dauerte noch elf Jahre, bis die Konflikte um Wang Mangs Nachfolge beigelegt werden konnten. Ihre frühere Stärke gewannen die Han nicht mehr zurück.

Ein Aufstand der religiösen Sekte der Gelben Turbane (184–186) und das Massaker an Hunderten von Hofbeamten durch eine herrschende Eunuchengruppe vergrößerten Chaos und Unruhe. 196 riss General Cao Cao die Macht an sich und regierte durch den letzten Han-Kaiser Han Xiandi, den er komplett in seiner Hand hatte. Aber nach seinem Tod im Jahr 220 war die Han-Dynastie endgültig zum Scheitern verurteilt.

> ### LIU BANG
> Der Begründer der Han-Dynastie war von einfacher Herkunft und zunächst Anhänger von Xian Yu, einem adligen Gegner der Qin. Er bildete eine eigene Armee und erstürmte 206 v. Chr. die Hauptstadt der Qin. Er lernte nie lesen und misstraute dem Hofprotokoll, was ihn beim Volk beliebt machte.

Chinas Erster Kaiser wollte das vereinte Reich mit einer Mauer schützen. Die größere Bedrohung jedoch ging stets von inneren Konflikten aus.

KLASSISCHES ALTERTUM 700 V. CHR.–600 N. CHR.

AMERIKA

In der »klassischen« Periode, ab 200 v. Chr., blühten in Mittelamerika verschiedene Hochkulturen. Die Olmeken wurden von anderen Völkern verdrängt, wie den Bewohnern Teotihuacáns, den Zapoteken der mexikanischen Golfküste und vor allem von den Mayas, die im südlichen Mexiko, Yucatán und Guatemala siedelten. In Südamerika folgten auf die peruanischen Chavín die regionalen Kulturen der Moche, Nazca und Paracas.

TEOTIHUACÁN

Zentralmexiko 2.–7. Jh. n. Chr.

Die größte mexikanische Stadt der klassischen Zeit war Teotihuacán. Ab dem 2. Jh. entstand, einem Gitternetz folgend, eine riesige Stadt, deren nord-südlich ausgerichtete Hauptachse (die »Straße der Toten«) 6 km lang war. In ihrer Mitte befand sich ein großer Palastkomplex, die große Mondpyramide stand an ihrem nördlichsten Punkt und an ihrem südlichen Ende die Sonnenpyramide, errichtet aus 1,2 Mio. Kubikmetern luftgetrockneter Ziegel und Steine.

Im 4. Jh. lebten rund 200 000 Einwohner in Teotihuacán, dessen Macht sich über ganz Mexiko erstreckte. Ihren Wohlstand verdankte die Stadt der Kontrolle über das reiche Mexikotal sowie die Handelsstraßen zum mexikanischen Golf und zum Pazifik. Noch in der fernen Mayastadt Kaminaljuyu (Guatemala) wurden so Produkte aus Teotihuacán gefunden.

TEOTIHUACÁNS ENDE
Im 7. Jh. wurden die Paläste von Teotihuacán niedergebrannt, seine Tempel geschändet. Welche Krise diesen Vandalismus heraufbeschworen hatte, wissen wir nicht. Die nachfolgenden mexikanischen Kulturen, auch die Azteken, gingen ehrfürchtig mit der verlassenen Stadt um.

Den Priester einer Regen- oder Windgottheit zeigt diese Wandmalerei aus einer Reihe prächtiger Darstellungen in Teotihuacán.

ZAPOTEKEN

📍 Oaxacatal (Mexiko) ⌛ um 500 v. Chr.–900 n. Chr.

Zapotekische Gottheit: Keramikurne aus Monte Albáns klassischer Zeit (um 200–350)

Um 500 v. Chr. entstand die neue, regional mächtige Kultur der Zapoteken um die Stadt Monte Albán im Oaxacatal nahe der mexikanischen Golfküste. Die Stadt wurde auf einer abgeflachten Hügelkuppe erbaut und über 1000 Jahre besiedelt. Eines ihrer eindrucksvollsten Monumente ist der Tempel der »Danzantes«: Hunderte Steinskukulpturen zeigen Männer in verzerrten Körperhaltungen und mit geschlossenen Augen. Sie stellen wohl keine Tänzer dar, wie früher angenommen wurde, sondern Häuptlinge gegnerischer Städte, die von Monte Albáns Herrschern getötet worden waren. In die Danzantes-Steine gravierte Bildzeichen lassen darauf schließen, dass die Zapoteken Kalender und Schrift kannten.

KLASSISCHE ZEIT UND VERFALL

In seiner klassischen Zeit (um 200 n. Chr.) lebten 25 000 Menschen in Monte Albán und den zahlreichen Siedlungen unterhalb der Stadt. Rund 170 unterirdische Gräber von Adligen aus dieser Periode wurden freigelegt. Zwischen 150 v. Chr. und 150 n. Chr. wurde die Stadt erweitert und ein großer Hauptplatz angelegt. Dort gefundene Reliefs mit nach unten gekehrten, abgetrennten Köpfen und Inschriften verweisen vermutlich auf Siege oder Eroberungen, die die Stadt anschwellen ließen.

Um 900 jedoch wurde das Stadtzentrum von Monte Albán aus unbekannten Gründen aufgegeben. Im 12. und 13. Jh. siedelten sich dann die Mixteken teilweise wieder an diesem Ort an.

Die meisten alt-mittelamerikanischen Kulturen kannten ein rituelles »Ballspiel« – hier der Spielplatz von Monte Albán mit seinen Tribünen.

KLASSISCHE MAYA-KULTUR

Mittelamerika ⚬ um 250–900 n. Chr.

In ihrer Blütezeit – die über 600 Jahre andauerte und als klassische Periode gilt – war die Kultur der Maya in weiten Teilen Mittelamerikas verbreitet, vor allem auf der mexikanischen Halbinsel Yucatán und in den dschungelbedeckten Ebenen Guatemalas. Ihren Mittelpunkt bildete eine Reihe von Städten, ursprünglich rituelle Zentren, die sich zu bevölkerungsreichen Stadtstaaten entwickelten. Die Maya bauten riesige Steintempel, häufig wie in Tikal (Guatemala) als Stufenpyramiden, und waren gute Steinmetze.

KULTUR DER MAYA

Die Städte der Maya hatten Paläste, offene Plätze und Terrassen sowie Spielfelder für das heilige Ballspiel. Überhaupt spielten religiöse Rituale eine große Rolle im Leben der Maya. Sie praktizierten eine Form des »Selbstopfers«, indem sie ihre Haut durchbohrten, bis Blut floss, das sie den Göttern darbrachten. Dass sie auch regelmäßig Menschen opferten, erscheint inzwischen unwahrscheinlich. Die Maya hatten ein ausgeklügeltes Schriftsystem mit 800 Zeichen oder Glyphen sowie einen komplizierten Kalender mit einem heiligen Jahr von 260 und einem Sonnenjahr von 365 Tagen.

GESCHICHTE DER MAYA

Vor der Entzifferung der Maya-Glyphen im 20. Jh. war über die Geschichte der Stadtstaaten, etwa Tikal und Palenque, wenig bekannt. Wie die Quellen belegen, war die Gegend durch ständige Kriege zerrissen, die Dynastien kurzlebig. So wissen wir außer ihren blitzartigen Feldzügen nicht viel von ihnen, nur z. B. dass aus der Stadt Yaxchilán einer der größten Könige der klassischen Periode, Vogel-Jaguar IV. (reg. 752–768), stammte. Auch er führte Eroberungszüge und ließ neue Bauwerke errichten. Eine Generation nach seinem Tod stagnierte jedoch die Stadt.

Stufenpyramide der Maya in Palenque (Mexiko):
Die Stadt erlebte ihre Blüte zwischen 615 und 683 unter K'inich Janaab' Pakal.

FRÜHES SÜDAMERIKA

Peru   um 500 v. Chr.–600 n. Chr.

Ab 500 v. Chr. verdrängten regionale Mächte die Chavín-Kultur in Peru *(S. 106)*. Die Paracas-Kultur hatte ihre Hochphase zwischen 500 v. Chr. und 200 n. Chr. an der peruanischen Südküste. In ihren Artefakten blieben Elemente der Chavín-Ikonografie erhalten, so die Darstellungen von Katzen auf Tongefäßen. Das trockene Klima erlaubte die Mumifizierung von Leichen, auch prächtige Webereien mit Abbildungen mythischer Wesen und irdischer Tiere wurden so konserviert. In Wari Kayan auf der Halbinsel Paracas wurden in versteckten Gräbern 430 in kostbare Stoffe gewickelte Mumien sowie Goldschmuck als Grabbeigaben gefunden.

Affe mit geringeltem Schwanz: die berühmteste Wüstenzeichnung (Geoglyphe) der Nazca. Ähnliche Klammeraffen leben in den Dschungeln Perus.

NAZCA

Diese Kultur gedieh zwischen 200 v. Chr. und 500 n. Chr. in einer extrem trockenen Küstenregion im südlichen Peru. Die Menschen lebten in Dörfern, schufen jedoch auch monumentale Bauwerke, wie z. B. das große religiöse Zentrum in Cahuachi (um 100 n. Chr.). Ihre Textilien, Metallarbeiten und Keramiken waren von hoher Qualität. Noch berühmter allerdings sind ihre riesigen Zeichnungen in der Wüste: Tierbilder und abstrakt-lineare Darstellungen, die die Nazca in den Wüstenboden zogen, nachdem sie lose Steine auf der Oberfläche entfernt hatten. Diese teilweise mehrere Kilometer langen Muster, Nazca-Linien genannt, lassen sich nur aus der Luft erkennen. Die schönsten zeigen einen Kolibri, der Nektar saugt, eine Pflanze und einen Affen mit Ringelschwanz. Über ihre Bedeutung können wir aber nur spekulieren.

Trinkgefäß der Moche in Form eines Menschen mit Fuchskopf. Der Bügel dient als Griff und Tülle.

MOCHE

In den nördlichen Tälern Perus herrschten seit 100 v. Chr. die Moche. Sie waren geschickte Handwerker, die große Pyramiden, die *huacas*, errichteten und feine Stoffe, Artefakte aus Metall und Keramiken herstellten. Die Herrscher der Moche residierten in großen Zentren wie Huaca del Sol, dessen Pyramiden oben abgeflacht waren. Die von hier aus regierten Gesellschaften lebten vorwiegend von der Landwirtschaft. Ab 300 entstanden größere Städte, während die Moche nach Süden expandierten und zudem im großen Stil Krieg geführt zu haben scheinen, was Darstellungen auf ihren Keramiken nahelegen. Ende des 6. Jh. destabilisierten offenbar Umweltkatastrophen wie Dürren und Überschwemmungen ihre Kultur, bis sie schließlich erlosch.

MITTELALTER

MITTELALTER

DIE WELT 600–1450

Mit dem Zerfall des Römischen Reichs stockte die kulturelle Entwicklung Europas. Für fast 1000 Jahre geriet es in Rückstand gegenüber den Kulturen Asiens, dem Islam und Mittelamerika. Vor allem China unter den Tang und den Song war in dieser Zeitspanne politisch stark und technisch innovativ. Große Teile

Die Welt um 1300

— Reichsgrenzen
...... Ungefähre Grenzen
■ Byzantinisches Reich
■ England mit Besitzungen
■ Aragon mit Besitzungen
■ Republik Venedig mit Besitzungen
■ Dänemark mit Besitzungen
■ Frankreich
■ Kastilien
■ Portugal
■ Mongolenreich unter Dschingis Khan (bis 1227)
■ Reich des Khwarizm Shah (1219)
— Heiliges Römisches Reich (HRR)

Kursiv gesetzte Städte entstanden nach 1300, wurden im Zeitraum dieses Kapitels aber bedeutsam.

DIE WELT UM 1300

Um 1300 beherrschten die Mongolen große Teile Eurasiens. In Gebieten Nordindiens, Nordafrikas und des Nahen Ostens regierten muslimische Herrscher, wie die Mameluken in Ägypten oder die Moguln in Indien. In Mexiko begann sich das Aztekenreich auszudehnen, während die Inkas sich noch auf den Umkreis von Cuzco (Peru) beschränkten.

DIE WELT 600–1450

des Nahen Ostens und Nordafrikas blühten unter arabisch-islamischer Herrschaft. In Mittel- und Südamerika, Indien und Südostasien entstanden eigene Kulturen. Dann aber gingen vom spätmittelalterlichen Europa Bewegungen aus, die schließlich zu Europas weltgeschichtlicher Dominanz führten.

Die feudalen Monarchien Englands und Frankreichs hatten sich bis 1300 zu stabilen Regionalstaaten entwickelt, in Mitteleuropa verhinderten Konflikte zwischen Papsttum und Fürsten diese Entwicklung. In Spanien hatten die vereinigten Königreiche von Kastilien und Aragon die muslimischen Gebiete zurückerobert. Nur Granada war noch muslimisch.

MITTELALTER 600–1450

OST- UND SÜDOSTASIEN

Zur Zeit des europäischen Mittelalters entstanden in Ost- und Südostasien neue hoch entwickelte Kulturen und Zentralstaaten: Japan, Korea, Angkor (Kambodscha), Bagan (Birma) und Dai Viet (Vietnam). China wurde nach einer Phase der Uneinigkeit unter der Tang-Dynastie 618 (und ihren Nachfolgern, den Song, seit 960) wiedervereinigt. Kunst und Technik erreichten ein erstaunliches Niveau.

ZERRISSENES CHINA

China 221–618

221 versank die Han-Dynastie *(S. 152/53)* nach 400-jähriger Herrschaft durch eine Reihe von Aufständen im Chaos. Daraufhin zerfiel China in drei Reiche: die Wei im Norden, die Shu im Südwesten und die Wu im Südosten. Ihre Fehden sind Thema des großen chinesischen Heldenepos aus dem 14. Jh. *Die Geschichte der drei Reiche*. Diese Kriegswirren waren aber weniger heldenhaft, sondern schwächten das Land nur außerordentlich.

AUFSTIEG DER SUI

Die Wei eroberten 264 das Reich der Shu, später, unter den sogenannten Westlichen Jin, auch das Wu-Reich. Doch die Einheit währte nicht lange. Die Xiongnu und Xiangbei, nomadische Stämme aus dem Norden, fielen in China ein, die Westlichen Jin kapitulierten, ihre Hauptstadt Luoyang wurde geplündert, und China zerfiel erneut. Im Norden bildeten sich 16 Reiche, im Süden herrschten sechs Dynastien. 577 schließlich wurde der Norden wiedervereinigt, und 588 überfiel Yangdi (der zweite Kaiser der Sui-Dynastie) mit seinen Truppen Südchina. Nur einige Monate später übergab der letzte Südliche Jin-Herrscher seine Hauptstadt Jiankang (Nanjing) an den Gegner – nach 300 Jahren war China wieder ein Reich.

Wächtergottheit im Jinci-Tempel (Provinz Shanxi). Der Tempel wurde unter den Wei restauriert und vergrößert.

DAS CHINA DER TANG

China 618–907

617 erhob sich der General Li Yuan gegen die durch eine gescheiterte Invasion Koreas erschöpfte Sui-Dynastie. Er besetzte Chang'an, die Hauptstadt der Sui, brachte 624 ganz China in seine Gewalt und wurde unter dem Namen Gaozu zum ersten Kaiser der Tang. Diese Dynastie bescherte China Frieden und Wohlstand, besonders unter Gaozus Nachfolger Taizong (reg. 626–649).

GAOZU (LI YUAN, 566–635)
Gaozu war von adliger Herkunft. Er wurde General und führte die Truppen der Sui 613 nach Korea. Als Kaiser Yang 618 bei einem Staatsstreich des Militärs getötet wurde, nutzte Gaozu das Chaos und ergriff selbst die Macht.

HERRSCHAFT DER TANG
Taizong führte Staatsschulen und auch die Staatsprüfungen wieder ein, die die Han für die Anwärter auf ein Regierungsamt entwickelt hatten. Armeen der Tang eroberten Teile Zentralasiens, schlugen 657 die Türken bei Issyk Kul (Kirgisien) und stießen bis zur persischen Grenze vor.

Unter den Tang wuchs Chinas kultureller Einfluss enorm: Chang'an, der Beginn der Seidenstraße, war Treffpunkt für Kaufleute aus ganz Asien. Auch Malerei und Literatur erreichten ein neues Niveau. Gegen Ende der Regierungszeit Xuanzongs (712–756) führten jedoch Fraktionskämpfe im Adel zu einem Aufstand, der 763 niedergeschlagen wurde. Ihre alte Machtstellung jedoch konnten die Tang nicht mehr zurückgewinnen. 907 wurde der letzte Tang-Kaiser Aidi von einem seiner Generäle ermordet, und wieder zerbrach das große Reich.

Kopf des Buddha – die kolossale, 71 m hohe Statue wurde in der frühen Tang-Zeit aus einem Felsen bei Leshan geschlagen.

> »HÖRTE ICH NICHT, DASS REINER WEIN WEISE UND SOGAR TRÜBER WEIN KLUG MACHE?«
>
> Li Bai (um 710–762), bekanntester Dichter der Tang-Zeit

CHINA UNTER DEN SONG

China 960–1279

Die erste Hälfte des 10. Jh. war eine Zeit der Uneinigkeit für China. Im Norden folgten einander fünf Dynastien, der Süden zerfiel in zehn Reiche. 960 bemächtigte sich General Zhao Kuangyin des Throns und begründete die Song-Dynastie.

WOHLFAHRT

Unter den Song begann für das wiedervereinigte China eine Phase der wirtschaftlichen Prosperität. Im Jahr 1024 wurde das erste Papiergeld eingeführt. Neu entwickelte Methoden des Reisanbaus verdoppelten die Erträge. Der Bau eines integrierten Systems von Wasserwegen verbesserte die Infrastruktur. Der Aufstieg in der Staatsbürokratie wurde erleichtert, sodass mehr Menschen die Chance hatten, höhere Ränge zu bekleiden.

Kostbar verziertes Gefäß im typischen Yaozhu-Stil der Song-Dynastie

NIEDERGANG

1068 beauftragte Kaiser Shenzong seinen Minister Wang Anshi mit der Durchführung radikaler Reformen. Dafür brauchte Wang Anshi Geld. Er führte ein Staatsmonopol auf Tee ein und griff reiche Familien an, die Steuern hinterzogen. Um die Kosten der Armee zu senken, befahl er jedem Haushalt, Männer für eine lokale Miliz zur Verfügung zu stellen. Diese Maßnahme war unpopulär, und Wang Anshi wurde entlassen. 1125 besetzten die Jurchen, Halbnomaden aus der Mandschurei, die Hauptstadt Kaifeng, und der Hof floh nach Süden; die Herrschaft über den Norden jedoch konnten die südlichen Song-Kaiser nicht wiedererlangen. Trotz ihrer politischen und militärischen Schwäche förderte die Dynastie aber die Kultur, z. B. den Neokonfuzianismus, der die Entwicklung der eigenen Persönlichkeit lehrte und Konformität mit den konfuzischen Idealen forderte.

Seide bügelnde Hofdamen – ein Gemälde des achten Song-Kaisers Huizong, der als talentierter Maler alle Künste förderte.

DIE MING-DYNASTIE

China　1279–1644

1279 wurden die südlichen Song von Kublai Khans mongolischen Armeen überrannt *(S. 168–169)*. Bereits 1234 hatten sie die Jin aus Nordchina vertrieben, anschließend wurde China unter der mongolischen Yuan-Dynastie vereinigt. Diese stützte sich auf eine militärische Elite, der die chinesische Kultur fremd blieb und die sich nicht assimilierte. Das führte unter den Chinesen zu Unzufriedenheit und zu Aufständen gegen die Yuan. So meuterte 1351 die Rote Turban-Armee, der auch Zhu Yuanzhang angehörte. Er ergriff im Bürgerkrieg von 1368 die Macht und regierte unter dem Namen Hongwu als erster Ming-Kaiser.

Frühlingspavillon im Kaisergarten der Verbotenen Stadt (Peking), erbaut 1535 von den Ming

CHINA UNTER DEN MING

Über 250 Jahre lang regierten die Ming China. In dieser Zeit entwickelte sich eine starke städtische Kultur. Kaiser Hongwu reformierte Armee und Steuerwesen und installierte, um seine Herrschaft zu festigen, ein System von Spitzeln. 1403 verlegte Kaiser Yongle die Hauptstadt von Nanjing nach Peking, wo als Kaiserpalast die (für Normalsterbliche) Verbotene Stadt entstand. Er ließ Chinas Flotte bauen und schickte den Eunuchen Zheng He auf ausgedehnte Entdeckungsfahrten, die bis nach Ostafrika führten. Die späteren Kaiser waren schwächer. Statt weiterhin Reformen durchzuführen, verhielten sie sich passiv und konservativ. Mitte des 17. Jh. wurde die Herrschaft der Ming brüchig.

> ### KAISER YONGLE (1360–1424)
>
> Der dritte Ming-Kaiser gelangte auf den Thron, indem er 1403 seinen älteren Bruder Jiangwen stürzte. Unter seiner Regierung expandierte China: Yongle schickte Truppen nach Norden, um die Yuan endgültig niederzuwerfen, und er annektierte 1406 Vietnam. In Peking, seiner neuen Hauptstadt, ließ er den riesigen Palastkomplex der Verbotenen Stadt errichten. Mit seiner »Schatzflotte« wollte er aller Welt die Macht Chinas und seiner Kaiser vor Augen führen.

Die Verbotene Stadt in Peking wurde zwischen 1406 und 1420 unter dem Ming-Kaiser Yongle erbaut. Fast 500 Jahre lang, bis zum Ende der Qing-Dynastie im Jahr 1912, diente sie als Residenz des Kaisers und zugleich als Sitz der chinesischen Regierung.

DIE MONGOLEN

🏳 Zentralasien, Osteuropa, China, Südostasien ⌛ 1206–1405

Bis zum frühen 13. Jh. drangen immer wieder Nomadenvölker von Norden und Westen in Chinas Regionen ein. Manche wurden in Schlachten zurückgeschlagen, andere aufgehalten, wieder andere von der chinesischen Kultur aufgesogen. Eines dieser Völker waren die Mongolen, doch deren Stämme waren hoffnungslos zersplittert, bis Temüdschin die Führung errang und zum Großkhan gewählt wurde. Als Dschingis Khan (reg. 1206–1227) und Anführer von Beutezügen schweißte er die mongolischen Clans zusammen. Diese beherrschten über 100 Jahre lang die Steppen und angrenzenden Länder.

Mongolischer Dolch: Mit dieser Nahkampfwaffe lehrten die Reiter und Bogenschützen Dschingis Khans ihre Feinde das Fürchten.

EROBERUNGEN

1218 unterwarf Dschingis Khan das Khanat Kara-Kitai in Zentralasien und entfesselte einen sechsjährigen, verheerenden Krieg gegen das Choresmier-Reich, das große Teile des heutigen Irans und Afghanistans umfasste. In diesem Krieg begründeten die Mongolen ihren Ruf als erbarmungslose Kämpfer. Sie brandschatzten und plünderten Samarkand und Buchara an der Seidenstraße und metzelten die Bevölkerung aller Städte nieder, die es wagten, Widerstand zu leisten. Als hervorragende Reiter und Bogenschützen, gewandt und blitzschnell, wurden die Mongolenhorden selbst für gut organisierte Staaten zu gefährlichen Feinden.

Dschingis Khan starb 1227. 1229 sandte sein Erbe Großkhan Ugedei mongolische Armeen nach Nordchina und vertrieb die Jin–Jurchen. 1240 schickte er seine Truppen nach Westen. Dort überrannten sie fast das ganze Reich Rus *(S. 194)* und verwüsteten dessen Haupt- und Handelsstadt Kiew. Die Mongolen, die sich als angestammte Herren der Welt betrachteten, zogen weiter, vernichteten 1241 bei Legnica/Liegnitz (Polen) eine polnisch-deutsche Armee und verbrei-

OST- UND SÜDOSTASIEN

DSCHINGIS KHAN (1162–1227)

Unter dem Namen Temüdschin als Sohn eines kleinen Häuptlings geboren, erwarb er sich einen Ruf als Kämpfer und Führer. Er verstand es, die Clans in Kriegen und nach internen Kämpfen zu einigen, bis er 1206 zum Dschingis Khan, zum »unumschränkten Herrscher«, ausgerufen wurde und nun über eine gefürchtete Armee von über 200 000 Mann befahl. Der große Eroberer soll 1227 an den Folgen eines Reitunfalls gestorben sein. Nach Landessitte wurde Dschingis Khan in einem namenlosen Grab in der Mongolei beigesetzt.

»BEI MILITÄRISCHEN ÜBUNGEN BIN ICH IMMER VORN UND IN DER SCHLACHT NIEMALS HINTEN.«

Dschingis Khan, ihm zugeschrieben von einem chinesischen Mönch, um 1224

teten Furcht und Schrecken im ganzen Abendland. Doch Ugedeis Tod verhinderte weitere Eroberungszüge, denn die Clans mussten zurück, um einen Nachfolger zu wählen.

SPÄTERE HERRSCHER

Mongke, 1251 zum Großkhan gewählt, führte Krieg in Nordchina und gegen das Kalifat der Abbasiden *(S. 181)*. 1258 plünderte er Bagdad. Kurz nach seinem Tod (1260) wurde ein kleines Mongolenheer bei Ain Djalut von ägyptischen Mamelucken (Militärsklaven) besiegt, womit der Ruf ihrer Unbesiegbarkeit einen Riss bekam. Nach 1270 konzentrierte sich Kublai Khan auf Südchina *(S. 165)*. Die Mongolen regierten China bis 1368, im folgenden Jahrhundert Zentralasien. Noch einmal zur Großmacht wurden sie 1370 bis 1405 unter Tamerlan, der große Teile Zentralasiens vereinigte und fast das ganze Osmanische Reich überrannte *(S. 183)*.

Die Zitadelle von Aleppo (Syrien) wurde von den Mongolen im Frühjahr 1260 auf dem Höhepunkt ihrer militärischen Erfolge im Nahen Osten gestürmt.

JAPANS FRÜHZEIT

📍 Japan ⌛ 5. Jh. v. Chr.–551 n. Chr.

Jomon, die älteste bekannte Kultur Japans, getragen von Jägern und Fischern, entwickelte sich im 5. Jh. v. Chr. unter chinesischem Einfluss zur Yayoi-Kultur. Ihre kleinen Dörfer bestanden aus quadratischen oder runden Erdlöchern mit Reetdächern. Deren Bewohner waren gute Töpfer und Steinmetze und leiteten die Tradition der Metallverarbeitung in Japan ein, vor allem der Bronze. Um die Mitte des 3. Jh. n. Chr. begannen die Yayoi, große Grabkammern aus Stein mit Erde zu bedecken und teilweise riesige Grabhügel (kofun) anzulegen. In einigen Grabkammern gefundene Malereien von Kriegern mit kunstvoll gearbeiteten Rüstungen verweisen auf eine mächtige Aristokratie.

DIE YAMATO-ZEIT

Die Dörfer wuchsen zu größeren Siedlungen zusammen, und im 4. Jh. entstand – möglicherweise unter dem Einfluss der Koreaner, die vor einer chinesischen Invasion geflohen waren – in der Yamato-Ebene (Südjapan) ein größeres Reich. Bis zum 6. Jh. hatten die Yamato-Könige Japan vereint.

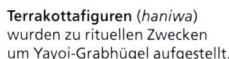

Terrakottafiguren (haniwa) wurden zu rituellen Zwecken um Yayoi-Grabhügel aufgestellt.

ASUKA- UND NARA-ZEIT

📍 Japan ⌛ 552–794

Mit Beginn der Asuka-Zeit (552) kam der Buddhismus nach Japan. Regent Shōtoku Taishi (reg. 572–622) gründete das große Kloster Hōryū-ji und eiferte in Politik, Kunst und Religion chinesischen Vorbildern nach. 710 wurde Nara zur Hauptstadt und der Buddhismus gewann Einfluss am Hof, vor allem unter Shōmu (reg. 724–749), der 752 die große Buddhastatue im Tōdaiji-Tempel von Nara beginnen ließ. Er war der erste Kaiser, der sich zurückzog und als Mönch lebte. Der Buddhismus wurde so mächtig, dass seine Gegner 784 den Kaiserhof nach Nagaoka verlegten, fern der buddhistischen Klöster der alten Hauptstadt. Zehn Jahre später wurde die Hauptstadt noch einmal versetzt, diesmal nach Kyoto.

Die Gojunoto-Pagode im Hōryū-ji-Tempelkomplex, von Shōtoku im 6. Jh. gegründet, ist die älteste Holzpagode Japans.

HEIAN-ZEIT

Japan 794–1185

Der Umzug des japanischen Hofs nach Kyoto im Jahr 794 leitete die Heian-Periode ein. An ihrem Beginn stand die Niederwerfung eines Aufstands in Nordjapan durch Tamura Maro im Jahr 801, dem als erstem Japaner der Titel *sei tai-shogun* (»der die Barbaren vernichtende General«) verliehen wurde. 858 übernahm Fujiwara Yoshifusa die Regentschaft für den jungen Kaiser Seiwa. Diese mächtige Stellung am Hof besetzte die Familie Fujiwara für die nächsten 300 Jahre.

Rollbild: Szene aus *Die Geschichte vom Prinzen Genji*, einem Roman über das japanische Hofleben

JAPAN UNTER DEN FUJIWARA

Der mächtigste Fujiwara-Regent war Michinago (reg. 995–1027), der seine Macht sicherte, indem er vier seiner Töchter an nachfolgende Kaiser verheiratete. Die Fujiwara-Periode brachte einen großen kulturellen Aufschwung, der sich etwa in dem Roman *Die Geschichte vom Prinzen Genji* zeigt. Er wurde – damals ganz unüblich – von einer Frau, der Hofdame Murasaki Shikibu, verfasst und gibt den raffinierten Geschmack der Zeit sehr anschaulich wieder.

Nach Michinago schwand die Macht der Fujiwara und für kurze Zeit konnte ein Kaiser namens Go-Sanjō die Staatsgeschäfte ohne einen Fujiwara-Regenten führen. Unter seinem Nachfolger Shirakawa (reg. 1072–1084) kam die merkwürdige Sitte der verdeckten Herrscher *(insei)* auf. Dabei dankte ein Kaiser zugunsten eines Kindes ab und zog sich scheinbar in ein Kloster zurück. Tatsächlich aber nahm er von dort weiterhin verdeckten Einfluss auf die Regierung. Doch auch auf diese Weise ließ sich die Macht der streitenden Clans, die den Fujiwara zunehmend Konkurrenz machten, nicht eindämmen. Die Spannungen entluden sich im Gempei-Krieg (1180–1185), dem Machtkampf zwischen den Familien Minamoto und Taira.

Grimmiger Wächterkönig aus der Fujiwara-Periode: Fein gearbeitet zeigt die Skulptur das handwerkliche Können dieser Zeit.

MITTELALTER 600–1450

KAMAKURA- UND MUROMACHI-SHOGUNAT

Japan 1185–1573

Im Gempei-Krieg geriet Japan an den Rand des Abgrunds. Erst 1185 setzte Minamoto no Yoritomo den Kämpfen mit einem Seesieg bei Dan-no-Ouro ein Ende. Frieden aber kehrte erst wieder ein, nachdem Yoritomo – Shogun (Militärdiktator) seit 1192 – die anderen Kriegsherren und auch ehemalige Bündnispartner, die seiner Macht gefährlich werden konnten, ausgeschaltet oder umgebracht hatte.

SAMURAI UND MACHT DER SHOGUNE

Aus den Zwistigkeiten des Gempei-Kriegs gingen die Samurai hervor, ursprünglich wilde Krieger, deren Kampf- und Lebensstil aus einer merkwürdigen Mischung wilder und verfeinerter Sitten bestand. Der ideale Krieger konnte ebenso ein Gedicht aus dem Stegreif verfassen wie einem Feind mit seinem zweihändigen Schwert den Kopf abschlagen. Er unterwarf sich einem strengen Ehrenkodex und, anstatt sich zu ergeben, beging er rituellen Selbstmord *(seppuku)*, indem er sich den Bauch aufschnitt.

Die meisten Kaiser dieser Zeit waren schwach. Die Macht lag bei den Shogunen, die von 1185 bis 1336 im Zentrum des Minamoto-Clans in Kamakura residierten und durch einen Rat sowie einen Untersuchungsgerichtshof regierten, der

ASHIKAGA TAKAUJI (1305–1358)

Dieser rücksichtslose Samurai wurde 1333 vom Hōjō-Regenten beauftragt, die Revolte des Kaisers Go-Daigo niederzuschlagen, lief aber zu diesem über und verhalf ihm wieder zur Macht. 1335 brach auch er mit dem Kaiserhof und erklärte sich zum Shogun.

Szene aus *Tamamo-no-mae*: Die Erzählung aus der Muromachi-Zeit handelt von einer schönen Kurtisane, die sich als böser Fuchsgeist entpuppt.

OST- UND SÜDOSTASIEN

das kaiserliche Gericht in Kyoto weitgehend umging. Im 13. Jh. verloren die Shogune ihren Einfluss auf die Regenten, deren Position sich der mächtige Hōjō-Clan für zehn Generationen sichern konnte.

DAS ENDE KAMAKURAS

1274 und 1281 versuchten die Mongolen, die japanischen Inseln zu besetzen. Sie stellten die einzige ernsthafte Bedrohung dieser Zeit dar. Den ersten Angriff schlugen die Samurai zurück, der zweite Überfall wurde von einem großen Sturm (*kamikaze*, »göttlicher Wind«) glücklich beendet, der die Flotte der Angreifer zerstreute. 1333 versuchte Kaiser Go-Daigo, dem Shogun von Kamakura die Macht zu entreißen. Dieser schickte seinen General Ashikaga Takauji, der jedoch auf die Seite des Kaisers wechselte und Kyoto besetzte. Kamakura wurde niedergebrannt und der letzte Hōjō-Regent abgesetzt.

Go-Daigos Triumph währte nicht lange, denn bald erhob sich ein Machtkampf zwischen den Generälen Takauji und Nitta Yoshisada. Der Kaiser unterstützte Yoshisada, aber

Katana, ein gekrümmtes Schwert, war das Amtszeichen der Samurai. Mehrfach gehärtet hatte es eine äußerst scharfe Schneide.

Takauji setzte sich durch. Während Go-Daigo den Hof in die Berge verlegte, ernannte Takauji einen neuen Kaiser, Komyo, und erklärte sich selbst zum ersten Shogun der Ashikaga-Periode.

MUROMACHI-SHOGUNAT

Das Ashikaga-Shogunat, seit 1392 Muromachi genannt, regierte Japan 240 Jahre lang. Allerdings dauerte es fast 60 Jahre, bis Yoshimitsu, der dritte Ashikaga-Shogun, Go-Daigos gegnerischen Hof endgültig unterwerfen konnte.

Der innere Frieden bewirkte eine kulturelle Renaissance Japans. In den 1420er-Jahren aber führten Hungersnöte und Seuchen zu Bauernaufständen. Nach Shogun Yoshimasas Rückzug von der Macht (1467) herrschte Bürgerkrieg bis 1477. Dieser Onin-Krieg schwächte die Zentralgewalt. Die faktische Autorität lag nun in den Händen regionaler *daimyo* (Kriegsherren). Nominell war Japan ein Reich, in Wirklichkeit aber völlig uneins.

FEUERWAFFEN

Die Europäer nutzten Schießpulver (»Schwarzpulver«), das aus salpeterhaltigen Brandmischungen entwickelt wurde, seit dem 14. Jh. Die Chinesen kannten es Jahrhunderte früher. In Europa jedoch führten rasch verbesserte Rezepturen zur Erfindung der Handwaffen und Feldartillerie und damit zur Revolution der Kriegsführung. Mit ihren effektiven Waffen beherrschten europäische Armeen die Schlachtfelder.

SCHIESSPULVER

Eine chinesische Chronik von 1044 berichtet als Erste von der Erfindung des Schießpulvers, das vermutlich ab 1182 für Angriffe mit »Feuerlanzen« eingesetzt wurde. Erst Armeen der Ming-Zeit jedoch verfügten im 14. und 15. Jh. über Reiterregimenter mit Feuerwaffen.

Alte chinesische Feuerwaffe: Mithilfe eines Abschussrohrs aus Bambus ließ sich eine Pfeilsalve abfeuern.

In Europa waren es die Engländer, die 1346 bei Crécy zuerst Kanonen einsetzten. Doch deren Rohre erhitzten sich zu stark oder explodierten gar. Zu einer einsatzfähigen beweglichen Artillerie kam es erst um 1420, als man ein schneller brennendes Schießpulver gefunden hatte. Verschossen wurden nicht mehr Kanonenkugeln aus Stein, sondern aus Eisen, sodass ein kleineres Kaliber ausreichte. Die erste Schlacht, die mit neueren Geschützen gewonnen wurde, war der Sieg der Franzosen über die Engländer bei Castillon (1453).

HANDFEUERWAFFEN

Um 1450 kamen auch praktikable Handfeuerwaffen auf: die Arkebusen (aus einer französischen Verballhornung des deutschen Worts Hakenbüchse), deren Kugeln Eisenrüstungen durchschlugen. Diese Vorderlader wurden mittels eines Luntenschlosses gezündet und konnten im Gefecht nachgeladen werden. Allerdings musste der Schütze eine brennende Lunte mitführen, was bei Regen problematisch wurde. Arkebusen eigneten sich eher zur Verteidigung als zum Angriff.

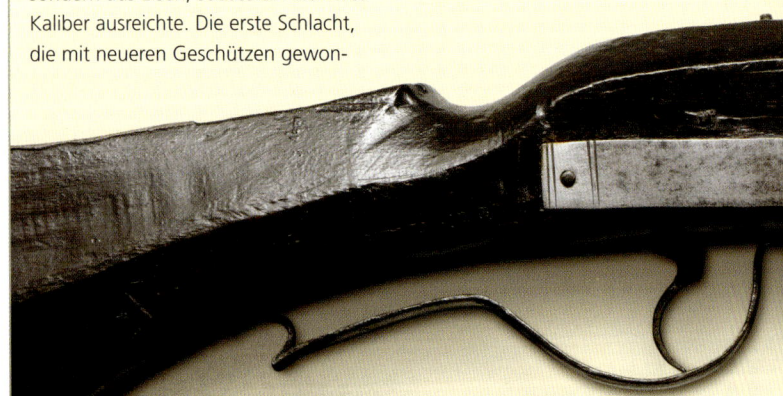

Szene aus dem Hundertjährigen Krieg (1337 bis 1453): Franzosen schießen die Mauern einer Stadt sturmreif.

ARTILLERIE

Seit Anfang des 16. Jh. wurden die Kanonen rasch verbessert. Mithilfe der seitlich angebrachten Drehzapfen konnte das Kanonenrohr leichter gehoben oder gesenkt und damit präziser gezielt werden. Die Durchschlagskraft der Kugeln wuchs, sodass Stadtmauern keinen Schutz mehr boten und Kriege wieder häufiger im freien Feld geführt wurden.

VERBREITUNG

Die große Zeit der Feuerwaffen kam mit den Italienischen Kriegen (1494–1559). So wurde die Schlacht von Ravenna 1512 durch ein zweistündiges Artillerieduell eröffnet, und für den kaiserlichen Sieg bei Pavia 1525 spielten Arkebusiere die entscheidende Rolle. Neue Waffen tauchten auf, wie etwa die Muskete, die schwerer war als die Arkebuse und deren Lauf auf eine Gabel gestützt werden musste, aber eine größere Durchschlagskraft und Reichweite besaß. Die Europäer waren führend in der Entwicklung von Feuerwaffen, doch auch die Chinesen machten Fortschritte. Bereits im 16. Jh. kannten sie z. B. eine primitive Form des Maschinengewehrs. Portugiesische Händler brachten Feuerwaffen nach Japan und Indien, wo sie nachgebaut wurden. Seit Ende des 16. Jh. kamen fast überall, wo Kriege geführt wurden, Feuerwaffen zum Einsatz. Kulturen ohne Feuerwaffen – Azteken und Inka oder die Völker südlich der Sahara – wurden für die mit Gewehren bewaffneten Europäer zur leichten Beute.

Luntenschlossmuskete: Vorderlader mit langem Lauf, damit höherer Mündungsgeschwindigkeit und Treffsicherheit auf 100 m. Ende des 17. Jh. wird das Steinschloss (Feuersteinzündung) eingeführt.

KOREA

Korea ▪ 108 v. Chr.–1910 n. Chr.

Die schon länger unter Chinas Einfluss stehende koreanische Halbinsel wurde 108 v. Chr. von Armeen der Han *(S. 153)* erobert und in Kommandanturen aufgeteilt. Vom 1. Jh. an, als die Han schwächer wurden, stritten drei Reiche um die Vorherrschaft: Silla im Südosten, Baekje im Südwesten und Koguryo im Norden. Im Südosten konnten sich vom Jahr 40 bis 532 auch einige *Kaya*, reiche unabhängige Stadtstaaten, dem Zugriff ihrer größeren Nachbarn entziehen.

WANG GEON (REG. 918–943)

Der Gründer der Goryeo-Dynastie war General des gegen Silla kämpfenden Rebellen Gung Ye, der den Staat Taebong schuf und Wang Geon zum Premierminister machte. Als sich Gung Ye zum Tyrannen aufschwang, setzte ihn Wang Geon ab.

KOREAS EINIGUNG

Die Kämpfe um die Vorherrschaft zwischen Silla, Baekje und Koguryo dauerten bis 668 und sind als die Zeit der Drei Reiche bekannt. Das 57 gegründete Silla setzte sich zunächst durch und drang unter König Beophung (reg. 514–540) in Baekje ein. Dieses Reich wiederum unterhielt seit Langem enge Beziehungen zu Japan und China, und so war der Buddhismus im 4. Jh. auch nach Korea gelangt, dem sich König Beophung nun zuwandte. 660 eroberte Silla das Reich Baekje endgültig, und viele adlige Familien flohen nach Japan – die Vorfahren verschiedener *daimyo*-Clans *(S. 173)*.

Koguryo wurde mehrfach von den Chinesen überfallen, seine Hauptstadt Wandu einige Male zerstört, aber immer wieder erholte es sich. Unter Gwanggaeto (reg. 391–412) hatte es den größten Teil

Bulguksa-Tempel (Südkorea): Den ersten Tempel an diesem Ort gründete König Beophung im Jahr 528.

Grimmige Wächtergeister aus Koreas großem buddhistischem Tempel in Bulguksa.

der koreanischen Halbinsel erobert. Im 7. Jh. wurde Koguryo durch innere Fehden, den Druck von Baekje und Silla sowie durch Konflikte mit den Sui und Tang in China (S. 162–163) erschüttert und fiel 668 ebenfalls an Silla.

Versuche, im vereinten Silla-Staat eine zentrale Verwaltung im chinesischen Stil einzuführen, scheiterten am Widerstand des Adels, und im 9. Jh. zerfiel Korea erneut, bis es 935 von Wang Geon, dem Begründer der Goryeo-Dynastie, ein weiteres Mal zusammengeschlossen wurde. Korea prosperierte, bis es im 12. Jh. von Bürgerkriegen erschüttert und im 14. Jh. von der in China herrschenden, mongolischen Yuan-Dynastie unterworfen wurde. Das Ende der Goryeo kam 1392 mit der koreanischen Erhebung unter General Yi Song-gye.

förderte die Wissenschaften, vor allem Astronomie und Meteorologie, und steigerte durch Neuordnungen und Verbesserungen den Ertrag in der Landwirtschaft.

Sejongs Nachfolger mussten sich mit Machtkämpfen unter ihren Beamten herumschlagen, die das Land lähmten und von äußeren Gefahren ablenkten. In den 1590er-Jahren fielen die Japaner zweimal innerhalb von sechs Jahren in Korea ein

»BAEKJE STEHT IM VOLLMOND, SILLA STEHT IM HALBMOND.«

Prophezeiung des Niedergangs von Silla und des Aufstiegs von Baekje, 659

und verwüsteten es. Doch sie konnten mit Unterstützung der chinesischen Ming zurückgedrängt werden. Die Joseon-Dynastie erstarkte wieder im 17. Jh. Unter der Regierung von Yongjo (1724–1776) und seinen Nachfolgern kehrte Frieden ein, der bis zum Ende des 19. Jh. anhielt. Dann wurde Korea in die Feindseligkeiten zwischen Japan, Russland und China hineingezogen (S. 298–301) und schließlich zum japanischen Protektorat. 1910 endete die jahrhundertelange Herrschaft der Joseon. Korea wurde als Kolonie in das japanische Kaiserreich eingegliedert.

JOSEON-DYNASTIE
Auch General Yi gründete eine Dynastie, die Joseon (Choson), die bis 1910 über Korea herrschte. Yis Sohn Sejong führte eine Reihe von neokonfuzianischen Reformen durch, die alle Facetten des menschlichen Lebens mit der universellen Ordnung in Einklang bringen sollten, und installierte ein Prüfungssystem für Beamte nach chinesischem Vorbild. Ferner entwickelte Sejong für die koreanische Sprache ein neues phonetisches Alphabet (hangeul),

Diese Maebyong-Vase ist mit ihrer jadegrünen Farbe charakteristisch für Koreas Handwerk in der Goryeo-Periode.

ANGKOR

Kambodscha 889–1431

Um 800 schloss König Jayavarman II. (reg. 802–855) kleine kambodschanische Königreiche zum Staat Kambuja zusammen – der Beginn des Reichs der Khmer. Seine Kultur war sehr von Indien beeinflusst, auch Jayavarman ließ die Hindutempel bei Siem Reap im indischen Stil bauen. Unter Indravarman, der 889 an die Regierung kam, wurde im Gebiet von Angkor eine Hauptstadt mit einem riesigen Tempelkomplex gebaut. Seinen Höhepunkt erlebte es unter Suryavarman, der Kambodscha nach einem Bürgerkrieg ab 1011 einte.

DAS REICH

1177 eroberten die Cham Angkor, wurden aber vier Jahre später von Jayavarman VII., Angkors bedeutendstem Herrscher, vertrieben. Dieser vergrößerte sein Reich auch um Teile des heutigen Thailand und Vietnam. Er war Buddhist, doch nach seinem Tod 1215 setzte eine Kampagne der Hindus ein, in deren Verlauf allen Buddhabildnissen in Angkor das Gesicht zerstört wurde. Nachdem die Thai Angkor 1431 besetzt hatten, verschwand das geschrumpfte, zuvor nur noch lokal bedeutsame Reich vollends.

Tempel von Angkor Wat, gegründet vom Khmer-König Suryavarman II. (reg. 1113–1145)

BAGAN

Birma (Myanmar) 849–1287

Nach birmanischen Chroniken war König Pyinbya 849 Gründer von Bagan, der Hauptstadt des ersten bedeutenden Staats in Birma. Unter König Anawrahta (reg. 1044–1077) wurde Bagan zu einer starken Macht, die 1057 auch die Mon-Stadt Thaton, ein Zentrum der indischen Kultur, eroberte.

Anawrahta annektierte zudem Teile von Thailand, Arakan an der Grenze zu Indien und Nanchao in Südchina. Damit legte er den Grundstein zu einem Reich, das bis ins 13. Jh. bestand. Bagan war Anfang des 13. Jh. so dicht mit Tempeln bebaut, dass einige Kilometer weiter östlich ein neues Zentrum geschaffen wurde.

Unter Kyaswa (reg. 1234–1250) zerfiel das Reich. Er beschlagnahmte die Ländereien der buddhistischen Klöster und verlor mit dieser unpopulären Maßnahme seinen Rückhalt im Volk. Der despotische König Narathihapate (reg. 1254–1287) wagte es, 1277 in den mongolischen Vasallenstaat Kaungai einzufallen. Daraufhin plünderten mongolische Truppen Bagan, und der König musste aus Burma fliehen. Ein Volksaufstand besiegelte das Ende des Reichs.

OST- UND SÜDOSTASIEN

CHAMPA

- Südvietnam
- 192–1471

Das Champa-Reich ging wahrscheinlich aus dem um 192 gegründeten Staat Lin-yi hervor, war aber seit dem 7. Jh. unabhängig und entwickelte eine eigene Kultur. Mehrere Hauptstädte des Reichs wurden von den Javanern zerstört, bis König Indravarman II. (854–893) das neue Zentrum Indrapura (heute Provinz Quan-nam) schuf. 979 begann mit einem Feldzug der Dai Viet ein langer Krieg, der erst 1471 mit der Einnahme Vijayas endete und den Untergang des Champa–Reichs besiegelte.

Die Champa-Tempel waren mit prächtigen Skulpturen von furchterregenden Wächtern und mythischen Tieren geschmückt.

DAI VIET

- Nordvietnam
- 938–1528

938 errichtete Ngo Quen nach einem Aufstand gegen die chinesische Oberhoheit den selbstständigen Staat Dai Viet, wörtlich »Groß-Viet« (Nordvietnam). Unter der Li-Dynastie von Dai Viet (1009–1225) kam es über Grenzstreitigkeiten zu Kriegen mit Champa. Ab 1225, während der Tran-Dynastie, wehrte Dai Viet drei mongolische Invasionen ab und eroberte schließlich, unter Le Thanh-Ton (reg. 1460–1497), Champa. Nach 1528 jedoch fiel Dai Viet auseinander und wurde erst im frühen 19. Jh. wieder zu einem einheitlichen Staat zusammengeführt.

SRIVIJAYA

- Java
- 7.–14. Jh.

Ab dem 5. Jh. entstanden auf Sumatra und Java reiche Handelsstädte, die den Küstenstaaten des südostasiatischen Festlands den Rang streitig machten. Seit dem 7. Jh. beherrschte das Reich Srivijaya den größten Teil Sumatras und der malayischen Halbinsel. In der frühesten Quelle berichtete im Jahr 671 ein buddhistischer Pilger aus China, zum Hof gehörten tausend buddhistische Mönche, und in der Tat wurde der Buddhismus von Srivijaya aus in der ganzen Region verbreitet. Srivijaya hatte viele Gegner, darunter das Königreich Sailendra in Zentraljava, in dem um 800 der riesige Tempel von Borobodur gebaut wurde. Ab dem 11. Jh. verfiel Srivijaya, und nach 1400 nahmen neue Seemächte, vor allem das malayische Majapahit-Reich, seine Stellung ein.

Eine Galerie mit Buddhastatuen aus Wat Phra Borom in Chaiya (südliches Thailand), einer ehemaligen Regionalhauptstadt des Srivijaya-Reichs

NAHER OSTEN UND NORDAFRIKA

Anfang des 7. Jh. veränderte die neue Religion des Islam den Nahen Osten für immer. Der neue Glaube ließ unter den Stämmen der Arabischen Halbinsel eine nie zuvor erreichte Einheit entstehen, und arabische Heere trugen den Islam durch den Nahen Osten und Nordafrika. Im 8. Jh. zerbrach die Einheit, muslimische Herrscherdynastien errichteten mächtige Reiche.

AUFSTIEG DES ISLAM

Arabische Halbinsel, Naher Osten   610–661

Um 570 wurde der Prophet Mohammed in der reichen arabischen Handelsstadt Mekka geboren. Etwa 610 empfing er eine göttliche Offenbarung, die zur Grundlage des Islam wurde, und begann, Anhänger um sich zu scharen.

VERBREITUNG DES ISLAM IN ARABIEN

Offen trat Mohammed gegen Mekkas polytheistische Religionen auf, woraufhin er und seine Anhänger verfolgt wurden. So entschloss er sich 622 zur Flucht nach Medina, der Hedschra. In der Stadt, die traditionell mit Mekka verfeindet war, wurde er wohlwollend aufgenommen und konnte weitere Gefolgsleute gewinnen. Dies führte zum Krieg mit Mekka, das 630 eingenommen wurde. Von dort leitete Mohammed, zum religiösen und politisch-militärischen Führer aufgestiegen, die Eroberung der Arabischen Halbinsel. 632 starb er und zu seinem Nachfolger, zum Kalifen, wurde Abu Bakr (reg. 632–634). Er ließ antimuslimische Aufstände in Arabien niederschlagen, arabische Armeen zogen ins sassanidische Persien *(S. 115)* und ins byzantinische Syrien *(S. 202)*. Schon unter Umar, dem zweiten Kalifen (reg. 634–644), dehnte sich das islamische Reich weit über Arabien hinaus aus.

EXPANSION UND BÜRGERKRIEG

Die Araber schlugen die Byzantiner 636 am Jarmuk, erstürmten 638 Jerusalem und besetzten 641 Ägypten. 642, nach dem Sieg über den persischen Schah Yazdegerd III., fiel auch das Sassaniden-Reich an das Kalifat. Nach dem Mord am dritten Kalifen Uthman (656) eskalierten die Konflikte um die Nachfolge, führten zum innerislamischen Krieg, 661 schließlich zum tödlichen Anschlag auf Mohammeds Vetter Ali, den vierten Kalifen.

Eine Alam-Standarte, auf schiitischen Prozessionen mitgeführt, repräsentiert das Schwert Alis. Auf der Klinge sind heilige Namen eingraviert.

NAHER OSTEN UND NORDAFRIKA

UMAYYADEN UND ABBASIDEN

Naher Osten   661–1258

Nach Alis Ermordung ergriff Muawiya, Statthalter von Syrien und ein entfernter Verwandter Mohammeds, die Macht, erklärte Damaskus zu seiner Hauptstadt und gründete dort die Umayyaden-Dynastie, die nach byzantinischem und persischem Vorbild einen starken islamischen Zentralstaat aufbaute. Die Umayyaden dehnten ihre Herrschaft über Nordafrika aus, nahmen 698 die byzantinische Festung Karthago (Tunesien) und eroberten ab 711 die Iberische Halbinsel.

HARUN AL-RASCHID (786–809)

Der bedeutendste Abbasiden-Kalif, unvergesslich durch *Tausend und eine Nacht*, machte Bagdad zur damals reichsten Stadt. Er schlug 806 die Byzantiner und war ein geschickter Diplomat, der mit Kaiser Karl dem Großen Botschaften austauschte.

VON DAMASKUS NACH BAGDAD

Mit dem Erfolg der Umayyaden formierten sich auch ihre Gegner, die sich 750 zusammenschlossen und die Dynastie in einem erfolgreichen Aufstand stürzten. Dessen Anführer Abbas beanspruchte das Kalifat und verlegte den Regierungssitz nach Bagdad. Seine Nachkommen, die Abbasiden, hatten das Kalifat bis 1258 inne. Unter Abbas erlebte das Land ein Goldenes Zeitalter, in dem Kunst, Wissenschaft, Architektur und islamische Rechtswissenschaft blühten. 756 machte sich jedoch in Spanien eine Seitenlinie der Umayyaden-Familie unabhängig, gefolgt von der Gründung des nordafrikanischen Kalifats der Fatimiden in Ägypten 969. Im 11. Jh. herrschten die Abbasiden nur noch in Bagdad und waren abhängig von den seldschukischen Emiren *(S. 182)*. 1258 besetzten und plünderten die mongolischen Hulegu Bagdad *(S. 167)* und ließen Al-Mutasim, den letzten Kalifen, von Pferden zu Tode trampeln.

Mosaik aus der Umayyaden-Moschee in Damaskus: Der prächtige islamisch-byzantinische Bau wurde zwischen 706 und 713 vom Kalifen Al-Walid errichtet.

SELDSCHUKEN

Türkei, Syrien   1038–1306

Im 9. Jh. begannen türkisch sprechende Stämme aus Zentralasien nach Westen zu wandern. Sie ereichten im 10. Jh. Persien, wo sich viele von ihnen den muslimischen Armeen anschlossen und zum Islam übertraten.

AUFSTIEG

Einer dieser Stämme, die Seldschuken, trat unter Führung von Tugrul Beg in den Dienst der Khara-Khanid-Emire von Buchara (Persien). Rasch gewann Tugrul an Macht und Einfluss. Sein Sieg in der entscheidenden Schlacht von Dandanqan 1040 gilt als Geburtsstunde des Großseldschukischen Reichs. Im Machtkampf zwischen dem abbasidischen Kalifen Al Qaim und seinem fatimidischen Rivalen in Ägypten eroberte dieser Bagdad. Tugrul gewann 1060 für den Kalifen die Stadt zurück, was die Abbasiden von ihm abhängig machte. Tugruls Nachfolger Alp Arslan verleibte dem Seldschukenreich 1064 Georgien und Armenien ein, schlug 1071 in der Schlacht von Manzikert den byzantinischen Kaiser Romanus IV. und besetzte den größten Teil Anatoliens (heutige Türkei). Die Verwaltungsreform von Alp Arslans persischem Beamten Nizam al-Mulk sicherte die Siege des Sultans und festigte die Macht der Seldschuken.

ALP ARSLAN (UM 1030–1072)

Der Seldschukenführer wurde 1064 zum Sultan. Sein erster Einfall ins Byzantinische Reich 1068 scheiterte, doch 1071 besiegte er ein Heer der Byzantiner. Damit war der größte Teil Anatoliens für das Byzantinische Reich dauerhaft verloren.

NIEDERGANG

Alp Arslans Sohn Malik Schah I. (reg. 1072–1092) konsolidierte die Seldschukenherrschaft über Anatolien, doch eine Revolte seines Vetters Süleiman endete mit der Abspaltung des Seldschuken-Sultanats von Rum, das den Westen des früheren Herrschaftsgebiet Alp Arslans kontrollierte. Im 12. Jh. hatten sich Malik Schahs Seldschuken aufgelöst. Der Druck der Mongolen und Auseinandersetzungen mit stärkeren muslimischen Emiraten führten zum Niedergang des Sultanats von Rum und nach 1306 verschwand es völlig.

Haupttor der Ince Menare Medrese (Koranschule) in Konya (Türkei), das die Seldschuken 1267 erbauten.

AUFSTIEG DER OSMANEN

🏳 Türkei ⌛ Mitte 13. Jh.–1481

Nach dem Ende der Seldschukenherrschaft im 13. Jh. kämpften rivalisierende türkische Stämme um die Macht. Unter ihnen war ein kleiner Verbund, der von Osman geführt wurde, nach dem das entstehende Osmanische Reich später benannt wurde. Osman begann, eine Reihe byzantinischer Städte in Westanatolien (S. 203) zu erobern, um ihre strategische Position entlang der Straße, die von Osten nach Konstantinopel führte, nutzen zu können. Ihr Reichtum ermöglichte ihm weitere Eroberungszüge.

FRÜHE SULTANE

Als Osmans Sohn Orhan (reg. 1324–1362) die große Stadt Prusa (Bursa) erobert hatte, machte er sie zu seiner Hauptstadt: die Keimzelle des Omanischen Reichs. Den Byzantinern war nur noch ein kleines Gebiet um Konstantinopel geblieben. 1352 führte der byzantinische Kaiser Johannes VI. Kantakuzenos Krieg mit seinem Rivalen Johannes V. Palaiologos, was Orhan dazu nutzte, mit seinen Truppen nach Europa überzusetzen und das heutige Gallipoli einzunehmen. Von dort eroberten die Osmanen das östliche Thrakien und stießen auf den Balkan vor. Murad I. (reg. 1362–1389) wiederum erweiterte das Reich in Ostanatolien und unterwarf 1369 Adrianopel (Edirne) in Thrakien, das zur Hauptstadt wurde.

Blaue Kacheln schmücken viele Moscheen in Iznik, einer frühen osmanischen Eroberung.

AUFSTIEG UND NIEDERLAGEN

Die Osmanen bedrängten weitere christliche Gebiete auf dem Balkan, eroberten 1385 Sofia und schlugen 1389 die Armee des Prinzen Lazar von Serbien. Nun schien es nur noch eine Frage der Zeit, bis Konstantinopel an der Reihe sein würde. Doch 1402 vernichteten Armeen des Mongolen Timur die osmanischen Truppen bei Ankara (S. 167). Sofort fielen die türkischen Emirate ab, die die Osmanen im Jahrhundert zuvor erobert hatten. Erst 50 Jahre später erkämpften sich diese unter Mehmed I. (reg. 1413–1421) und Murad II. (reg. 1421–1451) ihre mächtige Stellung in Anatolien und auf dem Balkan zurück.

MEHMED II. (1432–1481)

»Der Eroberer« wird Mehmed II. genannt, weil er 1453 die byzantinische Hauptstadt Konstantinopel stürmte (reg. 1451–1481). Zunächst ließ er Festungen bauen, um die Nachschublinien der Stadt zu unterbrechen, und belagerte sie dann, wobei er Kanonen einsetzte. 1456 wollte er auch Belgrad erobern, scheiterte aber; dafür fielen Serbien (1458), Bosnien (1463) und Albanien (1478) an sein Reich. In seinem letzten Lebensjahr besetzte er noch Otranto am Stiefelabsatz der italienischen Halbinsel.

INDIEN

In Indien stiegen während des europäischen Mittelalters viele Reiche auf und vergingen wieder. Nach dem Ende der Gupta-Herrschaft gründete Kaiser Harsha 606 einen mächtigen Staat in Nordindien, doch auch dieser zerfiel nach seinem Tod in kleine Königreiche, die erst im 13. Jh. durch das Sultanat Delhi wiedervereinigt wurden. Auch in Südindien kämpften kleinere Staaten erbittert um die Vormacht, bis im 9. Jh. die Chola kamen.

CHOLA-REICH

Südindien ▪ um 850–1279

Zwischen dem 7. und 9. Jh. kämpften die Königreiche Pallava und Chalukya um die Vorherrschaft in Südindien. Um 850 aber gelang es den Chola, einen Staat zu schaffen, der die Region bis etwa 1200 dominierte.

HINDUISTISCHES CHOLA

Unter König Aditya stürzten die Chola um 897 die Pallava-Herrschaft, wurden dann aber selbst vom Königreich Rashtrakuta abhängig. Unter Rajaraja I., der 985 an die Macht kam, erlebte Chola einen Wiederaufstieg, eroberte ganz Südindien und führte sogar im weit nördlich gelegenen Bengalen Krieg. Rajarara und sein Sohn Rajendra I. ließen in Thanjavur und Gangaikonda Cholapuram wundervolle Tempel errichten als Antwort der Hindus auf die Ausbreitung des Islam in Nordindien. Rajendra I., der sein Reich auf Gebiete außerhalb Indiens ausdehnen wollte, eroberte Sri Lanka und brachte auch das Srivijaya-Reich in Indonesien sowie den Staat Kadaram (bei Penang, heute Malaysia) unter seine Kontrolle.

Dann aber gerieten die Chola in Schwierigkeiten, zunächst in Südindien. Sri Lanka ging 1070 verloren, und um 1118 riss das wiedererstarkte Chalukya-Reich große Gebiete um Mysore an sich. Interne Streitigkeiten und die Bedrohung durch das Pandya-Reich führten dazu, dass Rajendra III., der letzte überlieferte Chola-Herrscher, sein Reich nicht retten konnte, obwohl er die Kämpfe bis 1279 fortsetzte.

Statue im Brihadishwara-Tempel, der im 11. Jh. in der Chola-Hauptstadt Thanjavur errichtet wurde.

INDIEN

SULTANAT VON DELHI

Nordindien   1206–1526

1193 plünderten die Krieger des Mohammed von Ghor (heutiges Afghanistan) Delhi und zwangen schwache, einander befehdende hinduistische Rajputen-Fürstentümer in ein Reich. 1206 starb Mohammed. Sein vertrautester General, der ehemalige Sklave Qutb-ud-Din Aibak, folgte ihm nach (reg. 1206–1211) und gründete das Sultanat von Delhi.

LABILE HERRSCHAFT

Aibaks Nachfolger hatten damit zu kämpfen, dass die Nomadenstämme und deren Adlige nicht gewohnt waren, erbliche Könige über sich zu dulden. So wurden während der Herrschaft der sogenannten Sklavendynastie (1206–1290) fünf der elf Sultane ermordet. Zwischen 1299 und 1307 unternahm Sultan Alaud-Din Khalji einige erfolgreiche Feldzüge gegen die reichen Königreiche südlich von Delhi. Doch Macht und Kraft des Sultanats schwanden, und in den 1330er-Jahren setzte das aufstrebende zentralindische Hindu-Reich Vijayanagar Delhis Herrschaft in dieser Region ein Ende. Noch 1321 verfügten die Statthalter des Sultans über große Teile des Südens. 1327 versuchte Sultan Muhammad bin Tughluq sogar, die Hauptstadt samt ihrer Bevölkerung 1100 km weiter nach Süden ins alte Devagiri zu verlegen, musste 1329 jedoch davon Abstand nehmen und Delhi wurde als Hauptstadt wieder eingesetzt. Gleichwohl begann das Reich zu zerfallen. Bis 1526 konnten sich die Sultane von Delhi halten, dann lösten sie die Moguln ab.

> **MOHAMMED VON GHOR (971–1030)**
> Mohammed folgte 997 seinem Vater als Herrscher des kleinen Staats um Ghazni (heutiges Afghanistan). Er unternahm eine Reihe von Feldzügen und hinterließ ein Riesenreich, das Teile Afghanistans, Irans, Pakistans und Nordwestindiens umfasste.

Qutb-Minar in Delhi: Das 73 m hohe Minarett wurde zum Ruhm der Siege von Sultan Aibak errichtet.

> »ALS ICH NACH DELHI KAM, WAR ES FAST EINE WÜSTE … NUR WENIGE GEBÄUDE STANDEN NOCH, UND AUCH SONST WAR ES ZIEMLICH LEER.«
>
> Ibn Battutah, ein arabischer Reisender, 1334 über Delhi, wenige Jahre nachdem Mohammed von Ghor die Bevölkerung umgesiedelt hatte

SÜDLICH DER SAHARA

Belebt durch den einträglichen Handelsverkehr mit Asien und dem islamischen Nordafrika entwickelten sich seit dem 8. Jh. südlich der Sahara prosperierende Reiche und Handelszentren, wie Mali und Songhai in Westafrika oder Groß-Simbabwe im südlichen Afrika. Die Ausbreitung des Islam in Nord- und Ostafrika trug dazu bei, dass Handelswege durch die Wüste entstanden. Sie gehörten zu dem ersten Handelsnetz, das die Region südlich der Sahara umspannte.

MALI-REICH

Westafrika   um 800–1545

Zwischen dem 8. und 11. Jh. erblühte durch den Goldhandel in der Sahara das mächtige Ghana-Reich. Im 12. Jh. verlor es an Kraft und wurde vom Großreich Mali verdrängt, das Sundiata Keita 1235 gründete. Wie das Ghana-Reich lag es in der Sahelzone am südlichen Rand der Sahara und profitierte von den Karawanenwegen durch die Sahara sowie dem Tausch von Salz aus Wüstenbergwerken gegen Gold.

Die Große Moschee von Djenné, einer Stadt, deren Handelsreich im 15. Jh. mit Mali und Songhai konkurrierte

REICHTUM UND ZUSAMMENBRUCH

Mali erreichte seine Glanzzeit im 14. Jh. unter Mansa Musa (reg. 1312–1337), dem Großneffen Sundiata Keitas, der durch seine »Pilgerfahrt des Goldes« nach Mekka bekannt wurde. Er verschenkte unterwegs so viel Gold, dass der Goldwert einbrach und zehn Jahre brauchte, um sich wieder zu erholen. Unter seiner Regentschaft wurde Timbuktu zu einem Zentrum der Wirtschaft und Wissenschaft, und auch sein Herrschaftsgebiet wurde ausgeweitet. Anfang des 15. Jh. fielen die von Mali unterworfenen Staaten ab, namentlich Songhai, das seinen Mittelpunkt in Gao hatte und von Timbuktu 400 km nigerabwärts lag. Nach einer verheerenden Niederlage musste Mali 1545 auch die Kontrolle über die Handelswege an Songhai abgeben und ging damit unter.

SÜDLICH DER SAHARA

IFE UND BENIN

🏳 Nigeria ⌛ um 700–1500

Das Ife-Reich entwickelte sich um 700 im Gebiet der Yoruba (heute Südwestnigeria). Zu seiner Blütezeit zwischen 900 und 1200 beherrschte es einen Großteil Westafrikas. Die Hauptstadt Ile-Ife war Zentrum einer entwickelten Kultur, die vor allem durch ihre kunstvollen Bronzeköpfe bekannt wurde. Um 1400 wurde Ife vom Benin-Reich, das westlich von ihm entstanden war, zurückgedrängt.

Unter Ewuare – dem ersten großen *oba* (Herrscher) von Benin – wurde die Hauptstadt mit Gräben befestigt, und die Armeen der Stadt eroberten schließlich ein Gebiet von 80 000 km².

Wie das Volk von Ife produzierten auch die Menschen von Benin sehr eindrucksvolle Köpfe aus Terrakotta und gegossener Bronze. Ende des 15. Jh. sicherte sich Benin seinen Reichtum, indem es die Kontakte zu Europäern – anfangs vor allem Portugiesen – und den Handel mit Elfenbein, Palmöl, Gold, Pfeffer und Sklaven monopolisierte.

Ife-Kopf aus Bronze: Der naturalistische Stil dieser Bronzegüsse hat die Kunst Ifes berühmt gemacht.

GROSS-SIMBABWE

🏳 Südafrika ⌛ 11.–15. Jh.

Eines der größten städtischen Zentren südlich der Sahara erwuchs seit dem 11. Jh. in Groß-Simbabwe (von dem der moderne Staat seinen Namen ableitet). Die riesige Siedlung maß eine Fläche von 7 km² und eine Reihe von Umfassungsmauern aus Stein umschloss etwa 300 Gebäude. Groß-Simbabwe lag an einer strategisch günstigen Stelle, von der aus es den Handel – auch mit Gold – zwischen dem Landesinneren und der afrikanischen Ostküste überwachen konnte. Außerdem blühte seine Landwirtschaft. Mit seinen 15 000 Einwohnern bildete es den Mittelpunkt des Munhumutapa-Reichs. Mitte des 15. Jh. wurde es jedoch verlassen, weil möglicherweise der Ackerboden nicht mehr genug Ertrag abwarf.

Die Große Einfriedung (13. Jh.) ist der eindrucksvollste Steinbau von Groß-Simbabwe. Vermutlich umschlossen die 25 m hohen Mauern einen Königspalast.

EUROPA

Im frühen 5. Jh. begannen germanische Stämme ehemals römische Territorien zu besiedeln. Bis etwa 600 füllten Nachfolgestaaten das Machtvakuum, das die Römer hinterlassen hatten. Aus dem Stammesleben entwickelten sich unter christlicher Prägung feste gesellschaftliche und politische Strukturen, die unter dem Begriff Feudalismus zusammengefasst werden. Dieser konnte sich trotz Kriegen und Krisen bis in die Mitte des 15. Jh. halten.

OSTGOTEN UND LANGOBARDEN

📌 Italien ⚔ 493–774

Zwischen 488 und 493 eroberte der Ostgotenkönig Theoderich I. *(S. 143)* Italien und machte Ravenna zur Hauptstadt. Sein Reich stützte sich auf die römische Verwaltung, doch Widerstand duldete er keinen und ließ 525 den bedeutenden Staatsmann und Philosophen Boethius wegen Hochverrat hinrichten.

Nach Theoderichs Tod 526 übernahm seine Tochter Amalaswintha die Regentschaft für seinen Enkel und Nachfolger Athalarich. Zwist im ostgotischen Adel führte zur Auflösung des Staates, woraufhin die Regentin Justinian, den Kaiser von Byzanz *(S. 202)*, um Hilfe bat. Als sie 535 einem Komplott – möglicherweise ihres Vetters – zum Opfer fiel, griff Justinian ein und löste die Gotischen Kriege aus. 554, nach erbitterten Kämpfen, waren seine Truppen die neuen Herren eines verwüsteten Italien.

LANGOBARDEN

568 fielen die Langobarden, germanische Stämme unter Alboin (reg. um 565–572), von Nordosten in Italien ein, erreichten 572 Pavia und errichteten ein Königreich in Norditalien. Bald jedoch zerfiel es in 35 Herzogtümer, bis König Authari (reg. 584–590) es erneut vereinte und sich den vordringenden Byzantinern entgegenstellte. Unter Agilulf (reg. 590 bis 616) traten die Langobarden zum Christentum über und herrschten über Norditalien, bis Karl der Große *(S. 190)* ihren letzten König Desiderius absetzte (747).

Diese ostgotische Gewandfibel (um 500) unterscheidet sich deutlich vom Kunsthandwerk Roms.

WESTGOTEN

📍 Spanien ⌛ 469–711

Die Westgoten, die sich 418 als Verbündete Roms im südwestlichen Gallien niedergelassen hatten, begannen 469, Gebiete in Spanien zu erobern. 507, nach ihrer Niederlage gegen die Franken in der großen Schlacht von Poitiers, zogen sie sich nach Spanien zurück.

WESTGOTENREICH

Unter Agila (reg. 549–554) verloren die Westgoten Gebiete um Karthagena (Südostspanien) an das Byzantinische Reich, behielten aber ihre Hauptstadt Toledo. Das Reich der Westgoten erholte sich wieder und fand mit Leowigild (reg. 568–586), einem großen Organisator und Gesetzgeber, zu neuer Blüte. Unter seinem Sohn Rekkared traten die Westgoten 589 zum römischen Katholizismus über und gaben das arianische Christentum auf. Das Reich ging 711 unter, weil es durch den Bürgerkrieg nach der Thronbesteigung Roderichs geschwächt war und zur leichten Beute muslimischer Invasoren wurde *(S. 180)*.

Die Kirche San Pedro de la Nave in Zamora entstand unter dem westgotischen König Egica (reg. 687–701) gegen Ende der Westgotenherrschaft in Spanien.

ANGELSACHSEN

📍 England ⌛ 411–1066

Bis 411 stand die britische Insel unter römischer Verwaltung. In der Folgezeit, aus der wenig bekannt ist, besiedelten germanische Eindringlinge – Jüten, Angeln und Sachsen – die Insel und vertrieben die römisch-keltische Bevölkerung. Im 7. Jh. hatten sich die Stämme zu kleinen Staaten zusammengeschlossen.

EXPANSION VON WESSEX

Die bedeutendsten dieser Staaten waren Wessex (die Westsachsen) im Südwesten, Mercia in den Midlands und Northumbria im Norden. Sie führten gegeneinander Kriege, in denen sich Wessex schließlich durchsetzte. Einfallende Dänen, die Wikinger *(S. 194)*, schwächten im 9. Jh. Northumbria und Mercia weiter, dessen letzter großer König Offa 796 starb. In den 870er-Jahren gelang es Alfred dem Großen von Wessex, die Dänen in mehreren Schlachten zu besiegen: Als »Bezwinger der Wikinger« ging er in die Geschichte ein. Unter Edward dem Älteren (reg. 899–924) wurde ganz England zu einer angelsächsischen Monarchie vereint.

ALFRED DER GROSSE

Alfred (reg. 871–899) vertrieb 878 die Wikinger aus Wessex und schützte sein Land durch *burhs* (befestigte Siedlungen). Er vereinte die angelsächsischen Königreiche, schuf ein neues Rechtssystem und ließ die ersten Schriften ins Angelsächsische übersetzen.

MEROWINGER UND KAROLINGER

Frankreich 511–987

Aus dem Machtvakuum nach dem Untergang des Römischen Reichs stiegen neue Staaten auf. Der bedeutendste war das Frankenreich, ursprünglich ein Bund von Stämmen aus dem Gebiet des heutigen Belgien und Holland, die unter König Chlodwig (reg. um 481–511) den größten Teil der alten römischen Provinz Gallien eroberten.

MEROWINGER

Chlodwig besiegte 486 den römischen Feldherrn Syagrius (der weite Gebiete Galliens beherrschte), verdrängte rivalisierende fränkische Könige, trat um 496 zum römischen Katholizismus über und vertrieb 507 die Westgoten aus Gallien. Nach seinem Tod wurde das Reich unter seinen vier Söhne aufgeteilt. Sie begründeten die Dynastie der Merowinger.

Unter den Merowingern unterwarf das Frankenreich ganz Gallien und nahm in den 540er- und 550er-Jahren auch Norditalien ein. Im 7. Jh. jedoch, nach Dagobert I. (622–638), ließ die Macht der fränkischen Könige nach. Mehrere von ihnen starben sehr jung, und sich befehdende Adelsfamilien kämpften um den Königstitel. Aus diesen Kämpfen gingen Anfang des 8. Jh. mit Pippin II. (gest. 713), der die politische Stellung eines Hausmeiers innehatte, die Karolinger als Sieger hervor.

KAROLINGER

768 setzte Pippin III. (reg. 747–768) mit Zustimmung des Papstes den letzten Merowinger ab und wurde zum ersten König der Karolinger-Dynastie. Sein Sohn Karl, später der Große genannt, führte

Das Baptisterium von Saint-Jean in Poitiers wurde um 360 erbaut und Anfang des 6. Jh. von den Merowingern restauriert.

KARL DER GROSSE (UM 747–814)

Nach dem Tod seines Bruders 771 wurde Karl Alleinregent. Mit seinen Feld- und Beutezügen sicherte er sich die Loyalität des fränkischen Adels. Er baute die Kaiserpfalzen aus, schuf sich in Aachen eine prachtvolle Residenz mit Dom und machte seinen Hof zum bedeutendsten Zentrum der Bildung und Wissenschaft im 9. Jh. Seine Herrschaft verstand er als politisch-kulturelle Wiederbelebung Roms. Darum ließ er sich zum Kaiser krönen und auf Münzen mit Militärmantel und Lorbeerkranz der römischen Kaiser abbilden.

> »EIN HERRSCHER, IN DESSEN SCHATTEN DIE CHRISTENHEIT IN FRIEDEN, HEIDEN ABER IN SCHRECKEN LEBEN.«
>
> Alkuin von York über Karl den Großen, um 796

das Frankenreich mit einer Reihe von Feldzügen gegen die Nachbarvölker auf den Höhepunkt seiner Macht. Unerbittlich unterwarf er die Sachsen, annektierte 774 das Langobardenreich in Norditalien und besiegte im fernen Pannonien an der Donau (Ungarn) die Awaren. Mit der reichen Beute dieser Feldzüge festigte Karl seine Stellung und finanzierte den Aufschwung seines Imperiums, die »Karolingische Renaissance«: Er reformierte die fränkische Kirche und ließ dafür liturgische und kirchenrechtliche Werke aus Italien kommen. Auch das Verwaltungs- und Rechtssystem wurde gründlich überholt. Diese Maßnahmen standen unter der Leitung der *missi dominici* – der persönlichen Vertreter des Königs.

TEILUNG DES REICHS

Weihnachten 800 ließ sich Karl von Papst Leo III. zum Kaiser des Römischen Reichs krönen. Sein Nachfolger, König Ludwig der Fromme (reg. 814–840), hatte nicht die Stärke seines Vaters, und so musste das Reich unter dessen drei Söhnen aufgeteilt werden. Ihr Zwist sowie weitere Teilungen unter ihren Erben machten die Dynastie noch anfälliger. Hinzu kamen bedrohliche Einfälle der Wikinger *(S. 194)* und im Osten der Magyaren und Araber. In Westfranken setzte der Adlige Hugo Capet 987 den letzten Karolingerkönig Ludwig V. ab und begründete die französische Dynastie der Kapetinger.

Reich verzierte Karaffe: Geschenk des Kalifen Harun al-Raschid von Bagdad an Karl den Großen als diplomatische Geste

FEUDALISMUS

Der Begriff Feudalismus beschreibt das auf wechselseitige Abhängigkeiten und Pflichten angelegte System zwischen König und Adel in weiten Teilen des mittelalterlichen Europa. Den Kern bildete die Gefolgschaftspflicht des Adels (und in Folge der von ihm Abhängigen) gegenüber dem König. Sie verlangte den Kriegsdienst und vergab dafür Nutzungsrechte an Grundbesitz.

PERSÖNLICHE VERHÄLTNISSE

Da das Feudalsystem nicht in Gesetzestexten fixiert wurde, verdanken wir unser Wissen vor allem nachträglichen historischen Einsichten. Im Feudalismus verbanden sich Traditionen germanischer Stämme mit der spätrömischen Praxis, Land im Tausch gegen Waffendienste zu vergeben. Unter den Karolingern wurde es üblich, dass der König einem Adligen Land als Lehen, nicht als Eigentum zuwies. Der Belehnte schwor dem Lehnsherrn Treue und verpflichtete sich, eine bestimmte Anzahl von Tagen im Jahr Dienste zu verrichten, meist mit der Waffe. Oberster Grundherr war der König, der Lehen an Adlige verteilte. Diese gaben das Land ihrerseits an Vasallen und Hintersassen zum Lehen, von denen sie den Treueeid und Kriegsdienste einforderten. Viele Vasallen hatten solche Treueverhältnisse zu mehreren Herren. Daraus entstand, auf Kosten der königlichen Zentralgewalt, ein hierarchisches System von

Ritterschlag im 14. Jh., französische Miniatur: Der Ritter kniet vor seinem Herrn, gelobt ihm die Treue und erhält dafür Privilegien.

Verpflichtungen, durch das die Territorien eines Landes miteinander verbunden waren.

RITTER UND BURGEN

Das Rückgrat der Armeen des europäischen Mittelalters bildeten die Ritter. Sie stiegen spätestens im 11. Jh. zu einer Kriegerelite auf, die im Namen ihrer jeweiligen Feudalherren kämpfte. Der Status eines Ritters wurde symbolisch-zeremoniell durch den »Ritterschlag« bekräftigt, mit dem der König durch Berühren der Schulter mit dem Schwert die Ritterschaft übertrug. Die Burg war ein befestigter Stützpunkt, von dem aus ein Feudalherr sein Lehen beherrschte, zugleich auch Wohnort und Sitz des örtlichen Gerichts.

Ritter in einer Plattenrüstung, die im 15. Jh. die Kettenhemden und Teilpanzer der hochfeudalen Zeit ablösten.

WANDEL DES FEUDALSYSTEMS

Die Erblichkeit der Lehen bewirkte, dass diese zunehmend als eigene Machtbasis – als Eigentum – betrachtet wurden, sodass aus persönlichen Bindungen Rechte wurden, die ab Ende des 13. Jh. auch mit Geld abzulösen waren. Es wurde zunehmend üblich, dass Vasallen ihre Kriegsdienste gegen Bezahlung von Dritten verrichten ließen. Das Feudalsystem löste sich damit – und auch durch die Versuche der Monarchen, ihre Reiche direkt zu kontrollieren – bis zum 16. Jh. allmählich auf.

> »DER TREUE VASALL SOLL … SEINEM HERRN MIT RAT UND DIENST ZUR SEITE STEHEN.«
>
> Bischof Fulbert von Chartres in einem Brief an Wilhelm von Aquitanien, 1020

Weithin sichtbares Zeichen feudaler Macht war die Burg, hier auf dem Rock of Cashel im County Tipperary (Irland).

WIKINGER

📍 Skandinavien, Nordwesteuropa, Neufundland ⌛ 793–1069

Ende des 8. Jh. wurden die Wikinger – möglicherweise wegen des Bevölkerungsdrucks in ihrer skandinavischen Heimat – zum Schrecken der nordwesteuropäischen Küsten. Sie gingen nicht planlos vor, sondern suchten sich zunächst kleinere Ziele für ihre Raubzüge, wie 793 das Inselkloster Lindisfarne (Nordostengland). Später verstanden sie es, interne Machtkämpfe im Karolinger-Reich *(S. 190–191)*, in England und Irland für sich zu nutzen. Mit flachen schnellen Booten segelten diese unerschrockenen Krieger Flüsse hinauf und machten sich Gebiete, die sie, wie aus dem Nichts kommend, schnell überwältigt und geplündert hatten, danach untertan, so etwa im 9. Jh. die englischen Midlands. Sie erreichten Kiew und segelten über den Atlantik, besiedelten seit 870 Island und gelangten um 1000 nach Grönland und Nordamerika.

Dieses Wikingerschiff wurde nach einem bei Oseberg (Norwegen) gefundenen Boot rekonstruiert, das um 820 wahrscheinlich für zeremonielle Zwecke gebaut wurde.

DIE KIEWER RUS

📍 Ukraine, Russland ⌛ um 800–1240

Seit dem frühen 9. Jh. zogen Waräger (Wikinger aus Schweden) nach Nordrussland und die heutige Ukraine, vermischten sich mit den Slawenvölkern und bildeten die herrschende Adels-, Krieger und Händlerschicht, genannt Rus. Sie gründeten die Hafenstadt Staraja Ladoga, und ab etwa 838 erwuchs das Reich der Rus um Nowgorod, mit Kontakten zu Kaufleuten bis nach Byzanz. Anfangs versuchten die Rus, den Handel unter ihre Kontrolle zu bringen und so ihren Einfluss zunächst ohne kriegerische Mittel zu vermehren. Ihr Handelsnetz reichte schließlich bis in die islamische Welt. Mitte des 9. Jh. errichteten sie auch weit im Süden Niederlassungen an Wolga und Dnjepr, doch nun kam es wieder zu Eroberungen. 862 sollen die Bewohner von Nowgorod die Rus unter ihrem Anführer Rurik um Schutz gebeten haben. 879 wandte sich Ruriks Sohn Oleg nach Süden, erstürmte Kiew und begründete eine Dynastie, die die Rus aus dem Norden und Süden vereinigte. 988 übernahmen die Kiewer Rus das orthodoxe Christentum. Ab 1223 griffen Mongolen das Reich an, 1240 wurde Kiew von den Horden Batus zerstört.

EUROPA

NORMANNEN

Normandie, England, Süditalien   911–1194

Das karolingische Frankreich hatte unter den Wikingerüberfällen stark zu leiden. 911 machten die Karolinger den Normannenfürsten Rollo zum Lehnsherrn der heutigen Normandie, damit er die Küste vor Übergriffen anderer Stämme schütze.

EROBERUNGEN

Rollos Nachfolger, nun Herzöge der Normandie, übernahmen rasch die französische Kultur. 1066 griff Herzog Wilhelm (später »der Eroberer« genannt) in die Streitigkeiten um die englische Thronfolge ein, setzte über den Kanal und erkämpfte sich den Thron. Er führte in England die Kultur und Verwaltungsstrukturen Frankreichs ein und etablierte die am stärksten zentralisierte Monarchie Europas.

Die Normannen beschränkten sich in ihrem Expansionsdrang keineswegs auf England. Um 1057 wurde Robert Guiscard zum Herzog der seit dem Jahr 999 in Süditalien siedelnden Normannen. Er einte sie und gründete, ab 1059 Lehnsmann des Papstes, ein Königreich, das bis zur Eroberung durch den deutschen Kaiser Heinrich VI. (1194) Bestand hatte.

WILHELM DER EROBERER (UM 1027–1087)

Seinen Anspruch auf den englischen Thron verteidigend, unterwarf Wilhelm 1066 Südengland und besiegte seinen Gegenspieler Harald II. in der Schlacht von Hastings. 1087 starb Wilhelm auf einem Feldzug in der Normandie.

> »… OHNE KRIEG KÖNNEN SIE KAUM LEBEN.«

Wilhelm von Malmesbury über die Normannen, *Taten der englischen Könige*, 12. Jh.

Szene auf dem Teppich von Bayeux, zur Feier des normannischen Siegs bei Hastings angefertigt: Sie zeigt, wie Normannen die Oberhand gewannen.

MÖNCHTUM

📍 Europa   ⌛ um 350–1229

Seit frühchristlicher Zeit war es ein Ideal, dem weltlichen um des ewigen Lebens willen zu entsagen. Allmählich bildeten sich Gemeinschaften von Mönchen und Nonnen, die nach festen Regeln lebten, etwa nach der des Benedikt von Nursia (um 480–550).

NEUE MÖNCHSORDEN

Im europäischen Mittelalter wurden Klöster als Zentren der Mission und der Gelehrsamkeit gegründet, etwa das Benediktinerkloster Cluny in Burgund. Reich wurden sie durch Stiftungen des Adels und gewannen als Grundbesitzer politischen Einfluss. Die weltliche Einstellung vieler Abteien, Endzeitstimmungen und der Wunsch nach strengerer Beachtung geistlicher Regeln führten vom 11. Jh. an zur Entstehung neuer Orden, beginnend 1082 mit den Kartäusern. Die Zisterzienser, 1098 gegründet, bestanden auf einem Leben in Askese, körperlicher Arbeit und Gebet. Im 13. Jh. kam es zu einer zweiten Reformwelle. Namentlich Franziskaner und Dominikaner verstanden sich als »Bettelmönche« und lehnten jeglichen weltlichen Reichtum (persönlichen wie den der Klöster) ab. Für ihren Lebensunterhalt auf milde Gaben angewiesen, kamen sie in engen Kontakt mit einfachen Leuten. Vor allem der Franziskanerorden, 1210 von Franz von Assisi ins Leben gerufen, suchte die Rückkehr zum einfachen, auf das Jenseits gerichteten Dasein der frühchristlichen Kirche. Die Dominikaner hingegen widmeten

> »WO LIEBE IST UND WEISHEIT, DA IST WEDER FURCHT NOCH UNWISSENHEIT.«
>
> Franz von Assisi, *Ermahnungen,* um 1220

sich der Erziehung und dem Kampf gegen die Ketzer. Doch die Beliebtheit der neuen Orden wurde zum Grund ihres Niedergangs, denn sie lebten von Schenkungen und Nachlässen, wurden ihrerseits reich und zu komplexen Organisationen, die sich von den Idealen ihrer Gründer weit entfernten.

Das Kloster Mont St. Michel an der Küste der Normandie wurde von 966 bis ins späte 18. Jh. von Benediktinern bewohnt und bewirtschaftet.

PÄPSTE UND KAISER

Frankreich, Deutschland, Italien 1049–1122

Im Lauf des 5. und 6. Jh. nahmen die germanischen Stämme der Franken und Goten das Christentum an *(S. 189)*. Im Reich Kaiser Karls des Großen gingen Kirche und Staat eine enge Verbindung ein. Der Kaiser und weltliche Herrscher nutzte die geistliche Autorität der Kirche, um seine eigene zu stärken.

PÄPSTLICHE REFORMEN UND INVESTITURSTREIT

Im 11. Jh. wurde das Verhältnis zwischen weltlichen Machthabern und der Kirche immer gespannter. Papst Leo IX. (reg. 1049–1054) suchte Praktiken wie die Eheschließung von Klerikern und die Simonie (den Kauf von kirchlichen Ämtern) einzudämmen. Gregor VII. (reg. 1073–1085) riskierte, um den Einfluss der Kirche zu vergrößern, Konflikte mit Königen und Fürsten. 1075 kam es zum Investiturstreit: Wer – Papst oder Fürsten – hatte das Recht, Bischöfe zu ernennen? Unterstan-

Kaiserkrone Ottos I. (reg. 962–976): Der abgebildete biblische Salomon symbolisiert die Weisheit der Könige. Viele weltliche Herrscher versuchten so, ihre Macht mit christlichen Vorstellungen abzusichern.

den sie als Grundherren dem Papst oder dem obersten Lehnsherren? Und wer verlieh ihnen mehr Macht? Kaiser Heinrich IV. brachte die deutschen Bischöfe dazu, Papst Gregor für abgesetzt zu erklären. Daraufhin exkommunizierte ihn der Papst. Da Heinrichs Macht angeschlagen war und von deutschen Fürsten ein Aufstand drohte, musste er jedoch einlenken. Er zog nach Canossa, um von Gregor VII. die Absolution zu erbitten. Vier Tage lang tat er öffentlich Buße, bis ihn der Papst wieder in die Kirche aufnahm.

ANDAUERNDER KONFLIKT

Erst das Wormser Konkordat von 1122 legte den Konflikt zwischen Papsttum und Kaisertum bei. Aber der Streit über die Grenzen zwischen kirchlicher und weltlicher Macht schwelte weiter und war eine Ursache für die Unzufriedenheit mit der Kirche, die sich schließlich in der Reformation entlud *(S. 242)*.

PAPST GREGOR VII. (UM 1020–1085)

Gregors Pontifikat (1073–1085) war bestimmt von der Auseinandersetzung mit Kaiser Heinrich IV. um das Recht, Bischöfe und andere kirchliche Wurdenträger einzusetzen. Am Ende siegte der Kaiser: 1084 besetzte er Rom und zwang Gregor ins Exil im normannischen Süditalien.

KREUZZÜGE

Libanon, Syrien, Palästina, Israel 1095–1291

Die Eroberung Jerusalems durch muslimische Armeen im Jahr 638 war für die Christenheit ein schwerer Schlag. Sie fühlte sich abgeschnitten von ihren Ursprüngen im Heiligen Land. Trotzdem konnten christliche Pilger noch lange unbehelligt nach Jerusalem gelangen. Im 11. Jh. allerdings drohten die türkischen Seldschuken (S. 182), nichtmuslimischen Reisenden den Zugang zu den heiligen Stätten zu verwehren. 1095 schickte der byzantinische Kaiser Alexios I. Abgesandte in den Westen, um Hilfe zu erbitten. Bei Papst Urban II. fanden sie Gehör. Im November 1095 rief er vor der Kathedrale von Clermont (Frankreich) zu einem Feldzug auf, der die Heilige Stadt Jerusalem von der muslimischen Herrschaft befreien sollte. Die Volksmenge brach in den Ruf aus: »Gott will es!«. Tausende

»GOTT WILL ES!«

Mit diesem Ruf beantwortete die Volksmenge in Clermont Papst Urbans II. Aufruf zum Kreuzzug, November 1095.

»nahmen das Kreuz« und schlossen sich als Kreuzfahrer der kriegerischen Wallfahrt ins Heilige Land an.

DER ERSTE KREUZZUG

Die erste Armee, die durch den Balkan nach Anatolien zog, war ein zusammengewürfelter, undisziplinierter Haufen von Bauern, Rittern und religiösen Eiferern unter der zweifelhaften Führung von Peter von Amiens, einem charismatischen Prediger. Die Türken hatten leichtes Spiel mit ihnen. Die folgende Streitmacht war weitaus professioneller: eine überwiegend fränkische Armee aus verschiedenen fürstlichen Gefolgschaften, inspiriert von religiösem Idealismus, Eroberungswillen und Kampfeslust. Die Kreuzfahrer umgingen Konstantinopel, schlugen den Sultan Kilij Arslan bei Doryläum und zogen weiter ins Heilige Land. Nach achtmonatiger Belagerung nahmen sie im Juni 1098 Antiochia ein und marschierten nach Jerusalem. Nach einer langen

Die Seereise der Kreuzfahrer ins Heilige Land war tückisch. Doch damit vermieden sie den gefährlicheren Weg durch Anatolien.

Die Festung Qalaat Al Gundi ließ der fromme Muslim Saladin errichten, um die Pilgerrouten nach Mekka vor den Kreuzfahrern zu schützen.

Blockade fiel die Stadt, und die Kreuzfahrer richteten unter Muslimen und Juden ein schreckliches Blutbad an.

WECHSELNDES KRIEGSGLÜCK

Die Kreuzfahrer gründeten einige kleine Staaten an der Küste Palästinas, in Syrien und vor allem das Königreich Jerusalem. Die nun geschaffenen geistlichen Ritterorden der Templer, Deutschherren und Johanniter legten das Mönchsgelübde ab, verteidigten das Heilige Land aber mit dem Schwert und nicht mit Gebeten.

Die muslimischen Streitkräfte erholten sich wieder, griffen die Kreuzfahrerstaaten an und erstürmten 1144 Edessa. 1147 begann der Zweite Kreuzzug, der aber nur geringen Erfolg brachte. Sultan Saladin vereinte große Teile Syriens und Palästinas, schlug das Heer der Kreuzfahrer 1187 bei Hattin und eroberte einige Monate später Jerusalem. Der Dritte Kreuzzug unter Führung des deutschen Kaisers Barbarossa sowie der englischen und französischen Könige Richard Löwenherz und Philippe Auguste konnte Saladins Vormarsch stoppen, doch Jerusalem nicht zurückgewinnen. Danach verlor die Bewegung an Kraft. Der Vierte Kreuzzug 1204 erreichte nicht einmal das Heilige Land. Zuvor aber hatten die abendländischen Krieger die orthodox-christliche Bruderstadt Konstantinopel, die zwar Rom um Hilfe gebeten, aber auf ihrer Selbstständigkeit beharrt hatte, geplündert und das Byzantinische Reich zerstückelt. Der Fünfte (1217–1221) und die folgenden Kreuzzüge scheiterten in Ägypten. Die Kreuzfahrer-Festungen fielen reihenweise, bis der Mamelucken-Sultan al-Ashraf Khalil 1291 den letzten Stützpunkt Akkon einnahm. Alle weiteren Versuche, die Heilige Stadt zu erreichen, scheiterten kläglich: Die Zeit der Kreuzzüge war endgültig vorbei.

> ### SALADIN (UM 1138–1193)
> Der Gründer der Ayyubiden-Dynastie, der die muslimischen Staaten im Nahen Osten vereinigte, regierte von 1171 bis 1193 als Sultan. Saladin besiegte die Kreuzfahrer bei Hattin (1187), galt aber auch bei ihnen als ehrenwerter und ritterlicher Herrscher.

Mit Edelsteinen verziertes Kreuz: Die aufwändige Ausstattung religiöser Symbole zeigte auch den Reichtum der Kreuzfahrer.

DER SCHWARZE TOD

Europa, Naher Osten ⚰ 1346–1351

Europa hatte schon viele Seuchen erlebt. Die älteste überlieferte war die große Pest in Athen 430 bis 429 v. Chr. Doch die schlimmste Epidemie, die Beulenpest, wütete Mitte des 14. Jh. und raffte ein Drittel, wenn nicht gar die Hälfte der Bevölkerung Europas dahin.

DIE EPIDEMIE VON 1348

Die Beulenpest, auch Schwarzer Tod genannt, kam wahrscheinlich mit Handelskarawanen aus Zentralasien über die Seidenstraße nach Europa. Die meisten Erklärungen gehen davon aus, dass die Kaufleute Ratten einschleppten. Diese trugen als Wirtstiere das Bakterium *Yersinia pestis* immer weiter nach Westen, infizierten neue Rattenpopulationen und deren Flöhe. Durch die Flohbisse wurden schließlich auch Menschen infiziert, deren Erkrankung in drei Varianten auftrat: als

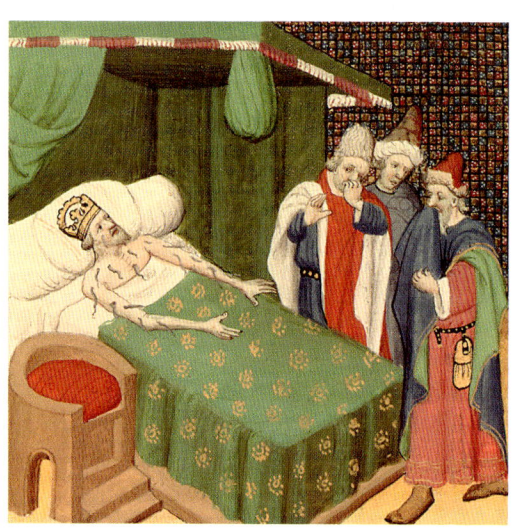

Blutegel sollten die »giftigen Säfte«, die als Ursache der Erkrankung galten, aus dem Körper des Patienten entweichen lassen.

Beulenpest mit Schwellungen an Hals, Leisten und Achselhöhlen, als Lungenpest sowie als Blutvergiftung. Die Übertragungswege der Seuche, die Europa 1348 über Konstantinopel erreichte, waren unbekannt und so konnte sie nicht bekämpft werden. Angst und Schrecken waren die Folge sowie Ausbrüche eines makabren religiösen Fanatismus, der sich im »Totentanz«, einem damals häufigen Motiv künstlerischer Darstellungen, widerspiegelte. Um 1350 ebbte die Seuche allmählich ab, hinterließ aber zwischen 25 und 50 Mio. Tote.

> »SO VIELE STARBEN, DASS ALLE GLAUBTEN, DAS ENDE DER WELT SEI GEKOMMEN.«
>
> Chronist Agnolo di Tura über den Schwarzen Tod in Siena, um 1350

Möglicherweise führte dieser plötzliche, drastische Mangel an Arbeitskräften gesellschaftliche Veränderungen herbei. Die stark ausgedünnte Bauernschaft und ihre Leistungen gewannen an Bedeutung. Das hieß, dass sich ihre Lebensbedingungen und ihre rechtliche Lage allmählich verbesserten.

HUNDERTJÄHRIGER KRIEG

📍 Frankreich   ⌛ 1337–1453

Im 12. Jh. erwarben die englischen Plantagenet Ländereien und damit auch Ansprüche in Frankreich. Als der letzte männliche Kapetinger 1328 kinderlos starb, brach ein Streit um die französische Thronfolge aus, in den sich die Plantagenet einmischten. Die Kämpfe hielten über 100 Jahre an.

DER KRIEG

Der Plantagenet Eduard III. forderte aufgrund seiner Abstammung von Philipp IV. von Frankreich die französische Krone ein. 1337 kam es zum offenen Konflikt, den Eduard 1346 in Crécy, 1360 in Poitiers gewann. Die erste Phase des Kriegs endete mit dem Frieden von Brétigny: Im Tausch gegen Besitzungen in Nord- und Westfrankreich verzichtete Eduard auf seine Thronansprüche. 1369 trieben die Franzosen die Engländer zurück, was diese mit verheerenden Raubzügen *(chevauchées)* beantworteten. Ihre Territorien jedoch blieben verloren. 1415 fachte Heinrich V. von England die Kämpfe wieder an, siegte bei Azincourt und brachte Nordfrankreich in seine Gewalt. Bestärkt von Jeanne d'Arc, schöpfte Frankreich neuen Mut und eroberte in den 1450er-Jahren die letzten englischen Stützpunkte in der Gascogne. Nach der entscheidenden Niederlage bei Castillon im Jahr 1453 besaß England nur noch Calais auf dem Festland.

> ### JEANNE D'ARC (UM 1412–1431)
> Jeanne d'Arc behauptete, göttliche Visionen hätten sie zur Hilfe für Frankreich aufgerufen. So führte sie die Franzosen 1429 bei Orléans und 1430 bei Paris zum Sieg, geriet aber durch Verrat in die Gewalt der Engländer, die sie als Ketzerin verbrannten.

Heinrich V. errang 1415 bei Azincourt (Nordfrankreich) einen entscheidenden Sieg über die Franzosen.

BYZANTINISCHES REICH

395 wurde das Römische Reich geteilt. Aus dem Ostreich, das Roms Untergang überstand, wurde das Byzantinische Reich mit der Hauptstadt Konstantinopel. Seine Geschichte war wechselhaft. Immer wieder fielen »Barbaren« ein, doch das Reich erholte sich und konnte verlorene Gebiete zurückerobern. Durch die muslimisch-arabischen Invasionen verlor es allerdings schließlich die Hälfte seines Territoriums, bis es 1453 der osmanischen Übermacht endgültig erlag.

FRÜHES REICH

Naher Osten, Anatolien, Balkan, Nordafrika   395–717

Im 5. Jh. fielen germanische Stämme ins Oströmische Reich ein. Die Byzantiner aber konnten sich des Ansturms erwehren, ihre Stellungen halten und unter Kaiser Justinian (reg. 527–565) sogar manche der verlorenen Provinzen in Nordafrika und Italien zurückerobern.

Doch änderten diese Siege nicht viel an der Lage, denn die Erträge aus den verwüsteten Gebieten sowie deren Loyalität zum Kaiser waren gering. 568 verloren die Byzantiner fast alle ihre Gebiete in Italien an die Langobarden (S. 188), und aus den zermürbenden Kriegen gegen das Persische Reich, die 628 mit einem Sieg der Byzantiner endeten, gingen beide Reiche geschwächt hervor. 638 verloren die Byzantiner Jerusalem, 642 Alexandria (und damit endgültig Ägypten) und 698 Karthago an die Araber. Als diese 717 auch Konstantinopel belagerten, schien der Untergang des Reichs unausweichlich.

Mosaik mit dem Bild Justinians, Kirche San Vitale in Ravenna: Durch seine Rechtsreform wurde Justinian zu einem hoch angesehenen Kaiser.

KAMPF UND UNTERGANG

📍 Naher Osten, Anatolien, Balkan   ⌛ 717–1453

Der byzantinische Kaiser Leo III. (reg. 717–741) schlug 717 mithilfe des bulgarischen Khans die Araber zurück. Allerdings schwächte er Mitte des 8. Jh. seine Position durch den »Bilderstreit«: Er erklärte die Verehrung von Heiligenbildern für heidnisch und ließ die Ikonen verbieten.

Ab dem 9. Jh. gelangte das Reich unter der makedonischen Dynastie erneut zu Macht. Kaiser Nikephoros II. (reg. 963–969) errang eine Reihe von Siegen in Syrien; Johannes I. (969–972) sicherte mit einem Sieg über den bulgarischen Zaren Boris II. den Balkan und eroberte Teile Syriens zurück.

Konstantinopel, wie man es sich in einem illustrierten deutschen Geschichtsbuch (Ende 15. Jh.) nach seiner Eroberung durch die Türken (1453) vorstellte.

AUFSCHWUNG UND FALL

Unter Basileios II., dem »Bulgarentöter« (reg. 963–1025), schien das Reich wieder zu seiner alten Stärke gefunden zu haben. Es konnte die Bulgaren in der Schlacht von Kleidion (1014) vernichtend schlagen und auch Süditalien zurückgewinnen. Dafür vernachlässigte Basileios die Provinzen im Osten und deren Grenzen. Seine Nachfolger kümmerten sich nicht um die Armee. Reich und Hofleben erstarrten in Nepotismus und Luxus. 1071 vernichteten die Seldschuken *(S. 182)* das byzantinische Heer bei Manzikert. Große Teile Kleinasiens gingen verloren und nur die Tatkraft von Alexios I. (reg. 1081–1118) verhinderte eine Katastrophe.

Der Niedergang war jedoch nicht mehr aufzuhalten. Die Normannen rissen Teile des byzantinischen Süditaliens an sich, und die slawischen Reiche auf dem Balkan erstarkten. Gegen den unablässigen Druck der Türken konnten selbst die energischsten Kaiser wenig ausrichten. Anfang des 15. Jh. waren Byzanz nur noch kleine Gebiete geblieben, die Hauptstadt Konstantinopel war isoliert. Am 29. Mai 1453 erstürmten die Truppen des osmanischen Sultans Mehmed II. die Stadtmauern. Mit ihnen fiel auch das Byzantinische Reich.

> **BASILEIOS II. (958–1025)**
>
> Basileios kam 963 als Kind auf den Thron und regierte ab 976 selbst. 995 zog er plündernd und mordend durch den Nahen Osten, zerstörte einige arabische Städte und unterwarf das nördliche Syrien. Seine größten Triumphe errang er ab dem Jahr 1000 gegen die Bulgaren, vor allem mit seinem Sieg 1014 bei Kleidion. Der Legende nach ließ er von 100 Gefangenen alle bis auf einen blenden und schickte sie zum bulgarischen Zaren Samuel zurück, der vor Schreck und Scham gestorben sein soll.

AMERIKA

Im 9. Jh. gaben die Maya ihre Stadtstaaten im zentralen Tiefland auf und die klassische Periode mittelamerikanischer Kulturen war zu Ende. Nur auf Yucatán blühte die Maya-Kultur weiter. In Mexiko errichteten die Tolteken ihre großen Kultstätten, im 14. Jh. eroberten die Azteken ein Großreich. Aus den südamerikanischen Kulturen der Tiahuanaco und Wari ging im 15. Jh. das bis dahin größte und fortgeschrittenste Reich Perus hervor: das Inka-Reich.

TOLTEKEN

Mexiko   um 900–etwa 1180

Die Hochtäler Mexikos waren ein umkämpftes Durchzugsgebiet vieler Völker. Im 9. Jh. entstanden an strategisch günstigen Orten neue kriegerische Kulturen. Bedeutung erlangten die Chichimeken, nomadische Invasoren aus dem Norden, und die Tolteken, eine fortgeschrittenere Kultur, die die Azteken als ihre Vorfahren betrachteten.

HAUPTSTADT DER TOLTEKEN

Die Tolteken tauchten im frühen 10. Jh. auf und errichteten unter ihrem Herrscher Topiltzin Quetzalcoatl ihre Hauptstadt Tollán (Tula). Von hier aus beherrschten sie von 950 bis 1150 einen Teil der Hochtäler. Die erhaltenen Pfeiler auf der Pyramiden-Plattform von Tollán zeigen die Kunst eines kriegerischen Volks: Krieger, Schädel toter Feinde und häufig auch Opfermotive. Um 1180 drangen Fremde ein, brannten die Stadt nieder und entmachteten die Tolteken.

Toltekischer Krieger auf der Plattform der Morgenstern-Pyramide von Tollán: Die 5 m hohen Statuen trugen wohl ursprünglich das Dach des Tempels.

MAYA

📍 Mexiko, Guatemala ⌛ um 800–1697

Für den plötzlichen Zusammenbruch der Maya-Stadtstaaten im 9. Jh. gibt es viele Theorien. Sie reichen von natürlichen Ursachen, wie Seuchen oder Klimawandel, bis zu nicht mehr ertragreichen Böden, Krieg und Machtverlust der Herrschenden – aber keine lässt sich stichhaltig belegen. Ab 900 befanden sich alle bedeutenden Zentren der Maya im Norden der Halbinsel Yucatán. Eines davon, Chichén Itzá, wurde nach 750 von einem Bündnis verschiedener Maya-Gruppen aus dem Tiefland und dem Volk der Itzá gegründet.

Dieses Kalksteinrelief aus der Maya-Stadt Yaxchilán zeigt das Ritual eines Blutopfers.

CHICHÉN ITZÁ

Die Stadt, in der offenbar neue Rituale und Strukturen einer gemeinsamen Regierung entstanden, blühte vom 9. bis zum 11. Jh. Ihre Architektur ist der des toltekischen Tollán verblüffend ähnlich. Welches Verhältnis zwischen Chichén Itzá und Tollán herrschte, ist unklar, doch müssen wir von einem ausgedehnten kulturellen und wirtschaftlichen Austausch zwischen den Zivilisationen des alten Mexiko ausgehen.

Nach Chichén Itzás Untergang wurde Mayapán zur führenden Stadt der Maya. Sie herrschte über einen Verbund von Völkern, der bis zur Ankunft der Spanier (um 1520) bestand. Diese trafen zunächst auf erbitterten Widerstand einzelner unabhängiger Maya-Staaten, den sie erst 1697 mit der Eroberung der letzten Itzá-Hauptstadt Tayasal brechen konnten.

Wandgemälde aus Bonampak (bei Yaxchilán), spätes 8. Jh: Die lebendigen Darstellungen zählen zu den schönsten Beispielen erhaltener Maya-Malereien.

AZTEKEN

📍 Mexiko ⌛ um 1168–1520

Auch im 13. Jh. waren die Täler Mexikos Schauplatz ständiger kriegerischer Auseinandersetzungen. Die Azteken, entwickelten sich bis zum 15. Jh. zum mächtigsten Volk in Mittelamerika.

AZTEKENREICH

Nach aztekischer Tradition stammten ihre Völker aus einem Land im Norden, das sie »Aztlán« nannten. 1375 kürten sie ihren ersten *tlatoani* (König). Er residierte in Tenochtitlán (Mexico City), damals mit über 200 000 Einwohnern eine der größten Städte der Welt. Im Sumpfland um Tenochtitlán legten die Azteken Dämme an und leiteten das frische Wasser der Flüsse in einen See, der die Stadt umgab. Auf *chanampas*, künstlichen Inseln, die sie in dem flachen See anlegten, betrieben sie Ackerbau.

1429 brachte der vierte aztekische Herrscher Itzcóatl (reg. 1428–1440) ein Dreierbündnis zustande, das seine Stadt mit den Städten Texcoco und Tlacopan vereinte. Mit der Zeit unterwarfen die Azteken die Indianervölker ganz Mexikos und forderten auch von ihren Verbündeten Tribute. Um 1500 waren selbst

Ausschnitt aus dem Codex Cospi, einem illustrierten aztekischen Wahrsage-Kalender, gemalt auf dünnen, geweißten Streifen aus Pflanzenfasern

Teile des entfernteren Guatemala und El Salvador dem Aztekenreich tributpflichtig, sodass die Spanier für ihre Eroberung des Reichs im Jahr 1519 *(S. 233)* leicht Unterstützung fanden.

RELIGION DER AZTEKEN

Die Azteken verehrten viele Götter, die sie der Erschaffung der Welt, der Sonne, der Fruchtbarkeit, dem Tod und dem Krieg zuordneten. Die zwei Haupttempel Tenochtitláns waren dem Kriegsgott Huitzilopochtli und dem Regen- und Wassergott Tlaloc geweiht. Ein anderer bedeutender Gott war Quetzalcoatl, der gefiederte Schlangengott des Winds, der Schöpferkraft und Fruchtbarkeit bedeutete. Die Azteken fürchteten, die Sonne würde ihren Lauf über den Himmel beenden, wenn sie den Göttern keine Blutopfer darbrächten.

Opfermesser mit reich verziertem Griff: Damit brachten die Priester Menschenopfer dar. Auch tributpflichtige Völker hatten jährlich Opfer zu stellen.

FRÜHE NORDAMERIKANISCHE KULTUREN

📍 Südwesten und Mittlerer Westen der heutigen USA   ⌛ um 700–1450

Um 700 waren im Südwesten Nordamerikas kleine Dörfer, die vom Maisanbau lebten, zu drei Kulturen zusammengewachsen, genannt Hohokam, Mogollon und Anasazi. Die Hohokam, die älteste der drei Kulturen, hatten um 900 bis zu 15 km lange Kanäle und ein ausgeklügeltes Bewässerungssystem angelegt, das ihnen zwei Ernten im Jahr ermöglichte. Die Kultur war deutlich von Mexiko beeinflusst: So fand man in den großen Siedlungen bei Snaketown und Pueblo Grande Ballspielplätze sowie Tempel mit Plattformen. Die Mogollon besiedelten vom 10. Jh. an große *pueblos* (hohe Lehmhäuser mit oft über 100 Räumen) und fertigten ausgezeichnete Keramiken. Am weitesten verbreitet war die Anasazi-Kultur, die ihre Blüte zwischen 900 und 1100 hatte. Um 1100 verließ die Bevölkerung ihre *pueblos* und baute im Schutz der Canyons sichere Felsenbehausungen. Um 1300 waren auch die meisten dieser Siedlungen wahrscheinlich infolge von Missernten verlassen.

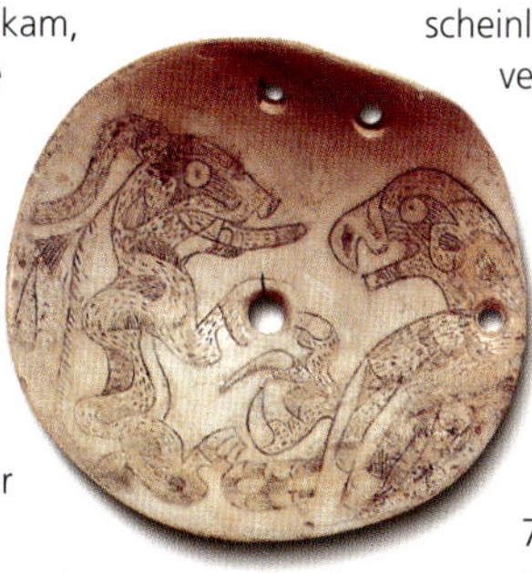

Dieser ornamentale Schmuck der Mississippi-Kultur wurde mit einem Riemen auf der Brust getragen.

MOUND BUILDER

Weiter im Osten, im mittleren Tal des Mississippi, legten Adena- und Hopewell-Völker sowie die sogenannten Mound Builders seit 700 v. Chr. große Erdwerke und Grabhügel *(mounds)* an, die sowohl als rituelle Zentren als auch dem ausgedehnten Tauschhandel dienten. Das aus einer solchen Siedlung entstandene Cahokia am Zusammenfluss von Mississippi und Missouri zählte im späten 13. Jh. 30 000 Einwohner. Über hundert flache Grabhügel für hochrangige Personen wurden dort gefunden. Um 1450 wurde Cahokia, eventuell nach einer Seuche, aufgegeben.

»Cliff Palace« auf der Chapin Mesa, eine der größten Felsenbehausungen der Anasazi. Zwischen 1190 und 1280 lebten hier etwa 100 Menschen.

FRÜHE KULTUREN IN SÜDAMERIKA

🏴 Peru, Bolivien ⌛ um 650–1470

Seit etwa 650 entwickelten sich im Hochland der südamerikanischen Anden ausgedehnte Reiche.

TIAHUANACO UND WARI

Das älteste Reich war Tiahuanaco. Seine Hauptstadt wurde um 200 auf dem Altiplano, der bolivianischen Hochebene, errichtet. Bis 500 hatte sich dieses Reich bis in die Südanden ausgebreitet, und in der Stadt lebten zu deren Blütezeit 50 000 Menschen. Charakteristisch für Tiahuanaco waren die großen monolithischen Tore, die einem Sonnen- und Torgott geweiht waren.

Das Sonnentor ist Tiahuanacos größtes monumentales Portal mit einem teils unterirdischen Tempel im Vordergrund.

Die Herrscher von Tiahuanaco ließen große terrassierte Felder anlegen und kontrollierten einen blühenden Handel mit Textilien, Töpferwaren und Gold. Um 1000 wurde die Stadt, vermutlich wegen einer Dürre, aufgegeben.

Rund 700 km nordwestlich von Tiahuanaco entstand um 600 die Stadt Wari. Kennzeichnend für ihre Kultur waren Siedlungen mit hohen Umfassungsmauern, die überall im heutigen Peru verstreut lagen. In ihnen wohnten die Wari-Eliten, die als Kriegerkaste über die Bevölkerung herrschten. Das Reich scheint schnell gewachsen zu sein, denn die meisten ihrer Satellitenkolonien entstanden um 650. Etwa 900 löste sich das Wari-Reich auf, weil es möglicherweise zu inneren Revolten gekommen war.

Federhut aus der Wari-Kultur, Hochland von Peru, verziert mit stilisierten Köpfen wilder Tiere

DIE CHIMÚ

Der Zusammenbruch der Moche-Kultur um 800 (S. 157) hinterließ im peruanischen Küstenland ein Machtvakuum. Nach einer kurzen Blütezeit des Volks der Sicán tauchten schließlich als neue einflussreiche Kraft die Chimú auf, die ihre Hauptstadt um 900 in Chan Chan nahe der Pazifikküste errichteten. In ihrer Hochphase erstreckte sich die Stadt mit den charakteristischen großen *ciudalelas* (Palastkomplexen) über ungefähr 20 km² und hatte 35 000 Einwohner. Die mit Mauern umschlossenen *ciuadalelas* bildeten die Siedlungen für die Oberschicht der Chimú, die seit 1150 die peruanische Nordküste eroberten. Dies brachte sie um 1370 in Konflikt mit dem expandierenden Reich der Inka, die Chan Chan dann auch ein Jahrhundert später unterwarfen.

INKA-REICH

📍 Peru, Bolivien ⏳ um 1300–1532

Die Inka besiedelten um 1300 das peruanische Hochland um Cuzco. 1438, unter ihrem Herrscher Pachacuti (»Verwandler der Welt«), begann eine Phase der Expansion, die große Teile des heutigen Peru und Bolivien unter ihre Gewalt brachte, ein Reich, das sie *Tawantinsuyu* (»die vier zusammengehörigen Gebiete«) nannten. Etwa 1470 besiegten sie ihren gefährlichsten Rivalen, die Chimú, deren Hauptstadt Chan Chan sie einnahmen. Ihr Gebiet reichte um 1493 nördlich bis nach Quito (Ecuador).

> **PACHACÚTEC**
>
> Unter Pachacútec, dem neunten Sapa Inka (reg. 1438–1471), erweiterten die Inka ihr Reich, im Norden bis fast nach Quito und südlich bis Sucre (Bolivien). Er ließ Cuzco neu in Gestalt eines Pumas anlegen und förderte den Kult des Sonnengottes Inti.

HIERARCHIE, VERWALTUNG, RELIGION

Pachacuti und sein Sohn Tupac Inca schufen einen riesigen Bundesstaat aus vier Provinzen, die jeweils von einem Statthalter verwaltet wurden. An der Spitze der gesellschaftlichen Hierarchie befand sich der Sapa Inca, ein in politischen und religiösen Angelegenheiten absoluter Herrscher. Sein Reich unterstand einer komplexen Bürokratie, die jedoch so abhängig von ihm war, dass das ganze System zusammenbrach, als der Sapa Inca in den 1530er-Jahren den Spaniern in die Hände fiel (S. 233).

Durch ein Netz von meist gepflasterten Straßen waren die Provinzen mit der Hauptstadt Cuzco verbunden. Die Inka kannten weder Pferde noch das Rad, daher wurden Botschaften durch Läufer übermittelt und als Packtiere dienten Lamas. Die Inka hatten auch kein entwickeltes Schriftsystem. Sie benutzten die *quipus* (farbige, verknotete Fäden), um Steuern zu erheben, das Vieh zu zählen oder einfache Nachrichten mitzuteilen.

Die großen Tempel der Inka waren häufig dem Sonnengott Inti geweiht. Coricancha, der zentrale Sonnentempel in Cuzco, stellte die bedeutendste Anlage dar, in der die spanischen Eroberer einen künstlichen Garten aus Edelmetallen vorfanden mit z. B. Maisstielen aus Silber oder aus Gold gearbeiteten Ähren.

Der Sonnengott Inti: Diese Goldscheibe ist eines der wenigen Inka-Kunstwerke, die den spanischen Eroberern nicht in die Hände fielen und eingeschmolzen wurden.

Die spektakulär gelegene Stadt Machu Picchu wurde Mitte des 15. Jh. erbaut, wahrscheinlich unter dem Inka-Herrscher Pachacuti. Sie diente vermutlich nicht militärischen, sondern kultischen Zwecken und wurde kurz vor der spanischen Eroberung 1532/33 aufgegeben.

POLYNESIEN

Seit 200 v. Chr. hatten sich die Polynesier im pazifischen Raum verbreitet, bis 1000 n. Chr. die Inselwelt des Südpazifik besiedelt. Dazu legten sie mit meisterhafter Navigation erstaunliche Strecken über das offene Meer zurück, gelangten zuletzt bis nach Neuseeland und zur Osterinsel. In den isolierten Inselsiedlungen begründeten sie viele Kulturen, die die Polynesier zur damals am weitesten verstreuten Ethnie werden ließen.

POLYNESISCHE EXPANSION UND SEEFAHRT

📍 Polynesien   ⌛ um 200 v. Chr.–um 1000 n. Chr.

Die Polynesier stammen wahrscheinlich aus Südostasien – vielleicht aus dem heutigen Taiwan – und sind verwandt mit einem Volk aus Melanesien, einer Inselgruppe im Norden Australiens. Aus dieser Mischung ging die Lapita-Kultur hervor, deren schöne rote Keramik bis 1600 v. Chr. nachweisbar ist.

GROSSE EXPANSION

Die Menschen der Lapita-Kultur gebrauchten Hacken aus Stein, kultivierten Yamswurzel, Taro, Kokosnuss, Brotfrucht und Bananen und domestizierten Schweine und Hühner. Als ausgezeichnete Seefahrer überwanden sie mit Auslegerbooten große Entfernungen. Dabei ließen sie sich von Sternen, Gezeiten, Strömungen, Winden und Vögeln leiten. Ihr Wissen hielten sie in Geflechten aus Stäben fest und konnten mit diesen »Seekarten« zielgenau segeln. Um 200 v. Chr. erreichten sie die Marquesas-Inseln, etwa 800 n. Chr. die Osterinsel, Tahiti und Hawaii und schließlich um 1000 Neuseeland. Überall bauten sie hierarchische, von Häuptlingen geführte Stammesgesellschaften auf.

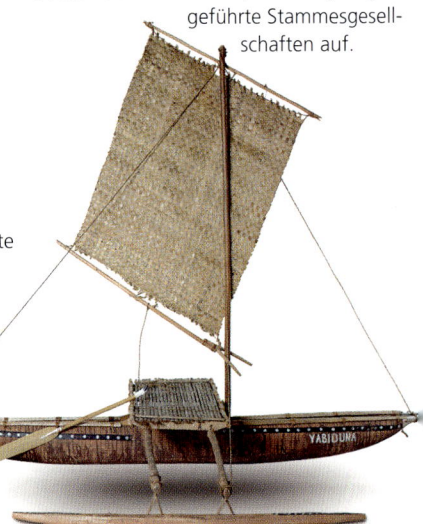

Modell eines polynesischen Auslegerboots: Der typische Doppelrumpf sorgte für die nötige Stabilität auf hoher See.

MAORI

Neuseeland um 1000–1840

Neuseeland war die letzte große Inselwelt, die von den Polynesiern ab etwa 1000 besiedelt wurde. Da dort ein völlig anderes Klima als im tropischen Polynesien herrscht, mussten sie ihre Lebensweise umstellen. Von den traditionellen Grundnahrungsmitteln gedieh nur die Süßkartoffel. Die Südinsel war landwirtschaftlich großenteils nicht nutzbar, daher lebten die Menschen dort vom Fischen, Jagen und Sammeln. Um 1300 wandten sich die Maori, die Nachkommen der ersten Siedler, wieder mehr der Landwirtschaft zu, vermutlich weil sie das jagdbare Wild fast ausgerottet hatten.

Tiki, ein Maori-Talisman aus Grünstein, wurde als Glücksbringer getragen und von Frauen auch als Schutz gegen Unfruchtbarkeit.

Die Nordinsel verzeichnete ein beträchtliches Bevölkerungswachstum, und in der klassischen Periode nach 1350 wurden wuchtige Erdfestungen mit reich ausgestatteten Gräbern angelegt. Auch größere Festungen (pa) mit Terrassen und Gräben entstanden, was darauf hindeutet, dass die Maori untereinander Kriege führten. Trotz ihrer fortgeschrittenen Kultur waren die Maori nie politisch vereint und auch aus diesem Grund den im 19. Jh. eintreffenden europäischen Kolonisten hoffnungslos unterlegen.

OSTERINSEL

Osterinsel um 400–1868

Die Osterinsel (polynesisch Rapa Nui), um 400 besiedelt, ist eine der isoliertesten Inseln Polynesiens: Von der nächsten Nachbarinsel ist sie 2000 km entfernt. Zwischen 1000 und 1200 verschwanden allmählich die Palmwälder von der Insel. Ausschlaggebend dafür war vermutlich der enorme Platzbedarf der Siedler für ihre obsessiv hergestellten, riesigen Steinköpfe, die moai. Sie wurden in einem Stück aus vulkanischem Tuffgestein herausgehauen, unter unvorstellbaren Mühen aus den Steinbrüchen herausgeholt und aufgestellt. Kurz nach 1600, nachdem die letzten Bäume gefällt worden waren, brach das Ökosystem der Insel zusammen. Der Boden war ausgelaugt und landwirtschaftlich nicht mehr nutzbar, auch für den Bau von Fischerbooten fehlte das Holz. In den politischen Unruhen, die daraufhin ausbrachen, wurden die moai seit Anfang des 18. Jh. umgestürzt. 1868 war keine Staue mehr unversehrt.

Wiederaufgerichtete moai: Die kolossalen Steinstatuen auf der Osterinsel sollten vermutlich besonders verehrte Ahnen verkörpern.

WEGE IN DIE NEUZEIT

DIE WELT 1450–1750

Ausgehend von der Wiederentdeckung antiken Wissens durchlief Europa im 15. und 16. Jh. eine kulturelle Revolution, Renaissance genannt. Es entstand die neuzeitliche Wissenschaft, aus der sich neue Techniken entwickelten, die die Europäer in die Welt trugen. Den Entdeckungsfahrten folgte eine Welle der Kolonisierung,

Die Welt um 1700

- Reichsgrenzen
- Ungefähre Grenzen
- Osmanisches Reich
- Russisches Reich
- Safawiden-Reich
- Mogulreich
- Qing-China
- England und Besitzungen
- Frankreich und Besitzungen
- Dänemark und Besitzungen
- Spanien mit Besitzungen
- Portugal mit Besitzungen
- Niederlande mit Besitzungen
- Länder der Hohenzollern
- Schweden mit Besitzungen
- Republik Venedig mit Besitzungen
- Gebiete der österreichischen Habsburger
- Japan
- Heiliges Römisches Reich

DIE WELT UM 1700

Um 1700 standen Mittel- und Südamerika (außer Brasilien) unter spanischer Herrschaft, Briten und Franzosen besaßen große Kolonien in Nordamerika. In Persien, Indien und Kleinasien erlebten muslimische Reiche ihre Blüte. Das Russische Reich hatte sich ostwärts nach Sibirien ausgedehnt, in China regierte die Qing-Dynastie.

DIE WELT 1450–1750

die fast die ganze Erde erfasste. Um 1750 waren einige europäische Staaten zu Weltreichen geworden. China, Indiens Moguln, das Safawiden- und das Osmanische Reich widersetzten sich der europäischen Expansion, doch die technischen und gesellschaftlichen Entwicklungen sicherten Europas Überlegenheit.

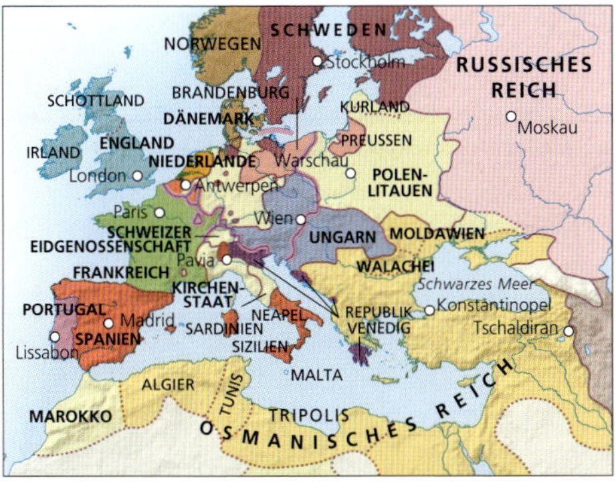

Der Dreißigjährige Krieg (1618–1648) verwüstete weite Teile Mitteleuropas. Deutschland war zersplittert und lag am Boden. Nur die Habsburger beherrschten weite Territorien und begannen, die Osmanen vom Balkan zu verdrängen. Das expandierende Russland geriet in Konflikt mit Schweden und Polen-Litauen.

ASIEN

Zwischen 1450 und 1650 herrschte überall in Asien Aufruhr. In China wurde die Ming-Dynastie von den mandschurischen Qing abgelöst. In Japan endete eine Zeit der Bürgerkriege mit dem Sieg der Tokugawa-Shogunen, die das Land einten. Im westlichen Asien stiegen drei muslimische Dynastien mit ihren Reichen zu beherrschenden Mächten auf: die Moguln in Indien, die Osmanen in Kleinasien und die Safawiden in Persien.

NIEDERGANG DER MING

China 1499–1644

Die Expansionspolitik unter den Ming endete 1449 mit dem Zwischenfall von Tumu, in dessen Folge Kaiser Zhentong in mongolische Gefangenschaft geriet. Seine Nachfolger konzentrierten sich auf die Sicherung der Grenzen und bauten die Erdwälle der Qin-Periode zur steinernen Großen Mauer aus.

SPÄTZEIT DER MING

Wirtschaftlich und kulturell war es eine Zeit des Aufschwungs, auch wenn sich der Hof unter Kaisern wie Jiajing (reg. 1521–1567) und Wanli (1573–1620) immer mehr vom Volk isolierte. Die eigentliche Macht übten, oft in (gewaltsamer) Konkurrenz zum Beamtentum, die Palasteunuchen aus, worunter Verwaltung und Staatsfinanzen litten. Vor allem die Grenzprovinzen sahen sich vom Kaiser im Stich gelassen. So geriet um 1640 die Macht der Ming ins Wanken. Bauernaufstände kulminierten in der Eroberung Pekings durch Rebellenführer Li Zicheng. Ihm gelang es aber nicht, Wu Sangui, den mächtigsten Grenzkommandeur der Ming, auf seine Seite zu ziehen. Dieser verbündete sich stattdessen mit den Qing und zog gegen Peking. Der letzte Ming-Kaiser Chongzhen (reg. 1627–1644) nahm sich in der besetzten Stadt das Leben.

Der Himmelstempel in Peking ist ein Zeugnis der blühenden Ming-Kultur. Hier betete der Kaiser für die Ernte und »Frieden unter dem Himmel«.

AUFSTIEG DER QING

China · 1616–1650

In Nordostchina, jenseits des Machtbereichs der Ming, vereinten Nachkommen der Jin-Dynastie (1115–1234) Ende des 16. Jh. alle Jurchen-Völker. 1616 gründete ihr Stammesfürst Nurhaci die Späte Jin-Dynastie, nannte sich Kaiser und forderte damit die Ming heraus, denen er bislang Tribut gezahlt hatte. Die Soldaten seiner Armee – Mandschuren, Mongolen und Chinesen – gliederte er in vier »Banner«, deren Feldzeichen unterschiedliche Farben trugen. Nurhacis Nachfolger Huang Taiji (reg. 1626–1643) reformierte Verwaltung und Hof nach chinesischem Vorbild, sein Volk nannte er ab 1636 Mandschu, seine Kaiserdynastie ab 1637 Qing. 1644 drangen die Mandschu nach Süden vor, entrissen der Rebellenarmee Peking und installierten den sechsjährigen Shunzhi als Kaiser (reg. 1644–1661). Qing-Truppen marschierten nach Süden, wo sie jeglichen Widerstand brechen konnten. Nach vielen Feldzügen und Massakern hatten die Qing um 1650 bis auf einige Exklaven und Taiwan ihre Herrschaft über ganz China gesichert.

Reitersoldaten waren typisch für die Qing-Armee, die den Widerstand der Ming zerschlug.

CHINA UNTER DEN QING

China · 1644–1795

Die Qing übernahmen zwar das Verwaltungssystem der Ming, änderten aber Kleiderordnung und Haartracht: Vor allem der neue »Zopfzwang« für die Männer – das Haar auf der Stirn geschoren und am Hinterkopf nach Vorbild der Steppenvölker geflochten – erregte den Zorn der Han-Chinesen. Unter Shunzhis Nachfolgern erreichte China bis um 1790 seine größte Ausdehnung, eroberte die äußere Mongolei und machte 1750 Tibet zum Protektorat. Das Land öffnete sich nach außen: Ackerbau (u. a. mit amerikanischen Kartoffeln und Mais) sowie Manufakturen wurden modernisiert, christliche Missionen – für kurze Zeit – geduldet, und es blühte der Export von Tee, Seide und Porzellan nach Europa sowie in die USA.

Gewundener Drache aus der Dazheng-Halle im Palast von Shenyang (Nordostchina), der ursprünglichen Residenz der Quing

JAPAN UNTER DEM TOKUGAWA-SHOGUNAT

📍 Japan ⌛ 1560–1800

Mitte des 16. Jh. zerfiel das Inselreich in viele halbautonome Territorien, in denen Kriegsherren (*daimyo*) regierten. Die Macht des Shogun (des obersten Militärführers) und auch des Kaisers war gering. Nach und nach schlossen sich die Territorialherren zu größeren Verbänden zusammen, und 1560 machte sich Imagawa Yoshimoto mit dem größten dieser Bündnisse auf, die Macht in der Hauptstadt Kyoto zu übernehmen. Doch seine Truppen wurden aufgerieben, als sie durch das Gebiet von Odu Nobunaga zogen. Nobunaga eroberte nun seinerseits Kyoto, und es begann ein 40-jähriger Prozess der Vereinigung Japans.

Toyotomi Hideyoshi war einer der großen und sehr talentierten Heerführer Nobunagas.

NOBUNAGA UND HIDEYOSHI

1577 hatte Nobunaga Zentraljapan unter seiner Kontrolle und unterwarf die entfernter herrschenden *daimyos*. Er wurde ermordet (1582), als sein Feldherr Toyotomi Hideyoshi im nördlichen Hionshu Krieg gegen den mächtigen Clan der Mori führte. Hideyoshi brach den Feldzug ab, um an Nobunagas Stelle die Reichseinigung als Shogun voranzutreiben. Noch sechs größere *daimyos* musste er überwinden, 1590 schließlich gab deren größter, der Hojo von Odowara, auf.

ENDGÜLTIGE EINIGUNG

1598 starb Hideyoshi, und ein neuer Kampf entbrannte, aus dem Tokugawa Ieyasu 1600 nach der Schlacht von Sekigahara als Sieger hervorging. Er zog den Großteil der Güter und Territorien seiner Gegner ein und etablierte sich als Shogun mit bislang beispielloser Machtfülle. Ieyasu machte Edo (Tokio) zur neuen militärischen Hauptstadt Japans. Der Kaiser residierte weiterhin in Kyoto, hatte aber nur noch zeremonielle Bedeutung, keine reale Macht mehr. Die Shogunen ordneten Verwaltung und Lehnswesen neu

TOKUGAWA IEYASU (1542–1616)

Ieyasu (geboren als Matsudaira Takechiyo) beanspruchte 1582 die Nachfolge Odu Nobunagas als Shogun, unterlag seinem Mitbewerber Toyotomi Hideyoshi. Erst nach dessen Tod konnte er seine Konkurrenten in der Schlacht von Sekigahara ausschalten und das Shogunat übernehmen. Seine Reformen sicherten die dauerhafte Macht des Tokugawa-Shogunats über die regionalen Kriegsherren. Er hinterließ ein geeinigtes, abgeschottetes, zunächst dennoch kulturell blühendes Japan.

und gliederten die japanische Gesellschaft in vier hierarchische Stände: Samurai, Bauern, Handwerker und Händler.

NACH AUSSEN ABGESCHOTTET

Unter den Tokugawa erhielt der Konfuzianismus größeren Einfluss auf Politik und Kultur. Dessen Betonung von (politischer) Ordnung, gesellschaftlicher Stabilität und Treue kam den neuen Herrschern entgegen und führte zugleich zur Abschottung des Landes gegen fremde Einflüsse. 1612 befahl Tokugawa Hidetada (reg. 1605–1623) die Politik der Abschließung (*sakoku*). Ab 1614 war der Außenhandel auf Nagasaki und Hirado (Südinsel Kiushu) beschränkt. Bis 1639 wurden die portugiesischen Niederlassungen geschlossen, die Holländer auf eine kleine Insel vor Nagasaki verbannt. Dank der Tokugawa erlebte Japan 200 Jahre lang inneren Frieden und ein Aufblühen der Kultur. Vieles, was heute als traditionell japanisch gilt, stammt aus dieser Zeit: das *haiku*-Gedicht, das *ikebana*, die Teezeremonie, das *nō*-Theater in seiner klassischen Form sowie die Farbdrucke der *ukiyo-e* (»Bilder der fließenden Welt«). Doch das späte Tokugawa-Regime erstarrte in seiner unumschränkten Autorität, und durch seine Isolierung hatte Japan dem sich entwickelnden, industrialisierten Westen wenig entgegenzusetzen, als die USA und die Europäer den Druck auf das Inselreich erhöhten.

Maske des *nō*-Theaters: Seine Zurückhaltung und Eleganz entsprach dem Geschmack der Kriegerkaste in Edo.

Die japanische Teezeremonie *(chanoyu)* wurde unter den Tokugawa verfeinert und zum Symbol der Etikette, die die Gesellschaft zusammenhielt.

INDIEN UNTER DEN MOGULN

📍 Indien   ⌛ 1526–1739

Gründer des Mogulreichs war Babur, ein timuridischer Kleinfürst, der sich in langen Wirren die Herrschaft über Samarkand sicherte, dann aber vor den Usbeken endgültig nach Süden ausweichen musste. Schon 1504 hatte er Kabul erobert und begann ein Jahr später seine Feldzüge gegen das Sultanat Delhi (S. 185). Das islamische Mogulreich entwickelte sich zu einem der mächtigsten Staaten des 17. Jh.

BABUR (1483 BIS 1530)
Baburs Vorfahre, der mongolische Eroberer Timur, hatte Delhi 1328 nur geplündert. Auch Babur zog aus Samarkand nach Indien. Er aber blieb, gründete die Mogul-Dynastie und regierte sein Reich 1526 bis 1530.

BABUR UND HUMAYUN
1519 gelang es Babur, indische Fürsten gegen den verhassten Ibrahim Lodi zu versammeln. Mit ihrer Hilfe sowie gestützt auf persische Kanonen und seine Reiterei siegte Babur 1526 in der Schlacht von Panipat und vernichtete Ibrahim Lodis Streitmacht. Baburs Truppen eroberten nicht nur Delhi, sondern auch Agra mit der Schatzkammer der Lodis. 1527 schlug er die große Armee, die Rana Sangha von Mewar (heutiges Rajasthan) aufgeboten hatte. Als er 1530 starb, hatte Babur seine Stellung als Herr der reichen nordindischen Städte gesichert. Sein Sohn Humayun war weniger erfolgreich: 1540 verlor er das Reich an den afghanischen Fürsten Sher Schah Sur und musste sich ins Exil an den Safawiden-Hof (S. 228–229) begeben. 1555 konnte er aber mit persischer Unterstützung die Mogulherrschaft von den schwachen Nachfolgern Sher Schahs zurückerobern. Kurz darauf verschied er und hinterließ das Reich seinem zwölfjährigen Sohn Akbar.

DAS REICH AKBARS
Zunächst führte der fähige Bairam Khan die Regierungsgeschäfte. Mit der Regentschaft Akbars erhielt dann das Reich der Moguln seine größte Ausdehnung: 1580 reichte es von Kaschmir und Afghanistan im Norden und Nordwesten bis nach Bengalen im Osten und im Süden zum Dekkan. Akbar errichtete ein zentralistisches Regierungssystem, das der Kriegeradel (*mansabdar*) verwaltete. Dessen oberste Vertreter wurden für ihre

Die Schlacht von Panipat (1526): Diese Miniatur zeigt die Kanonen, die Babur von den Persern übernommen hatte.

Fatehpur Sikri (»Stadt des Sieges«): Zur Verewigung seiner Triumphe ließ Akbar diese prächtige Residenz 45 km vor Agra errichten.

Dienste mit Ländereien *(jagir)* entgolten, in denen sie Steuern erheben konnten. Akbar drängte zudem den Einfluss muslimischer Gelehrter *(ulama)* zurück, hob die *jizya* (Steuer für Nichtmuslime) auf, öffnete das Beamtentum auch für Hindus und ersetzte den muslimischen Mond- durch einen Sonnenkalender, kurz: Er band seine nichtmuslimischen Untertanen in das neue Reich ein. Seine auf Versöhnung gerichtete Regentschaft führte zu einer kulturellen Blüte. Die klassische Musik Nordindiens erstarkte, und in der Malerei entwickelte sich aus indischen und persischen Traditionen ein neuer Stil.

JAHANGIR UND SCHAH JAHAN

Akbar starb 1605. Die Regentschaft übernahm sein Sohn Jahangir, der schon mehrfach versucht hatte, ihn zu entmachten. 1623 musste Jahangir seinerseits die Macht gegen den eigenen Sohn Khurram verteidigen, als dieser eine dreijährige Rebellion anzettelte. Nach Jahangirs Tod (1627) kam es unter seinen vier Söhnen zum Krieg, in dem sich Khurram durchsetzte und als Schah Jahan von 1628 bis 1658 regierte. Aus dieser Zeit stammen die schönsten Monumente des Mogulreichs: Er ließ die Hauptstadt Shahjahanabad (Delhi) errichten, zentriert um das Rote Fort und die Jama Masjid (Freitagsmoschee), und in Agra entstand der Taj Mahal. An solchen Bauprojekten zeigte sich der Reichtum, den die Moguln durch modernisierten Ackerbau und Handel erwirtschafteten. 1657 erkrankte Schah Jahan schwer, und ohne den Ausgang der Krankheit abzuwarten, stürzten sich seine vier Söhne in einen grausamen und zerstörerischen Bruderkrieg, aus dem 1660 Aurangzeb als Sieger hervorging. Schah Jahan erholte sich zwar, wurde jedoch im Palast von Agra eingesperrt, wo er 1666 verbittert starb.

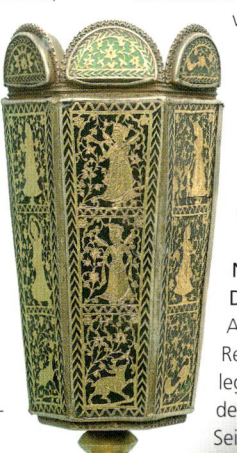

Am Hof der Moguln blühten Musik, Miniaturmalerei, Dichtung und Kunsthandwerk.

NIEDERGANG DER MOGULN

Aurangzeb erweiterte sein Reich durch weitere Feldzüge, legte damit aber den Keim für den beginnenden Niedergang. Seine langen, wenig erfolgreichen Kriege gegen die Marathen und die Dekkan-Sultanate (ab 1682) ließen den Norden 26 Jahre ohne politische Führung. Ferner brach er mit der Hindu-Politik Akbars, nahm deren Gleichstellung zurück, führte 1670 die *jizya* wieder ein und verlor so Rückhalt bei den Hindus und Sikhs. Unter Aurangzeb erreicht das Mogulreich seine größte Ausdehnung, doch seine schwachen Nachfolger konnten das Großreich nicht erhalten. 1739 ließ der persische Regent Nadir Schah Delhi plündern und den Schatz der Moguln rauben. Deren glanzvolle Zeit war zu Ende und das Reich stellte keine ernst zu nehmende politische Macht mehr dar.

Der Taj Mahal in Agra ist ein Mausoleum, das Schah Jahan für seine Gemahlin Mumtaz Mahal errichten ließ. Sie starb 1631 im Kindbett. Von 1632 bis 1654 wurde die Grabanlage erbaut, die mit Gärten und Kanälen das Paradies auf Erden darstellt. Auch Schah Jahan ist dort bestattet.

OSMANISCHES REICH

📍 Türkei, Naher Osten, Balkan, Nordafrika ⌛ 1453–1739

1453 eroberten osmanische Heere unter Sultan Mehmet II. das Byzantinische Reich *(S. 203)* und stürmten von dort weiter auf den Balkan. Erst der Misserfolg vor Belgrad (damals Ungarn) stoppte ihren Drang nach Westen (1456). Restungarn und Albanien unter dem Kriegerfürsten Skanderbeg sicherten ihre Grenzen gegen die neuen Nachbarn. Doch diese wandten sich nach Süden, wo das immer mächtigere Safawiden-Reich *(S. 228–229)* den osmanischen Vormarsch zu stoppen drohte.

HÖHEPUNKT DER MACHT

Erst 1514, in der Schlacht von Tschaldiran, konnte Selim I. (reg. 1512–1520) die Safawiden schlagen. Und die Osmanen stürmten weiter voran, nahmen die heiligen Stätten von Jerusalem ein, eroberten Kairo und stürzten die Mameluckenherrscher. 1520 übernahm Süleiman, Selims Sohn, den Thron. Er bemächtigte sich der Insel Rhodos (1523), seit den Kreuzzügen eine Festung des Johanniterordens. Bis 1525 hatte Süleiman mit einem neuen Gesetzbuch die Verhältnisse in Ägypten soweit stabilisiert, dass er einen erneuten Angriff auf Ungarn starten konnte. Bei Mohács fügte er

> ### SÜLEIMAN I. (UM 1495–1566)
>
> Im Abendland »der Prächtige«, in islamischen Chroniken »der Gesetzgeber« genannt, war Süleiman einer der größten osmanischen Sultane (reg. 1520–1566). Er selbst sah sich als Erben Alexanders des Großen (S. 124–125) und Julius Caesars (S. 132). Als Bauherr ließ er Istanbul verschönern und Moscheen errichten. Als er starb, beherrschten die Osmanen große Teile Südosteuropas, Nordafrikas und den Nahen Osten.

Osmanische Truppen versuchten mit ihren Kanonen 1529 Wien zu erobern, was allerdings sowohl in diesem Jahr als auch noch einmal 1683 misslang.

Dekorative Kacheln, häufig aus älteren Bauwerken wiederverwendet, sind typisch für die osmanische Architektur.

1526 dem Heer Ludwigs II. von Ungarn eine vernichtende Niederlage zu, und das Land wurde zwischen Osmanen und Habsburgern geteilt. Gegen diese wendete er sich 1529 mit dem ersten Versuch einer Belagerung Wiens. Damit aber hatte er sich übernommen und seine Truppen mussten sich enttäuscht nach Ungarn zurückziehen.

BEGINN DES NIEDERGANGS

Am Hof war er weniger glücklich. In einer Palastintrige wurden seine beiden Lieblingssöhne Mustafa und Bayezid der Verschwörung gegen ihn bezichtigt, und er musste sie, um die eigene Stellung zu festigen, hinrichten lassen (1553 und 1562). Diesen Verlust verwandt er nie. 1566 starb er als gebrochener Mann auf seinem letzten Ungarnfeldzug. An die Macht kam Selim, der Sohn von Süleimans Konkubine Roxelane. Seine prägenden Erfahrungen hatte er in der abgeschlossenen, intriganten Welt des Harems im Istanbuler Topkapi-Palast gemacht, so gut wie keine militärische Ausbildung erhalten und überließ nun, wie auch seine Nachfolger, die Regierungsgeschäfte den Wesiren. Doch ohne die Hand eines starken Sultans uferten auf Kosten des Reichs die Machtkämpfe zwischen Diwan (dem obersten Gericht), Großwesir und der militärischen Elitetruppe der Janitscharen aus.

HÖFISCHER GLANZ UND »TULPENZEIT«

Um 1650 versuchte Mehmet Koprulu, Großwesir von Mehmet IV. (reg. 1648– 1687), systematisch die allgegenwärtige Korruption einzudämmen. Zugleich bereitete er neue Eroberungszüge vor, starb aber 1661, bevor die Pläne umgesetzt werden konnten.

Sein Schwager Kara Mustafa griff sie auf und belagerte 1683 Wien. Doch hielt die Stadt wieder stand und die Türken mussten sich erneut zurückziehen, dies-

> »ICH BIN GOTTES SKLAVE UND HERR DER WELT … IN BAGDAD SCHAH, CAESAR IN BYZANZ UND SULTAN IN ÄGYPTEN.«
>
> Inschrift Süleimans des Prächtigen in der Zitadelle von Bender (Moldawien), 1538

mal endgültig. Unter habsburgischer Führung drängten die Europäer nun stetig nach. 1718, im Vertrag von Passarowitz, verloren die Osmanen Belgrad und Serbien. Eine Atempause konnte Sultan Mahmud I. (reg. 1730–1754) dem Reich mit dem Vertrag von Belgrad (1739) verschaffen.

Obwohl militärisch geschwächt, von inneren Unruhen und Revolten in den Grenzprovinzen, deren Abfall drohte, erschüttert, erlebten die Osmanen im 17. und 18. Jh. eine »goldene Zeit«. Höfische Pracht – vor allem in der Gartenkunst mit den aus Persien importierten Tulpen – täuschten über den wahren Zustand des Reichs hinweg, das in den folgenden 150 Jahren fast alle europäischen Besitzungen verlieren sollte.

PERSIEN UNTER DEN SAFAWIDEN

Persien 1501–1736

Seit etwa 1250 herrschte das mongolische Il-Khanat über Persien. 1335 brach es zusammen und zerfiel in diverse Nachfolgestaaten. Um 1370 errichtete Tamerlan, der Führer eines Steppenvolks in der Tradition des Dschingis Khan *(S. 166)*, ein großes zentralasiatisches Reich, zu dem seit den 1380er-Jahren auch große Teile Persiens gehörten. Als Tamerlan 1405 starb, behaupteten sich weiterhin seine Nachkommen in Ostpersien, der Westen des Landes aber fiel an die turkmenischen Dynastien Aq Qoyunlu und Kara Qoyunlu.

AUFSTIEG DER SAFAWIDEN

Ende des 15. Jh. wurden die Aq Qoyunlu abgelöst von den Safawiden, die einem Orden mystisch-islamischer Sufis entstammten. Mit ihren Truppen besiegten sie 1501 die Aq Qoyunlu bei Alwand, und der 14-jährige Safawiden-Schah Ismail I. kam an die Macht (bis 1524). Schon 1507 beherrschten die Safawiden ganz Westpersien, doch ihre Truppen zogen nun gegen die Osmanen. Diese Kämpfe zogen sich hin, bis 1514 eine osmanische Armee unter Sultan Selim I. bei Tschaldiran einen entscheidenden Sieg errang und Ismails Vorstoß nach Anatolien beendete.

> »NUN, DA ICH KÖNIG BIN, VERGESSEN WIR SULTAN MUHAMMAD SCHAH. NUN TRIFFT DER KÖNIG DIE ENTSCHEIDUNGEN.«
>
> Abbas I., nach seiner Thronbesteigung 1587

Masdsched-e Schah (oder Imam-Moschee) wurde ab 1611 unter Abbas I. erbaut. Bis heute bestimmt sie den Meydan-Platz in Isfahan.

HÖHEPUNKT DER MACHT

1513 hatten Ismails Heere die östliche Grenze gegen die Usbeken gesichert, den Weg nach Westen blockierten die Osmanen. So wandte sich Ismail inneren Reformen zur Sicherung seiner Herrschaft zu. Er erhob eine ismaelitische Variante der Schia zur Staatsreligion. Bis heute bestimmt der schiitische Islam das religiöse Leben im Iran. Doch der Druck der Osmanen und Usbeken

Die Jagdszene aus dem 18. Jh. zeigt die Eleganz des Safawiden-Hofstaats, der lieber Feste feierte als Kriege führte.

auf das Safawiden-Reich ließ nicht nach, bis Schah Abbas I. auf den Thron kam und seinem Herrschaftsgebiet die größte Ausdehnung verschaffte. Zwischen 1587 und 1607 gelang es ihm, alle verlorenen Gebiete zurückzuerobern. 1598 verlegte er seine Residenz von Qazvin nach Isfahan und baute die Stadt rund um den Meydan-Platz prachtvoll aus. Aber der kunstsinnige Herrscher konnte auch grausam sein. 1615 ließ er seinen (vermutlich unschuldigen) Sohn Safi Mirza wegen des Verdachts der Verschwörung hinrichten sowie aus ähnlichen Gründen zwei weitere Söhne blenden, um sie von der Nachfolge auszuschließen. Als er 1629 starb, beerbte ihn sein Enkel Safi I. auf dem Thron.

NIEDERGANG

1638 verloren die Safawiden Bagdad, Safis Minister Saru Taqi jedoch ordnete die Staatsfinanzen und sicherte auch die Herrschaft von Safis Sohn Abbas II. (reg. 1642–1666), die dem Land Wohlstand brachte. Der allmähliche Niedergang setzte unter Sulayman ein, der sich in den Harem zurückzog und die Regierung vernachlässigte.

Ab 1720 führten mehrere Revolten das Ende der Safawiden-Dynastie herbei, im Oktober 1722 musste Schah Husayn seine Residenzstadt Isfahan den rebellierenden afghanischen Truppen unter Mahmud Ghilzai ausliefern. Doch bereits 1725 wurde dieser neue Schah von Persien umgebracht. Nun übernahm der Stammesführer Nadir Khan die faktische Macht über Persien. Bis 1736 blieben zwar Marionetten der Safawiden an der Macht, dann erklärte er sich aber selbst zum Schah. Ihm gelangen die Wiedereroberung Westpersiens und 1739 auch die Plünderung der mogulischen Hauptstadt Delhi. Doch die Brutalität seines Regimes sowie die hohen Steuern, mit denen er seine Feldzüge finanzierte, führten 1747 zu seiner Ermordung. Wieder geriet Persien in Unordnung und zerfiel in diverse Reiche.

SCHAH ABBAS I. (1571–1629)

Mit 16 Jahren kam Abbas 1587 auf den Thron. Er erwies sich als fähiger und entschlossener Herrscher und wurde »der Große« genannt. Mit seinem Bauprogramm begründete er Persiens »Goldenes Zeitalter«.

ENTDECKUNGSREISEN

Zu Beginn des 15. Jh. beschränkte sich die den Europäern bekannte Welt noch immer auf die Teile, die bereits Claudius Ptolemäus (um 100–178) in seiner *Geographia* beschrieben hatte. Doch innerhalb eines Jahrhunderts sollten sich die Horizonte der Europäer erweitern. Ihre Entdeckungsreisenden und Seeleute erkundeten neue Routen nach Indien und fanden eine neue Welt: den Kontinent Amerika.

FRÜHE ENTDECKER

Da die Osmanen das östliche Mittelmeer beherrschten, suchten europäische Kaufleute und Monarchen nach neuen Routen zu den Gewürzinseln (Molukken), um die Gewinne aus dem Gewürzhandel ungeteilt einnehmen zu können. Als Erste tasteten sich die Portugiesen an Afrikas Küste entlang nach Süden vor. 1486 erkundete Diogo Cão die Kongo-Mündung und erreichte Kap Cross im heutigen Namibia. 1487/88 umrundete Bartolomeu Dias das Kap der Guten Hoffnung und segelte in den Indischen Ozean. 1498 setzte Vasco da Gama Dias' Route fort und erreichte das südindische Kalikut. Um den portugiesischen Rivalen auszustechen, gingen die spanischen Königreiche auf den Vorschlag des genuesischen Seefahrers Christopher Kolumbus ein, Indien auf einer westlichen Route zu erreichen.

Schwarzer Pfeffer war eines der kostbaren Handelsgüter, für die neue Seewege nach Asien gesucht wurden.

König Emanuel I. von Portugal segnet Vasco da Gama vor dessen Reise von 1497, auf der er den Seeweg um Afrika entdecken sollte.

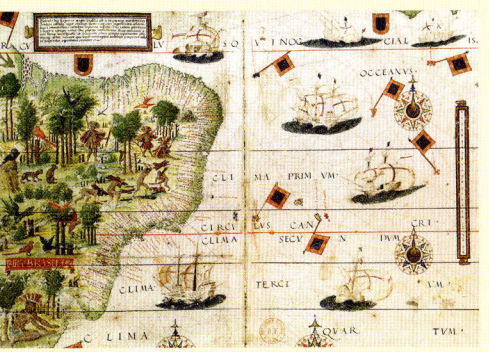

Eine illustrierte Weltkarte (um 1509) zeigt die von Portugiesen entdeckte Küste Brasiliens.

AMERIKA

Kolumbus stach im August 1492 in See. Seinem Plan lag Ptolemäus' (zu geringe) Bestimmung des Erdumfangs zugrunde, und als Land gesichtet wurde, glaubte er, das aus Marco Polos Reisebeschreibung (1268–1295) bekannte Ostasien erreicht zu haben. Trotz weiterer Reisen erkannte er nicht, dass er einen vierten Weltteil entdeckt hatte. Das brachten andere zutage, etwa John Cabot, der 1497 nordamerikanische Gewässer erkundete. 1534 segelte der Franzose Jacques Cartier den St.-Lorenz-Strom hinauf. Unterdessen besetzten auch Portugiesen Gebiete in Amerika: 1500 kartografierte Alvares Cabral die brasilianische Küste.

ERSTE ERDUMRUNDUNG

Europäische Monarchen finanzierten weitere Erkundungsfahrten für neue Handelsrouten nach Asien. 1519 schlug der Portugiese Ferdinand Magellan im Auftrag der spanischen Krone mit einer aus fünf Schiffen bestehenden Flotte den westlichen Weg zu den Gewürzinseln ein. Er selbst fand unterwegs den Tod, seine Flotte, unter dem Kommando von Juan Sebastián Elcano, jedoch hatte am Ende der Reise (1522) die Erde über Kap Hoorn und den Pazifik umrundet.

AMERIKA

Mit Kolumbus' Landung begann die Eroberung der Neuen Welt. Weitere spanische Expeditionen nahmen die Karibikinseln in Besitz, drangen nach Mittel- und Südamerika vor und stürzten die Reiche der Azteken (Mexiko) und Inkas (Peru). Schon bald bekamen sie Konkurrenz: Unter Portugals Flagge entdeckte Amerigo Vespucci Brasilien und wurde zum Namensgeber des Kontinents. Frankreich und England hingegen sicherten sich große Territorien in Nordamerika.

KOLUMBUS LANDET IN AMERIKA

Karibik   11. Oktober 1492

Acht Jahre hatte Kolumbus nach einem Geldgeber gesucht, bis er 1491 die Unterstützung von Königin Isabella von Kastilien fand. Mit Staatsgeldern wurden die drei Schiffe *Santa María*, *Pinta* und *Niña* ausgerüstet. Im August 1492 verließ er Palos, im September die Kanarischen Inseln: Kurs West.

SAN SALVADOR

Nach entbehrungsreicher Fahrt ins Ungewisse wurde am 11. Oktober Land gesichtet. Kolumbus nannte die Insel San Salvador (nicht identisch mit der heute sogenannten Insel) und beanspruchte sie für die spanische Krone. Die Ureinwohner, das Volk der Arawak, galten ihm als »Indianer«, meinte er doch, Asien erreicht zu haben. Nach drei Tagen segelte die Flotte weiter, erreichte Kuba und Hispaniola, wo Kolumbus eine kleine Kolonie gründete: der Vorläufer der künftigen exzessiven Landnahme.

Christoph Kolumbus landete nach fünfwöchiger Seereise in Amerika. Irrtümlich glaubte er, Asien liege nur 4500 km westlich von Europa.

SPANIEN EROBERT MEXIKO

Mexiko 1519–1521

Auf ihren neuen karibischen Besitzungen hörten die Spanier vom Reichtum der Azteken. Im Februar 1519 segelte der *Conquistador* (Eroberer) Hernán Cortés von Havanna los, um dieses Reich zu finden. Er kämpfte sich durch die Halbinsel Yucatán, gewann die Tlaxcalteken, erbitterte Feinde der grausam herrschenden Azteken, als Verbündete und zog am 16. August mit 15 Reitern und 400 Fußsoldaten ins Landesinnere.

HERNÁN CORTÉS (1485–1547)

Der Eroberer des Aztekenreichs und Generalgouverneur von Neuspanien wurde der Krone zu mächtig und darum in seinen Privilegien beschnitten. Reich, aber von erfolglosen Prozessen verbittert starb er in Sevilla.

EROBERUNG TENOCHTITLÁNS

Im November 1519 erreichte der Konquistador Tenochtitlán, die Hauptstadt des Aztekenreichs, freundlich empfangen von dessen Herrscher Moctezuma II. Cortés aber war argwöhnisch und nahm diesen als Geisel. Nach einem Massaker der Spanier an aztekischen Adligen brach ein Aufstand los, bei dem Moctezuma von eigenen Leuten ermordet wurde. Nur mit Mühe konnte Cortés mit einem Teil seiner Männer fliehen. Im Frühjahr 1521 jedoch kehrte er mit neuen Truppen zurück und belagerte Tenochtitlán, dessen Erstürmung im August gelang. Der neue König Cuahtemoc wurde gefangen gesetzt und das Aztekenreich unterworfen.

SPANIEN EROBERT PERU

Peru 1527–1572

1527 entdeckte eine von Francisco Pizarro geführte Expedition auf der Suche nach dem reichen Land »Birú« (Peru) Tumbes, einen Vorposten der Inka. Mit 180 Mann kehrte Pizarro 1531 wieder. Als er erfuhr, dass das Land durch einen Bürgerkrieg geschwächt war, riskierte er, über die Anden nach Cajamarca zum Lager des Inka-Fürsten Atahualpa zu marschieren.

STURZ DES INKARREICHS

Pizarro lockte den Fürsten zu einer Verhandlung, ließ ihn in Geiselhaft nehmen und im Juli 1533 hinrichten. Nun marschierten die Spanier nach Cuzco. Weil die Hauptstadt nach dem Bürgerkrieg von Atahualpas Truppen geplündert und seine Bewohner niedergemetzelt worden waren, trafen sie kaum auf Widerstand. Doch 1536 rief Manco Capac, den die Spanier ihnen zu Diensten eingesetzt hatten, zum Aufstand auf. Cuzco war zwar rasch zurückgewonnen, doch die Rebellion in entfernteren Provinzen endete erst 1572 mit der Eroberung der Festung Vilcabamba und der Hinrichtung des letzten Inkafürsten Titu Cusi.

ATAHUALPA (UM 1500–1533)

1532 konnte sich Atahualpa gegen seinen Bruder Huáscar durchsetzen und den Machtkampf im Inkareich beenden. Sein Reich war geschwächt und er unterschätzte die Gefahr, die von den Spaniern ausging. Es kam zu seiner Gefangennahme und Hinrichtung.

SPANISCHE HERRSCHAFT IN DER NEUEN WELT

📍 Mittel- und Südamerika   ⌛ 1523–1700

Verwaltung und Regierung der riesigen Eroberungen in der von Spanien weit entfernten Neuen Welt (um die 50 Tage dauerte die Überfahrt) erwiesen sich als schwierig. 1523 setzte der Kronrat den *Consejo de Indias* (Indienrat) ein, der die Kolonialpolitik leiten sollte. Doch nur wenige seiner Mitglieder kannten Amerika und seine Völker aus eigener Erfahrung. Zudem wurde der Rat für Intrigen gegen zu mächtige Konquistadoren und auch geschäftliche Konkurrenten genutzt.

Spanische Silbermünze, 1744: Beide Hemisphären symbolisieren den weltweiten Herrschaftsanspruch.

SILBER

Mitte des 16. Jh. wurde die Verwaltung vor Ort, die bislang in der Hand von Generalgouverneuren und Generalkapitänen gelegen hatte, reformiert und Vizekönigreiche (Provinzen) eingerichtet: Neuspanien im Norden, das Vizekönigreich Peru im Süden. Die Indianer Amerikas litten unter dem System der *encomienda*, das sie zum »Eigentum« spanischer Landbesitzer machte. Der Zwang, bei schrumpfender Bevölkerung stets wachsende Tribute zu leisten, führte zu unvorstellbarer Ausbeutung und Leid. Der eigentliche Reichtum der spanischen Krone entsprang aber dem bergmännischen Abbau der Vorkommen im riesigen Silberberg, der 1545 bei Potosí (Bolivien) entdeckt wurde. Bis 1660 wurden rund 16 000 t Silber nach Sevilla transportiert, die es König Philipp II. und seinen Nachfolgern erlaubten, in Europa ausgedehnte (und kostspielige) Kriege zu führen.

GRENZEN DER MACHT

Spanien hat die Neue Welt nie vollständig beherrscht. An der Ostküste Südamerikas entstanden portugiesische (später auch holländische) Besitzungen, in der Karibik fielen einige Inseln an Frankreich und Großbritannien. In Nordamerika reichte die spanische Herrschaft bis nach Florida und Kalifornien, doch die wachsende Macht der Franzosen und Engländer setzte dem Traum eines rein spanischen Amerika ein Ende.

Mit den spanischen Eroberungen hielten Katholizismus und prächtige Kirchen Einzug in Amerika.

KOLONIEN IN NORDAMERIKA

 Nordamerika   1584–1724

Die Spanier hatten zum Schutz ihrer mit Silberbarren beladenen Schiffe Stützpunkte, aber keine Kolonien in Florida errichtet. Die ersten Siedler waren Engländer an der Ostküste Nordamerikas. 1584 hatte der englische Abenteurer Sir Walter Raleigh Schiffe zur Insel Roanoke (vor Virginia) geschickt, um eine Kolonie zu gründen, doch diese verschwand 1590. Der Sieg der Engländer über die spanische Armada *(S. 247)* 1588 vor Gibraltar schwächte die Präsenz Spaniens im Nordatlantik endgültig, und die systematische Kolonisierung Nordamerikas konnte beginnen.

Roanoke Island, die erste englische Kolonie, wurde auch »verlorene Kolonie« genannt, weil die Siedler aus unbekannten Gründen spurlos verschwanden.

ENGLÄNDER UND KONKURRENTEN

1607 gründete die Virginia Company of London eine Niederlassung in Jamestown. 1620 entstand mit New Plymouth (Massachusetts) eine weitere Kolonie, getragen von einer Gruppe Puritaner, die mit der *Mayflower* nach Amerika gekommen waren, um dort ihren Glauben leben zu können. Daraus entwickelte sich die englische Herrschaft über die Ostküste: 1634 erwuchsen Siedlungen in Maryland, 1636 in Rhode Island, 1682 in Pennsylvania (genannt nach William Penn, dem Begründer der Quäker). Weiter südlich beteiligte sich die englische Krone direkter mit Gründung der Kolonie Carolina (1665). Auch andere Europäer zog es in die Neue Welt. 1623 gründete die holländische West India Company am Hudson River Fort Orange (heute Albany), in Delaware (1638) ließen sich Schweden nieder. Doch die Engländer setzten sich durch. 1724 beherrschten sie die Küste von Neuengland bis nach Georgia. Nur im heutigen Kanada dominierten (zunächst) französische Kolonisten. Sie hatten 1608 Quebec gegründet und beherrschten 1712 große Gebiete zwischen Ostkanada und den Rocky Mountains, die im Süden bis Louisiana reichten.

> »WIR GINGEN AN DIE KÜSTE, UM IHRE SCHIFFE ZU FINDEN, FANDEN JEDOCH KEINES…«
>
> Captain John White, der die englische Kolonie Roanoke verlassen vorfand, 1589

HANDELSIMPERIEN

Mit den Entdeckungsreisen und der Kolonisierung entwickelten sich in vielen europäischen Ländern zwischen dem späten 15. und 18. Jh. große Handelskompanien samt Imperien in Afrika, Asien und Amerika. Die Gesellschaften in Spanien, Portugal und Frankreich unterstanden der Krone, in den Seefahrernationen England und den Niederlanden hingegen waren sie freie Wirtschaftsunternehmen mit Staatsprivilegien.

EUROPÄISCHER HANDEL

Schon während ihrer Erkundung der Seewege in den Fernen Osten eigneten sich die Portugiesen in Westafrika Besitzungen an. Mit weiteren Forts, die Admiral Afonso da Albuquerque in Goa (1510), Malakka (1511) und Hormus im Indischen Ozean (1515) gründete, sicherten sie sich die Kontrolle im Persischen Golf und entlang der Hauptrouten in den Fernen Osten. Macao (Südchina) folgte 1517, und um 1565 lieferten die Portugiesen die Hälfte der Gewürze sowie zwei Drittel des in Europa gehandelten Pfeffers. Spaniens amerikanisches Imperium warf mit seinen Silberminen große Gewinne ab. Die Barren wurden nach Europa und China transportiert. Frankreich, das

Ein indischer Wandbehang aus Baumwolle (Ende 16. Jh.) zeigt die europäischen Handelspartner aus der indischen Perspektive.

vor allem von kanadischen Pelzen profitierte, wollte weniger den Handel fördern. Es sah seine Besitzungen vielmehr als Mittel, Macht zu demonstrieren und England in seine Schranken zu weisen.

NIEDERLANDE UND ENGLAND

Die Imperien dieser Länder basierten auf dem internationalen Fernhandel. Die niederländische Vereinigde Oostindische Compagnie (VOC) wurde 1602 gegründet, ihre erste Niederlassung entstand 1604 in Batavia (Java). Sie expandierte mit einer Reihe von Manufakturen, die sich von Galle auf Sri Lanka bis nach Südindien, Bengalen, Malakka, Taiwan und Nagasaki erstreckten und von Batavia gesteuert wurden. Ab Mitte des 17. Jh. jedoch ging der Handel mit Japan zurück, und die Kosten zur Unterhaltung des Handelsimperiums wuchsen. Zudem machten der VOC die konkurrierende englische East India Company (Ostindische Kompanie) sowie die innere Korruption schwer zu schaffen. Die Engländer wiederum riefen ihre Handelsgesellschaft 1600 ins Leben. Von ihrem Posten in Bengalen startete sie ab 1615 den Handel mit indischen Gütern, weitere Niederlassungen erfolgten in Bombay (1668) und Kalkutta (1690). 1694 erhielt die Company das Monopol für den Indienhandel und gewisse Hoheitsrechte, was ihre Stellung festigte. Im 19. Jh. aber erlebte auch sie ihren Niedergang, verursacht durch die Kosten für militärische Abenteuer und – wie beim niederländischen Rivalen – durch Korruption. Nach ihrer Auflösung (1858) wurde Indien der englischen Krone unterstellt.

Wappen der niederländischen VOC, gegründet für den lukrativen Gewürzhandel mit Asien

Fort St. George (später Madras): Seine Gründung im Jahr 1639 verschaffte der East India Company einen wichtigen Brückenkopf in Südostindien.

EUROPA

Um 1450 war Europa, von Pestepidemien und Kriegen verwüstet, gegenüber anderen Weltteilen politisch wie kulturell im Rückstand. Doch damals begann in den oberitalienischen Städten eine künstlerische und literarische Revolution, die die kommenden Jahrhunderte prägen sollte. In England, Frankreich und Spanien bildeten sich zentralistische Monarchien heraus, die die Machtbasis für die Errichtung weltweiter Imperien darstellten.

HUMANISMUS

⚑ Europa ⌛ um 1450–1550

Jahrhundertelang hatten die Vorstellungen und Vorgaben der Kirche Bildung, Wissenschaft und Literatur bestimmt. Zwar hatten antike Autoren wie etwa Aristoteles Eingang in die Universitäten gefunden, doch wurden ihre Werke nach der katholischen Lehre interpretiert. Das änderte sich Mitte des 15. Jh. Die Eliten der oberitalienischen Städte wandten sich neuen Interessen zu und brauchten zur Regelung ihrer Angelegenheiten ein freieres, auf die Welt und das Individuum bezogenes Denken.

WIEDERENTDECKTES WISSEN

Fieberhaft suchten die Gebildeten nach vergessenen lateinischen, später altgriechischen Texten. Bislang vernachlässigte Autoren, wie Cicero oder Vergil, wurden diskutiert. Vitruv inspirierte mit seinem Werk zur römischen Architektur damalige Baumeister, etwa Filippo Brunelleschi. Das Wissen der alten Griechen beflügelte Naturforschung, Menschenbild und Ethik. Die Debatten fanden nicht mehr unter Klerikern statt, sondern in freien Gelehrtenzirkeln, die sich »Humanisten« nannten, weil sie den in der Welt aktiven Menschen ins Zentrum rückten. Umfangreiche Briefwechsel und der Buchdruck verbreiteten die Bewegung in Europas Gelehrtenwelt.

ERASMUS (UM 1466–1526)

Der Niederländer Gerhard Gerhards, bekannt als Erasmus von Rotterdam, war Priester, wirkte aber als freier Gelehrter. In Werken wie der Satire *Lob der Torheit* (1509) kritisierte er Dummheit und Aberglauben und forderte ein Leben nach moralischen und vernünftigen Prinzipien. Mit seiner textkritischen Bibelauslegung bereitete er den Boden für die Reformation *(S. 242–243)*.

EUROPA

RENAISSANCE

Europa   1450–1550

Die Humanisten wollten Europas Wiedergeburt aus dem Geist der klassischen Antike und stießen damit die Bewegung der Renaissance an, die das Geistesleben, Kunst, Architektur und Selbstverständnis der Menschen umfassend veränderte. Ausgangspunkt waren die blühenden Handelsstädte Oberitaliens. Deren Handelsherren und Patrizier fungierten als Mäzene, was Künstler und Literaten aus ihrer Abhängigkeit von der Kirche befreite und ihnen neue, der bürgerlichen Repräsentation dienende Aufträge verschaffte.

LEONARDO DA VINCI (1452–1519)

Das Universalgenie ging 1466 beim Bildhauer Andrea del Verocchio in die Lehre und bewies bald auch sein Talent als technisch wie thematisch innovativer Maler. In seinen Notizbüchern befasste er sich lebenslang nicht nur mit Farbe, Perspektive und Anatomie, sondern auch mit Kosmologie und den Naturwissenschaften, löste bau- und militärtechnische Aufgaben und skizzierte Apparate wie Hubschrauber oder Getriebe.

ARCHITEKTUR UND KUNST

Eine Mischung aus Bürgerstolz und dem Wunsch, zu Roms antiker Größe zurückkehren zu können, regte einen neuen Baustil an, der sich nicht nur in Palästen und Villen entfaltete, sondern ebenso im Kirchenbau, etwa in der von Brunelleschi entworfenen Kuppel des Florentiner Doms (vollendet 1436). Auch in Malerei und Bildhauerei, in den Werken Raphaels, Michelangelos oder Leonardo da Vincis zeigten sich das Vorbild der Antike, eine neue Lust am schönen Körper, an der Vollendung des Menschen. Dem Ideal menschlicher Autonomie folgten auch die Wissenschaften, sogar Machiavellis Theorie der Staatsmacht, festgehalten in *Der Fürst* (1532).

Sandro Botticellis *Geburt der Venus* (um 1486) ist eine von vielen Neuinterpretationen mythologischer und christlicher Themen.

Das Deckengemälde der Sixtinischen Kapelle im Vatikan ist ein Meisterwerk Michelangelos (1475–1564). Das von Papst Julius II. 1508 in Auftrag gegebene Fresko verbindet die antike Mythologie mit Motiven des Alten Testaments. Vier Jahre brauchte der Künstler für sein Werk.

REFORMATION UND GEGENREFORMATION

🏳 Deutschland, Schweiz, Frankreich, Skandinavien, England ⌛ 1517–1563

Am 31. Oktober 1517 soll der Priester und Theologieprofessor Martin Luther (1483–1546) »95 Thesen« an die Tür der Wittenberger Schlosskirche angeschlagen haben. Fakt ist, dass Luther mit seinen Thesen öffentlich gegen die kirchliche Praxis des Ablasshandels protestieren wollte, bei dem gegen Geld die Vergebung der Sünden versprochen wurde. Der Text löste in ganz Mitteleuropa eine Bewegung aus, die eine Reform der Kirche verlangte und die Macht der Päpste zurückdrängen wollte. Endzeiterwartungen sowie Bauernaufstände verstärkten den Aufbruch, der Europa verändern sollte. Luther wurde 1521 auf den Reichstag nach Worms zitiert, wo er sich vor Kaiser Karl V., dem weltlichen Verteidiger der Kirche, für seine Thesen verantworten sollte. Er verweigerte deren Widerruf, woraufhin er exkommuniziert und mit der Reichsacht belegt wurde. Es kam, von Luther nicht beabsichtigt, zur Spaltung der Kirche.

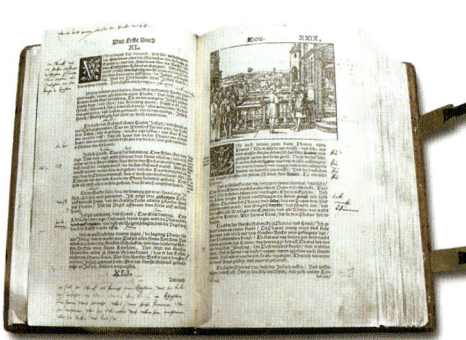

Luthers Übersetzung der Bibel ins Deutsche ermöglichte es auch einfachen Gläubigen, sie ohne Vermittlung der Kirche zu lesen.

VERBREITUNG DES PROTESTANTISMUS

In den 1520er-Jahren übernahmen einige Landesherren Luthers Lehre, weil ihnen diese im Widerstand gegen die Macht von Kaiser und Papst entgegenkam. 1529 richteten die Landesfürsten und Stände die »Protestation von Speyer« an den Kaiser (daher der Name »Protestantismus«). Der religiöse Konflikt führte zur Rebellion, zum Bauernkrieg (1524–1526) sowie zum Kampf des Reichs gegen den Schmalkaldischen Bund protestantischer Fürsten. Bei Mühlberg unterlagen diese 1547 militärisch, aber nicht politisch. Karl V. sah sich daher zum Kompromiss gezwungen. Im Augsburger Religionsfrie-

Auferweckung des Lazarus (1558) von Lucas Cranach: Dieser Gemäldeausschnitt zeigt Luther (vorne links) im Kreise anderer Reformatoren.

Krönung Karls V. zum Kaiser des Heiligen Römischen Reichs (1519): Mit seiner Regentschaft erreichten die Habsburger den Höhepunkt ihrer Macht.

KAISER KARL V. (1500–1558)

Kaiser Karl V. (reg. 1519–1558) vereinte die Habsburgischen Stammländer in Österreich mit Spanien, Burgund und den Niederlanden, später auch mit den spanischen Kolonien. In seine Regierungszeit fielen die Reformation und die ersten Religionskriege. Karl war der Neffe der spanischen Prinzessin Katharina von Aragon, der ersten Frau Heinrichs VIII. von England. Nicht unwahrscheinlich, dass Papst Clemens VII. aus Furcht vor Karls Zorn die Ehe nicht annullierte und damit die Trennung der Englischen Kirche von Rom beförderte.

den (1555) erhielten die Landesherren das Recht, die Religion ihrer Untertanen zu bestimmen. Dem theologisch radikalen, politisch aber konservativen Luther war diese Verbindung von Kirche und Obrigkeit recht. Schließlich hatte er auch die Niederschlagung des Bauernaufstands gegen den Adel begrüßt, der von seinen Lehren und der von ihm übersetzten Bibel inspiriert worden war. Andere Reformatoren wie Johannes Calvin (1509–1564) gingen in ihren Glaubensansichten weiter, indem sie die Prädestination (das von Gott vorherbestimmte Schicksal jedes Einzelnen) und eine direkte Beziehung des Gläubigen zu Gott lehrten (Priester- und Papsttum gänzlich ablehnten). Aus der Schweiz ergriff der Calvinismus die Niederlande, Schottland und große Teile Frankreichs (Hugenotten). Das Luthertum verbreitete sich in Skandinavien und beeinflusste den Bruch Heinrichs VIII. von England mit Rom (1530er-Jahre). Die Römische Kirche befand sich in einer großen Krise.

GEGENREFORMATION

Zunächst wehrte sich Rom mit der Waffe der Exkommunikation. Die Reformation aber hielt das nicht auf, so erneuerte sich die Kirche von innen heraus. Das Konzil von Trient (1545–1563) stärkte sie theologisch und politisch. Polen, Österreich und Bayern konnten zurückgewonnen werden, während andere Gebiete endgültig verloren waren. Die Orden wurden reformiert sowie neue gegründet, so vor allem die *Societas Jesu* (Jesuiten), die nach den Vorschriften ihres Gründers Ignatius von Loyola (1491–1556) Schulen und Missionen errichtete.

Ignatius von Loyola diente als Soldat, bevor er 1522 zum Streiter für die Sache Gottes wurde.

BUCHDRUCK

In China kannte man den Druck mit austausch- und wiederverwendbaren Druckstöcken bereits 1040, während im 15. Jh. die erste leistungsfähige Buchdruckpresse mit beweglichen Metalllettern und ölbasierter Druckerschwärze in Europa auftauchte. Als ihr Erfinder gilt der Handwerker und Unternehmer Johannes Gutenberg (um 1398–1468). Die Bibel, die er 1455 verlegte, ist das früheste erhaltene gedruckte Buch.

AUSBREITUNG

Die von Gutenberg in Mainz entwickelte und angewandte Drucktechnik verbreitete sich rasch in ganz Europa. Um 1470 arbeiteten in Deutschland sieben Druckerpressen, 1499 bereits über fünfzig. In Italien erschien das erste gedruckte Buch 1467. 1470 öffneten Druckereien in Paris, 1476 in London. Aldus Manutius, einer der berühmtesten frühen Drucker, richtete seine Werkstatt 1467 in Venedig ein, spezialisierte sich auf antike Klassiker und beschäftigte berühmte Gelehrte wie Erasmus von Rotterdam als Herausgeber und Korrektoren. Um 1500 lagen etwa 35 000 Titel als Druck vor. Billiger und handlicher als die alten Handschriften, revolutionierten gedruckte Texte die Verbreitung des Wissens. Die Zahl der Druckereien, Verlage und Händler stieg rasch an, und seit Ende des 15. Jh. fanden in Frankfurt, Leipzig und Lyon Buchmessen statt. Hinzu kamen neue Publikationsformen. 1609 erschienen in Straßburg die ersten Vorläufer von Zeitungen, in Nürnberg 1658 die ersten illustrierten Kinderbücher.

Gedruckte Flugblätter verbreiteten die Forderungen und Parolen des Bauernkriegs (1524-1526).

Johannes Gutenberg präsentiert die ersten Seiten seiner lateinischen Bibel von 1455. Insgesamt entstanden im 15. Jh. 150 Bibelausgaben.

ITALIENISCHE KRIEGE

Italien 1494–1559

1494 ermutigte Ludovico Sforza von Mailand den französischen König Karl VIII., Neapel zu erobern. Darauf folgte ein 60 Jahre währender Krieg um italienische Territorien, an dem Frankreich, Spanien, England sowie das Osmanische und das Heilige Römische Reich (Habsburg) beteiligt waren. Ein habsburgischer Sieg über Frankreich bei Pavia (1525) schien den Konflikt zu beenden, doch der Papst wechselte auf die französische Seite, woraufhin das Söldnerheer der Habsburger Rom und den Vatikan plünderte (1527). Vorläufige Ruhe brachte der Vertrag von Cateau-Cambrésis (1559), mit dem Heinrich II. von Frankreich auf seine Ansprüche in Italien verzichtete, das damit unter spanischen Einfluss geriet.

Die Schlacht von Pavia war die erste, in der Handfeuerwaffen eine entscheidende Rolle spielten.

RELIGIONSKRIEGE IN FRANKREICH

Frankreich 1559–1598

Mitte des 16. Jh. waren in Frankreich die Gemeinden der protestantischen Hugenotten beträchtlich gewachsen. Auch Adlige und reiche Bürger hatten sich ihnen angeschlossen. Die Erben Heinrichs II. (der 1559 starb) erwiesen sich als schwache Könige, und die Macht ging faktisch an das Herzogshaus der Guise über, die fanatische Gegner der Hugenotten waren. Das Haus der Bourbonen dagegen stand auf protestantischer Seite. Zwischen beiden Parteien brach ein Bürgerkrieg aus. Einem kurzen Waffenstillstand (1563–1567) folgte 1568–1570 weiteres Blutvergießen sowie 1572 das Massaker der sogenannten Bartholomäusnacht, bei dem in Paris Tausende Hugenotten starben. Eine Versöhnung beider Gruppen schien unmöglich, bis nach dem Tod Heinrichs III. (1589) der protestantische König von Navarra, Heinrich von Bourbon, auf den Thron kam. Zu diesem Zweck konvertierte er zum Katholizismus. Dies und die mit dem Edikt von Nantes (1598) gewährte Religionsfreiheit der Hugenotten beendeten (vorerst) den Religionskrieg.

HEINRICH IV. (1553–1610)

Heinrich von Navarra, Unterstützer der Hugenotten, erbte 1589 den französischen Thron. Um seinen Anspruch zu sichern, trat er 1593 zum Katholizismus über. Als Heinrich IV. machte er Frankreich zum zentralistischen Nationalstaat.

SPANIENS AUFSTIEG

 Spanien 1492–1598

Gegen Ende des Mittelalters war Spanien in mehrere einander befehdende Königreiche zersplittert, wobei weite Gebiete der Iberischen Halbinsel seit dem 8. Jh. unter muslimischer Herrschaft standen *(S. 181)*.

AUFSTIEG ZUR GROSSMACHT

1469 heiratete Königin Isabella von Kastilien König Ferdinand von Aragonien, wodurch die beiden bedeutendsten Königreiche Spaniens vereint waren. Energisch trieb das Königspaar die Reconquista (Rückeroberung muslimischer Territorien in Spanien) voran, deren Abschluss 1942 mit der Eroberung des Emirats von Granada gelang. Gleichzeitig begannen die Erforschung und nachfolgende Einnahme Mittel- und Südamerikas *(S. 232–234)*. Dies wiederum verschaffte dem Habsburger Kaiser Karl V., der in Personalunion als Karl I. König des vereinten Spanien war, die Mittel für seine Kriege, die auch dieses Königreich auf die politische Bühne Europas zurückbrachten. Nach Karls Tod wurden die Habsburgischen Reiche aufgeteilt. Spanien und die Niederlande erbte sein Sohn Philipp.

El Escorial wurde unter Philipp II. als Klosteranlage, Königspalast und Grablege der spanischen Könige errichtet.

SPANIEN UNTER PHILIPP II.

Philipp II. (reg. 1556–1598) erweiterte Spaniens Macht in alle Richtungen. 1571 schlug seine Flotte die Türken in der Seeschlacht bei Lepanto, 1580 annektierte er Portugal, führte Krieg um die Niederlande und 1588 stach seine Armada gegen England in See. Ab 1590 jedoch versiegte allmählich der Silberstrom aus Amerika, und Franzosen und Engländer attackierten von Nordamerika die spanischen Handelswege in der Karibik. In Spanien raffte eine Pestepidemie 1599–1600 rund 15 Prozent der Bevölkerung dahin. Noch war es Europas stärkste Macht – hatte aber bereits längst seinen Zenit überschritten.

Medaillon mit dem Porträt Philipps II. von Spanien. Seine Großmachtpolitik begründete Spaniens Niedergang im 17. Jh.

SPANISCHE ARMADA

📍 Ärmelkanal 📅 1588

Ab Mitte des 16. Jh. drohten sich die Spannungen zwischen Europas katholischen und protestantischen Herrschern in Kriegen zu entladen. Philipp II. erzürnte vor allem, dass die protestantische englische Königin Elisabeth I. (reg. 1558–1603) die antispanischen Aufstände der Niederlande unterstützte. Im Mai 1588 entsandte er seine Kriegsflotte, die 130 Schiffe umfassende Armada, gegen England, um die Königin zu stürzen und ihr Land einzunehmen. Erste englische Abwehrangriffe, geführt von Francis Drake und Lord Howard von Effingham, konnten die gewaltige Kriegsflotte nicht aufsprengen. Das gelang erst im August vor Calais, als sie unbemannte brennende Schiffe gegen die Spanier schickten und sich dann mit ihren Kanonen einzelne Schiffe vornahmen. Stürme verhinderten, dass die zersprengte Armada wieder in den Kanal einfahren konnte. Statt England zu erobern, mussten die gedemütigten Spanier den wegen weiterer Unwetter verlustreichen Rückweg um Schottland und Irland antreten.

Elisabeth I. von England, Protestantin und mächtige Gegnerin des »allerkatholischsten« Spanien

AUFSTAND DER NIEDERLANDE

📍 Belgien, Niederlande 📅 1568–1648

Im 16. Jh. fielen die Niederlande, bislang den Herzögen von Burgund untertan, direkt an die Habsburger. Karl V. galt als ein den niederländischen Belangen aufgeschlossener Herrscher. Sein Nachfolger Philipp II. dagegen, der weder niederländisch noch französisch sprach, trat den protestantischen Niederländern entschieden entgegen. 1567/68 führte der Versuch des habsburgischen Statthalters Herzog Alba, religiöse Unruhen zu unterdrücken, zum offenen Aufstand. Zunächst blutig niedergeschlagen, flammten die Kämpfe 1572 erneut auf. 1579 bildete sich im katholischen Süden (heute Belgien) die spanientreue Union von Arras. Ihr stand im Norden die Utrechter Union gegenüber, die unter Führung Wilhelms von Oranien ihre Unabhängigkeit von Spanien erklärte. 1585 gelang es dem spanischen General Parma, Antwerpen, die größte Stadt der Utrechter Union, zurückzugewinnen, jeder weitere Vorstoß jedoch misslang. So kam es 1609 zu einem zwölfjährigen Waffenstillstand. 1621, während des Dreißigjährigen Kriegs *(S. 248)*, griff Spanien erneut an. Die rebellischen Provinzen konnten aber erfolgreich Widerstand leisten, und 1648 musste Spanien schließlich die Unabhängigkeit der Niederlande anerkennen.

> **WILHELM VON ORANIEN (1533–1584)**
>
> Wilhelm wurde 1558 von Philipp II. zum Statthalter von Holland ernannt. Mit Rückhalt anderer protestantischer Fürsten führte er den Aufstand der Niederländer gegen Spanien, bis er 1584 von einem katholischen Agenten Frankreichs ermordet wurde.

DREISSIGJÄHRIGER KRIEG

🏴 Deutschland ⚔ 1618–1648

Auf die Unruhe im Gefolge der Reformation *(S. 242–243)* folgte eine Zeit gespannter Ruhe. Doch 1617 wurde Ferdinand, ein Habsburger und entschiedener Katholik, zum König des zumeist protestantischen Böhmen. Der Adel und andere Stände rebellierten, demütigten die Gesandten Ferdinands 1618 durch den »Prager Fenstersturz« und wählten den Protestanten Friedrich V. (von der Pfalz) zu ihrem König. Die katholischen Staaten Deutschlands schickten eine Armee und schlugen die Böhmen in der Schlacht am Weißen Berge (1620). Böhmen fiel erneut ans katholische Habsburg. Doch der Krieg weitete sich aus, denn nun traten andere Mächte, vor allem Frankreich, die Niederländische Republik und Schweden, den Ambitionen der Habsburger entgegen. Es begann eine drei Jahrzehnte währende Zeit der Gräuel und Verwüstungen.

Albrecht von Wallenstein, der fähigste Feldherr der Katholiken, errang mit seinen Söldnern eine Reihe von Siegen, wurde aber 1634 ermordet.

> »DEUTSCHLAND IST VOLLER TOTENSCHÄDEL … UND EIN MEER VON BLUT …«
>
> Edward Calamy, englischer Prediger, 1641

WESTFÄLISCHER FRIEDE

Zunächst schienen die Erfolge des Schwedenkönigs Gustav II. Adolph den Sieg für die protestantische Seite herbeizuführen. Aber nach seinem Tod bei Lützen (1632) erstarkten die Katholiken. 1635 kam es zum Frieden von Prag. Das machthungrige Frankreich griff jedoch erneut zu den Waffen. Erst 1648 gelang in Münster und Osnabrück der erste von Diplomaten ausgehandelte Friedensschluss. Habsburg musste Federn lassen, die kleinen Staaten Deutschlands waren verwüstet.

BÜRGERKRIEG IN ENGLAND

England, Schottland, Irland 1642–1651

Seit dem Ende des 15. Jh. hatte sich in England ein starkes Parlament herausgebildet, das über ein Vetorecht in Steuerfragen verfügte. Darauf gestützt verweigerte das Parlament von 1628 Steuererhöhungen für die Kriegspolitik Karls I. (reg. 1625–1649) und protestierte gegen willkürliche Verhaftungen (»Petition of Rights«). Karl I. pochte auf seine »von Gott gegebenen Königsrechte« und ließ das Parlament 1629 auflösen. Bis 1640 regierte er von ihm unabhängig.

ERSTER BÜRGERKRIEG

1638 brachte ein Aufstand der calvinistischen Schotten den König in eine Zwangslage: Um die Rebellen niederzuschlagen, brauchte er weiteres Geld und musste das Parlament folglich 1640 wieder einberufen. Protestantisch dominiert beharrte dieses auf seiner Opposition. Als Auflösung und Wiedereinberufung nichts halfen, wollte Karl I. führende Opponenten verhaften lassen. Das scheiterte und er musste aus London fliehen. Im Norden sammelte er eine royalistische Armee, während das Parlament seinerseits eine eigene aufstellte (»Roundheads«). Vier Jahre unentschiedener Kämpfe folgten, bis die Schotten in den Bürgerkrieg eingriffen und die von Oliver Cromwell geführte reformierte *New Modell Army* die Überhand gewann. Die Siege bei Marston Moor (1644) und Naseby (1645) erzwangen die Kapitulation des Königs. Er rettete sich zu den Schotten, wurde aber ans Parlament ausgeliefert.

Auf die Angriffe der Reiterei folgten Schwertkämpfe, die trotz des Einsatzes von Musketen im Bürgerkrieg häufig die Schlacht entschieden.

ZUSAMMENBRUCH DER ROYALISTEN

Karl I. bot den Schotten allerdings in Geheimverhandlungen an, ihre presbyterianische Kirchenform in ganz England einzuführen, wenn sie auf seine Seite wechselten. So kam es im Juli zum Zweiten Bürgerkrieg. Doch die schottische Armee unterlag bei Preston. Der König wurde vor Gericht gestellt und am 30. Januar 1649 hingerichtet. England war nun eine Republik, Commonwealth genannt. Um den Vater zu rächen, fiel der spätere Karl II. mit einer schottischen Armee von Neuem in England ein. Erst mit dem Sieg parlamentarischer Truppen bei Worcester (1651) endete auch der Zweite Bürgerkrieg

OLIVER CROMWELL (1599–1658)

Seit 1628 Parlamentsabgeordneter für Huntingdon schloss sich Oliver Cromwell den Gruppen an, die für eine Verfassungsreform in England eintraten. Im Bürgerkrieg zeigte er Draufgängertum und Führungsqualitäten und war bis 1645 zum führenden Reiter-Kommandeur der *New Modell Army* der Parlamentarier aufgestiegen. Nach deren Sieg 1653 ernannte er sich zum *Lord Protector*. Der radikale Puritaner regierte England – faktisch als Militärdiktator – bis 1658.

AUFSTIEG RUSSLANDS

📍 Russland ⌛ 1462–1725

Im 15. Jh. konnten die russischen Territorien die Mongolenherrschaft endlich abschütteln *(S. 168–169)*. Das Großfürstentum Moskowien, das zunächst nur eine kleine Enklave rund um Moskau war, verleibte sich unter der langen Regentschaft Iwans III. (1462–1505) fast alle anderen russischen Fürstentümer ein. Nach dem Ende des Byzantinischen Reichs (infolge der Eroberung Konstantinopels durch die Osmanen) erklärte Iwan Moskau zum Hort des orthodoxen Christentums oder auch zum »dritten Rom«.

PETER DER GROSSE (1672–1725)
Mit neun Jahren erbte Peter den Zarentitel und regierte ab 1696 allein. Als Zimmermann lernte er in Amsterdam Schiffsbau (1697). Wegen eines Aufstands der Palastgarde (1698) kehrte er zurück und schlug ihn blutig nieder. Seine an westlichen Vorbildern orientierten Reformen modernisierten das Land: Er gründete z. B. eine Akademie der Wissenschaften und ließ Kanäle, Manufakturen und Fabriken bauen. Symbol für seine Öffnung nach Westen waren seine neue Hauptstadt St. Petersburg (1703) sowie eine moderne höfische Kleiderordnung.

»DER GROSSFÜRST LÄSST SEINEN MÄNNERN WENIG RUHE. GEWÖHNLICH IST ER IM KRIEG.«

Der deutsche Diplomat Sigismund von Herberstein über den Großfürsten von Moskowien, 1549

IWAN DER SCHRECKLICHE
Iwan IV. (reg. 1533–1584) stärkte seine Stellung durch eine zentralisierte Staatsmacht, den Ausbau der Staatskirche, eine Armeereform sowie durch die Entmachtung des Adels (Bojaren). Als erster Großfürst wurde er zum Zaren gekrönt (1547). Kriegszüge erweiterten seinen Machtbereich entlang der Wolga bis zum Khanat Astrachan, das er ebenso eroberte wie Livland an der Ostsee. Gegen Ende seiner Regierung wurde er immer despotischer und ließ Adlige in großer Zahl ermorden. Nach 1598 erschütterten Hungersnöte, ein Bürgerkrieg und polnische Überfälle das Zarenreich, das fast zugrunde ging. Erst die neue Dynastie der Romanows führte es ab 1613 zu neuer Blüte.

Glockenturm Iwan der Große (gebaut 1508) im Moskauer Kreml: Die Festung war seit dem 14. Jh. Sitz der russischen Herrscher.

DIE ROMANOWS
Bis 1667 hatten die Romanows viele der an Polen-Litauen verlorenen Gebiete im Westen zurückerobert. Nun reformierte Peter der Große (1682–1725) den Staat nach westlichem Vorbild, erhöhte die Steuern und führte Feldzüge gegen die Osmanen *(S. 226–227)*. Am Ende seiner Herrschaft (1725) war Russland eins der mächtigsten Reiche Europas.

POLEN-LITAUEN

Polen, Litauen 1386–1672

1386 ließ sich Jogaila von Litauen taufen und heiratete Königin Jadwiga von Polen. Bis zum Tod des letzten Jagellionen Sigismund (1569) repräsentierten polnische Könige die Verbindung beider Länder. Dann wurde aus der Personalunion die Adelsrepublik Polen-Litauen, deren Sejm (Reichstag) das Recht hatte, den König auf Lebenszeit zu wählen. Doch der exzessive Gebrauch des *liberum veto*, mit dem jedes Sejm-Mitglied eine Eingabe blockieren konnte, führte zum Stillstand des Landes. 1667 verlor es weite Teile an Russland und war eingekeilt zwischen den Habsburgern im Westen und den Zaren im Osten.

Der polnische Adler war Teil des Wappens des Doppelstaats Polen-Litauen, der von 1572 bis zu seiner Auslöschung 1792 bestand.

AUFSTIEG SCHWEDENS UND NORDISCHER KRIEG

Schweden 1529–1721

Mit Gustav Wasas Wahl zum König (1528) begann Schwedens Aufstieg zur Großmacht. Er institutionalisierte das Erbkönigtum, zentralisierte die Verwaltung, schloss sich der Reformation an (S. *242–243*) und füllte durch Einzug der Kirchengüter den Staatsschatz auf. Auf seinen Tod 1560 folgten unruhige Zeiten, bis Gustav II. Adolf den Thron bestieg (1611–1632). Im Dreißigjährigen Krieg eroberte Schweden die südbaltischen Staaten und Teile des deutschen Nordostens. Als Gustav II. Adolf starb, begann ein langsamer Abstieg des Landes aufgrund seiner – verglichen mit den europäischen Rivalen – wirtschaftlichen und militärischen Schwäche. 1700 griff eine Allianz aus Russland, Sachsen-Polen und Dänemark im Nordischen Krieg die Schweden an. Nach Anfangserfolgen erlitt König Karl XII. (reg. 1697–1718) eine desaströse Niederlage bei Poltawa (1709) und flüchtete ins Exil. Fünf Jahre später setzte er den aussichtslosen Krieg fort, fiel aber 1718 bei Oslo. Im Frieden von Nystad (1721) verlor Schweden seinen Status als Großmacht.

Die Niederlage Karls XII. gegen Russland zerstörte die schwedischen Großmachtträume.

ABSOLUTISMUS IN FRANKREICH

 Frankreich 1603–1715

1603 starb Heinrich IV., der Frankreich den Religionsfrieden und eine zentrale, von der Krone abhängige Bürokratie gebracht hatte. Für seinen neunjährigen Sohn Ludwig XIII. (reg. 1601–1643) führte Kardinal Richelieu die Regierung: Er drängte den Protestantismus und die Adelsopposition zurück, festigte die Macht der Krone und führte Frankreich aus der Abhängigkeit von Spanien – Grundlagen für die Macht- und Prachtentfaltung Ludwigs XIV. (reg. 1643–1715). Auch er kam als Knabe auf den Thron. Für ihn regierte Kardinal Mazarin, der bis zu seinem Tod (1661) den König lenkte.

Ludwig XIV., der Sonnenkönig, leerte die Staatskassen für Frankreichs militärisches und kulturelles Prestige.

DER SONNENKÖNIG

Ludwig suchte sich nun keinen Minister im Format eines Richelieu oder Mazarin, sondern steuerte das Land selbst, als absoluter Monarch. Vor allem führte er Krieg: 1689–1697 gegen die »Große Allianz«, zu der England und die Niederlande gehörten. 1700 wollte Ludwig einen französischen Prinzen auf Spaniens Thron platzieren und löste den nächsten, den Spanischen Erbfolgekrieg aus, denn andere Mächte versuchten die Verbindung beider Länder zu verhindern. Erst 1714 erzwang der brillante englische General Malborough einen Frieden: Der Franzose konnte nur König in Spanien werden, wenn er auf alle Ambitionen in Frankreich verzichtete.

Diese Kriege kosteten außerordentlich viel Geld, führten zu Steuererhöhungen, aber auch, organisiert von Jean-Bapiste Colbert, zu Wirtschaftsreformen. Zudem verschlangen der Bau des prestigeträchtigen Versailler Schlosses und das üppige Leben am Hof Unsummen.

Das Schloss von Versailles, 1661 bis 1684 in der Nähe von Paris errichtet, wurde zum Symbol absolutistischer Prachtentfaltung und Machtdemonstration.

KAPITALISMUS UND SKLAVENHANDEL

Europa, Afrika, Amerika um 1600–1865

Anfang des 17. Jh. gegründete Handelsgesellschaften, wie die Ostindienkompanien *(S. 236–237)*, sammelten Kapital, schickten es auf der Suche nach Profiten um die Welt und ließen es mit oft bis zu 400 Prozent Gewinn zurückkehren. Die Gesellschaften, die in den Kolonien und Niederlassungen hoheitliche Rechte ausübten, standen sicher da, konnten ihre Kapitalvermehrung langfristig planen und setzten den Handel mit Anteilen und Obligationen in Gang. 1609 entstand mit der Amsterdamsche Wisselbank eine große Börse. Ab 1698 wurden in London Waren- und Kurszettel veröffentlicht: Das Publikum konnte sich beteiligen. Das so akkumulierte Kapital befeuerte ab 1800 die Industrielle Revolution – die Vermehrung des Kapitals durch Produktion.

Edward Lloyds Coffee House in London: Hier sammelten Kaufleute Informationen, planten Investitionen und berechneten Versicherungsprämien.

SKLAVENHANDEL

Besonders profitabel war der Sklavenhandel im Atlantischen Dreieck. Oft in Kooperation mit Stammeschefs oder muslimischen Sklavenjägern wurden Schwarze in Westafrika eingefangen oder eingekauft und in die Neue Welt verfrachtet. Mit dem Erlös auf den Sklavenmärkten erwarben die Europäer Waren wie Zucker, Tabak oder Baumwolle, verkauften diese mit weiterem Profit in Europa und fuhren mit Glasperlen, Stoffen und Waffen für die »Handelspartner« in Afrika wieder los. Auf der Mittel-Passage wurden um 1780 jährlich etwa 78.000 Menschen deportiert, bis zu 600 auf einem Schiff. Zusammengedrängt, ohne Luft und Bewegung erlagen sie in großer Zahl Krankheiten oder schlicht dem Hunger. Erst 1807 verbot Großbritannien den Sklavenhandel, die USA folgten 1865.

Das Sklavenschiff Brookes: Dieses Modell zeigt, wie über 500 Sklaven für die Transatlantikfahrt untergebracht werden konnten.

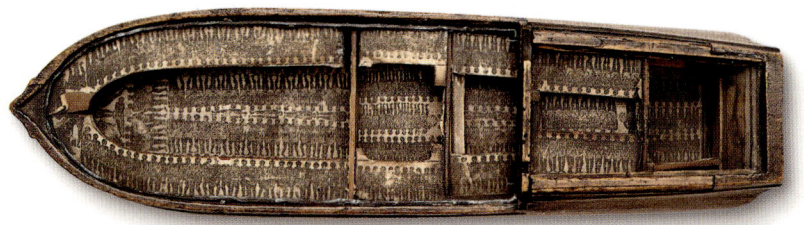

AUFKLÄRUNG UND MODERNE WISSENSCHAFTEN

Europa 16.–18. Jh.

Die Erfahrungen der Renaissance, ihre Entdeckung des Menschen und seiner schöpferischen Autonomie, erfasste vom 16. Jh. an auch das wissenschaftliche Denken: Ein radikal neues Weltbild entstand. Der menschliche Geist begriff seine Tätigkeit nicht länger als Abbilden des (durch die Schöpfung) Gegebenen, sondern als Konstruieren und Verstehen seiner Erfahrungen. Technische Erfindungen, aus solchen Erkenntnissen entwickelt, bestätigten das. Am deutlichsten zeigte sich die Abkehr vom ungeprüften Augenschein und von der Autorität alter Texte in der Kosmologie. 1543 stellte der polnische Priester und Astronom Nikolaus Kopernikus, gestützt auf Berechnungen, sein Weltsystem vor, das nicht mehr die Erde, sondern die Sonne zum Mittelpunkt hat. Nicht diese bewegt sich, sondern die Erde. Eine Theorie, die Galileo Galilei 1610 mit seinem neuen, verbesserten Fernrohr empirisch bekräftigte.

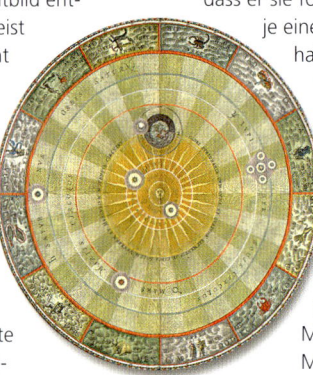

Das Weltbild des Kopernikus: Die Sonne im Mittelpunkt des Kosmos macht dessen Erklärung einfacher.

Die Renaissance hatte die Texte des antiken römischen Arztes Galen aufgespürt. Der flämische Gelehrte Vesalius überprüfte dessen Theorien und erkannte, dass er sie formuliert hatte, ohne je einen Körper geöffnet zu haben, ohne empirische Überprüfung also. 1543 erschien Vesalius' *De Humani Corporis Fabrica*, der erste anatomische Atlas. 1628 hat William Harvey, der Leibarzt Karls I. von England, den Blutkreislauf beschrieben. Mit dem 1661 erfundenen Mikroskop konnte seine Theorie bestätigt werden.

AUFKLÄRUNG

Aber warum sollten Begriffe oder durch Instrumente gelieferte Erkenntnisse »wahrer« sein als das, was die Sinne meldeten? Waren nicht auch Begriffe oder Konstruktionen wie das System des Kopernikus bloß Instrumente und konnten täuschen? Der Mathematiker und Philosoph René Descartes (1596–1650)

ISAAC NEWTON (1642–1726)

1609 erkannte Johannes Kepler, der ein harmonisches Ganzes wollte, dass die Planeten nicht auf Kreisbahnen, sondern in Ellipsen um die Sonne kreisen, und wusste nicht warum. Der Universalgelehrte Isaac Newton (1643–1727) fand die Antwort in den Gravitationsgesetzen: Was für die Masse auf der Erde galt, sei auch auf den Kosmos und alle schweren Objekte übertragbar. Die Harmonie war wieder hergestellt. 1687 veröffentlichte er die *Principia Mathematica*, sie blieb bis zu Einsteins Relativitätstheorie von 1905 die Grundlage der modernen Physik.

EUROPA 255

argumentierte, dass man an allem zweifeln könne, nur am Zweifel selbst, am Denken, und an der Vernunft nicht. Damit fand er den Ausgangspunkt für die neue Wissenschaft der Aufklärung. Im 18. Jh. übertrugen Philosophen diese Wissenschaft und ihre Methoden auf das Handeln der Menschen: auf Moral, praktische Politik, Theologie. Vor der zweifelnden, prüfenden Vernunft hatten Aberglaube, Tyrannei, Ungerechtigkeit keinen Bestand. Aufklärer formulierten die Idee der Toleranz, der Gerechtigkeit, des his-

René Descartes sah nur einen Weg zur Erkenntnis: das kritische, rationale Denken.

mitherausgegebenen 28-bändigen *Encyclopédie*, in der führende Denker der Zeit das damals verfügbare Wissen so zusammenfassten, dass es für alle zugänglich wurde. Politisch wurde die Aufklärung in der Kritik des Absolutismus. Montesquieus Essay *Vom Geist der Gesetze* (1748) entwickelte die Idee der konstitutionellen Monarchie: der Teilung der Gewalten in Exekutive (König und Regierung), Legislative (Parlament) und Judikative (unabhängige Gerichte) – Ideen, die zu Fermenten für die Amerikanische und die Französische Revolution wurden.

> »DIE ZUSTIMMUNG DES VOLKS IST DIE EINZIGE GRUNDLAGE FÜR DIE AUTORITÄT EINER REGIERUNG.«
>
> Jean-Jacques Rousseau, *Der Gesellschaftsvertrag*, 1762

torischen Fortschritts – der Freiheit. Was, fragte der Philosoph Voltaire, bedeute es, frei zu sein? Seine Antwort: »Vernünftig zu denken und die Rechte des Menschen zu kennen.« Jean-Jacques Rousseau wetterte gegen den Verfall der Sitten, deren Grund er in einer Zivilisation sah, die den Menschen von seinem eigentlichen Wesen entfremdet hatte. Und Immanuel Kant forderte dazu auf, dass der Mensch sich mithilfe seines Verstands aus seiner selbstverschuldeten Unmündigkeit befreien solle. Vollends praktisch wurde die Aufklärung in der von Denis Diderot

Jean-Jacques Rousseaus Ausspruch: »Der Mensch ist frei geboren und liegt doch überall in Ketten« wurde zum Leitmotiv späterer Revolutionäre.

ZEIT DER IMPERIEN

DIE WELT 1750–1914

Die Amerikanische und die Französische Revolution veränderten die politische Welt. Die Ergebnisse waren unterschiedlich: Die USA wurden zur funktionstüchtigen Demokratie, Frankreich blieb für 100 Jahre destabilisiert. Die Forderung nach politischen Freiheiten erklang während des gesamten 19. Jh. Eine Welle nationaler

Die Welt um 1850

- Staatsgrenzen
- Ungefähre Grenzen
- Chinesisches Reich (Qing-Dynastie)
- Osmanisches Reich
- Großbritannien mit Besitzungen
- Frankreich mit Besitzungen
- Dänemark mit Besitzungen
- Spanien mit Besitzungen
- Portugal mit Besitzungen
- Niederlande mit Besitzungen
- Preußen
- Russisches Reich
- Japan
- Kaisertum Österreich
- Persien
- Vereinigte Staaten von Amerika
- Napoleonisches Frankreich, 1812
- Mohammed Alis Besitzungen, 1840
- Vereinigte Provinzen Mittelamerikas, 1832–1838
- Großkolumbien, 1819–1830

DIE WELT UM 1850

1850 reichten die USA vom Atlantik bis zum Pazifik; Lateinamerika hatte sich fast völlig von der spanisch-portugiesischen Herrschaft befreit. In Afrika bestanden erst wenige Kolonien, Indien gehörte wie Australien und Neuseeland dagegen zum britischen Empire. Die Qing, wenn auch geschwächt, regierten China.

DIE WELT 1750–1914

Erhebungen brachte vielen Staaten Lateinamerikas die Unabhängigkeit; Italien und Deutschland fanden ihre Einheit. Doch noch immer beherrschten die Kolonialmächte große Teile der Erde. Selbst unabhängige Staaten wie China oder Japan hatten unter europäischen Interventionen zu leiden.

Viele europäische Staaten wurden von den Revolutionen des Jahres 1848 erschüttert, territorial aber änderte sich wenig. Italien und Deutschland waren weiterhin politisch zersplittert und es sollten gut 20 Jahre bis zu ihrer Einigung vergehen. Die Osmanen hielten noch große Teile des Balkans, Griechenland jedoch hatten sie bereits verloren.

ZEIT DER IMPERIEN 1750–1914

AMERIKA

Um 1750 waren beide amerikanischen Kontinente nahezu vollständig von Spaniern, Portugiesen, Franzosen oder Briten besetzt. Nur einige Inseln und Enklaven befanden sich in der Hand kleinerer europäischer Mächte. 1914 dagegen standen nur noch wenige Gebiete unter Kolonialherrschaft. Der Großteil der Länder war seit einem Jahrhundert unabhängig, wobei sich die USA und die spanischen Kolonien in Revolutionskriegen von ihren Mutterländern befreit hatten.

EUROPÄER IN AMERIKA

Nordamerika, Karibik   1750

Um 1750 war der größte Teil Nordamerikas zwischen europäischen Staaten aufgeteilt. Die Briten besaßen die Dreizehn Kolonien entlang der Ostküste (Gebiete der heutigen USA) sowie die Gebiete um die Hudson Bay und Nova Scotia, die ihnen im Frieden von Utrecht (1713) zugesprochen worden waren und heute zu Kanada gehören. In diesem sogenannten Akadien lebten französische Siedler unter britischer Herrschaft.

LAGE DER FRANZOSEN
Von ihrer großen Festung Quebec aus beherrschten die Franzosen weiterhin das heutige Ostkanada und waren nach Süden vorgestoßen, zu den Großen Seen und den Ohio hinab bis nach Detroit (gegr. 1701). 1750 verfügten sie über eine Kette befestigter Posten entlang dieser Wasserwege. Nun versuchten sie, Akadien zurückzugewinnen, wollten zugleich einen Korridor nach Süden, zu den Besitzungen um New Orleans herstellen und von dieser Basis aus die Briten bedrängen. Gleichzeitig jedoch zogen britische Kolonisten an den Ohio, womit der Konflikt zwischen Frankreich und England immer bedrohlicher wurde. Spanien feuerte die Spannungen zwischen den europäischen Großmächten in der Neuen Welt noch zusätzlich an. Seit dem 16. Jh. hielt es Besitzungen in Florida und in der Karibik. Die Wahrscheinlichkeit eines nordamerikanischen Kriegs wuchs.

Von Festungen, wie Fort San Felipe auf Puerto Rico (Karibik), verteidigte Spanien seine Kolonien gegen Angriffe von See.

FRANZOSEN- UND INDIANERKRIEG

📍 östliches Nordamerika ⏳ 1754–1760

Seit Jahrzehnten hatten Franzosen und Briten um die Kontrolle der Wasser- und Verbindungswege von Ohio und Mississippi gerungen. Ein Scharmützel zwischen Franzosen und Kolonialtruppen aus Virginia 1754 bei Fort Duquesne (Pittsburgh) führte zur Entsendung eines Expeditionskorps unter Generalmajor Edward Braddock, der das Fort zu stürmen suchte. Unterstützt von irokesischen Indianerkriegern konnten die Franzosen die Briten vertreiben. Indianische Hilfstruppen spielten für beide Seiten eine große Rolle, was im Namen dieses Konflikts zum Ausdruck kommt.

Gedenkmünze, mit der das heutige Kanada an die Eroberung Quebecs durch die Briten 1759 erinnert

KRIEGSVERLAUF

Die Franzosen behielten die Oberhand, bis die Briten im September 1755 durch die siegreiche Schlacht am Lake George das Hudsontal verteidigen konnten. Vor dem Hintergrund des Siebenjährigen Kriegs in Europa *(S. 271–272)* weitete sich 1756 der lokale zu einem globalen Konflikt aus. Die Briten sahen, dass sie die in Nordamerika bedrängten Franzosen zwingen konnten, Truppen aus Europa nach Amerika zu verlegen. 1758 starteten die Briten einen Durchbruch nördlich von New York, griffen Louisbourg an und marschierten auf Quebec, die Hauptstadt von Neu-Frankreich.

ENDE NEU-FRANKREICHS

Obwohl es dem französischen Kommandeur Marquis de Montcalm immer wieder gelang, den Engländern den Weg zu blockieren, eroberten diese Louisbourg und stießen zum Sankt-Lorenz-Strom vor. Im Juni 1759 war Montcalm in Quebec eingeschlossen. Britische Truppen unter General Wolfe nahmen die Stadt ein; beide Kommandeure allerdings starben dabei. Im September 1760 übergab Marquis de Vaudreuil die letzte französische Festung Montréal, und Neu-Frankreich fiel an Großbritannien.

Der Marquis de Montcalm wurde in der Schlacht in der Abraham-Ebene vor Quebec tödlich verwundet.

UNABHÄNGIGKEITSKRIEG

📍 östliches Nordamerika ⏳ 1775–1783

Die britischen Kolonien mussten zwar Steuern zahlen, waren aber im Londoner Parlament nicht vertreten, das sie finanziell nur aussaugte. Verordnungen, mit denen die Regierung ab 1763 die Kosten des Siebenjährigen Kriegs decken, zugleich Industrie und Handel des Mutterlandes schützen wollte, ließen die Unzufriedenheit ansteigen. 1773 kam es zur Boston Tea Party, bei der Bostoner Bürger, verkleidet als Indianer, den wertvollen Tee der East India Company ins Wasser warfen. Mit ihrem Slogan »No taxation without representation« forderten sie britische Verfassungsrechte auch für die Kolonien, doch noch nicht die Unabhängigkeit von Großbritannien.

Die Boston Tea Party (1773) war keine spontane Aktion. Die Indianerkostüme der Akteure waren symbolisch und ein Zeichen amerikanischer Identität.

KRIEG UND UNABHÄNGIGKEIT

Die britische Regierung reagierte 1774 mit Strafgesetzen, die als *Intolerable Acts* zurückgewiesen wurden, den Widerstand der *Sons of Liberty* verbreiteten und die Kolonien schließlich einigten. Der Erste Kontinentalkongress trat zusammen, forderte die Rücknahme der Strafgesetze, stieß in London jedoch auf taube Ohren. General Thomas Gage, der Kommandeur der britischen Garnison Boston, erhielt den Befehl, die Unruhestifter zu verhaften.

Am 19. April 1775 fiel in Lexington (Massachusetts) der »Schuss, der um die Welt gehört wurde«, der Beginn des Unabhängigkeitskriegs. Gage, der in Boston eingeschlossen war, aber die Stellungen der Rebellen durchbrechen wollte, scheiterte in

---

GEORGE WASHINGTON (1732–1799)

Der Sohn einer Landbesitzerfamilie aus Virginia hatte im Franzosen- und Indianerkrieg unter den Briten gedient und erhielt 1775 aufgrund dieser militärischen Erfahrung das Kommando über die Kolonistenarmee und Siedlermilizen. Unterstützt wurde er von Generalinspekteur Friedrich Wilhelm von Steuben. Mit seiner Moral und Tapferkeit erwarb sich Washington allseitigen Respekt, leitete 1787 den Verfassungskongress, wurde 1789 zum ersten Präsidenten der USA gewählt und führte sein Land in zwei Amtsperioden.

der Schlacht von Bunker Hill, was die Moral der Amerikaner beflügelte. Kurz darauf wurde George Washington zum Befehlshaber der gerade aufgestellten Kontinentalarmee. Trotz massiver Rückschläge, bei denen die Briten u. a. New York eroberten, gelang den Amerikanern ab Juli 1776 ein Durchbruch im Saratoga-Feldzug. Nach langen Debatten konnte sich die Gruppe um Thomas Jefferson (1743–1826) durchsetzen, und am 4. Juli 1776 (Zweiter Kontinentalkongress) einigten sich die Dreizehn Kolonien auf die Unabhängigkeitserklärung, die Gründungsurkunde der Vereinigten Staaten von Amerika.

IN CONGRESS, JULY 4, 1776.

The unanimous Declaration … States of America.

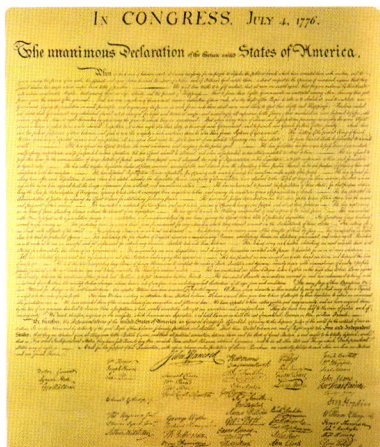

Die Unabhängigkeitserklärung, angenommen am 4. Juli 1776, unterzeichneten auch die späteren US-Präsidenten John Adams und Thomas Jefferson.

SIEG DER AMERIKANER

Noch gaben die Briten nicht auf, doch Washingtons Sieg bei Saratoga im Oktober 1777 hatte die Franzosen auf den Plan gerufen. Sie wollten die Scharte von Quebec *(S. 261)* auswetzen und schlossen im Februar 1778 einen Bündnisvertrag mit den Kolonisten. Das brachte die Wende. Am 19. Oktober 1781 musste Lord Cornwallis in Yorktown (Virginia) nach 18 Tagen Belagerung mit der letzten britischen Armee kapitulieren; die Briten hatten alle Hoffnung auf einen Sieg verloren. Sie ließen die Waffen schweigen und unterzeichneten im November 1782 eine provisorische Vereinbarung, mit der sie die Unabhängigkeit der Kolonien anerkannten. Bestätigt wurde diese 1783, im Frieden von Paris. George Washington wurde der erste Präsident, John Adams Vizepräsident der United States of America, die seither häufig auch »The Union« genannt wurden.

George Washingtons Übergang über den Delaware, Dezember 1776: Er führte seine Armee zum Überraschungsangriff auf die hessischen Söldner der Briten.

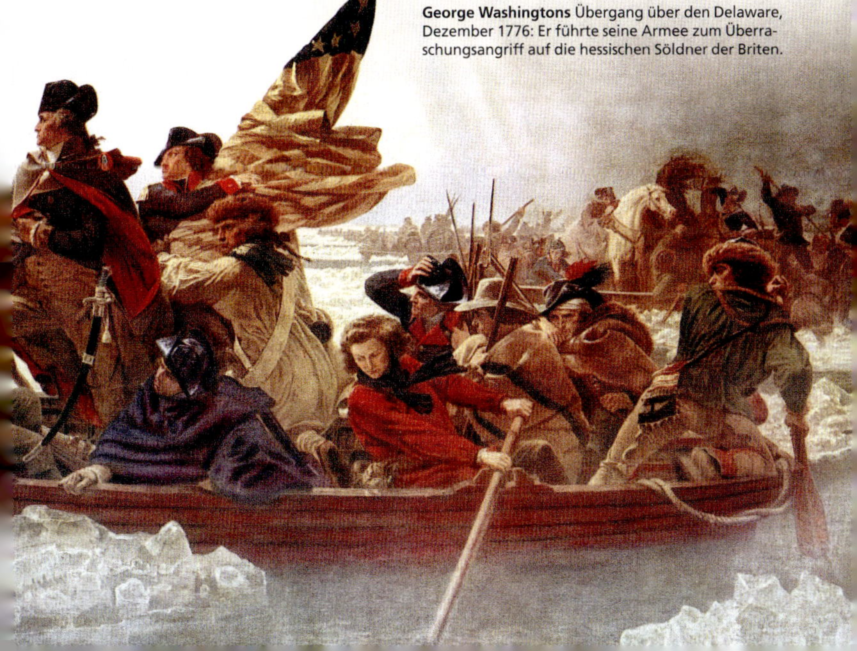

DIE UNION WÄCHST

USA 1783–1867

20 Jahre nach dem Frieden von Paris (1763) grenzte die neue amerikanische Union entlang des Mississippi an französische Besitzungen, im Norden entlang der Großen Seen an das britische Kanada. Doch bei diesen Grenzen blieb es nicht lange. Die Expansion über den Mississippi begann 1803. Napoleon hatte den Plan eines französischen Weltreichs aufgegeben und verkaufte Louisiana, das doppelt so groß war wie die damalige Union, für nur 15 Mio. Dollar an die USA.

AUSDEHNUNG NACH WESTEN

Der Weg nach Westen war offen. Ein bewaffneter Konflikt mit den Briten 1812 führte 1818 zu einer Vereinbarung, die den 49. Breitengrad als Grenze zwischen der Union und Britisch-Kanada festlegte. Im Süden konnten die USA Florida von Spanien erwerben (1813–1819). 1846 kam es zur Teilung Oregons zwischen den Briten und den USA, wieder entlang des 49. Breitengrads, womit die Grenze bis zum Pazifik verlief. 1836 erreichte Texas seine Unabhängigkeit von Mexiko, 1846 wurde es von der Union annektiert, was einen Krieg mit Mexiko auslöste. Nach ihrem Sieg erhielt die Union 1848 Kalifornien, Nevada, Utah und New Mexico. Mit dem Gadsden Purchase von 1853 kamen Teile Nordmexikos hinzu; 1867 erstand die Union Alaska von Russland. Damit war das Wachstum der USA auf dem Kontinent abgeschlossen.

Denkmal für die Freiwilligen, die 1836 bei Alamo in der berühmten Schlacht für die Unabhängigkeit Texas von Mexiko starben

MERIWETHER LEWIS (1774–1809)

Lewis war Sekretär von Präsident Jefferson und wurde 1803 beauftragt, das gerade erworbene Louisiana zu erkunden. Mit seinen Männern erreichte er 1805 die Pazifikküste: Als erste Europäer hatten sie den Kontinent durchquert.

UNBEGRENZTE MÖGLICHKEITEN

Mit der Expansion zogen unzählige Siedler westwärts in die neuen Territorien. Der *Homestead Act* (Heimstättengesetz, 1862) sicherte den Farmern Eigentum von 65 Hektar zu, wenn sie das Land fünf Jahre lang bewirtschaftet hatten. Dies beschleunigte zusammen mit dem Bau transkontinentaler Eisenbahnen bis 1869 die Besiedelung, die zugleich zur – häufig gewaltsamen – Vertreibung der nordamerikanischen Indianerstämme führte. Der Sieg der Sioux, Cheyenne und Arapaho am Little Big Horn 1876, bei dem General George Custer das Leben verlor, war einer der wenigen Siege der amerikanischen Ureinwohner.

WEG IN DEN BÜRGERKRIEG

USA 1820–1861

Der Verfassungskonvent von 1787 hatte den Mitgliedern der Vereinigten Staaten freigestellt, ob sie die Sklaverei beibehalten wollten. Die Nordstaaten schafften sie ab, etwa gleich viele Südstaaten blieben dabei, was permanent Spannungen erzeugte.

STREIT UM SKLAVEREI

Die Aufnahme neuer »freier« Staaten (in denen die Sklaverei verboten war) in die Union verschaffte diesen eine Mehrheit. 1820 wurde durch den sogenannten Missouri-Kompromiss die Sklaverei im Westen der Union verboten. Dies hob jedoch der *Kansas-Nebraska Act* von 1854 auf, während der Oberste Gerichtshof 1857 die Position der Befürworter der Sklaverei stärkte. Immer mehr sklavenfreie Gebiete drängten in die Union. Nachdem 1859 der militante Sklavereigegner John Brown versuchte hatte, Schwarze in Harper's Ferry (Virginia) gewaltsam zu befreien, fühlten sich die Südstaaten mit ihrer Sklavenwirtschaft zunehmend bedroht. Im November 1860 wurde mit Abraham Lincoln der erste Republikaner zum Präsidenten gewählt, der für die Abschaffung der Sklavenhaltung eintrat.

Die Südstaaten hatten dagegen für den Demokraten und Sklavereibefürworter John Breckenridge votiert. Am 20. Dezember 1860 beschloss South Carolina, aus der Union auszutreten, im Februar 1861 folgten weitere sechs Staaten und schlossen sich zur Konföderation zusammen. Der Ausbruch eines Kriegs zwischen Nord- und Südstaaten war nur noch eine Frage der Zeit.

ABRAHAM LINCOLN (1809–1865)

Lincoln, der in Kentucky geboren wurde, gehörte 1854 zu den Mitbegründern der Republikanischen Partei. 1860 gewann der erklärte Gegner der Sklaverei die Wahlen für die Republikaner. Daraufhin verließen die Südstaaten die Union. Entschlossen führte Lincoln die Union durch den Bürgerkrieg. 1865 unterzeichnete er die Resolution zur Abschaffung der Sklaverei. Kurz darauf wurde er Opfer eines Attentats.

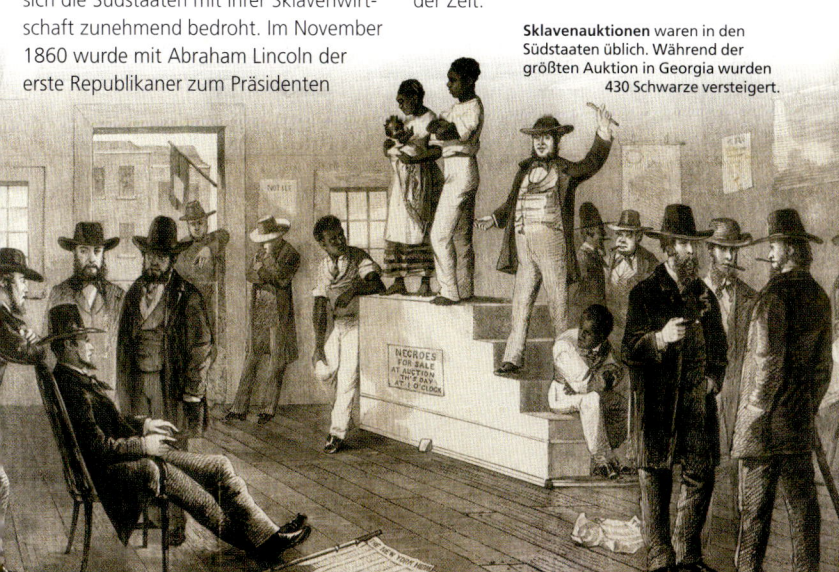

Sklavenauktionen waren in den Südstaaten üblich. Während der größten Auktion in Georgia wurden 430 Schwarze versteigert.

AMERIKANISCHER BÜRGERKRIEG

USA 1860–1865

Im Frühjahr 1861 waren sieben Sklaven-Staaten aus der Union ausgetreten und hatten sich zur Konföderation zusammengeschlossen. Am 12. April beschossen ihre Truppen das unionistische Fort Sumter in Charleston (South Carolina), dessen Besatzung schließlich kapitulierte. Daraufhin machte die Union mobil, vier weitere Staaten schlossen sich der Konföderation an. Der Krieg war nun ausgebrochen, in dem sich ungleiche Gegner gegenüberstanden. Die Union verfügte über industrielle Ressourcen, der Süden war agrarisch; dort lebten 9 Mio. Menschen (ein Drittel davon als Sklaven), im Norden dagegen 22 Mio. Die Konföderation hoffte, die Unionsregierung mit hinhaltendem Widerstand zu ihrer Anerkennung zwingen zu können. Und tatsächlich hielt sich der Süden länger, als die Ressourcen erwarten ließen. Beide Seiten investierten ungeheuere Mittel in den Krieg. Auch die Wehrpflicht wurde eingeführt: 1862 in der Konföderation, im darauffolgenden Jahr in der Union. Bei Kriegsende hatte der Norden die Hälfte, der Süden drei Viertel der Wahlbürger mobilisiert.

»REGIERUNG DES VOLKS DURCH DAS VOLK FÜR DAS VOLK …«

Abraham Lincoln, Gettysburg 1863

ERSTE KRIEGSJAHRE

Unter brillanten Generälen erfochten die Truppen der Südstaaten anfängliche Erfolge. Nach zwei Siegen am Flüsschen Bull Run in Virginia war Washington, die Hauptstadt der Union, ernsthaft bedroht. General Robert E. Lee versuchte, in das

Präsident Abraham Lincoln (rechts) bringt auf diesem Gemälde den Sklaven der Südstaaten die Freiheit.

AMERIKA

Soldaten posieren in Fair Oaks (Virginia). Erstmals wurden Fotografie und Presse systematisch in einen Krieg eingebunden.

Unionsgebiet vorzustoßen, scheiterte aber in der Schlacht bei Gettysburg (Juli 1863), dem Wendepunkt des Kriegs. Die Unionsarmee errang den ersten bedeutenden Sieg unter General Ulysses S. Grant im April 1862 bei Shiloh in Tennessee. Grant konnte am Mississippi nach Süden vorstoßen und im April 1863 das strategisch wichtige Vicksburg erobern sowie Arkansas, Louisiana und Texas von den übrigen Konföderationsstaaten abschneiden. Im Herbst 1864 begann Unions-General William Sherman vom Mississippi aus den Vormarsch ans Meer quer durch die Konföderation bis nach Atlanta an der Ostküste.

KAPITULATION DER KONFÖDERATION

In Virginia konnte General Lee Grants Truppen monatelang hinhalten, indem er jeder Einkesselung auswich, doch stets den Schutz der Hauptstadt Richmond im Auge behielt. In diesen brillanten Rückzugsgefechten erschöpften sich jedoch seine Truppen, zuletzt blieben noch 8000 Mann. Am 3. April 1865 fiel Richmond, und Lee musste kapitulieren. Anfang Mai ergaben sich die letzten konföderierten Einheiten in Carolina und Alabama. Die Union hatte gesiegt – bei immensen Verlusten auf beiden Seiten: 360 000 Tote und 275 000 Verwundete bei der Union, 258 000 Tote und 100 000 Verwundete bei den Konföderierten. Hauptergebnis des Kriegs war die Befreiung der Sklaven. Am 1. Januar 1863 hatte Lincoln die Abschaffung der Sklaverei proklamiert, um es den Engländern und Franzosen unmöglich zu machen, zugunsten des Südens einzugreifen. 1865 wurde das Verbot der Sklaverei als 13. Zusatz in die US-Verfassung aufgenommen. Mit dem 14. Zusatz erhielten ehemalige Sklaven das Bürgerrecht (1868), das Wahlrecht mit dem 15. (1870).

WIEDERAUFBAU

Die zerstörten Südstaaten wurden von Unionstruppen besetzt. Bis 1877 dauerte der Prozess der *Reconstruction*, der verordneten politischen Neuorientierung des Südens. Konföderationsbeamte wurden aus öffentlichen Ämtern entfernt, Kriegsveterane mussten einen Eid auf die Union ablegen, und die ehemals konföderierten Staaten den 14. Verfassungszusatz akzeptieren. Das harte Regime förderte Ressentiments gegen den Norden: 1865 wurde der Ku-Klux-Klan gegründet als Zeichen des fortdauernden Widerstands vieler Südstaatler gegen die Emanzipation der Schwarzen.

Schreibzeug eines Soldaten der Union: Erstaunlich viele Briefe und Erinnerungen einfacher Soldaten haben diesen Krieg überdauert.

LATEINAMERIKAS UNABHÄNGIGKEIT

Mittel- und Südamerika   1808–1920

Unangefochten beherrschten Spanien und Portugal ihre lateinamerikanischen Kolonien bis 1775. Dann gaben die Amerikanische und die Französische Revolution den Kräften Auftrieb, die auch in Mittel- und Südamerika nach Unabhängigkeit strebten. Ihnen kam Napoleon indirekt zu Hilfe, als er sich 1808 in Europa gegen seine iberischen Verbündeten wandte *(S. 278)* und König Karl VI. sowie dessen Sohn Ferdinand als Geiseln nahm. Das gab den Ereignissen eine für Spanien verheerende Wendung, denn die Freiheitskämpfer im spanisch dominierten Amerika konnten das Machtvakuum für ihre Ziele nutzen.

SIMÓN BOLÍVAR (1783–1830)

Der Held der südamerikanischen Freiheitsbewegung, als *El Libertador* (der Befreier) gefeiert, begann den revolutionären Kampf 1813 in Venezuela. Seine Hoffnungen auf eine panamerikanische Föderation scheiterten an nationalen Gegensätzen. 1830 starb Bolívar an Tuberkulose. Mit dem »Wirtschaftsbüro der Amerikanischen Republiken« (1890) wurde die Idee des Panamerikanismus wiederbelebt, nun unter Hegemonie der USA.

BEFREIUNG LATEINAMERIKAS

Von Süden führte 1817 José de San Martín, ein ehemals spanischer Offizier, 5000 Soldaten von Argentinien über die Anden nach Chile und befreite anschließend auch das spanische Bollwerk Peru. Im Norden war Simón Bolívar 1813 mit seiner Armee in Venezuela einmarschiert, konnte aber trotz erbitterter Gefechte wenig erreichen. Erst 1817 nahm die Unabhängigkeitsbewegung im Norden neuen Aufschwung und entschied die

> »ALLE, DIE DER REVOLUTION DIENTEN, HABEN WASSER IN SIEBEN GETRAGEN.«
>
> Simón Bolívar, 1830

Kämpfe für sich. 1819 wurde Bolívar zum Präsidenten von Groß-Kolumbien ernannt, zu dem sich Kolumbien, Ecuador und Panama zusammenschlossen. Weitere Feldzüge entrissen bis 1821 auch Neu-Granada und Venezuela der spanischen Herrschaft. In den Zentralanden vernichteten Armeen aus dem Norden und dem Süden die letzten königlichen Truppen. 1824 erlangte auch Peru seine Freiheit.

Eine einzigartige Unabhängigkeitsbewegung formierte sich 1810 in

Pancho Villa (Mitte), die Schlüsselfigur der mexikanischen Revolution: Erst 1920 legte er seine Waffen nieder.

AMERIKA

Mexiko, geführt von dem radikalen Priester Miguel Hidalgo y Costilla, der eine Truppe von 80 000 Indio-Kämpfern mobilisierte. Zwar wurde Hidalgo 1811 festgenommen und hingerichtet, doch hatte er die spanische Herrschaft dort so nachhaltig erschüttert, dass 1821 auch Mexiko seine Unabhängigkeit erlangte.

Die Oberschicht der portugiesischen Kolonie Brasilien war auf afrikanische Sklaven und damit auf sein Mutterland angewiesen. 1807 floh der portugiesische Hof vor Napoleon nach Rio de Janeiro. König Johann kehrte 1822 nach Portugal zurück und überließ seinem Sohn Dom Pedro die Regentschaft in Brasilien. Dieser proklamierte 1822 die Unabhängigkeit seines Landes und ließ sich zum Kaiser ausrufen.

REVOLUTIONEN UND DIKTATUREN

Das ehemalige spanische Amerika zerfiel in über ein Dutzend unabhängiger Republiken, deren zunächst demokratische, rasch wechselnde Regierungen nach und nach an inneren Unruhen scheiterten. Gewalt wurde alltäglich. Es begann eine Ära zunehmender Zentralisierung. Militärführer *(caudillos)* übernahmen die Macht und errichteten Diktaturen, so General Porfirio Díaz 1876 in Mexiko. Er konnte seine Stellung bis zur mexikanischen Revolution (1910) verteidigen. 1911 löste ihn Francisco Madero ab, der aber nicht erfüllte, was radikalere Revolutionäre, wie Emiliano Zapata und Francisco »Pancho« Villa, verlangten. Der mexikanische Bürgerkrieg dauerte deshalb bis 1920.

»**El Ángel**« wurde 1910 in Mexico Stadt errichtet. Das Denkmal erinnert an den Beginn des mexikanischen Freiheitskriegs 1810.

JOSÉ DE SAN MARTÍN (1778–1850)

Der argentinische Nationalheld San Martín hatte sich 1812 dem südamerikanischen Kampf um die Freiheit angeschlossen. 1817 überquerte er die Anden, um zunächst Chile, dann Peru zu befreien (endgültig 1824). Er starb in Frankreich.

EUROPA

1789 wurde die französische Monarchie gestürzt, und das neue Regime schien entschlossen, ganz Europa die Freiheit zu bringen. Nach zwei Jahrzehnten Revolutions- und Napoleonischen Kriegen hatte sich an den politischen Verhältnissen jedoch nicht viel geändert. Neue Aufstände erschütterten 1848 Europa, und der in voller Blüte stehende Nationalismus führte zur Einigung Italiens, Deutschlands sowie zur Befreiung einiger Balkanstaaten.

SIEBENJÄHRIGER KRIEG

Europa 1756–1763

1756 schloss Friedrich II. von Preußen mit den Briten einen Vertrag zum Schutz englischer Interessen in Hannover. Dies nutzte Maria Theresia von Österreich für eine »diplomatische Revolution« und verbündete sich mit dem ehemaligen Feind Frankreich. Als Rückversicherung gewann sie Zarin Elisabeth für ein gemeinsames Vorgehen gegen Preußen. Um dem zuvorzukommen, fiel Friedrich in Sachsen ein, konnte 1757 die Franzosen bei Rossbach, die Österreicher bei Leuthen (Schlesien), 1758 die Russen bei Zorndorf schlagen. Doch erlitt er 1759 bei Kunersdorf eine vernichtende Niederlage. Auch wenn es nicht zur Besetzung Berlins kam, blieb Preußens Lage kritisch, bis 1762 Peter III. den Zarenthron bestieg und ein Bündnis mit Friedrich II. einging. Mit dessen Sieg bei Freiberg (Sachsen) endete der Krieg. Die Verträge von Paris und Hubertusburg stellten den Vorkriegszustand wieder her. Preußen aber hatte sich als europäische Großmacht etabliert.

FRIEDRICH II. (1712–1786)

Friedrich der Große (reg. 1740–1786), aufgeklärter Monarch und genialer Heerführer, reformierte Verwaltung, Wirtschaft, Armee und vereinigte in mehreren Kriegen das zerrissene Staatsgebiet. Preußen wurde zu einer führenden Macht in Europa.

KRIEG AUF DREI KONTINENTEN

Der Krieg Preußens (mit deutschen Verbündeten) und Großbritanniens gegen Österreich, Russland und Frankreich bekam globale Ausmaße, weil er auch in den überseeischen Kolonien der Beteiligten ausgetragen wurde. In Amerika waren die Kämpfe bereits 1755 *(S. 261)* ausgebrochen, ein Jahr später in Indien. Gegen Preußens Ambitionen griffen Schweden (1757), Spanien, Parma, Neapel und Sizilien ein (1761).

INDIEN

1756 eröffnete der *Nawab* (Herrscher) von Bengalen den Kampf durch die Einnahme des britischen Stützpunkts in Kalkutta. Die 146 Gefangenen steckte er in die Dunkelhaft des »Schwarzen Lochs«, in der viele starben. Mit Robert Clives Sieg über den *Nawab* 1757 begann die britische Eroberung des Subkontinents *(S. 294)*. Die französische Belagerung von Madras scheiterte 1759, 1760 siegten die Briten über die französischen Kolonialtruppen bei Wandiwash und 1761 fiel die wichtigste französische Festung in Indien Pondicherry. Damit endete die indische Episode des Siebenjährigen Kriegs.

Preußische Truppenfahne mit preußischem Adler und Wahlspruch »Pro Gloria et Patria« (Für Ruhm und Vaterland)

AFRIKA UND AMERIKA

Auch an anderen Kriegsschauplätzen setzten sich die Briten durch: 1758 entrissen sie Frankreich den Senegal, 1762 die Inseln Guadeloupe und Martinique und besetzten 1762/63 für kurze Zeit spanische Forts auf Kuba und den Philippinen. Zwar mussten die Briten nach dem Friedensvertrag von Paris viele dieser Eroberungen wieder räumen, doch ihnen blieben Französisch-Kanada, das spanische Florida sowie einige französische Stützpunkte in Westafrika.

Eine britische Flotte nahm 1762 Havanna ein. Die Besetzung währte nur kurz: Im Frieden von Paris (1763) erhielten die Briten Florida im Tausch gegen Kuba.

FRANZÖSISCHE REVOLUTION

Frankreich • 1789–1796

Frankreichs kostspieliges Engagement im amerikanischen Unabhängigkeitskrieg *(S. 262–263)* hatte die Staatsfinanzen endgültig ruiniert und Finanzreformen erzwungen. Missernten steigerten 1788/89 die sozialen Unruhen, die sich gegen das alte System *(Ancien régime)* richteten – 40 Prozent des Landbesitzes lagen bei Adel und Kirche, die nur drei Prozent der Bevölkerung stellten und keine Steuern zahlen mussten.

GENERALSTÄNDE

Als der Adel die Wirtschaftsreformen der Krone blockierte, sah sich Ludwig XVI. (reg. 1774–1792) gezwungen, die Generalstände einzuberufen: die traditionelle Reichsversammlung aus Klerus, Adel und Bürgern (mit reichen Bauern). Letztere, der »dritte Stand«, forderten eine ihrer Zahl und Wirtschaftskraft angemessene Vertretung. Als diese Forderung abgelehnt wurde, konstituierte sich der dritte Stand als Nationalversammlung und vollführte damit den ersten Schritt des Umsturzes. Hungeraufstände des Pariser Volks gipfelten am 14. Juli 1789 im Sturm auf die Bastille *(S. 274–275)*, dem Staatsgefängnis und Symbol des verhassten *Ancien régime*.

REVOLUTIONÄRE REFORMEN

Am 4. August schaffte die Nationalversammlung die feudalen Vorrechte ab und enteignete die Kirche. Das alte Ständesystem wurde aufgelöst. Weitere Reformen folgten bis 1791. Am bedeutsamsten waren die Erklärung der Menschenrechte, die Heeresreform sowie der Eid, den Kleriker auf den Staat leisten sollten, womit sich die Kirche dem Staat unterordnete. Im Rahmen einer Verschwörung gegen die Versammlung versuchte der König im Juni 1791 zu

Öffentliche Hinrichtung Ludwigs XVI. am 21. Januar 1793: Die Guillotine stand auf der heutigen Place de la Concorde in Paris.

EUROPA 273

Mitgliedsausweis des Konvents, der die Französische Republik ausrief und König Ludwig XVI. zum Tode verurteilte

SCHRECKENS-HERRSCHAFT

Um wirtschaftlichen Problemen sowie der militärischen Bedrohung von außen wirksamer begegnen zu können, setzte der Konvent zur rascheren Aburteilung ein Revolutionstribunal und den Wohlfahrtsausschuss zur Konzentration der Macht ein. Nach internen Konflikten drängten die von Robespierre angeführten Jakobiner die gemäßigten Girondisten 1793 aus dem Konvent. Es begann die jakobinische Schreckensherrschaft, der in zehn Monaten etwa 20 000 (vermeintliche) »Konterrevolutionäre« und Monarchisten zum Opfer fielen. Als die Revolutionsarmee im Juni 1794 einen entscheidenden Sieg über Österreich errang, ließ der äußere Druck nach, und die Stimmung kippte. 1794 wurde Robespierre mit führenden Jakobinern verhaftet und hingerichtet. Den Wohlfahrtsausschuss ersetzte nun ein fünfköpfiges Direktorium.

fliehen, wurde aber bei Varennes entdeckt und verhaftet. Durch diesen Verrat am Volk verlor die Monarchie endgültig ihren Rückhalt. Im April 1792 erfolgte die Kriegserklärung an Österreich und Preußen, die den König stützen wollten. Im Pariser Volk aber brach Panik aus. Es stürmte die Tuilerien (Stadtschloss) und erklärte den König für abgesetzt. Eine noch radikalere Versammlung (Konvent) wurde gewählt, die im September die Französische Republik ausrief. Im Januar 1793 wurde der König des Hochverrats angeklagt, für schuldig befunden und enthauptet.

MAXIMILIEN ROBESPIERRE (1758–1794)

Mit seiner Prinzipientreue, die ihm den Beinamen »der Unbestechliche« eintrug, erwarb sich der Jurist Robespierre allgemeine Anerkennung. Doch mit seinem Extremismus löste er 1793 eine Welle des Terrors aus, die schließlich zu seiner Entmachtung und Exekution führte.

Am 14. Juli 1789 wurde die Pariser Bastille gestürmt. Im Gefängnis saßen nur sieben Häftlinge ein, doch wurden dort auch Waffen und Sprengstoff gelagert. Ein Mob nahm die mit Invaliden nur schwach verteidigte Festung ein und erstach den Kommandanten de Launay.

FRANKREICH UNTER NAPOLEON

🏳 Frankreich   📅 1799–1815

Die Regierung des Direktoriums (1795–1799) war geprägt von Instabilität und grassierender Korruption. Die Teilung der Macht unter fünf Direktoren und ein Parlament aus zwei Kammern führte zu Chaos, Untätigkeit und Ernüchterung im politischen Alltag. In dieses Vakuum stieß der junge, aufstrebende Napoleon Bonaparte. Seit seinen Erfolgen in Italien umgab den Artillerieoffizier eine Aura der Verlässlichkeit und Unbesiegbarkeit, die den Revolutionären fehlte. Im November 1799 ließ er seine Armee in Palästina im Stich und folgte dem Ruf seiner Nation.

Der *Code Napoléon* ist wohl die dauerhafteste Hinterlassenschaft Napoleons. Das bürgerliche Gesetzbuch kodifizierte auch die in der Revolution erkämpften Freiheiten.

VOM KONSUL ZUM KAISER

Mit dem Staatsstreich vom 18. Brumaire (9. November 1799) stürzte Napoleon das Direktorium und ließ sich zum Konsul ausrufen. Die beiden Mit-Konsuln drängte er rasch ins Abseits, 1802 erklärte er sich zum Ersten Konsul auf Lebenszeit. Geschickt und entschlossen fegte er das Mischsystem aus revolutionären und feudalen Elementen beiseite, das sich seit 1789 gebildet hatte. Im Dezember 1804 krönte er sich im Beisein von Papst Pius VII. selbst zum Kaiser. Zuvor hatte Napoleon mit der katholischen Kirche Frieden geschlossen: Ein Konkordat (1801) gewährte der Kirche Roms wieder eine gewisse Autonomie und Macht über Frankreichs Katholiken.

> »ICH HABE KOMMANDIERT, GESCHMACK DARAN GEFUNDEN UND KANN ES NICHT MEHR LASSEN.«
>
> Napoleon Bonaparte, 1769–1821

EUROPA

INNERE REFORMEN

Napoleons Neuregelungen prägen das staatliche wie das private Leben in Frankreich bis heute. 1800 gründete er die Banque de France, die Währungsreform hatte bis 1914 Bestand. Er bestimmte die Sanierung der Staatsfinanzen, zentralisierte die Verwaltung in Paris und den Departements, baute die Verkehrswege aus und ordnete das Bildungswesen neu. Eine Kommission von Rechtsexperten stellte 1804 den *Code Napoléon,* das Kernstück des französischen Rechtssystems, fertig. Es war das bürgerliche Gesetzbuch, das weit über Napoleons Tod hinaus bestimmend blieb.

KRIEGE UND STURZ

Napoleon sehnte sich nach Frieden – zu seinen Bedingungen. Tatsächlich führte er fast ununterbrochen Krieg *(S. 278–279).* Weder die dafür notwendigen hohen Steuern noch die allgemeine Wehrpflicht waren im Volk populär. Als der Russlandfeldzug 1812 katastrophal scheiterte, ließ auch die Begeisterung für den großen Feldherrn nach. Selbst einstige Gefolgsleute wie Marschall Ney unternahmen nichts, um nach der Besetzung von Paris durch Koalitionstruppen (1814) die Absetzung des Kaisers zu verhindern. Doch auch das restaurierte Bourbonenregime unter dem schwachen König Ludwig XVIII. war unbeliebt. So wirkte zunächst die Aura des großen Napoleons nach, der von der Insel Elba fliehen (1815) und ein weiteres Mal die Macht übernehmen konnte. Seine »100 Tage« endeten mit der Niederlage bei Waterloo. 1821 starb Napoleon im Exil auf St. Helena im Südatlantik.

NAPOLEON BONAPARTE (1769–1821)

Als Sohn verarmter Adliger auf Korsika besuchte Napoleon die Kadetten- und Kriegsschule und war bereits 1785 Unterleutnant der Artillerie. Mit taktischer Brillanz wusste er, sich bietende Chancen zu nutzen. Als Feldherr überragte er alle Kommandeure seiner Zeit. Letztlich scheiterte er an seinem Ehrgeiz und zunehmender Selbstüberschätzung. Die Entschlossenheit seiner Gegner brachte ihn schließlich zu Fall.

Die Cisalpinische Consulta (Ratsversammlung) erarbeitete 1802 die Verfassung der Republik Italien. Diese wurde 1805 zum Königreich und Kaiser Napoleon in Personalunion König von Italien.

DIE NAPOLEONISCHEN KRIEGE

Europa 1802–1815

Die Revolutionskriege (1792–1802) führte Frankreich zum Schutz seiner Grenzen und gegen die alten Mächte Europas, die eine Ausbreitung der Revolution verhindern sowie die Exekution des Königs rächen wollten. Die Revolutionsarmeen errangen jedoch eine Reihe von Siegen, und aus den Verteidigungs- wurden Expansionskriege sowie der Versuch, die Revolution aktiv nach Europa zu tragen. Diese Phase endete mit dem Frieden von Lunéville (1801 mit Österreich) und von Amiens (1802 mit England). Doch schon 1805 schmiedete Großbritannien die dritte Koalition gegen Napoleons Expansionsstreben. Drei weitere solcher Bündnisse schlossen die europäischen Mächte mit wechselnder Beteiligung, aber ohne Erfolg. Denn bis 1810 blieben Napoleons Armeen stets siegreich. Die Schlachten von Ulm (gegen Österreich) und Austerlitz (gegen Österreich und Russland) brachten Napoleon auf den Höhepunkt seiner Macht, lediglich geschmälert durch die Niederlage in der Seeschlacht von Trafalgar (1805). Dort unterlagen die Franzosen der britischen Flotte unter Admiral Nelson, was

Napoleons Zweispitz mit der Kokarde der Französischen Revolution in den Farben Rot, Weiß und Blau

Napoleons Invasionspläne gegen England zunichte machte. Er versuchte daraufhin, Großbritannien mit einer Wirtschaftsblockade in die Knie zu zwingen, deren bittere Folgen alle freien Mächte Europas gegen ihn aufbrachten. Im Oktober 1806 zog Napoleon gegen Preußen und zerschlug dessen Armeen bei Jena und Auerstedt. 1807 erzwang er im Juli gegen Zar Alexander I. den Frieden von Tilsit.

NAPOLEONS NIEDERGANG

Die Entscheidung, 1807/08 in Portugal und Spanien einzufallen, führte zu einem Guerillakrieg auf der Halbinsel. Damit fehlten Napoleon dringend benötigte Ressourcen an anderen Fronten. 1809 griffen die Briten unter dem Herzog

Wellington zieht an der Spitze seiner Truppen. Zwei Tage später siegten er und der preußische Generalfeldmarschall Blücher bei Waterloo (heutiges Belgien).

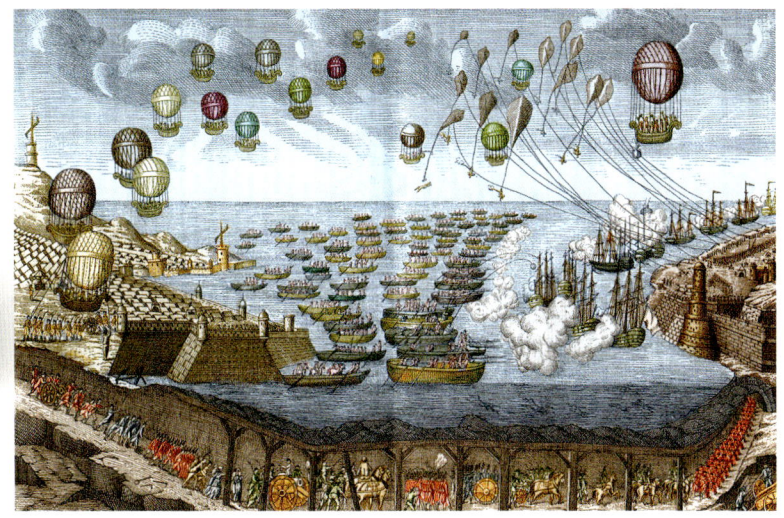

Triumphale Pläne: Zur See, aus der Luft und durch einen Tunnel unter dem Ärmelkanal wollte Napoleon England angreifen. 1805 gab er dieses Vorhaben auf.

von Wellington ein und standen nach heftigen Gefechten 1813/14 in Südwestfrankreich. Als ähnlich verheerend erwies sich auch Napoleons Entschluss, 1812 in Russland einzumarschieren. Die Russen wichen zwar zunächst zurück, und die aus Franzosen und Verbündeten bestehende *Grande Armée* mit 600 000 Mann konnte Moskau besetzen und

Paris versperren konnte, war der Wille zu weiterem Widerstand in Frankreich gebrochen. Nachdem führende Offiziere übergelaufen waren, musste Napoleon abdanken und sein Exil auf Elba antreten. 1815 jedoch war er zurück. Noch einmal sammelten sich Franzosen unter seiner Fahne und errangen einige Siege. Die Niederlage gegen Preußen und Briten bei Waterloo im Juni 1815 besiegelte allerdings das definitive Ende der Napoleonischen Kriege und seiner Herrschaft.

»GESCHICHTE IST DIE LÜGE …, AUF DIE MAN SICH GEEINIGT HAT.«

Napoleon Bonaparte in seinen Memoiren, 1823

niederbrennen. Aber dieser Sieg brachte keine Entscheidung. Denn nun zwang der harte russische Winter das napoleonische Riesenheer zum Rückzug, bei dem, von den nachfolgenden Russen in ununterbrochene Gefechte verwickelt, eine halbe Million Soldaten ihr Leben verloren. Am Ende dieser Feldzüge hatte Napoleon den Armeen der neuen, sechsten Koalition nichts mehr entgegenzusetzen. Sie stellte die Franzosen 1813 bei Leipzig, und in der »Völkerschlacht« erlitt Napoleon seine erste schwere Niederlage. Obwohl er den Koalitionstruppen den Weg nach

HERZOG VON WELLINGTON (1769–1852)

1808 erhielt Arthur Wellesley, 1. Herzog von Wellington, das Kommando über die britische Expeditionsarmee, die Portugal gegen Frankreich unterstützen sollte. Insgesamt sechs Jahre kämpften sich die Briten durch die Iberische Halbinsel und rückten Ende 1813 in Südwestfrankreich ein. Aus seiner Verachtung einfacher Soldaten machte er keinen Hehl, doch wegen seiner beeindruckenden Siege genoss er hohes Ansehen unter ihnen. Nach seinem Triumph bei Waterloo wechselte Wellington in die Politik und war 1828–1830 britischer Premierminister.

NATIONALISMUS UND REVOLUTION

 Europa 1804–1878

Nach den Napoleonischen Kriegen beriet der Wiener Kongress von September 1814 bis Juni 1815 über die politische Neuordnung Europas. Die Schlussakte stellte mit einigen territorialen Verschiebungen die Staatenordnung aus der Zeit vor 1789 wieder her. Im »Konzert der Mächte« dominierten Preußen, Österreich, Russland und Großbritannien. Die Politik der nächsten 25 Jahre war bestimmt durch die Restauration der alten Ordnung, die Bestätigung der Legitimität der Monarchien sowie die Solidarität unter den Herrschern – nicht unter den Völkern. In diesem nach dem österreichischen Staatsmann benannten »System Metternich« wurden alle liberalen und nationalen Bestrebungen unterdrückt. Doch selbst polizeistaatliche Repressionen konnten die Verbreitung des Nationalgedankens (jedes Volk hat das Recht auf einen eigenen Staat) und des Liberalismus im Bürgertum nicht verhindern, was vor allem den Vielvölkerstaat Österreich-Ungarn und das Osmanische Reich gefährdete.

1882 wird Milan Obrenović zu Serbiens erstem König ausgerufen: Serbien ist unabhängig.

NATIONALBEWEGUNGEN IM OSMANISCHEN REICH

Erste Erfolge der Nationalbewegungen stellten sich im bewusst vom Wiener Kongress ausgeschlossenen Osmanischen Reich ein: 1821 erhoben sich die Griechen gegen die Fremdherrschaft, unterstützt vor allem durch die Briten. Bei Navarino gewannen die Aufständischen 1827 eine Seeschlacht, in deren Folge die Osmanen 1830 Griechenlands Unabhängigkeit akzeptieren mussten. In

Revolutionen von 1848: Kurze Zeit schien es, als könnten die Aufstände, wie hier in Wien, die alte Ordnung in ganz Europa zu Fall bringen.

Die Freiheit führt das Volk von Eugène Delacroix entstand nach der Julirevolution 1830, die Louis-Philippe zum König machte. 1848 wurde er gestürzt.

Serbien hatte ein von den Reformern Vuk Karadžić und Djordje Petrović angeführter Aufstand 1804 die Hilfe Russlands gefunden und die Osmanen 1807 vertrieben. 1830, nach der osmanischen Niederlage in Griechenland, erlangte Serbien die staatliche Freiheit.

1848

Missernten in Mittel- und Westeuropa führten 1846/47 zu Hungerrevolten und lokalen Aufständen. Auch im Bürgertum rumorte es, dessen Hoffnungen auf politischen Wandel immer wieder enttäuscht worden waren (Epoche des »Vormärz«). Diese Kräfte verbanden sich, und in nahezu allen Ländern Europas kam es 1848 zu bürgerlichen Revolutionen. Die Franzosen stürzten den sogenannten Bürgerkönig Louis Philippe und riefen die Zweite Republik aus. Die Aufstände im Reich der Habsburger waren stärker national orientiert. Ein Umsturz konnte nur durch die Errichtung der Österreich-Ungarischen Doppelmonarchie verhindert werden, die den Ungarn, der größten nicht-deutschen Ethnie, mehr Autonomie einräumte. Der Versuch der deutschen Nationalversammlung in der Frankfurter Paulskirche, die staatliche Einheit Deutschlands im Rahmen einer konstitutionellen Monarchie durchzusetzen, scheiterte an der politisch-militärischen Schwäche des Parlaments und an den gegensätzlichen Interessen der deutschen Staaten. Die Aufstände wurden unter Preußens Führung brutal niedergedrückt. Ebenso misslangen die bürgerlich-nationalen Ansätze zu einer Einigung Italiens.

ERSTE SIEGE DER NATIONALBEWEGUNGEN

Noch einmal schien es 1849, als könnten die Großmächte die Restaurations- und Unterdrückungspolitik des Wiener Kongresses fortsetzen. Doch in den folgenden 20 Jahren fanden Deutschland und Italien zu nationaler Einheit. 1878 bestätigte der Berliner Kongress die Auflösung des Osmanischen Reichs auf dem Balkan. Die Unabhängigkeit Serbiens, Montenegros und Rumäniens wurde anerkannt, ein bulgarischer Staat gegründet.

DEUTSCHE REICHSGRÜNDUNG

Deutschland   1864–1871

1848 gehörten 36 Einzelstaaten dem Deutschen Bund an. Um dort Preußens Vorherrschaft (gegen Österreich) zu sichern, drängte Ministerpräsident Otto von Bismarck ab 1862 die kleinen deutschen Staaten, sich unter Preußens Führung zu vereinigen. Im Dänischen Krieg (1864) entriss ein Bundesheer aus österreichischen und preußischen Truppen die Herzogtümer Schleswig und Holstein der dänischen Herrschaft. Weil sich jedoch Preußen die Territorien einverleiben wollte, kam es zum sogenannten Deutschen Krieg gegen Österreich, den Preußen 1866 bei Königgrätz gewann. Im Frieden von Prag wurde der Deutsche Bund aufgelöst, und Österreich verlor den Einfluss auf die Einigung der deutschen Staaten.

> **OTTO VON BISMARCK (1815–1898)**
>
> Als preußischer Ministerpräsident (ab 1862) betrieb Bismarck die deutsche Einigung. Geschickte Diplomatie und siegreiche Kriege gegen Dänemark (1864), Österreich (1866) und zuletzt der Deutsch-Französische Krieg (1870/71) ließen die deutschen Fürsten in die Gründung eines deutschen Kaiserreichs unter Führung Preußens einwilligen. Bismarck wurde der erste Reichskanzler (bis 1890). Mit Sozialistenverfolgungen und gleichzeitigen Sozialreformen versuchte er, den Zulauf der Massen zur Sozialdemokratie zu stoppen.

DEUTSCHES KAISERREICH

Mit Gründung des Norddeutschen Bunds (1867) war Deutschland bis zum Main vereint. Frankreich, für das ein starkes, geeintes Deutschland bedrohlich war, wartete indes ab. Als Spanien aber einen Hohenzollern auf seinen Thron berufen wollte, und eine Umklammerung Frankreichs drohte, kam es zu diplomatischen Verwicklungen, die Bismarck mit der berühmten Emser Depesche verschärfte: Erwartungsgemäß erklärte Napoleon III. (reg. 1852–1870) den Krieg. Nach der verheerenden Niederlage bei Sedan (1870) musste er kapitulieren und sich in Gefangenschaft begeben. In Paris wurde daraufhin eine neue Republik gegründet, doch auch deren Truppen unterlagen. Der Weg war nun frei für das zweite Deutsche Kaiserreich mit dem preußischen König Wilhelm I. als Oberhaupt, das symbolisch im Versailler Schloss am 18. Januar 1871 ausgerufen wurde. Führungsmacht des aus 25 Staaten bestehenden Deutschen Reichs war Preußen.

Wilhelm I. nimmt im Spiegelsaal von Versailles die Huldigung der deutschen Fürsten entgegen.

EINIGUNG ITALIENS

🏳 Italien ⌛ 1831–1871

Der Wiener Kongress bestätigte 1815 die Teilung Italiens in einen Flickenteppich aus Kleinstaaten. Dem setzte die Geheimgesellschaft der Carbonari die Forderung nach der nationalen Einheit Italiens (*Risorgimento*) entgegen und organisierte einige (erfolglose) Aufstände. Aufschwung nahm das *Risorgimento* durch Giuseppe Mazzini, der 1831 die Bewegung des »Jungen Italien« gründete. Nun fand das Ziel eines »unabhängigen, freien und republikanischen Italien« auch das Königreich Neapel. 1861 schließlich konnte das Königreich Italien mit dem Piemonteser Viktor Emmanuel als König ausgerufen werden. Vollendet wurde Italiens Einigung mit der Vertreibung Österreichs aus Venetien (1866) und der Besetzung Roms (1870). Napoleon III., im Deutsch-Französischen Krieg bedrängt, musste seine Schutztruppen aus dem Vatikanstaat abziehen. Gegen den Willen des Papstes, der sich als Gefangener Italiens betrachtete, wurde Rom zur Hauptstadt.

> »EURE ERSTEN WICHTIGSTEN PFLICHTEN SIND DIE DER MENSCHHEIT GEGENÜBER. IHR SEID MENSCHEN, EHE IHR STAATSBÜRGER ODER VÄTER SEID.«
>
> Giuseppe Mazzini, Vordenker eines »Europa der Völker«, 1861

bei anderen liberalen Politikern Gehör. Camillo di Cavour, Premierminister im norditalienischen Piemont, provozierte 1859 einen Krieg gegen Österreich und sicherte mit dem Sieg Piemont die Herrschaft in Norditalien. 1860 eroberte Giuseppe Garibaldi mit seiner Freiwilligenarmee der »Rothemden« Sizilien sowie

GIUSEPPE GARIBALDI (1807–1882)

Nach einem gescheiterten Carbonari-Aufstand in Piemont floh Garibaldi 1834 nach Südamerika und beteiligte sich dort am Befreiungskampf. Zurückgekehrt führte er 1848 die Truppen der Römischen Republik bis zu deren Niederlage. 1860 befreite er mit dem »Zug der Tausend« Sizilien und Neapel. Aus Rücksicht auf Frankreich (Schutzmacht des Vatikan und Bündnispartner Piemonts) wurde ihm der Marsch auf Rom verwehrt. Enttäuscht zog er sich aus dem Kampf um Italiens Einigung zurück.

FRANKREICH UNTER NAPOLEON III.

 Frankreich 1848–1870

1815 kamen in Frankreich wieder die Bourbonen an die Macht *(S. 277)*, und die gesamte Familie Bonaparte wurde ins Exil verbannt. Louis Bonaparte, der Neffe Napoleons, wuchs in Deutschland und in der Schweiz auf. Doch er kehrte nach dem Zusammenbruch der Julimonarchie des »Bürgerkönigs« Louis Philippe (reg. 1830–1848) nach Paris zurück und ließ sich ein Jahr später zum Präsidenten der Republik wählen.

Nach dem Staatsstreich von 1851, der Louis Bonaparte diktatorische Vollmachten verlieh, wurde 1852 per Plebiszit das Kaisertum restituiert und er zum Kaiser Napoleon III. ausgerufen. Seine zunächst autoritäre Herrschaft stützte sich auf Armee und Kirche. Ab 1860 liberalisierte er sein Regime, setzte Reformen in Gang, ließ das Eisenbahnnetz ausbauen und Paris nach den Plänen des Baron Haussmann modernisieren.

AUSSENPOLITIK

Napoleon III. versuchte das seit 1815 isolierte Frankreich ins »Konzert der Mächte« zurückzuführen: So beteiligte er sich auf britischer Seite am Krimkrieg gegen Russland (1853–1856), unterstützte Piemont gegen Österreich (1859) und intervenierte in Mexiko (1862–1867).

Seit 1862 betrieb er eine dezidiert antipreußische Politik, die schließlich zum Deutsch-Französischen Krieg und zu Frankreichs Niederlage von 1870/71 führte. Napoleon III. wurde verhaftet und nach Kassel gebracht. Er starb 1873 im englischen Exil.

DEUTSCH-FRANZÖSISCHER KRIEG

 Frankreich 1870–1871

Indem er die Besetzung des spanischen Throns durch einen Hohenzollernfürsten unterstützte, provozierte Otto von Bismarck die französische Kriegserklärung gegen Preußen. Im August 1870 nahmen die Franzosen Saarbrücken ein, errangen damit aber ihren einzigen Sieg. Nach den vernichtenden Niederlagen bei Gravelotte (18. August) und Sedan (2. September) musste sich Napoleon III. ergeben. In Paris wurde die Dritte Republik proklamiert, die zu nationalem Widerstand aufrief, am 28. Januar 1871 jedoch aufgab. Dagegen richtete sich der Aufstand der Pariser Kommune, den republikanische Truppen niederschlugen. Das Land versank im Chaos.

Bismarck hingegen konnte die süddeutschen Staaten für die Reichsidee gewinnen. Dem am 18. Januar im Schloss von Versailles ausgerufenen Deutschen Reich fiel im Frieden von Frankfurt Elsass-Lothringen zu.

Belagerung von Paris: Am 25. Januar 1871 befahl Bismarck, die Stadt mit schweren Krupp-Kanonen zu beschießen. Drei Tage später kapitulierte Frankreich.

ENGLAND UNTER VIKTORIA I.

England 1837–1901

Als Königin Viktoria den Thron bestieg, hatte Großbritannien weder von seiner frühen Industrialisierung *(S. 288)* profitiert noch den Verlust der amerikanischen Kolonien verkraftet *(S. 263)*, und noch immer drückten die Kosten der Napoleonischen Kriege *(S. 278–279)*. Als Viktoria jedoch 1901 starb, war Großbritannien führende Industriemacht und seine Fahnen wehten über Stützpunkten rund um die Erde. Diese Erfolge prägten das Selbstverständnis des »viktorianischen England«.

Die Weltausstellung von 1851 im Kristallpalast im Londoner Hyde Park, war ein imperiales Schaufenster für die »Leistungen der Industrie aller Nationen«.

EXPANSION UND REFORMEN

Nach dem Zusammenbruch der East India Company 1858 *(S. 237)* beherrschte die britische Krone große Teile Indiens, und mit dem Erwerb der Kolonien in Afrika wurde Großbritannien zur Weltmacht. Seit Kinderarbeit ein und regulierten die Fabrikarbeit. Ohne Revolution wurde England zur konstitutionellen Parteiendemokratie – nur einige Ergebnisse der 64-jährigen Regentschaft Viktorias.

> »WIR SIND NICHT INTERESSIERT AN DEN MÖGLICHKEITEN EINER NIEDERLAGE.«
>
> Königin Viktoria zum Unterhausabgeordneten Arthur Balfour, 1899

1877 trug Viktoria den Titel »Kaiserin von Indien«. Im Mutterland begann eine Zeit der Reformen, weniger befördert von der Königin als erzwungen von den sozialen Zuständen in den rasch gewachsenen Industriestädten sowie den Auswüchsen des Manchester-Kapitalismus. 1846 fielen die Kornzölle und damit die Lebensmittelpreise. Die *Factory Acts* schränkten

KÖNIGIN VIKTORIA (1819–1901)

Viktoria (reg. 1837–1901) kam als 18-Jährige auf den Thron und ehelichte 1840 ihren deutschen Cousin Prinz Albert von Sachsen-Coburg-Gotha. Ihre neun Kinder verheiratete sie an so viele Höfe Europas, dass man sie die »Großmutter Europas« nannte.

RUSSLAND IM 19. JAHRHUNDERT

📖 Russland   🗓 1801–1905

Im Jahr seiner Krönung (1801) reichte das Imperium Zar Alexanders I. von Ostsibirien bis nach Polen – Entfernungen, die die zaristische Verwaltung vor schier unlösbare Probleme stellten. Russlands mehrheitlich bäuerliche Bevölkerung, weithin noch Leibeigene, lebte unter primitivsten Verhältnissen. Zwar setzte die Industrialisierung auch in Russland ein, doch konnte es den Vorsprung der europäischen Konkurrenten nicht aufholen.

Trommelrevolver Marke Colt: Die USA schickten Waffen, um die Russen im Krimkrieg zu unterstützen.

ALEXANDER I. UND NIKOLAUS I.

Russland setzte seine Expansionspolitik fort, eroberte 1809 Finnland, 1812 Bessarabien, 1815 Teile Polens. Mit den Erwerbungen im Kaukasus und der Niederschlagung der Guerillabewegung unter Shamil (1859) war das Russische Reich wieder etwa halb so groß wie unter Peter dem Großen *(S. 251)*. Aber es war kein Land, das sich zentral regieren ließ. Bis 1830 gab es Allwetterstraßen nicht einmal zwischen Moskau und Sankt Petersburg. Die erste Eisenbahnlinie wurde 1851 eröffnet. Die Regierungszeiten Alexanders I. (1801–1825) und Nikolaus I. (1825–1855) waren belastet durch die ungelöste Frage der Leibeigenschaft. Alexander, der zumindest liberal dachte, sogar eine Verfassung für notwendig hielt,

Schlacht im Krimkrieg zwischen Russland, der Türkei und ihren Verbündeten: Erstmals wurden die Kämpfe von Fotografen und Künstlern dokumentiert.

Wladimir Makowskis Gemälde *Tod im Schnee* zeigt die Opfer der blutig unterdrückten Revolution von 1905.

tat praktisch nichts für eine Aufhebung, der erklärte Autokrat Nikolaus erst recht nicht. In Polen ließ er die 1830er-Revolution niederschlagen, 1848 bot er den Habsburgern Hilfe an gegen die Revolutionäre in Wien und Ungarn. Zuletzt scheiterten seine Ambitionen, das Osmanische Reich vom Schwarzen Meer zu verdrängen, mit einer demütigenden Niederlage gegen England und Frankreich im Krimkrieg (1853–1856).

REFORMVERSUCHE

Unter Alexander II. (reg. 1855–1881) wurde die Expansionspolitik in Zentralasien vorangetrieben, und es kam zu einer Reihe liberaler Reformen: 1861 wurde die Leibeigenschaft abgeschafft, die Gerichte erhielten mehr Freiheiten, 1864 schließlich wurden lokale Körperschaften, die gewählten *Semstwos*, eingesetzt.

REPRESSION UND REVOLUTION

Alexander III. (reg. 1881–1894) ließ revolutionäre Umtriebe durch Polizeiterror ersticken, während 1889 die Befreiung der Leibeigenen teilweise wieder zurückgenommen wurde. So erreichte die Unzufriedenheit 1894, als Nikolaus II. den Thron bestieg, einen Höhepunkt, an dem 1898 Russlands erste marxistische Partei gegründet wurde *(S. 291)*. Mit der bitteren und unerwarteten Niederlage im Russisch-Japanischen Krieg (1904/05) wurden die bürgerlichen Reformforde-

> »DER VERBLICHENE ZAR HAT DIESES ENDE NICHT VORAUSGESEHEN, UND SO HAT ER MICH AUF NICHTS VORBEREITET.«
>
> Zar Nikolaus II., 1894

Dennoch traten erste revolutionäre Unruhen unter den Bauern auf, denen die Befreiung nicht den ersehnten Wohlstand gebracht hatte, sowie unter der städtischen Intelligenz, die das zaristische Regime als »Tyrannei« ablehnte. 1881 fiel der Zar einem Attentat zum Opfer.

Nikolaus II. nahm viele Reformen seiner Vorgänger zurück. Gegen die revolutionären Unruhen half das jedoch wenig.

rungen immer lauter, und eine Welle revolutionärer Proteste ging durch das Land. Der Zar genehmigte die Einsetzung eines Parlaments *(Duma)* und gewährte bürgerliche Grundrechte. Das stellte die gemäßigte Opposition zufrieden. Die extremen Gruppen ließ er aber unerbittlich verfolgen, die Revolution von 1905 blutig niederschlagen.

INDUSTRIELLE REVOLUTION

Seit dem Ende des 18. Jh. erfasste von England aus eine Welle der Industrialisierung Europa und Nordamerika. Sie schuf die Grundlagen des modernen Kapitalismus und veränderte die westliche Welt, in der aus Agrargesellschaften Industriestaaten wurden. Sie spülte die Menschen in die Städte, beschleunigte aber auch technische Innovationen, die wiederum das ökonomische Wachstum antrieben.

ANFÄNGE IN ENGLAND

Ergiebige Rohstoffe, wie Eisen und Kohle, sowie eine wachsende investitionsbereite Mittelklasse erlaubten England, die neuen technischen Möglichkeiten zu nutzen. Vor allem James Watts leistungsfähige Dampfmaschine leistete gute Dienste, da sie eine Kraftmaschine für diverse industrielle Zwecke war: vom Auspumpen der Bergwerke bis zum Antrieb der Maschinen. Rasch wurde die Textilindustrie mechanisiert. 1835 liefen bereits 120 000 mechanische Webstühle.

Das zog Männer, Frauen und Kinder in die Städte, dorthin wo die Maschinen standen. Sie fanden entsetzliche Arbeitsbedingungen vor, ertrugen lange Arbeitszeiten bei geringen Löhnen, bis die Gewerkschaften die Fabrikbesitzer zügeln konnten.

Romantisierende Darstellungen der Arbeitsbedingungen in den neuen Fabriken verdeckten die wahren Zustände.

denn nun war es einfacher, Arbeitskräfte, Rohstoffe und Produkte zueinanderzubringen. Die Aufhebung der Leibeigenschaft – ab 1790 in Frankreich, von 1811 bis 1848 in Deutschland, ab 1860 in Polen und Russland – sorgte für frei verfügbare Arbeitskräfte, und die Fabriken in den USA profitierten von der Masseneinwanderung. 1855 erfand der Engländer Henry Bessemer eine neue Methode, aus Eisen Stahl zu machen, das belastbarer und vielseitiger war als Gusseisen und den Werkstoff lieferte für weitere Eisenbahnen, verbesserte Schiffe und mächtigere Waffen. Die Nachfrage nach Stahl war unermesslich, wovon nicht zuletzt die

DIE ZWEITE WELLE

Die Industrialisierung erfasste in den 1820er-Jahren Belgien. Der Eisenbahnbau in Deutschland, der Schweiz und den USA beschleunigte eine zweite Industrialisierungswelle (1840–1870),

EUROPA

George Stephensons Lokomotive North Star brachte die Great Western Railway nach vorne, die eine der großen Eisenbahngesellschaften des Viktorianischen England war.

junge deutsche Schwerindustrie profitierte: So beschäftigte 1910 der führende Stahlproduzent im Ruhrgebiet, Krupp, 70 000 Menschen, während er 1846 mit nur 122 Arbeitern angefangen hatte.

DIE DRITTE WELLE

In den 1890er-Jahren begann die Industrialisierung in Russland, Schweden, Frankreich und Italien. Neue Branchen wie die der chemischen und der elektrotechnischen Industrie kamen dazu. Das relativ spät aufgebrochene Deutschland übernahm nun die Führungsrolle in der Industrie- und Rüstungsproduktion und überflügelte um 1900 England, das Land der ersten Industrialisierungswelle. Aus Furcht vor möglichen politischen Folgen beschleunigten Russland, Frankreich und Italien ihre Rüstungsinvestitionen, Russland baute zudem mit Blick auf Truppentransporte sein Eisenbahnnetz aus. Es dauerte auch nicht lange, und in Europa wurde der erste industrialisierte Krieg entfesselt. Der Erste Weltkrieg (1914–1918) zerstörte dann die Infrastruktur, für deren Ausbau und Verbesserung die Industrialisierung gesorgt hatte.

Die verbesserte Stahlproduktion erlaubte den Bau der triumphalen Wahrzeichen der neuen Epoche, wie z. B. des Pariser Eiffelturms oder des Londoner Kristallpalasts.

ZEIT DER IMPERIEN 1750–1914

INDUSTRIALISIERUNG UND ARBEITERBEWEGUNG

Europa, USA 1800–1868

Die Arbeitsbedingungen zur Zeit der Industriellen Revolution waren erbärmlich bis menschenverachtend. Seit Anfang des 19. Jh. organisierten sich englische Arbeiter, um ihre Interessen gemeinsam zu vertreten. Doch nicht nur in England waren solche »Koalitionen« verboten und wurden polizeilich verfolgt.

GEWERKSCHAFTEN

1824/25 wurden die englischen Anti-Koalitionsgesetze aufgehoben und Gewerkschaften erstmals zugelassen. 1829 gründete John Doherty die Grand General Union der britischen Spinnereiarbeiter, die erste nationale Gewerkschaft.

Schmuckblatt der deutschen Sozialdemokratie mit der Parole des Kommunistischen Manifests

Ab 1830 folgten dann die Arbeiter anderer Branchen. Noch war die Repression an der Tagesordnung. So wurden etwa organisierte Landarbeiter, die *Tolpuddle Martyrs,* 1834 in die Strafkolonie nach Australien deportiert. Die raschen wirtschaftlichen Fortschritte gaben auch den Gewerkschaften mehr Spielraum, bis 1868 der Vorläufer des gewerkschaftlichen Dachverbands, Trades Union Congress, gegründet wurde. 1866 entstand die National Labour Union in den USA. In Deutschland und Frankreich begann die Gewerkschaftsbewegung in der Folge der Revolutionen von 1848 *(S. 280–281).* Vorreiter waren Handwerkervereine sowie die Drucker und andere Facharbeiter.

Peterloo Massaker, 1819: Beim Einsatz von Kavallerie gegen unbewaffnete Demonstranten gab es in Manchester 11 Tote und Hunderte Verletzte.

SOZIALISMUS UND MARXISMUS

Europa 1800–1917

Die Arbeitsbedingungen der Industriellen Revolution machten die »soziale« zur politischen (Macht-)Frage. Die Arbeiter, so argumentierten die frühen Sozialisten, produzierten den Reichtum, also müsse er ihnen auch zukommen. Solche Gedanken waren nicht neu: Sie inspirierten schon den Bauernkrieg in Deutschland (1524–1526) und bestimmte Fraktionen im englischen Bürgerkrieg *(S. 248–249)*. Erst die Industrialisierung aber schuf den Überschuss, der an alle hätte verteilt werden können. Robert Owen, ein walisischer Fabrikbesitzer, forderte den kollektiven Besitz an Produktionsmitteln, Henri Saint-Simon in Frankreich gleiche Chancen für alle. Radikaler, an den englischen Ökonomen Adam Smith anknüpfend, argumentierte Karl Marx (1818–1883): Die Produktion erfolge im Zusammenwirken von Arbeit und Kapital, also gesellschaftlich, das Ergebnis aber werde privat angeeignet: vom Kapital. Die Arbeiter erhielten (bestenfalls), was sie zur Reproduktion ihrer Arbeitskraft brauchten. Es gehe also nicht um die Umverteilung des Reichtums, sondern die Produktionsverhältnisse müssten so verändert werden, dass der Mehrwert der Produktion allen zur Verfügung stehe. Alle historischen Klassenkämpfe hätten sich an Widersprüchen der Produktionsverhältnisse entzündet. Erst mit dem Kapital und großen Industrien seien die Voraussetzungen gegeben, die Produktion gesellschaftlich zu regulieren.

Um 1900 waren überall in Europa sozialistische Parteien entstanden. Aber ausgerechnet im kaum industrialisierten Russland kam es 1917 zu einer sozialistischen Revolution.

»DIE GESCHICHTE ALLER BISHERIGEN GESELLSCHAFT IST DIE GESCHICHTE VON KLASSENKÄMPFEN.«

Manifest der kommunistischen Partei, 1848

Karl Marx verfasste zusammen mit Friedrich Engels 1848 das *Manifest der kommunistischen Partei*.

FORTSCHRITT DER WISSENSCHAFTEN

Die Industrielle Revolution wurde befördert durch gewaltige Fortschritte in Technik und Technologien: im Transportwesen durch Auto und Flugzeug, im Kommunikationswesen durch Telefon und Funk, in der Produktion durch Fließband und Automatisierung und sogar im Haushalt durch elektrisches Licht und Grammophon. In den Wissenschaften revolutionierte Charles Darwins Theorie der Evolution das Bild vom Menschen.

ENTDECKUNGEN UND ERFINDUNGEN

Ungeheure Folgen hatte die Entdeckung des englischen Physikers Michael Faraday, dass ein in einer Spule bewegter Magnet elektrische Spannung erzeugt (1831): die Grundlage für Dynamo und Elektromotor. Zum Pionier der Elektroindustrie wurde der Erfinder und Unternehmer Werner von Siemens (1816–1892). Die elektrische Induktion ermöglichte auch die Entwicklung des Telegrafen (1837) und des Telefons, um 1860 vom Deutschen Philipp Reis erfunden und vom Amerikaner Graham Bell zur Marktreife gebracht (1876). 1906 gelang es dem Italiener Guglielmo Marconi, auf Heinrich Hertz' Theorie der elektromagnetischen Wellen aufbauend, Sender und Empfänger zur drahtlosen Übertragung von Sprache zu bauen. 1879 ließ sich Karl Benz den Verbrennungsmotor patentieren, Mitte der 1880er-Jahre fuhren die ersten Kraftwagen. Den Brüdern Wright gelang 1903 der

Charles Darwins Mikroskop, das er bei seinem Aufenthalt auf den Galapagosinseln (1831–1836) benutzte.

Karl Benz am Steuer seines 1885 vorgestellten Benz-Motorwagens. Es war das erste Automobil, das in Serie hergestellt und verkauft wurde.

Alexander Graham Bell 1892 bei seinem ersten Ferngespräch zwischen New York und Chicago

erste längere motorgetriebene Flug mit einer Maschine, die schwerer war als Luft. Weitere Erfindungen der 1890er-Jahre wie Grammofon oder Kinofilm waren zunächst nur wenigen Menschen zugänglich, bildeten aber die Basis für die expandierende Unterhaltungsindustrie.

bedingungen auf den Inseln angepasst hatten und neue Arten entstanden waren. Er erklärte das durch Selektion: Es überlebt die Varietät, deren Eigenschaften den Umweltbedingungen am besten angepasst sind; sie verer-

> »... DASS DER MENSCH MIT ALL SEINEN EDLEN EIGENSCHAFTEN ... DOCH NOCH IN SEINEM KÖRPERBAU DEN UNAUSLÖSCHLICHEN STEMPEL SEINES NIEDEREN URSPRUNGS TRÄGT.«
>
> Charles Darwin, *Die Abstammung des Menschen*, 1871

THEORIE DER EVOLUTION

Lange Zeit betrachtete man die Tierarten als von Gott geschaffen und darum grundsätzlich unveränderlich. Charles Darwins 1859 veröffentlichtes Buch *Vom Ursprung der Arten* erschütterte diese Vorstellung. Auf den Galapagosinseln hatte er festgestellt, dass sich Finken den jeweiligen Umwelt-

ben ihre Ausstattung, und an einem bestimmten Punkt wird aus der Varietät eine neue Art.

In *Die Abstammung des Menschen* (1871) zeigte Darwin, dass dieser von einem affenartigen Vorläufer abstammt. Anfangs erbittert umstritten ist seine Theorie heute wissenschaftlich akzeptiert.

ASIEN

Im 19. Jh. mussten sich die Länder Asiens gegen den zunehmend aggressiven Imperialismus europäischer Mächte wehren. Sie taten dies mit wechselndem Erfolg. Seit den 1850er-Jahren stand der größte Teil Indiens unter britischer Herrschaft. China, geschwächt durch den Opiumkrieg, kämpfte gegen die Briten. Nur Japan zeigte, dass es eigenständig bleiben konnte, indem es die Möglichkeiten der Industrialisierung nutzte.

SCHLACHT VON PLASSEY

Bengalen (Indien)   23.–24. Juni 1757

Die britische East India Company (Ostindien-Kompanie), die ihre erste befestigte Niederlassung 1690 in Kalkutta gegründet hatte, kämpfte immer wieder mit lokalen Herrschern *(Nawab)*, die sich gegen die Präsenz der Kompanie wehrten. Zu einem größeren Konflikt kam es 1756, als Siraj-ud-Daula, der neue Nawab von Bengalen, von den Briten verlangte, seinen reichen Untertanen Krishna Das auszuliefern, der mit veruntreuten Staatsgeldern nach Kalkutta geflohen war und bei ihnen Unterschlupf gefunden hatte.

STURM AUF KALKUTTA

Auch Kalkuttas Befestigungswälle sollten niedergerissen werden. Die Briten weigerten sich, sodass die bengalische Armee im Juni 1757 das heruntergekommene Fort stürmte und 146 Briten in das »Schwarze Loch« sperrte, was angeblich nur 23 von ihnen überlebten. Das mochte übertrieben sein, provozierte jedoch schwere Vergeltungsmaßnahmen der britischen Handelskompanie.

CLIVES SIEG BEI PLASSEY

In ihrem Auftrag zog General Robert Clive mit Truppen von Madras zu einer Strafexpedition gegen den Nawab. Er eroberte zunächst den französischen Stützpunkt Chandernagore und besiegte dann Siraj-ud-Daula in einer zweitägigen Schlacht bei Plassey. Mir Jafar wurde als neuer Nawab eingesetzt. Clive erhielt 28 Mio. Rupien vom königlichen Finanzministerium, weil er die Stellung der East India Company gesichert hatte.

Mit seinem Sieg bei Plassey stärkte Robert Clive (1725–1774) die Position der Briten in Indien.

ASIEN

DIE BRITEN IN INDIEN

Indien 1757–1885

Clives Sieg bei Plassey 1757 schien die britische Herrschaft in Indien zu festigen. Doch schon mit dem nächsten *Nawab* von Bengalen, Mir Kasim, gab es neuen Streit. Zum Schutz ihrer Handelsinteressen annektierte die Ostindien-Kompanie 1764 Westbihar. Von da an mischten sich die Briten immer häufiger in Konflikte indischer Fürsten ein. Jedes Mal eroberten sie neue Territorien und übernahmen die Verwaltung. Während der Anglo-Mysore- (1766–1799) und der Anglo-Maratha-Kriege (1772–1818) weitete die East India Company ihren Besitz in den Süden aus und komplettierte damit ihr im Norden nahezu vollständiges Machtmonopol. 1843 wurde Sindh annektiert, in den Kriegen von 1845/46 und 1848/49 fiel die Punjab-Ebene in britische Hand.

BRITISH RAJ

Unter dem Gouverneur Lord Dalhousie begann die Vereinheitlichung all dieser so unterschiedlichen Territorien. Und noch immer kamen neue hinzu, gemäß der

Dhuleep Singh, der letzte Maharadscha des Punjab, wurde 1849 von den Briten abgesetzt und sein Königreich annektiert.

Doktrin des »Erlöschens«: Starben indische Fürsten ohne direkte Erben, fiel ihr Land in britischen Besitz. Die Missachtung der Traditionen und die Beschneidung angestammter Rechte führten zu Unmut, der sich 1857/58 im Großen Indischen Aufstand entlud. Dieser, auch Sepoy-Aufstand genannt, wurde niedergeschlagen. Alle Rechte der East India Company gingen an die britische Krone über: der Beginn des *British Raj*, 1876 umbenannt in *Indian Empire*. Für das nächste halbe Jahrhundert herrschte Frieden, obwohl 1885 der Indische Nationalkongress gegründet wurde, der mehr politische Rechte für die Inder forderte. Doch Indien war »das Juwel in der Krone« des britischen Empire, und die Briten machten den indischen Nationalisten bis 1914 keinerlei bedeutsame Zugeständnisse.

Victoria Bahnhof der Indian Peninsular Railway: Die Briten begannen 1853 mit dem Bau der Eisenbahn.

GROSSER INDISCHER AUFSTAND

📍 Indien   ⚔ 1857–1858

In den 1850er-Jahren schürte die East India Company mit einigen Maßnahmen Unruhe unter den *Sepoys,* den indischen Soldaten in ihren Diensten. Anfang 1857 wurde das neue Enfield-Gewehr eingeführt, und nach dem Reglement musste die Papierhülle der Pulverladung aufgebissen werden. Gerüchte kamen auf, dass sie mit Schweine- oder Ochsenfett getränkt sei, was die religiösen Gefühle muslimischer wie Hindu-Soldaten verletzt hätte. In Meerut kam es im Mai 1857 zu einer Meuterei, die rasch ganz Nordindien erfasste. Da sich Mogul-Kaiser Bahadur Schah II. daran beteiligte, schien es den Indern möglich, die Herrschaft über ihr Land zurückzugewinnen. Doch die Briten setzten sich energisch zur Wehr und eroberten im September 1857 das besetzte Delhi zurück. Der letzte Widerstand war im Juli 1858 gebrochen.

Indische Meuterer metzelten im Juli 1857 in Cawnpore gefangene Briten nieder, was Rachegelüste in der britischen Truppe beförderte.

BRITISCH-BIRMANISCHE KRIEGE

📍 Birma (Myanmar)   ⚔ 1824–1885

Die ersten Beziehungen zwischen Britisch-Indien und dem benachbarten Königreich Birma entstanden im Versuch der Ostindien-Kompanie, Handelswege zu öffnen. Als Ende des 18. Jh. eine offizielle Grenze zwischen Bengalen und dem Königreich Arakan gezogen wurde, kam es zu Spannungen, die zu drei Kriegen führten.

BRITISCHE INVASIONEN

Im ersten dieser Kriege (1824–1826) eroberte die Ostindien-Kompanie Assam, Manipur, Arakan und Tenasserim. Im zweiten Krieg von 1852, ausgelöst durch kleinere Vertragsverletzungen der Birmanen, fiel der nördliche Landesteil Pegu an die Briten. In den folgenden 25 Jahren konnte der birmanische König Mindon Min (reg. 1853–1878) weitere britische Vorstöße abwehren. Sein Nachfolger Thibaw (reg. 1878–1885) jedoch war weniger erfolgreich: Im November 1883 entbrannte ein dritter Krieg über strittige Holz-Konzessionen. 1885 eroberte Großbritannien die Hauptstadt Mandalay und machte Birma 1886 zu einem Teil von Britisch-Indien. Dem massiven Widerstand begegneten die Briten mit Vernichtungsfeldzügen gegen ganze Dörfer und Städte.

Mit solchen birmanischen Silberdolchen (19. Jh.) ließ sich gegen die Enfield-Gewehre der Briten wenig ausrichten.

TÜRKISCHE REFORMBEWEGUNGEN

Türkei 1789–1923

Nach den Landverlusten in Serbien und Ungarn begannen im Osmanischen Reich erste Reformen: Mit einem »Neuen System« *(Nizam-i cedid)* wollte Sultan Selim III. (reg. 1789–1807) die Untätigkeit in Bürokratie und Verwaltung überwinden. Selims Nachfolger Mahmud II. (reg. 1808–1839) stärkte die Autorität der Zentralregierung gegen eigenmächtige lokale Interessen.

JUNGTÜRKEN

Abdülmecid I. (reg. 1839–1861) begann ein Modernisierungsprogramm, das als *Tanzimat* (Neugestaltung) bekannt wurde. Doch unter Abdülhamid II. (reg. 1876–1909) erlitt das Osmanische Reich katastrophale Rückschläge: 1878 verlor es mit der Niederlage gegen die Russen den größten Teil seiner europäischen Gebiete, 1881 Tunesien an Frankreich, 1882 Ägypten an die Engländer. Die vom bedrängten Abdülhamid fortgeführten Reformen in Bildungswesen und Armee genügten der radikalen Opposition nun nicht mehr. 1902 trafen sich in Paris die Anführer der sogenannten Jungtürken, eines Bündnisses entschlossener Nationalisten, zu einem Programmkongress. 1908 kam es zu einem Aufstand in Makedonien, dem sich auch viele Jungtürken anschlossen und das »Komitee für Einheit und Fortschritt« gründeten. Abdülhamid war danach gezwungen, einer Verfassung zuzustimmen und ein Parlament zuzulassen.

ENVER PASCHA (1881–1922)

Einer der ersten Führer der Jungtürken und ab 1908 starker Mann des herrschenden Triumvirats wurde Militärattaché in Berlin. Enver Pascha war es, der im Ersten Weltkrieg das Bündnis mit dem Deutschen Reich befürwortete.

ZUSAMMENBRUCH DES REICHS

Enver Pascha, Vorsitzender des Komitees, drängte auf weitere Reformen, wie z. B. den Schulbesuch für Frauen. Außenpolitisch trafen die Jungtürken die folgenschwere Entscheidung, im Ersten Weltkrieg auf der Seite der Deutschen zu kämpfen. 1918 machten sich die siegreichen Alliierten daran, das Osmanische Reich zu zerschlagen. 1920 besetzten britische Truppen Istanbul. Retter der Türkei wurde Kemal Mustafa Atatürk, der die türkischen Truppen sammelte und die Alliierten 1922 zurückdrängte. 1923 wurde er Präsident der ersten Türkischen Republik.

Der Dolmabahce Palast über dem Bosporus war zwischen dem Ende des 19. und Anfang des 20. Jh. die Residenz der letzten osmanischen Sultane.

QING-DYNASTIE IN CHINA

China 1796–1912

Ende des 18. Jh. konnte die verkrustete Verwaltung der Qing-Dynastie Alltag und Leben der rasch wachsenden Bevölkerung im Riesenreich nicht mehr regeln: Das Land wurde knapp, die Steuern stiegen, das Kupfergeld verlor an Wert. In der Folge kam es ab 1796 zu Bauernaufständen, die an alte magisch-mystische Traditionen (Weißer Lotus) anknüpften, aber auch die Ordnung der Ming-Zeit zurücksehnten *(S. 165)*. Zwar wurden sie bis 1804 niedergeschlagen, doch die immer wieder aufflammenden Unruhen schwächten Kaiser Jiaqings Regime (1796–1820).

Die Mode der »Chinoiserien« löste im 19. Jh. eine enorme Nachfrage nach Seide, Malerei und Porzellan in Europa aus.

OPIUM-HANDEL

Zur Zeit Jiaqings überschwemmten (auch eingeschmuggelt von Briten) riesige Mengen Opium das Land, die Opiumsucht grassierte, und enorm viel Silber floss als Gegenleistung ab. 1839 beauftragte die Regierung den hohen Beamten Lin Zexu, den Handel in der Hafenstadt Guangzhou (Kanton) zu unterbinden. Er ließ Opium beschlagnahmen und englische Händler verhaften. Daraufhin schickte die Londoner Regierung ein Expeditionskorps, und der erste Opiumkrieg begann.

OPIUM-KRIEGE

Die Chinesen konnten dem Empire nicht standhalten, Hongkong und Shanghai wurden besetzt. Im Vertrag von Nanjing erzwangen 1843 die Briten die Abtretung Hongkongs, das bis 1997 britische Kronkolonie blieb. Außerdem musste China fünf Handelshäfen öffnen und Einfuhrzölle begrenzen. Nicht-Chinesen

Die »Dreizehn Faktoreien« in Kanton (Guangzhou) waren bis 1842 der einzige Ort in China, an dem Ausländer Handel treiben durften.

ASIEN

> »SOLANGE CHINA EINE NATION VON OPIUM-RAUCHERN BLEIBT, MUSS NIEMAND FÜRCHTEN, DASS ES IRGENDEINE BEDEU-TUNG ALS MILITÄR-MACHT ERLANGT.«

Lin Zexu, Regierungsbeamter in Guangzhou

unterstanden nicht länger der chinesischen Gerichtsbarkeit. Die Durchsuchung des britischen Handelsschiffs *Arrow* führte 1856 zum Zweiten Opium-Krieg, diesmal mit französischer Beteiligung. In den vierjährigen Kämpfen ging auch der Pekinger Sommerpalast der Qing in Flammen auf. Am Ende erzwangen die Europäer elf weitere »Vertragshäfen« sowie enorme Entschädigungen. Zudem wurde der Opiumhandel legalisiert.

TAIPING-AUFSTAND

Diese Zugeständnisse des Qing-Regimes führten zu Aufständen, von denen die Taiping-Rebellion der größte war: 1836 hatte der christliche Lehrer Hong Xiuquan die Vision, China christianisieren zu müssen. In Guanxi (Südchina) errichtete er im Januar 1851 mit seinen Anhängern das *Taiping Tianguo* (das Himmlische Königreich des Großen Friedens). 1853 eroberten die Taiping-Rebellen Nanjing, verboten das Glücksspiel und das Opiumrauchen. 1860 gelang es der westlich ausgebildeten »Immer siegreichen Armee«, den Angriff der Rebellen auf Shanghai abzuwehren. 1864 eroberten Regierungstruppen Nanjing. Der Aufstand brach zusammen.

REFORMEN

Am Hof herrschte von 1861 bis 1908 Cixi, die Mutter des künftigen Kaisers Tongzhi. Sie unterstützte Reformen, wie etwa den Bau der Eisenbahn, die Dampfschifffahrt auf dem Jangtsekiang sowie eine Heeresreform. Die Niederlage im Chinesisch-Japanischen Krieg (1894/95) kostete China u. a. Korea *(S. 301)* und bedeutete das Ende des Wandels.

ENDE DER QING-DYNASTIE

Gegen den Einfluss des Westens, namentlich der Missionare, richteten sich die Aufstände der »In Rechtschaffenheit vereinten Faustkämpfer« *(Yihetuan)*, die die Briten »Boxer« nannten. Ihr Ziel war es, alle Ausländer aus China zu vertreiben. Von Cixi insgeheim unterstützt, zogen die Yihetuan im Mai 1900 nach Peking, um dort fast zwei Monate lang die europäischen Botschaften zu belagern. Die »Vereinigten acht Staaten«, darunter Großbritannien, Frankreich und Deutschland (Kaiser Wilhelm II. hielt seine berüchtigte »Hunnenrede«), sandten Truppen und rangen die Rebellen nieder. Das Qing-Regime lag endgültig am Boden. 1912 wurde die von Sun Yat-Sen geführte Chinesische Republik ausgerufen.

Aus einfachen Verhältnissen stieg Cixi zur Konkubine des Kaisers Xianfeng auf, gebar seinen Sohn und regierte China fast 50 Jahre als Kaiserwitwe.

MEIJI-RESTAURATION

📍 Japan ⌛ 1833–1911

Seit Anfang des 17. Jh. hatte das Tokugawa-Shogunat Japan den inneren Frieden zum Wohl der Bevölkerung gesichert. Zu Beginn des 19. Jh. jedoch raffte eine Hungersnot Tausende dahin, auf dem Land und in den Städten kam es zu Aufständen und Unruhen. Zudem wuchs die Bedrohung Japans von außen. Zwei Jahrhunderte lang hatte sich das Land gegen alle Ausländer abgeschottet, doch der Westen wollte das Inselreich unbedingt für seine Waren öffnen. 1853 entsandte die US-Regierung Commodore Matthew Perry mit vier Kriegsschiffen nach Edo (Tokio). Er übergab die amerikanischen Forderungen und kehrte ein Jahr später mit nun sieben Schiffen zurück. Dem hatte Japan nichts entgegenzusetzen, und Shogun Tokugawa Iesada musste den Amerikanern im Vertrag von Kanagawa Handelsrechte und eine bevorzugte Behandlung einräumen.

Der Meiji-Kaiser erhielt 1868 die politische Führung zurück und schaffte das feudale Ständesystem der Shogune ab.

WIEDEREINSETZUNG DES TENNO

Ähnliche Verträge mit Großbritannien, Frankreich, den Niederlanden und Russland folgten. Japan verlor praktisch seine Zollhoheit.

Als die Kaufleute auch noch entdeckten, dass sie beträchtliche Profite machen konnten, indem sie unterbewertete japanische Goldmünzen aufkauften und aus dem Land brachten, kam es 1859/60 zu inneren Konflikten. Das Shogunat, so hieß es, verrate japanische Interessen, unter der Parole *sonnō jōi* (»Verehrt den Kaiser, vertreibt die Barbaren«) formierte sich Widerstand. Führende Adelsfamilien setzten sich für die Rückkehr des Tenno ein, der seit Jahrhunderten ohne reale Macht

ASIEN

in Kyoto residiert hatte. In einem kurzen Bürgerkrieg ging 1868 die 700-jährige Herrschaft der Shogune zu Ende, die Kaisermacht wurde wiederhergestellt: Mit der Meiji-Zeit (1868–1912) begann Japans Modernisierung nach westlichem Vorbild. 1877 versuchten Traditionalisten, sich dagegenzustemmen, doch die reformierte Armee schlug die Satsuma-Rebellion der Samurai-Verbände nieder *(S. 172)*. 1889 erhielt Japan eine Verfassung.

GROSSMACHT JAPAN

Eine rasche Industrialisierung ermöglichte den Aufbau und die Ausrüstung moderner Streitkräfte. Nachdem China 1894 in Korea eingefallen war, erklärte ihm Japan den Krieg, um seinen Einfluss zu sichern. Die überlegenen japanischen Truppen eroberten den strategisch wichtigen Hafen Port Arthur (Mandschurei). Mit dem Vertrag von Shimonoseki (1895) endete der Krieg. China musste den Japanern Korea und Taiwan überlassen.

Auch der Russisch-Japanische Krieg (1904/05) entbrannte über Korea; in der Seeschlacht von Tsushima (1905) schlug

Siegesparade in Tokio: Nach dem glorreichen Sieg im Russisch-Japanischen Krieg (1904/05) entwickelte sich ein aggressiver Nationalismus in Japan.

Japans Kaiserliche Marine die russischen Streitkräfte vernichtend. Zar Nikolaus II. musste dem Vertrag von Portsmouth zustimmen. Korea wurde japanisches Protektorat (1910 offiziell annektiert), und Japan erhielt die mandschurische Halbinsel Liadong. Die Niederlage einer europäischen Armee gegen eine asiatische entsetzte westliche Militärs. Japan war nun zu einer Macht geworden, mit der weltpolitisch zu rechnen war. 1911 verhandelte es die alten Handelsverträge neu und gewann seine Zollhoheit zurück.

Der Holzschnitt zeigt die Kapitulation der rebellischen, traditionalistischen Samurai nach der Satsuma-Rebellion (1877) vor Offizieren des Meiji-Kaisers in Uniformen nach westlicher Art.

OZEANIEN

Um 1750 hatten die Europäer erst einige Küsten und verstreut liegende Inseln im Pazifik erkundet. Das eigentliche Motiv ihrer Reisen war die Suche nach der *Terra Australis*, dem legendären Südland, das seit Langem im Südpazifik vermutet wurde. Anfang des 20. Jh. waren die Südseeinseln europäische Kolonien geworden, Neuseeland und Australien weitgehend selbstständige Staaten.

ERFORSCHUNG DES PAZIFIK

Südpazifik · 1642–1770

Der Spanier Vasco Núñez de Balboa erblickte als erster Europäer 1513 den Pazifik, und nicht viel später kreuzten spanische und portugiesische Segler in seinen nördlichen Gewässern. Magellan hatte, während seiner Weltumseglung von 1520, Australien nicht gefunden, was den Glauben an das legendäre Südland zumindest erschütterte. 1605 schließlich erreichten Schiffe der Holländischen Ostindien-Kompanie unter dem Kommando von William Janszoon im Golf von Carpentaria Australien. 1642 erkundete der Niederländer Abel Tasman die Küste von Tasmanien und sichtete östlich davon als erster Europäer Neuseeland. Die Holländer tauften diese Länder Neu-Holland, errichteten dort jedoch keine Siedlungen.

COOKS SÜDSEEREISE

Am 20. April 1770 erreichte der britische Entdecker James Cook die Ostküste des australischen Kontinents. Sein Schiff *Endeavour* war mit dem Auftrag in der Südhemisphäre unterwegs, einerseits den Venustransit zu beobachten (mit weltweiten Messungen sollte die Entfernung Erde-Sonne bestimmt werden), andererseits französischen Landnahmen im Pazifik zuvorzukommen. Am 29. April ging Cook in der Botany Bay (auf dem heutigen Stadtgebiet von Sydney) an Land, im August nahm er den Kontinent formell in britischen Besitz.

Ureinwohner Neuguineas, gezeichnet in den 1770er-Jahren, zur Zeit von Cooks Südseereisen

ERSTE SIEDLER AUSTRALIENS

Neusüdwales (Australien)   1787–1791

Zunächst wussten die Briten nicht, was sie mit ihren neuen Gebieten anfangen sollten, bis Lord Sydney, der Innenminister, einen Plan vorlegte, der gleich zwei Probleme lösen konnte: Man müsse größere Gruppen Gefangener nach Australien verschiffen, und würde damit zum einen verhindern, dass Franzosen dort eigene Kolonien gründeten. Zum anderen hätte man, nachdem das unabhängig gewordene Amerika ausfiel, wieder einen Verbannungsort für Verurteilte. Am 13. Mai 1787 stach die *First Fleet,* elf Schiffe unter Captain Arthur Phillips Kommando, von Portsmouth mit 750 Gefangenen an Bord in See. Am 20. Januar 1788 landeten sie in Botany Bay. Die kleine Neusüdwales genannte Kolonie wurde 1790 von einer zweiten, 1791 von einer dritten Flotte verstärkt. Zunächst war das Überleben vorrangig, doch nach ein paar Jahren sandte Sydney Cove als erste Siedlung Truppen zur Erkundung der neuen Heimat aus.

Fußeisen und Kette, wie sie die Verbannten auf der langen Überfahrt der *First Fleet* trugen

ERKUNDUNG AUSTRALIENS

Australien   1798–1861

Von Gouverneur Lachlan Macquaherie 1809 bis 1820 umsichtig verwaltet, entwickelte sich die erste Kolonie in Australien, Neusüdwales, und bald regte sich das Bedürfnis, das Landesinnere zu erkunden. Zuvor hatte man sich auf die Kartierung der Küste konzentriert. 1798/99 umsegelten George Bass und Matthew Flinders Tasmanien, von dem man zuerst annahm, es gehöre zum Festland.

Die nächsten Entdecker zogen danach landeinwärts: 1813 durchquerte Gregory Blaxland die Blue Mountains, 1828 erkundete Charles Sturt Murray sowie Darling und erreichte die Küste beim heutigen Adelaide. Bis 1840 entstanden neue Kolonien in Victoria (1803), Western Australia (1829) und South Australia (1836), die im Unterschied zu den Sträflingssiedlungen »Freie Provinzen« genannt wurden.

Nun zielten die Erkundungen auf die Mitte des Kontinents, und 1845 erreichte Charles Sturt die Ausläufer von Simpson Desert. John McDouall Stuart gelang 1861 unter schrecklichen Entbehrungen von Adelaide aus die erste Süd-Nord-Durchquerung. Mit dieser Expedition stand die Größe des Kontinents fest, und man kannte nun die unwirtlichen Bedingungen, die im Landesinneren herrschen.

Charles Sturt (1795–1869) kam 32-jährig nach Australien und erkundete 20 Jahre lang den Kontinent.

ZEIT DER IMPERIEN 1750–1914

AUSTRALISCHE FÖDERATION

Australien 1872–1901

Ende des 19. Jh. hatten die britischen Kolonien die gröbsten Schwierigkeiten überwunden, u. a. auch durch gewaltsames Vorgehen gegen die Aborogines. Es entwickelten sich ein nationales Selbstbewusstsein sowie der Wunsch nach Unabhängigkeit vom Mutterland. 1872 wurde die telegrafische Verbindung zwischen den sechs Kolonien hergestellt, was das Bestreben noch beflügelte, der Nation durch eine »Föderation« auch politisch Gestalt zu geben. 1895 wurde der Federal Council (Bundesrat) konstituiert, allerdings noch ohne eigenen Staatshaushalt. Die Constitution Bill (1898) stärkte die Föderation, und am 1. Januar 1901 wurde das Commonwealth of Australia gegründet das 1907 (als Dominion) weitgehende Autonomie erhielt.

Das Royal Exhibition Building in Melbourne war Ort der konstituierenden Sitzung des Parlaments *(Federal Parliament of Australia)* am 9. Mai 1901.

EUROPÄISCHE BESIEDLUNG NEUSEELANDS

Neuseeland 1769–1858

Die ersten Kontakte zwischen Europäern und den Maori auf Neuseeland (das diese in ihrer Sprache *Aoteaoro* nennen, »das Land der langen weißen Wolke«) endete unglücklich: Vier Seeleute Abel Tasmans wurden 1642 bei einem Streit getötet. Erst nach Cooks »Wiederentdeckung« der beiden Inseln (1769) kam es erneut zu europäischen Übergriffen auf Land und Besitz der Maori. Doch nur langsam entstanden kleine Küstenstationen von Walfängern, Robbenjägern und Missionaren. 1839 lebten kaum mehr als 2500 Europäer in Neuseeland. Die Maori litten unter den von den Europäern eingeschleppten Infektionskrankheiten, zudem dezimierten sie sich auch untereinander in Stammesfehden mithilfe der effektiven Feuerwaffen, die ihnen Europäer verkauften.

VERTRAG VON WAITANGI

1839 gründete die neue New Zealand Company eine Kolonie nach australischem Vorbild. Im Februar 1840 unterzeichneten Briten und Maori-Häuptlinge den Vertrag von Waitangi, mit dem die Maori (aus britischer Sicht) ihre Selbstständigkeit im Tausch gegen den Schutz durch die Krone aufgaben. Damit begann die Einwanderung der Europäer: 1840 gründeten Siedler Auckland und Wellington, 1848 Dunedin und 1850 Christchurch. Bereits 1858 lebten wahrscheinlich mehr Europäer (etwa 59 000) als Maori in Neuseeland.

NEUSEELAND-KRIEGE

Neuseeland 1840–1873

Der Vertrag von Waitangi beendete die Spannungen zwischen Maori und Briten nicht, vor allem nachdem Letztere versuchten, in neue Gebiete vorzudringen. 1843 kam es bei Nelson auf der Südinsel zum offenen Kampf: Bewaffnete Siedler wollten den Maori-Häuptling Ngati Toa bestrafen, weil er sich weiteren Landnahmen widersetzte. Doch die Maori, durchaus gute Krieger, vertrieben die Angreifer. Weitere Gefechte entbrannten 1845/46, teils durch einen Maori-Bürgerkrieg, teils in der Region um Wellington.

Hölzerne Kriegskeule der Maori. Sie kämpften aber auch mit Feuerwaffen.

WAIKATO-KRIEG

Die Maori, die ihre befestigten Siedlungen geschickt zu nutzen verstanden, schlugen die meisten Attacken der Europäer zurück, und für 15 Jahre herrschte Ruhe. Doch in den 1860er-Jahren brachten die »Königsbewegung« der Maori sowie die Wahl des ersten Königs Potatau Te Wherowhero das Gleichgewicht der Kräfte durcheinander. Wieder herrschte Krieg, und die Briten versuchten, das Netzwerk der Maori-Siedlungen zu zerbrechen. 1864 hatte die fast 14 000 Mann starke britische Streitmacht die Maori zermürbt. Bis auf kurze Gefechte 1872/73 blieb die militärische Vormacht der Europäer unangefochten.

ERKUNDUNG DER ANTARKTIS

Antarktis 1820–1911

1820 hatte eine russische Expedition unter Fabian von Bellingshausen den antarktischen Kontinent entdeckt; 1839–1843 erkundete Briton James Ross das Victoria Land und das Ross Ice Shelf. Doch der größte Teil der Antarktis blieb weiterhin unbekannt. 1895 erklärte die 6. Internationale Geografische Konferenz den Kontinent zum einzig verbliebenen Ziel großer Expeditionen, und ein Wettlauf begann, um die letzten weißen Flecke von der Weltkarte zu tilgen.

WETTLAUF ZUM POL

Das ehrgeizige Ziel war, den Südpol zu erreichen. 1908 kam Sir Ernest Shackletons Expedition bis zum Punkt 88°23′ Süd, nur mehr 180 km trennte sie vom Pol. 1911 stieg das Wettkampffieber: Gleichzeitig machten sich unter Roald Amundsen eine norwegische und eine britische, von Robert Scott geführte Expedition auf den Weg. Amundsens besser vorbereitete Unternehmung erreichte den Pol zuerst am 14. Dezember – fünf Wochen vor Scotts Gruppe.

Ein letztes Foto von Robert Scotts Schlussmannschaft: Die fünf Männer erreichten ihr Ziel, starben aber auf dem Rückweg zum Basislager.

AFRIKA

Anfang des 19. Jh. war Nordafrika erforscht, und es gab eine ganze Reihe europäischer Niederlassungen entlang der afrikanischen Küsten. Das Innere des Kontinents dagegen war auf den Karten voller weißer Flecken. Doch um 1900 hatten die Kolonialmächte Afrika unter sich aufgeteilt. Nur wenige Gebiete wie etwa Äthiopien konnten ihrer Annexion entgehen. Zwar gab es antikoloniale Aufstände, doch die europäischen Armeen behielten stets die Oberhand.

FRÜHE ENTDECKER

Afrika 1805–1871

Das 1820 als Wirkstoff gegen Malaria entdeckte Chinin öffnete europäischen Forschern den Weg ins Innere Afrikas, das nun planmäßig erkundet wurde. Gleichwohl erwies sich Westafrika als so ungesund für Fremde, dass es »Grab des Weißen Mannes« genannt wurde. 1805 sorgte die britisch finanzierte Niger-Expedition des erfahrenen Afrikaforschers Mungo Park weltweit für Schlagzeilen, denn die Gruppe verschwand spurlos. 1827 gelang es dann dem Franzosen René-August Caillié als erstem Europäer, die legendäre Wüstenstadt Timbuktu zu erreichen und wohlbehalten zurückzukehren. Bis 1835 hatten Europäer Nordwestafrika fast vollständig kartografiert.

Diesen Tropenhelm trug der schottische Missionar David Livingstone (1813–1873) während seiner Expeditionen in Afrika.

VERZEICHNUNG AFRIKAS

Die 1858 von den Engländern Richard Burton und John Hanning Speke geleitete Expedition lokalisierte den Tanganjika- und den Viktoriasee, doch welcher von beiden den Nil speiste, war noch immer strittig. Speke behauptete (zu Recht), es sei der Viktoriasee, den er allein erreicht hatte. Ab den 1840er-Jahren zog der schottische Missionar David Livingstone kreuz und quer durch Zentral- und Südafrika. 1853 bis 1856 gelang ihm die erste ost-westliche Durchquerung des Kontinents. Auf dem Weg zu einer entlegenen Station am Tanganjikasee entdeckte er die Viktoriafälle und traf 1871 auf den nach ihm suchenden britischen Journalisten Henry Morton Stanley.

Gegen Ende des Jahrhunderts hatten Europäer den Gesamtlauf von Nil, Niger, Kongo und Sambesi verzeichnet. Der Welt war nun bekannt, welche ungeheuren Ressourcen Afrika zu bieten hatte.

GERANGEL UM AFRIKA

📍 Afrika 📅 1869–1914

Mit der Eröffnung des Suezkanals (1869) und der damit ermöglichten direkten Verbindung nach Asien bekam Afrika neue strategische Bedeutung für die Europäer, deren koloniale Präsenz bis dahin gering war: Zwischen 1830 und 1857 eroberten die Franzosen Algerien. Es gab spanische Siedlungen, Portugiesen saßen in Angola, Briten und Franzosen unterhielten Handelsstationen in Westafrika. Großbritannien verwaltete die Kap-Kolonie, an die zwei Freistaaten der Buren (Afrikaner niederländischen Ursprungs) grenzten.

KONGOKONFERENZ

Zu dieser Konferenz hatte der deutsche Kanzler von Bismarck 1884 geladen, um über die rivalisierenden Ambitionen zu verhandeln. Die »Kongoakte« legte fest, dass nur jene Mächte eine Kolonie erwerben konnten, die sie tatsächlich in Besitz nahmen. Nach diesem »Prinzip der Effektivität« setzten europäische Länder sofort Kolonialverwaltungen ein, um mögliche Konkurrenten zuvorzukommen – der Wettlauf um Afrika hatte begonnen. Das Deutsche Reich stellte Togo, Kamerun und Südwestafrika »unter seinen Schutz«. Um 1900 war Afrika aufgeteilt, nur zwei Länder blieben frei: Liberia, 1842 von freigelassenen Sklaven aus den USA gegründet, und Äthiopien.

DEUTSCH-SÜDWESTAFRIKA

1884 wurden afrikanische Besitzungen deutscher Kaufleute unter den Schutz des Reichs gestellt. Nur in der Kolonie Südwestafrika (Namibia) ließen sich Deutsche in nennenswerter Zahl nieder (ungefähr 12 000). Vor allem Diamanten (allein 1908 im Wert von 1,1 Mio. Reichsmark) und der Kupferbergbau spülten Geld in die Kolonialkassen. Ein Aufstand führte zum Massenmord an den Hereros (1904). 1915 musste sich die deutsche Schutztruppe der Südafrikanischen Union ergeben. Das Ende der Kolonie besiegelte der Versailler Vertrag (1918).

Die Ashanti, eines der afrikanischen Völker, die dem Kolonialismus offensiv entgegentraten, wurden 1900 von den Briten unterworfen.

ÄGYPTEN UNTER MUHAMMAD ALI

📌 Ägypten ⌛ 1807–1882

Während der Napoleonischen Kriege (S. 278–279) destabilisierten britische und französische Interventionen die osmanische Herrschaft über Ägypten und brachten 1807 Muhammad Ali Pascha, einen osmanischen Offizier albanischer Abstammung, an die Macht. Zunächst führte er in Saudi-Arabien und Griechenland Kriege für den Sultan, festigte aber zugleich seine Macht in Ägypten, bis er 1832 Krieg gegen den Sultan führte und 1839 Syrien eroberte. Auf europäischen Druck musste er 1841 Syrien wieder räumen und Ägypten für den Handel öffnen. Daran scheiterte sein Versuch, Ägypten zu industrialisieren (Baumwolle). Seine Nachfolger suchten seine Politik fortzusetzen. Doch Ismail Paschas (reg. 1863–1879) ehrgeizige Projekte ruinierten Ägypten, und 1882 übernahmen die Briten die Macht.

Der Suezkanal, Ismail Paschas ambitioniertestes Projekt, wurde 1868 von der französischen Kaiserin Eugenie eröffnet.

MAHDI-AUFSTAND

📌 Sudan ⌛ 1881–1898

Ende der 1870er-Jahre entstand im Sudan eine islamische Bewegung, die von Muhammad Ahmad angeführt wurde. Er gab sich als Mahdi (der »Rechtgeleitete«) und Retter der muslimischen Welt aus. 1881 setzte er sich an die Spitze eines Aufstands, der als erste erfolgreiche Rebellion von Afrikanern gegen den Kolonialismus gilt. 1883 vernichteten die Mahdisten das britische Expeditionskorps bei El Obeid im Zentralsudan und belagerten 1885 die Stadt Khartum. Bei ihrem Sturm wurde der britische Generalgouverneur Charles George Gordon getötet. Der Mahdi starb kurz nach diesem Sieg,

Tödliche Begegnung: Lord Charles George Gordon und Aufständische 1885 auf den Stufen des britischen Gouverneurspalasts in Khartum

doch sein Nachfolger, Kalif Abdallahi, herrschte noch bis 1898. Um italienischen (aus Äthiopien) und französischen (aus dem Kongogebiet) Interventionen zuvorzukommen, entsandten die Briten ein weiteres Expeditionskorps unter Lord Kitchener, das mit moderner Artillerie die Schlachten um Omdurman (1898) und Umm Diwaykarat (1899) für sich entschied. Der Sudan wurde danach zum gemeinsamen britisch-ägyptischen Herrschaftsgebiet (bis 1965).

BURENKRIEGE

📍 Südafrika ⏳ 1877–1902

Bereits 1652 kamen als erste europäische Siedler Niederländer nach Südafrika. Aus ihrer Kolonie Kapstadt entwickelte sich das Gemeinwesen der Buren oder Afrikaaner. 1815 aber besetzten die Briten die Kapkolonie, schafften 1834 die Sklaverei ab und damit die Basis der Buren-Farmen. Ab 1835 zogen viele Buren mit dem »Großen Treck« landeinwärts und gründeten nach Schlachten gegen die Zulus einige Republiken, darunter Transvaal und den Oranje-Freistaat. 1877 annektierten die Briten Transvaal, was 1880/81 zum ersten, siegreichen Buren-Aufstand führte: 1881 riefen sie die Südafrikanische Republik aus. In der weiterhin britischen Kapkolonie bereitete der britische Geschäftsmann und Politiker Cecil Rhodes die Eroberung der Burenstaaten vor. Ein erster Versuch, der Jameson Raid, scheiterte 1895, doch die andauernden Spannungen führten zum Zweiten Burenkrieg (1899–1902). Nach Anfangserfolgen der Buren, die auch auf Guerilla-Taktiken setzten, entschieden die Briten den Krieg für sich – nicht nur mithilfe ihrer überlegenen Waffen, sondern auch durch rigorose Repression. So wurden u. a. Familienangehörige der Kämpfer in Konzentrationslagern interniert. Im Frieden von Vereeniging (1902) akzeptierten die Buren die britische Herrschaft. Dafür erhielten sie relative Autonomie und durften ihre Sprache (Afrikaans) beibehalten.

Queen's South Africa Medal: die Auszeichnung für britische Soldaten im (Zweiten) Burenkrieg (1899–1902)

Mit Guerrilla-Kommandos hielt die bäuerliche Gemeinschaft der Buren ab 1900 die Briten fast zwei Jahre lang in Atem.

DIE MODERNE WELT

DIE WELT 1914 BIS HEUTE

1914 beherrschte Europa noch große Teile der Welt. Doch Opfer und Folgen des ersten industrialisierten Kriegs stürzten den Kontinent in eine Phase der Unruhe, waren Mitauslöser auch der Russischen Revolution. Nach dem Zweiten Weltkrieg mussten die europäischen Staaten fast alle Kolonien aufgeben; es begann

Die Welt um 1950

- Staatsgrenzen
- Strittige Grenzen
- Großbritannien mit Besitzungen
- Frankreich mit Besitzungen
- Dänemark mit Besitzungen
- Spanien mit Besitzungen
- Portugal mit Besitzungen
- Niederlande mit Besitzungen
- BRD
- Japan mit Besitzungen
- Norwegen mit Besitzungen
- Belgien mit Besitzungen
- Italien mit Besitzungen
- Neuseeland mit Besitzungen
- Australien mit Besitzungen
- USA mit Besitzungen
- Von Europas Achsenmächten besetzt, 15. November 1942
- Von Japan besetzt, 15. November 1942

DIE WELT UM 1950

Indien erreichte 1948 die Unabhängigkeit, große Teile Afrikas aber standen noch unter kolonialer Herrschaft. Doch begann nun ein längerer Prozess der Entkolonialisierung, und zu Beginn des 21. Jh. gab es so gut wie keine europäischen Kolonien mehr.

DIE WELT 1914 BIS HEUTE

der Weg zur Europäischen Union. Bis 1989/90 bestimmte der Kalte Krieg – kapitalistischer Westen gegen kommunistischen Osten – das politische Geschehen. Mit Auflösung des Ostblocks schien eine Epoche des Friedens angebrochen, doch bald führten regionale und politisch-kulturelle Konflikte zu neuer Unsicherheit.

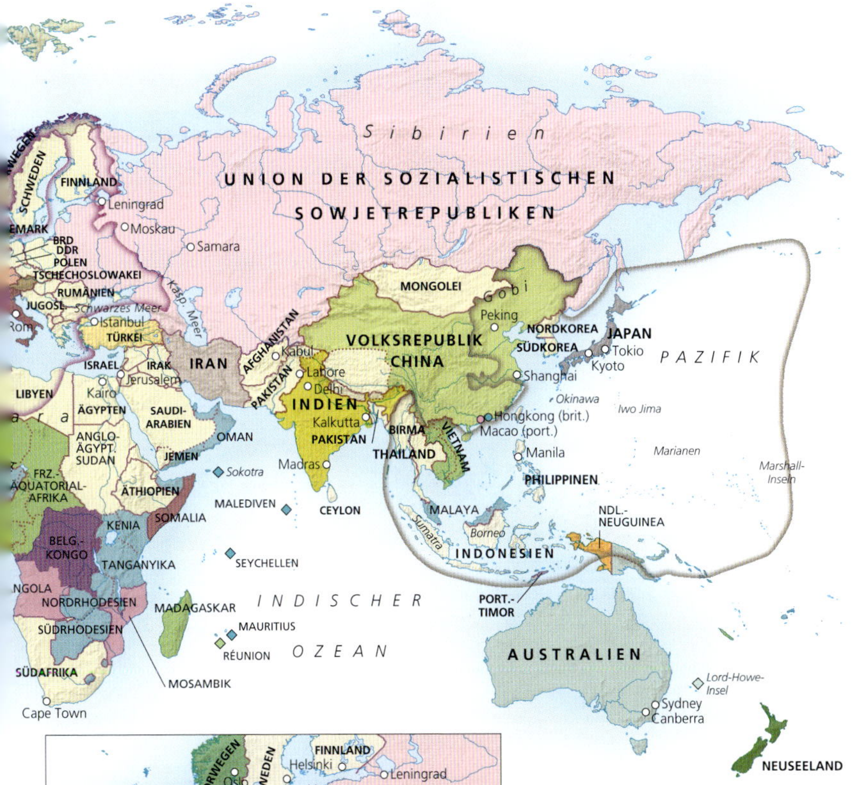

Die Friedensregelungen zwischen den Alliierten des Zweiten Weltkriegs führten zur kommunistischen Beherrschung Osteuropas. Im kapitalistischen Westen dagegen begann ein Prozess wirtschaftlicher Integration, der schließlich in die Europäische Union führte. Im Nahen Osten ist der auf die Gründung Israels (1948) folgende arabisch-israelische Konflikt trotz wiederholter Friedensbemühungen bis heute ein dauerhaftes Problem.

DIE MODERNE WELT 1914 BIS HEUTE

ERSTER WELTKRIEG

1914 schienen die Monarchien, die Europa seit den Napoleonischen Kriegen vor einem Jahrhundert regiert hatten, unumstößlich zu sein. Gleichwohl gab es tiefe Spannungen, die sich in einem Krieg beispielloser Größenordnung und Zerstörungskraft entluden. Fünf Jahre Krieg kosteten etwa 10 Mio. Soldaten das Leben. 1918 waren das Deutsche, das Österreich-Ungarische, das Russische und das Osmanische Reich zusammengebrochen.

ATTENTAT IN SARAJEWO

📍 Sarajewo (Bosnien)   📅 28. Juni 1914

Österreich-Ungarn, das den Rückzug des geschwächten Osmanischen Reichs vom Balkan (S. 297) nutzen wollte, hatte mit Nationalbewegungen zu kämpfen, die sich den territorialen Ambitionen der Habsburger entgegenstemmten. 1908 annektierte die Doppelmonarchie Bosnien und die Herzegowina, ohne Rücksicht auf den großen serbischen Bevölkerungsteil zu nehmen, der sich Serbien zugehörig fühlte. Die beiden Balkankriege (1912/13), in denen Serbien zunächst die Osmanen, dann eine Koalition anderer Balkanstaaten schlug, zeigten dessen militärische Stärke. Entsprechend wuchsen die Spannungen.

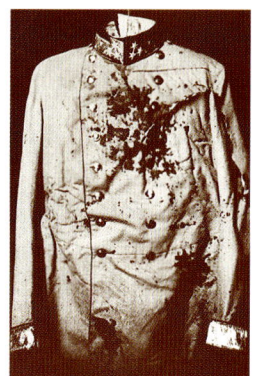

Die blutige Uniformjacke, die Erzherzog Franz Ferdinand am Tag des Attentats 1914 trug

TOD IN SARAJEWO

Am 28. Juni 1914 war Erzherzog Franz Ferdinand, Thronfolger und führender Vertreter einer harten Linie gegen Serbien, auf Staatsbesuch in Bosnien, um ein Manöver in Sarajewo zu inspizieren. Serbische Nationalisten, Mitglieder des »Jungen Bosnien«, lauerten dem Erzherzog auf. Als er im offenen Wagen zu einem Empfang im Rathaus von Sarajewo fuhr, warfen sie eine Bombe, die jedoch das Auto verfehlte und unter den nachfolgenden Wagen explodierte. Nach dem Empfang wurde die Route geändert. Doch der Fahrer des Thronfolgers bog falsch ab und passierte den 19-jährigen Studenten und Verschwörer Gavrilo Princip. Dieser erschoss den Erzherzog und dessen Frau Sophie. Der Mord führte zum Zusammenstoß Österreich-Ungarns mit Serbien und löste eine Kettenreaktion aus: Zuletzt standen alle Großmächte Europas im Krieg.

ESKALATION UND KRIEGSBEGINN

Europa · Juni–August 1914

Schon vor dem Attentat auf den Thronfolger Erzherzog Franz Ferdinand herrschten Spannungen zwischen Europas Großmächten. Gebietsansprüche, eine politische Instabilität durch ständig wechselnde Bündnisse sowie ein beschleunigter Rüstungswettlauf machten Europa zum Pulverfass. Im Zorn über die Ermordung Franz Ferdinands stellte die Wiener Regierung den Serben am 23. Juli 1914 ein Ultimatum, dem Serbien nicht hätte folgen können, ohne seine Souveränität aufzugeben. Die Zugeständnisse Serbiens reichten den Österreichern nicht aus. Beide Länder begannen die Mobilmachung: Am 28. Juli erklärte Österreich Serbien den Krieg. Deutschland hatte Österreich-Ungarn zum Handeln gedrängt. In Berlin hoffte man, dass England neutral bleiben und ein Militärschlag den Konflikt rasch beenden werde.

Ein britisches Plakat wirbt um Freiwillige für den Krieg in Frankreich.

AUSWEITUNG DER KRISE

Inzwischen hatte auch Russland mobil gemacht, um den serbischen Verbündeten vor einer Annexion durch Österreich zu schützen. Deutschland, im Bündnis mit Österreich, antwortete seinerseits mit Mobilmachung. Es drohte also ein Krieg mit Russland, was den deutschen Generalstab fürchten ließ, Frankreich werde die Chance nutzen und im Westen angreifen. So fiel in Berlin die Entscheidung für einen Präventivschlag gegen Frankreich: Am 1. August erklärte das Deutsche Reich Russland, am 3. Frankreich den Krieg. Deutsche Truppen überquerten nach einem Aufmarschplan die Grenzen des neutralen Belgiens. Am 4. August trat England an der Seite Frankreichs in den Krieg ein – der Erste Weltkrieg hatte begonnen.

Deutscher Truppentransporter auf Schienen: Mit dem raschen Aufmarsch aller Seiten bekam die Krise von 1914 eine Wucht, die nicht mehr zu stoppen war.

WESTEUROPA

Westeuropa 1914–1917

Der deutsche Aufmarsch im Westen folgte dem Plan, den Generalfeldmarschall Alfred von Schlieffen 1905 für den Fall eines Zweifrontenkriegs entwickelt hatte: Mit einem Vorstoß durch Belgien sollten die französischen Grenzbefestigungen umgangen, Paris eingeschlossen und eine rasche Kapitulation Frankreichs erzwungen werden. Doch der belgische Widerstand brachte diesen Angriffsplan durcheinander. Denn dadurch hatten die Franzosen Zeit genug, ihre Verteidigung aufzubauen, und auch das Britische Expeditionskorps konnte rechtzeitig in Frankreich landen. In der ersten Marneschlacht konnte der deutsche Vorstoß 75 km vor Paris zurückgeschlagen werden. Jetzt versuchten beide Seiten, die jeweils andere in raschen Schwenks zur Kanalküste von der Flanke her zu fassen. Das misslang beiden, und am Ende des Herbsts 1914 hatten sich die Heere in einem Grabensystem verschanzt, das von der Nordsee bis fast zur Schweiz reichte.

Luftbild des Grabensystems bei Fricourt an der Somme

STELLUNGSKRIEG

Vorstöße aus den gegenüberliegenden Stellungen waren selten, meist verlustreich und nie durchschlagend. Jede Bewegung erstarrte, der Rest des Kriegs wurde zur zermürbenden Materialschlacht. Unter Artilleriebeschuss hockten die Soldaten in feuchten Unterständen, litten an Infektionen, vor allem am gefürchteten »Grabenfuß« (dem Abfaulen entzündeten Muskelgewebes). Die Grabensysteme wurden zu Linien ausgebaut,

Deutscher Vorstoß durchs Niemandsland: Mit jedem dieser Ausbruchsversuche riskierten die Angreifer schwere Verluste in ihren Reihen.

ERSTER WELTKRIEG

die nach hinten gestaffelt waren. Die beiden Vordersten trennte vermintes Niemandsland mit Stacheldrahtverhauen und Kraterlöchern, in denen die gegnerischen Stoßtrupps hängen blieben, wenn sie nicht zuvor schon mit Maschinengewehren niedergestreckt wurden – Waffen, die rechtzeitig zum Grabenkrieg entwickelt worden waren. Wer den ersten feindlichen Graben erreichte, sah sich Gegenangriffen aus der zweiten und dritten Linie gegenüber. Versuche der Briten und Franzosen, 1915 in den Schlachten bei Neuve Chapelle, Ypern und Loos einen Durchbruch zu erzielen, scheiterten. Die Deutschen unterstützten ihren Gegenschlag im April 1915 bei Ypern mit Chlorgas. Sie erreichten geringe Geländegewinne, verursachten aber entsetzliches Leid bei den betroffenen Soldaten.

Riesige, ferngezündete Ladungen sollten das gegnerische Grabensystem in die Luft sprengen.

VERDUN UND SOMME

1916 befahl Generalstabschef Erich von Falkenhayn eine neue Zermürbungsstrategie: Die Franzosen sollten in der Verteidigung ihrer großen Festung Verdun »ausbluten«. Die Schlacht, in der zu Beginn 500 000 französische Verteidiger 1 Mio. angreifenden Deutschen gegenüberstanden, begann am 21. Februar. Nach zehnmonatigen Kämpfen hatten die Deutschen ihre anfänglichen Gewinne wieder verloren. Auf dem Schlachtfeld blieben 700 000 Soldaten beider Seiten. Das gleiche Gemetzel folgte an der Somme, wo ab 1. Juli 1916 eine britisch-französische Offensive begann. Das vorbereitende Trommelfeuer, das massivste der Geschichte, zerwühlte das Gelände, erschwerte den Vorstoß, hinderte die Deutschen aber nicht, aus intakt gebliebenen Stellungen den Briten schwerste Verluste beizubringen: Allein am ersten Tag fielen 57 000 Männer, der Schlag misslang. Keine der weiteren fatalen Offensiven und Gegenoffensiven erfüllte die Hoffnung auf einen endgültigen Durchbruch. Die viermonatigen Kämpfe an der Somme kosteten 300 000 Tote. Doch auch für 1917 planten beide Seiten weitere Angriffe, deren Aussichtslosigkeit das Vorjahr bewiesen hatte.

SEEKRIEG

Nordsee, Mittelmeer, Atlantik 1914–1918

Der Seekrieg begann vorsichtig. Sowohl Briten als auch Deutsche hatten ihre Rüstungsprogramme auf gewaltige Schlachtschiffe mit riesigen Geschütztürmen konzentriert, die keiner von beiden aufs Spiel setzen wollte. Die Briten zielten auf die Blockade deutscher Seehäfen, um die deutsche Kriegswirtschaft zu lähmen. Die einzige offene Seeschlacht, am 31. Mai/1. Juni 1916, führte zu bedeutenden Verlusten beider Seiten, endete aber unentschieden. Verwegener operierten die Deutschen mit Hilfskreuzern, die als Handelsschiffe getarnt britische und französische Handelsrouten unsicher machten. Das deutsche Ostasiengeschwader unter Vizeadmiral von Spee wurde während seines Rückmarschs aus Tsingtau (China) vor den Falklandinseln von einem britischen Verband gestellt und versenkt. 1915 verlegte sich die deutsche Kriegsmarine auf den uneingeschränkten U-Boot-Krieg, der gegen alliierte Handels- und Zivilschiffe geführt wurde. Die Versenkung der britischen *Lusitania* (1915) ohne Vorwarnung durch das deutsche U-Boot U20 forderte fast 1200 Tote und trug dazu bei, dass die USA 1917 in den Krieg gegen Deutschland eintraten.

Der deutsche U-Boot-Krieg störte, insbesondere in den uneingeschränkten Phasen von 1915 bis 1917, stark den alliierten Nachschub über den Atlantik.

KRIEG IN OSTEUROPA

Osteuropa 1914–1918

Die Geografie Osteuropas erzwang andere Strategien als an der Westfront. Der Aufbau von Verteidigungslinien war an einer Front, die sich über 1500 km vom Schwarzen Meer bis zur Ostsee zog, unpraktikabel. Bei Tannenberg (1914) und in Masuren (1914/15) konnten die Deutschen die massiv vorgestoßenen Russen wieder aus dem Reichsgebiet verdrängen. Das 1914 russisch besetzte Galizien wurde im Mai 1915 mit der Offensive unter General von Falkenhayn zurückerobert; 140 000 Russen gerieten in Gefangenschaft. Erst im Juni 1916 konnte Russland mit seiner Brussilow-Offensive die meisten verlorenen Gebiete zurückgewinnen. 1917 aber wurde das Zarenreich von der Februarrevolution erschüttert, ausgelöst von Meutereien schlecht versorgter, kriegsmüder Soldaten. Im Oktober eroberten die Bolschewiki die Macht. Der Waffenstillstand von Brest-Litowsk erlaubte es den Deutschen, im Frühjahr 1918 große Verbände an die Westfront zu verlegen.

Die deutsche Stielhandgranate wurde gegen starke feindliche Infanterie-Stellungen eingesetzt.

ERSTER WELTKRIEG

GALLIPOLI

📍 Halbinsel Gallipoli (Türkei) 📅 April 1915–Januar 1916

Das Osmanische Reich, das zunächst »bewaffnete Neutralität« gehalten hatte, trat auf Drängen der regierenden Jungtürken *(S. 297)* auf deutscher Seite in den Krieg ein und attackierte Ende Oktober 1914 Russlands Häfen am Schwarzen Meer. Daraufhin plädierte Winston Churchill, Kabinettsmitglied und Oberbefehlshaber der britischen Armee, für einen Angriff auf die Dardanellen, um mit der Zufahrt zum Schwarzen Meer den russischen Nachschub zu sichern und einen Brückenkopf zur Eroberung Konstantinopels zu gewinnen. Doch die Landung am 25. April 1915 auf der Halbinsel Gallipoli scheiterte. Mit einem unerwartet starken Gegenangriff drängte Mustafa Kemal (der spätere Atatürk) die Alliierten zurück. Mitte Dezember mussten sie den Norden bei Gaba Tepe räumen, am 9. Januar 1916 auch endgültig den Süden am Kap Helles.

PALÄSTINA UND ARABISCHE REVOLTE

📍 Saudi-Arabien, Palästina, Jordanien, Israel, Irak 📅 1915–1918

Unabhängig vom Gallipoli-Abenteuer wollten die Briten von Kairo aus das osmanisch besetzte Mesopotamien erobern, erlitten aber im April 1916 bei Kut-el-Amara (Irak) eine schwere Niederlage. Nun verlegten sie sich auf eine Doppelstrategie: Die Araber in Nordarabien und Transjordanien sollten sich gegen die Osmanen erheben, britische Kräfte gleichzeitig Palästina erobern. Britischer Mittelsmann und Berater für den Guerillakrieg war T. E. Lawrence, der Scherif Hussein, den Emir von Mekka, nicht nur zum Aufstand bewegen konnte, sondern auch die erfolgreichen Überfälle osmanischer Nachschubwege organisierte. Im Dezember 1917 eroberten britische Truppen unter General Allenby Jerusalem. Mit der verheerenden Niederlage der Osmanen bei Meggido im September 1918 endete schließlich der Krieg im Nahen Osten.

> **T. E. LAWRENCE (1888–1935)**
>
> Der Archäologe und Arabienkenner Lawrence fungierte als Verbindungsoffizier. Die Briten hatten den Arabern Unabhängigkeit versprochen, das Versprechen 1918 aber gebrochen. Verbittert zog sich »Lawrence von Arabien« daraufhin zurück.

Einzug von General Allenby in Jerusalem: Dessen Eroberung am 11. Dezember 1917 ließ die Moral der Osmanen beträchtlich sinken.

STILLSTAND IM WESTEN

📍 Westeuropa ⌛ 1917

Für alle Krieg führenden Staaten war 1917 das wohl härteste Jahr. In Deutschland verursachte die alliierte Seeblockade Hunger und Versorgungsengpässe (»Kohlrübenwinter«). In England hatte der deutsche U-Boot-Krieg ähnliche Folgen. Im April kostete die französische Nivelle-Offensive 100 000 Tote bei einem Geländegewinn von nur 500 m. Daraufhin begannen französische Soldaten zu meutern. Auch die britischen Angriffe bei Arras und Mesen (auch wallonisch Messines, Flandern) führten ohne signifikantes Ergebnis zu enormen Verlusten. Beide Seiten setzten neue Waffen ein: Die deutsche Artillerie verschoss bei Mesen Gasgranaten; die Briten unterstützten ihre Offensive bei Cambrai (Ostfrankreich) zum ersten Mal mit größeren Panzereinheiten. Beides brachte weder einen Durchbruch noch das Ende des zermürbenden Stellungskriegs.

Wachablösung: Britische Soldaten auf dem Weg zur Front. Der rotierende Einsatz sollte die Härten des Frontlebens etwas abmildern.

KRIEGSEINTRITT DER USA

📍 Westeuropa ⌛ 1917–1918

Schließlich brachte Deutschland Bewegung ins Patt von 1917: Im Februar verkündete die Reichsmarine erneut den uneingeschränkten U-Boot-Krieg gegen alliierte Versorgungsschiffe. Dieser Angriff auf US-Handelsinteressen sowie ein Telegramm, mit dem der deutsche Außenminister Mexiko zum Angriff auf die USA bewegen wollte, beendeten die amerikanische Neutralitätspolitik. Daran hatte Präsident Woodrow Wilson in der Hoffnung festgehalten, als ehrlicher Makler Friedensverhandlungen in Gang bringen zu können. Im April 1917 erklärten jedoch die USA dem Deutschen Reich den Krieg. Im Juni trafen erste US-Truppen unter General John Pershing in Frankreich ein, im Oktober rückten sie an die Front. Doch fehlte ihnen Gefechtserfahrung, außerdem entstanden Kommunikationsprobleme unter den Alliierten, sodass die Verstärkung zunächst wenig Wirkung zeigte. Dem Oberkommando der deutschen Streitkräfte aber war klar, dass das Eingreifen der Amerikaner, die bis 1918 vier komplette Divisionen entsandten, die Aussichten auf einen deutschen Sieg verringerte.

Im Mai 1917 wurde in den USA auf Beschluss des Kongresses die Wehrpflicht eingeführt.

KRIEGSENDE

📍 Westeuropa 📅 1918

Der Separatfrieden von Brest-Litwosk mit Russland am 3. März 1918 erlaubte den Deutschen, 44 Divisionen an die Westfront zu verlegen, und Generalstabschef Erich Ludendorff setzte alles auf eine Karte. Am 21. März starteten die Deutschen ihre Frühjahrsoffensive und erkämpften tatsächlich Geländegewinne von 70 km. Doch die Alliierten konnten ihre Linien wieder schließen, und der deutsche Vorstoß brach zusammen. Zwischen April und Juli befahl Ludendorff weitere kleinere Angriffe, allerdings verstärkten sich die US-Truppen inzwischen monatlich um 250 000 Mann, und nun funktionierte das alliierte Oberkommando: Die Chancen der Deutschen schwanden.

RÜCKZUGSGEFECHTE

Ende Juli starteten die Alliierten ihren Gegenschlag an der Marne. In der Panzerschlacht bei Amiens verloren die Deutschen am 8. August 27 000 Soldaten: »der schwarze Tag des deutschen Heeres« (Ludendorff). Das war kein Entscheidungssieg, aber trotz eigener Nachschubprobleme drängten die Alliierten das deutsche Heer langsam, aber entschieden zum Rhein zurück. Das Heer fühlte sich »im Felde unbesiegt«, was später zur »Dolchstoßlegende« (dem angeblichen Verrat der Heimat an der Truppe) führte. Nach einer vernichtenden Niederlage gegen die Italiener im Oktober musste der deutsche Verbündete Österreich-Ungarn kapitulieren. In Wilhelmshaven und in Kiel meuterten Matrosen der Hochseeflotte, was rasch zur Novemberrevolution und zum Sturz des deutschen Kaisers führte. Am 11. November 1918 wurde der Waffenstillstand von Compiègne (Frankreich) unterzeichnet, der den Ersten Weltkrieg beendete.

Roter Mohn Flanderns: Der Anstecker zum Waffenstillstand am 11. November 1918 erinnert heute an die Toten aller Kriege.

Heimkehrende deutsche Soldaten im Dezember 1918: Viele fühlten sich unbesiegt und von der Zivilregierung verraten, die den Waffenstillstand unterzeichnet hatte.

Das Gemälde *Gassed* des Amerikaners John Singer Sargent zeigt bedrückend realistisch die Qualen der Soldaten, die Giftgas einatmeten. Die Deutschen warfen im April 1915 bei Ypern die ersten Gasgranaten. Später benutzten alle Kriegsparteien chemische Kampfstoffe.

VERTRAG VON VERSAILLES

Nach dem Waffenstillstand vom 11. November 1918 sollte ein Vertrag sicherstellen, dass von Deutschland kein Krieg mehr ausgehen werde, und es sollte für seine als alleinig attestierte Kriegsschuld bezahlen. Weitere Verträge regelten die Auflösung des Vielvölkerreichs Österreich-Ungarn in selbstständige Staaten. Eine haltbare Balance zwischen Friedenssicherung und dem Wunsch nach Wiedergutmachung wurde nicht gefunden.

FRIEDENSKONFERENZ

Am 18. Januar 1919 trafen sich Vertreter von über 20 Nationen zur Pariser Friedenskonferenz – Deutschland und Österreich-Ungarn waren ausgeschlossen. Führend agierten der französische Premierminister Georges Clemenceau, sein britischer Kollege David Lloyd George sowie US-Präsident Woodrow Wilson. Vor allem Frankreich drängte auf hohe Reparationszahlungen, um Deutschland jede materielle Möglichkeit zu nehmen, nochmals Krieg führen zu können. Die Briten sahen die Gefahr, in Deutschland durch zu harte Bedingungen einen Revanchismus zu wecken, und wollten ansonsten ihr Empire sichern. Präsident Wilsons Vierzehn-Punkte-Programm verlangte u. a. den Schutz nationaler Minderheiten und schlug ein internationales Gremium zur Sicherung des Weltfriedens vor: den Völkerbund.

Französische Truppen besetzten 1923/24 das Rheinland, als Deutschland mit den Reparationszahlungen in Rückstand geriet.

Der Spiegelsaal in Versailles war 1871 Ort der Reichsgründung, 1919 seiner Kapitulation.

VERTRAG FÜR DEUTSCHLAND

Im Mai war der Vertrag für Deutschland skizziert: Der Kaiser sollte vor ein Tribunal gestellt werden, Deutschland seine Kriegsschuld anerkennen, ferner sein Heer auf 100 000 Mann, die Marine auf den Küstenschutz reduzieren (Panzer und Flugzeuge waren verboten) und das Rheinland völlig entmilitarisieren. Elsass-Lothringen wurde an Frankreich abgetreten, Teile Schleswigs an Dänemark sowie Gebiete Schlesiens und Preußens an Polen. Jede zukünftige Vereinigung mit Österreich wurde untersagt. Ohne Chance zur Verhandlung musste die deutsche Delegation den Vertrag am 28. Juli in Versailles unterzeichnen. Die Höhe der Reparationszahlungen wurde erst 1921 auf 132 Mrd. Goldmark fixiert. Diese Lasten waren u. a. ein Grund für die Instabilität der Weimarer Republik und den erneuten Kriegsausbruch 1939. Weitere der sogenannten Pariser Vorortverträge regelten die Bedingungen für Deutschlands Verbündete (Österreich, Ungarn, Bulgarien und Türkei) zogen die Grenzen der neuen Staaten in Mittel- und Osteuropa – und sorgten so für die nationalen Unruhen der Zwischenkriegszeit.

Georges Clemenceau unterzeichnet den Versailler Vertrag. Seine Forderung, Deutschland zu bestrafen, wurde in den Verhandlungen heftig debattiert.

DIE MODERNE WELT 1914 BIS HEUTE

ZWISCHENKRIEGSZEIT

Die in Versailles und anderen Pariser Vororten unterzeichneten Verträge beendeten den Ersten Weltkrieg. Ein stabiles Europa schufen sie nicht. In Deutschland wuchsen Ressentiments und Revanchismus. Die neuen, wirtschaftlich kaum lebensfähigen Staaten Ost- und Mitteleuropas glitten in Diktaturen ab. Noch unheilvoller waren der Musssolini-Faschismus in Italien sowie der Nationalsozialismus unter Hitler in Deutschland. Im destabilisierten Russland bereitete sich Stalins Diktatur vor.

RUSSLANDS WEG ZUR REVOLUTION

Russland ⚐ 1915–1917

Nach der Revolution von 1905 (S. 287) musste Zar Nikolaus II. einer Verfassung und der Wahl zur Duma (Parlament) zustimmen. Von seinem Recht, sie aufzulösen, machte er 1906 und 1907 Gebrauch. Bis 1917 lagen die Dumas in fast permanentem Streit mit dem Zaren, doch mit Kriegsbeginn wurden die Differenzen zurückgestellt. Je schlechter der Krieg für Russland verlief, desto mehr Zulauf fand Lenins radikale Fraktion der Sozialdemokratischen Arbeiterpartei Russlands (den späteren Bolschewiki), die seit 1914 gegen den »imperialistischen Krieg« eingetreten war. Hungernde und kriegsmüde Fabrikarbeiter begannen zu streiken. Aufstände in Petrograd (St. Petersburg) und Moskau führten zur Gründung des Petrograder Arbeiter- und Soldatenrats (Sowjet) sowie zur Februarrevolution. Am 28. Februar 1917 dankte der Zar ab. Weil

Revolutionäre Offiziere posieren in der konfiszierten Zarenkarosse in Petrograd (St. Petersburg). Sie diente Lenin später als persönlicher Dienstwagen.

auch die Provisorische Regierung unter Fürst Lwow weiter Krieg führte, wuchsen die Konflikte mit dem Petrograder Sowjet, in dem die Bolschewiki nun die Mehrheit hatten und die Juliaufstände organisierten. Lwow musste die Regierung an Alexander Kerenski übergeben. Aber auch er befahl weitere Offensiven, was den Revolutionären vermehrten Zulauf brachte.

OKTOBERREVOLUTION

🏴 Russland 📅 Oktober 1917

Zunächst versuchte Kerenskis Provisorische Regierung die Aufstände im Juli 1917 zu unterdrücken. Lenin musste nach Finnland fliehen. Doch seine Anhänger erhielten unerwartet Unterstützung.

BOLSCHEWIKI AN DER MACHT

Im August 1917 beorderte General Lawr Kornilow, Oberkommandierender des Heeres, Truppen nach Petrograd, angeblich zum Schutz der Provisorischen Regierung. Kerenski fürchtete einen Militärputsch und rief die Bolschewiki zu Hilfe, deren Rotgardisten nun offiziell bewaffnet wurden. Kornilows Putsch scheiterte, Kerenskis Regime aber war geschwächt. Es gelang ihm nicht, die radikale Linke zu spalten und zumindest Teile in eine »demokratische Konferenz« einzubinden. Auf den Straßen, in Fabriken, auch in der Petrograder Garnison erhob sich vielmehr die Forderung: »Alle Macht den Sowjets«. Das Zentralkomitee der Bolschewiki griff die Parole auf und plante den Umsturz, um sich die Macht zu sichern. Leo Trotzki, dem militärischen Führer der Bolschewiki, gelang am 25. Oktober (7. November), nahezu unblutig, die Besetzung strategischer Punkte, wie Bahnhof, Telegrafenamt und Waffenkammer. Ein Böllerschuss des Panzerkreuzers *Aurora* gab das Signal zur Eroberung des Winterpalasts. Kerenski kapitulierte und floh. Lenin organisierte die Übernahme der politischen Macht. Unter seiner Führung wurde der Zweite Allrussische Sowjetkongress abgehalten und die Räteregierung mit bolschewistischem Programm installiert.

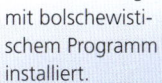

Hammer und Sichel im Sowjetstern symbolisieren die Einheit von Arbeitern und Bauern.

LENIN

Der Revolutionär Wladimir Iljitsch Lenin (1870–1924) wurde 1895 nach Sibirien verbannt und ging 1900 ins Exil. Von dort organisierte er die Parteiarbeit und setzte sein Konzept der Kaderpartei durch. Nach seiner Rückkehr 1917 forderte er in seinen »Aprilthesen«: Ende des Kriegs, Landreform und Räteregierung. Er führte nach der Oktoberrevolution die Regierung, installierte die Tscheka (Geheimdienst) sowie die Kommunistische Internationale.

BÜRGERKRIEG IN RUSSLAND

Russland ⚔ 1918–1920

Nachdem die Bolschewiki in Petrograd im November 1917 die Macht erobert hatten, entbrannte ein Bürgerkrieg, der sich auch in die Länge zog, weil er von außen unterstützt wurde. Zaristische Offiziere waren gewillt, die Revolution niederzukämpfen; die gemäßigte Linke wollte ihre Überrumplung durch die Bolschewiki nicht hinnehmen. Im Mai 1918 installierten nicht-marxistische Sozialrevolutionäre in Samara an der Wolga eine eigene Republik. Unter den Generälen Kornilow (im Süden), Koltschak (Sibirien) und Judenitsch (im Nordwesten) formierten sich antibolschewistische (»Weiße«) Armeen. Ende 1918 war die Lage der Bolschewiki kritisch. Koltschaks Truppen, die im Ural vorgestoßen waren, konnten die von Leo Trotzki geführte Rote Armee im April 1919 schlagen. Doch im Sommer eroberte die Kornilow-Armee (nach dessen Tod unter General Denikins Führung) Kiew, Odessa und Orel und bedrohte Moskau, das inzwischen Sitz der Sowjetregierung war. In einer verzweifelten Gegenoffensive wurde sie aufgerieben, und im Oktober 1919 scheiterte auch Judenitschs Vorstoß auf Petrograd. Die Kämpfe um die Krim, die letzte Bastion der »Weißen«, dauerten bis Ende 1920. Nachdem General Wrangel seine Truppen über das Schwarze Meer evakuiert hatte, blieben auf der Krim anarchistische, nationalistische und islamische Milizen zurück, die die Rote Armee gnadenlos niedermetzelten.

»GEHT, WOHIN IHR GEHÖRT, AUF DEN MISTHAUFEN DER GESCHICHTE.«

Leo Trotzki zum Auszug der Menschewiki und Sozialrevolutionäre aus dem Zweiten Allrussischen Sowjetkongress, 25./26. Oktober 1917

Trotzki formte nach der Rückkehr aus dem Exil 1917 aus den Roten Garden die schlagkräftige Rote Armee durch Neugliederung und reguläre Ausbildung.

RUSSLAND UNTER LENIN UND STALIN

Russland 1921–1953

Durch Krieg und Bürgerkrieg waren Wirtschaft und Handel, vor allem aber die Versorgung mit Nahrungsmitteln zusammengebrochen. Die neue Sowjetregierung versuchte, diese Probleme durch ein zentralisiertes bürokratisches und polizeiliches Zwangsregiment zu lösen, das sich gegen die Bauern und politischen Gegner richtete. Die Arbeitspflicht wurde durchgesetzt; Parteikomitees kontrollierten Industriebetriebe und Bauern. Als oberste Instanz setzte das Zentralkomitee (ZK) der Kommunistischen Partei die Parteilinie fest und bestrafte Abweichler hart. Erste Lager entstanden. 1921 setzte Lenin mit der Neuen Ökonomischen Politik wirtschaftliche Liberalisierungen durch. 1922 wurde die Union der Sozialistischen Sowjetrepubliken (UdSSR) gegründet.

»Bist du schon Freiwilliger?« fragt ein Propaganda-Plakat der Kommunistischen Partei 1920.

STALINISMUS

Nach Lenins Tod (1924) sicherte sich sein Nachfolger Joseph Stalin die Macht, indem er seine Rivalen aus dem ZK drängte, im Zweifelsfall verurteilen und hinrichten ließ. Er wurde zum Alleinherrscher in Partei und Staat. Die Zentralisierung von Bürokratie und Kontrollorganen schritt voran. Mit seinem ersten Fünfjahresplan trieb Stalin ab 1928 die Industrialisierung und Kollektivierung der Landwirtschaft an – mit Millionen von Hungertoten an der Wolga und in der Ukraine. Ein Netz von Straflagern (Gulag) breitete sich aus. 1935 begann Stalins »Große Säuberung« in Partei und Armee, 1936 bis 1938 fanden die Moskauer Schauprozesse statt als öffentlicher Höhepunkt einer Verhaftungswelle. Viele Millionen Menschen fielen bis 1953 diesem Terrorregime zum Opfer.

STALIN (1878–1953)

Joseph Dschugaschwili trat 1901 der Sozialdemokratischen Arbeiterpartei Russlands bei und wurde mehrfach verhaftet. 1912 von Lenin ins Zentralkomitee der Bolschewiki berufen, nannte er sich Stalin (der Stählerne). 1917 wurde er Volkskommissar für Nationalitätenfragen, 1919–1922 für Staatskontrolle, 1922 Generalsekretär der KPdSU. Unter der Maxime »Sozialismus in einem Land« setzte er die Fünfjahrespläne durch. Ab 1929, nach Trotzkis Verbannung, regierte er nahezu unangefochten beinahe 30 Jahre.

WELTWIRTSCHAFTSKRISE

weltweit 1929–1932

Die Blüte, die die US-Wirtschaft Anfang der 1920er-Jahre erlebte, führte ab 1927 zu einer Überproduktion. Die Volkswirtschaften Europas dagegen hatten auch unter den Bedingungen der Friedenswirtschaft ihren Vorkriegsstand noch lange nicht erreicht; auf Deutschland lasteten, neben den Reparationszahlungen, zudem die Folgen der verheerenden Hyperinflation von 1919–1923.

SCHWARZER FREITAG

Trotz eines Niedergangs der Produktion stiegen die New Yorker Aktienkurse weiter an. Erst im Oktober 1929 schwand das Vertrauen der Investoren, und die Kurse brachen ein. Am 24. Oktober (in den USA war es noch Donnerstag) brach Panik aus, und in den folgenden Tagen

Deutscher 1000-Mark-Schein, der im Dezember 1922, während der Hyperinflation, mit dem Wert »1 Milliarde« überdruckt wurde.

sanken die Kurse um 13 bzw. 12 Prozent: Der »Wall Street Crash« war da. Der Verfall erfasste die US-Wirtschaft, weil Banken Kredite, die nicht bedient werden konnten, nun nicht mehr verlängerten. Zahlreiche Banken brachen zusammen, als Sparer in Panik ihre Einlagen auflösten. Eine Welle von Hypothekenkündigungen und Insolvenzen folgte, führte zu

Londoner Angestellte standen nach dem Zusammenbruch von Banken und Firmenimperien massenhaft auf der Straße.

Zwangsausgaben von Wertpapieren und Massenarbeitslosigkeit, die Abwärtsspirale beschleunigte sich. Die Menschen zogen in Notsiedlungen, »Hoovervilles« genannt, weil Präsident Herbert Hoover eine Erhöhung staatlicher Hilfen verweigerte.

WELTWIRTSCHAFTSKRISE

Nach dem Börsenkrach zogen US-Investoren auch ihre Auslandskredite zurück. So brach das internationale Finanzsystem zusammen, das zudem die deutschen Reparationen gesichert hatte, und kein europäisches Land konnte seine Importe mehr bezahlen. Der Handel zwischen Europa und Nordamerika kam zum Erliegen, die Warenpreise verfielen von 1929 bis 1932 um fast die Hälfte. Zusätzlich störten protektionistische Maßnahmen den Welthandel. Präsident Hoover etwa verfügte 1930 das Smoot-Hawley-Zolltarifgesetz, das Importe mit Zöllen von 42–50 Prozent belegte. Europas Regierungen reagierten mit ähnlichen Maßnahmen. Die Arbeitslosigkeit in Deutschland verdoppelte sich Ende 1930 auf über 15 Prozent. Reichskanzler Brünings strikte, deflationär gemeinte Sparpolitik betraf über 4 Mio. Arbeitslose. Seine Maßnahmen ließen die Preise und Steuereinnahmen weiter sinken, zudem verloren ausländische Investoren weiteres Vertrauen. Im Februar 1932 erreichte die Krise ihren Höhepunkt: 6 Mio. Arbeitslose, nur noch 12 Mio. Beschäftigte.

NEW DEAL

1932 errang Franklin D. Roosevelt mit seinem Versprechen eines »New Deal« einen Erdrutschsieg (US-Präsident 1933–1945). Mit diesem Programm setzte er ein Bündel von Maßnahmen zur Ankurbelung der Wirtschaft in Gang, installierte eine rudimentäre Sozialversicherung und reformierte die Landwirtschaft. Staatsprojekte, wie die der Tennessee Valley Authority (Dammbau zur Bewässerung), schufen neue Arbeitsplätze, und die Wirtschaft insgesamt zog wieder an.

Zu solcher Dynamik fanden die europäischen Staaten nicht. Hier führten Massenarbeitslosigkeit und Verarmung breiter Schichten zu sozialen Unruhen und zum Aufstieg rechtsradikaler Bewegungen. Schon seit den 1920er-Jahren hatten sich in Ost- und Mitteleuropa verschiedene Diktaturen etabliert, wie etwa in Polen, wo Marschall Pilsudski seit 1926 autoritär regierte. Selbst in Großbritannien, wo die Arbeitslosenrate 1930 die 20-Prozent-Marke erreichte, drohte Oswald Moseleys 1932 gegründete Union of British Fascists kurzzeitig zur politischen Kraft zu werden.

> »ICH VERPFLICHTE SIE, ICH VERPFLICHTE MICH ZU EINEM NEW DEAL FÜR DAS AMERIKANISCHE VOLK.«
>
> Franklin D. Roosevelt bei der Annahme der Präsidentschaftskandidatur, 1932

Roosevelts »New Deal«: Straßenbauprojekt der Works Progress Administration

AUFSTIEG DES FASCHISMUS

Wirtschaftsprobleme, Armut und politische Instabilität führten in den 1920er-Jahren in weiten Teilen Europas zu einem Klima der Gewalt und Gesetzlosigkeit. Ungelöste nationale Fragen trotz (oder wegen) neuer Grenzen sowie zusätzlich in Deutschland die Ablehnung des Versailler Vertrags ließen rechte nationalistische Bewegungen entstehen, die in Faschismus und Nationalsozialismus mündeten.

MUSSOLINI UND FASCHISMUS

Die Lehren der neuen Rechten entzündeten sich an Kommunistenhass, Furcht vor der UdSSR und der von ihr gesteuerten Kommunistischen Internationalen. Im Faschismus verbanden sich konservative Strömungen, aktivistischer Populismus, Militarismus und aggressiver Nationalismus. Nach dem Ersten Weltkrieg setzte sich in Italien Benito Mussolini (1883–1945) als erster faschistischer »Führer« an die Spitze rechtspopulistischer und nationalistischer Gruppierungen, die er 1919 zum Kampfbund Fasci Italiani di Combattimento zusammenfasste. Wahrgenommen wurden die Faschisten als Bewahrer von Recht und Ordnung, weil ihre Miliz (die Schwarzhemden) die ungeliebten Sozialisten terrorisierte. Im Oktober 1922 befahl ihr Anführer Mussolini den »Marsch auf Rom«. König Viktor Emmanuel III. lehnte es ab,

Benito Mussolini (4. v. l.) führte 1922 die Nationale Faschistische Partei im »Marsch auf Rom«, mit dem er die Machtübernahme der Faschisten erzwang.

ZWISCHENKRIEGSZEIT

Gegenmaßnahmen zu ergreifen und den Belagerungszustand auszurufen und beauftragte Mussolini mit der Bildung einer (Koalitions-)Regierung. Ab 1926 herrschte Mussolini als *Il Duce* (der Führer) allein und unterdrückte jegliche Opposition. Der Diktator hielt sich bis 1943 an der Macht.

NATIONALSOZIALISMUS

Die Weimarer Republik (benannt nach Deutschlands erster demokratischer Verfassung, die 1919 in Weimar beschlossen worden war) hatte mit rechten Bewegungen zu kämpfen, die das »Diktat von Versailles« ablehnten und dessen Unterzeichner – linke wie demokratische Parteien – hassten. In dieses Umfeld gehörte auch Adolf Hitler (1889–1945). Ab 1919 war er der Agitator der Deutschen Arbeiterpartei in München, die sich seit 1920 Nationalsozialistische Deutsche Arbeiterpartei (NSDAP) nannte. Der Nationalsozialismus war gefährlich, weil er mit völkischen Lehren von der überlegenen arischen Rasse unterlegt und extrem antisemitisch war. Die NSDAP agitierte von Anfang an gegen die angebliche »jüdische Weltverschwörung«, zu der sie das Großkapital ebenso rechnete wie den Bolschewismus. Mit der Behauptung, als Einziger für Ordnung sorgen zu können, führte Hitler die NSDAP im Chaos der Weltwirtschaftskrise bis 1933 an die Macht. Deutschnationale

Hitlers *Mein Kampf*, verfasst 1924, wurde zur zentralen Programmschrift des Nationalsozialismus.

Parteien und Reichspräsident von Hindenburg hofften, die militante NS-Bewegung einbinden zu können, was sich aber als fataler Irrtum erwies. Mit dem Ermächtigungsgesetz verschaffte sich Hitler 1933 diktatorische Vollmachten, die er rücksichtslos ausnutzte. Das Gesetz, eigentlich auf vier Jahre befristet, wurde bis 1945 nicht aufgehoben.

»Reichsführer SS und Chef der deutschen Polizei« Heinrich Himmler baute ein vielgliedriges Überwachungssystem auf, das die Macht des »Führers« sicherte. Zustimmung im Volk erwarb er sich durch Maßnahmen zur Arbeitsbeschaffung, beispielsweise durch ein gigantisches Rüstungsprogramm. Mit den Nürnberger Gesetzen wurden Juden aus dem öffentlichen Leben ausgeschlossen. Gewerkschaften, Parteien, Verbände und Kirchen wurden, wenn nicht verfolgt, so doch gleichgeschaltet.

Joseph Goebbels, seit 1924 Parteimitglied und Verehrer Hitlers, leitete von 1933 bis 1945 das Reichsministerium für Volksaufklärung und Propaganda.

Zum Reichsparteitag der NSDAP rief die noch kleine Partei 1923 das erste Mal nach Nürnberg. Von 1933 bis 1938 waren die Stadt und das Parteitagsgelände Schauplatz jährlicher, fest ritualisierter Massenaufmärsche, mit denen Partei und Führer sich wechselseitig inszenierten.

SPANISCHER BÜRGERKRIEG

⚑ Spanien ⌛ 1936–1939

Seit Mitte des 19. Jh. war Spanien von sozialen Spannungen zerrissen und kannte keine demokratische Tradition. Im Februar 1936 gewann der Frente Popular, ein Bündnis aus Republikanern, Sozialisten, Kommunisten und Anarchisten, die Wahlen und leitete lang überfällige Reformen ein. Bürgertum, Kirche und Militär fürchteten um ihre Privilegien. Am 19. Juli 1936 führte Francisco Franco als Generalísimo putschende Truppen aus Marokko nach Spanien und löste einen erbitterten Bürgerkrieg aus.

Die Gewerkschaft UGT ruft auf diesem Poster 1937 ihre Textilarbeiter zum Kampf für die Republik auf.

KRIEGSPARTEIEN

Den Verteidigern der Republik standen Francos Nationalisten gegenüber, gestützt auf Kleriker, Monarchisten und die Falange (Faschistische Partei). Die Republikaner bekamen Hilfe von der UdSSR, Mexiko sowie von Freiwilligen aus Europa und den USA. Die demokratischen Staaten verhielten sich neutral. Franco aber konnte auf den direkten Beistand Italiens und Hitler-Deutschlands zählen, das die Legion Condor mit Panzern und Flugzeugen schickte.

KRIEGSVERLAUF

Am 1. November 1936 begann die Belagerung Madrids. 1937 kam es zum schweren Luftangriff auf das baskische Guernica – nicht der einzige, wohl aber der verheerendste Einsatz deutscher Flieger. Im März 1938 scheiterte der Versuch der Republikaner, den Durchbruch nach Madrid zu erzwingen. Ein erfolgreicher Vorstoß der Nationalisten zur Küste bei Valencia zerschnitt das republikanische Gebiet. In der Ebro-Schlacht (Juli bis November 1938) wurden die Republikaner vernichtend geschlagen. Franco verkündete den Sieg im Bürgerkrieg am 1. April 1939.

FRANCISCO FRANCO

Franco (1892–1975), Sohn einer Offiziersfamilie, diente von 1910 bis 1927 in Marokko und wurde jüngster General Spaniens. Nach dem Sieg im Bürgerkrieg nahm er grausam Rache an seinen Gegnern und beherrschte Spanien für 36 Jahre, wobei er sich 1947 zum Regenten auf Lebenszeit erklärte. Im Kalten Krieg hob der Westen die Isolierung des letzten faschistischen Diktators auf; ein allmählicher Aufschwung Spaniens begann. Nach Francos Tod gelang ein friedlicher Übergang zur Demokratie.

ZWISCHENKRIEGSZEIT

FRAUENWAHLRECHT

weltweit 1869–heute

Das Wahlrecht (engl. *suffrage*) wurde im Lauf des 19. Jh. immer weiteren Bevölkerungsschichten zugestanden – nicht aber den Frauen. 1903 gründete Emmeline Pankhurst in England die Women's Social and Political Union, die für das Frauenwahlrecht eintrat. Als der friedliche Protest erfolglos blieb, gingen die »Suffragetten« zu direkten Aktionen über und stürmten das Parlament. Andere griffen sogar zum 1920, ebenfalls in Anerkennung ihrer Leistungen an der Heimatfront und im Sanitätsdienst. In Deutschland nahm die SPD in den 1890er-Jahren die Forderung in ihr Parteiprogramm auf. Doch erst nach dem Ende des Ersten Weltkriegs wurde das uneingeschränkte Wahlrecht für Frauen gesetzlich verankert. 37 Frauen waren 1919 Mitglieder der Verfassungsgebenden Nationalversammlung in Weimar. Das

»HERAUS MIT DEM FRAUENWAHLRECHT!«

Kampfruf deutscher Frauen zum ersten Internationalen Frauentag 1911

Mittel des Hungerstreiks. Nachdem die Britinnen im Krieg durch ihren vielfältigen Einsatz einen wichtigen Beitrag für das Land geleistet hatten, erhielten sie schließlich 1918 ab einem Alter von 30 Jahren das Wahlrecht. Erst 1928 wurde es auf alle volljährigen Frauen ausgeweitet. Eine ähnliche, weniger militante Bewegung entstand in den 1840er-Jahren in den USA. Der erste US-Bundesstaat, der Frauen zur Wahlurne zuließ, war Wyoming (1869). Das nationale Wahlrecht erhielten die Amerikanerinnen passive Wahlrecht wurde den Frauen allerdings während des »Dritten Reichs« wieder entzogen.

Als weltweit erstes Land führte Neuseeland 1893 das aktive Frauenwahlrecht ein, als eines der letzten europäischen Länder 1971 die Schweiz. Noch immer gibt es Staaten, die den Frauen dieses Recht verweigern.

La Femme Nouvelle, eine französische Frauenrechtsorganisation, demonstriert für das Wahlrecht, das Französinnen erst 1944 erhielten.

ZWEITER WELTKRIEG

Adolf Hitlers aggressiv-nationalistische Politik erschütterte das Gleichgewicht in Europa und führte nach mehreren Krisen im September 1939 zum Krieg. Japan kämpfte bereits gegen China. Mit dem Überfall auf Pearl Harbor, dem Kriegseintritt der USA und mit Deutschlands Überfall auf die UdSSR wurde der europäische endgültig zum Weltkrieg. 1945 hatten um die 25 Mio. Soldaten und mindestens ebenso viele Zivilisten das Leben verloren.

DEUTSCHLANDS WEG IN DEN KRIEG

◨ Mitteleuropa   ▣ September 1939

Seit Mitte der 1930er-Jahre setzte sich Hitler Schritt für Schritt über den Versailler Vertrag *(S. 324–325)* hinweg. Er führte die Wehrpflicht wieder ein, baute (zunächst heimlich) eine Luftwaffe auf und remilitarisierte im März 1936 das Rheinland. Im März 1938 entsandte er Truppen nach Österreich und feierte in Wien den »Anschluss an das Reich«.

Im September 1938 verlangte Hitler ultimativ die Rückführung des Sudetengebiets (des tschechischen Böhmen und Mähren) ins Reich. Um »den Frieden zu retten«, machten ihm England, Frankreich und Italien auch dieses Zugeständnis im Münchner Abkommen. Es bildete den Höhepunkt der sogenannten Beschwichtigungspolitik (engl. *appeasement*).

ÜBERFALL AUF POLEN

Im August 1939 wurde der Hitler-Stalin-Pakt mit einem geheimen Zusatz verhandelt, der die Teilung Polens vorsah. Hitler ließ den Streit mit Polen um den Status Danzigs eskalieren, und am 1. September 1939 gab er der Wehrmacht den Marschbefehl. Großbritannien und Frankreich hielten die Garantien, die sie gegeben hatten: Der Zweite Weltkrieg brach aus.

Propagandapostkarte: Danzig unterstand als »Freie Stadt« dem Völkerbund. Doch auch sie sollte »heim ins Reich«, samt einem Korridor durch Polen.

BLITZKRIEG UND FRANKREICHS NIEDERLAGE

Polen, Skandinavien, Belgien, Niederlande, Frankreich   September 1939–Juni 1940

Auf den deutschen Einmarsch in Polen reagierten Großbritannien und Frankreich ihren Bündnisverträgen gemäß mit der Kriegserklärung an das Deutsche Reich. Zum ersten Mal demonstrierte die Wehrmacht ihre Taktik eines Blitzkriegs: Sie sah koordinierte, von der Luftwaffe unterstützte Angriffe mit schnellen Panzerverbänden und mobilen Einheiten vor, die tief ins Feindgebiet vordrangen, Festungen und größere Einheiten des Gegners zunächst umgingen, dann einkesselten und vernichteten. Polen hatte keine Chance, und seine Verbündeten keine Zeit zur Intervention. Nach einer Woche war Warschau eingekreist. Am 17. September griff die Rote Armee von Osten an, am 28. September endete der polnische Widerstand.

Evakuierung über den Kanal: Im Mai 1940 konnten rund 338 000 Soldaten der alliierten Truppen nach England gebracht werden – der Kern einer Armee zum weiteren Kampf gegen Deutschland.

General Pétain regierte nach der Kapitulation im Juni 1940 von Vichy aus das (halbautonome) südliche Frankreich.

ANGRIFF AUF NORWEGEN

An der Westfront warteten beide Seiten ab, und der »Sitzkrieg« begann. Um den Krieg gegen England vorzubereiten, marschierte Hitlers Wehrmacht im April 1940 in Dänemark und Norwegen ein. Sie wollte sich so die Atlantik- und Nordmeerhäfen sichern.

KAPITULATION FRANKREICHS

Am 10. Mai 1940 begann der Frankreichfeldzug. Die Wehrmacht marschierte durch die Niederlande und Belgien Richtung Paris und Kanalküste. Die British Expeditionary Force (BEF) saß bei Dünkirchen in der Falle, und Premierminister Churchill musste die Evakuierung über den Kanal befehlen, die mit knapper Not gelang. Am 19. Juni stand die Wehrmacht in Paris, drei Tage später musste Frankreich die Kapitulation unterzeichnen.

LUFTSCHLACHT UM ENGLAND

Großbritannien   August–Oktober 1940

Nach Frankreichs Niederlage richtete sich Hitlers Aufmerksamkeit auf England – die letzte europäische Großmacht, die ihm noch widerstand. Geplant war die Landung in Südengland (Unternehmen »Seelöwe«). Zu ihrer Vorbereitung brauchte Deutschland die Lufthoheit. In den Luftschlachten zwischen August und Oktober standen sich die deutsche Luftwaffe, kommandiert von Hermann Göring, und das Fighter Command (Jagdwaffe) der Royal Air Force (RAF) unter Air Marshal Hugh Dowding gegenüber.

ERSTE ANGRIFFE

Dowding nutzte zur Luftverteidigung die Zusammenarbeit von Leitstellen mit moderner Radartechnik und kleinen Jagdgeschwadern, die bestimmten Bereichen zugeordnet waren und rasch alarmiert werden konnten. Die Luftwaffe war mit ihren Maschinen zahlenmäßig überlegen, doch der Aktionsradius ihrer Bomber und Jäger war nicht groß genug, um länger über England operieren zu können. Am 12. August 1940 begann die deutsche Luftwaffe konzertierte Angriffe auf englische Flugplätze zu fliegen, doch am nächsten Tag misslang ein verstärkter Angriff (Operation »Adlertag«).

WINSTON CHURCHILL (1874–1965)

Der Erste Lord der Admiralität des Ersten Weltkriegs warnte in den 1930er-Jahren vergeblich vor der *Appeasement*-Politik. Im Mai 1940 wurde er Premierminister, stärkte den Widerstandswillen der Briten, warb um Unterstützung der USA und trug entscheidend zum Sieg der Alliierten bei.

SIEG DER ROYAL AIR FORCE

Die Deutschen gingen davon aus, genügend britische Maschinen zerstört zu haben, sodass sich nun mit Zermürbung erreichen ließ, was der Großangriff nicht gebracht hatte. Die Royal Air Force aber hatte den längeren Atem. Anfang September verfügte sie über 738 Spitfire- und Hurricane-Jäger – mehr als zu Beginn der Schlacht. Die Verteidigung spielte sich ein, die Verluste der deutschen Luftwaffe stiegen. Anfang September wechselte Hitler die Taktik und befahl Luftangriffe auf London. Im Oktober war jedoch klar, dass die Deutschen keine Chance mehr hatten, die Lufthoheit über England zu erkämpfen. Zu Hitlers Ärger musste Unternehmen »Seelöwe« vertagt werden.

Die einmotorige *Supermarine Spitfire*, ein besonders wendiges Jagdflugzeug britischer Produktion, in der Luftschlacht um England

LUFTKRIEG

Zum ersten Mal in einem Großkonflikt spielte die noch junge Luftwaffe eine entscheidende Rolle. Konzertierte Aktionen von Flieger- und Panzerverbänden bestimmten den deutschen Polenfeldzug. 1500 Flugzeuge zerstörten als mobile Artillerie vorbereitend Verbindungs- und Verteidigungslinien. Strategisch neu waren auch die massiven Flächenbombardements von Industrieanlagen und ganzen Städten.

FLÄCHENBOMBARDEMENTS

In der Schlacht um England flogen Jagdgeschwader mit aufgerüsteter Technik Luftkämpfe, die taktisch ähnlich wie im Ersten Weltkrieg verliefen. Neu dagegen waren massive Luftangriffe mit Bombergeschwadern. 1941 gerieten deutsche Städte in die Reichweite der effektiven Langstreckenbomber der Royal Air Force. Allerdings gelang es kaum, solche Einsätze allein gegen militärische oder industrielle Ziele zu richten. Arthur Harris, der Oberbefehlshaber des britischen Bomber Command, setzte das (umstrittene) *strategic bombing* durch, bei dem Luftangriffe auf ganze Städte die Moral des Gegners brechen sollten. Einer der Luftangriffe auf Hamburg (Operation »Gomorrha«) verursachte am 27./28. Juli 1943 einen Feuersturm, in dem 40 000 bis 45 000 Menschen umkamen. Das Ziel, die deutsche Bevölkerung nachhaltig zu demoralisieren, erreichten solche Massaker nicht.

Deutscher Dornier-17-Bomber über London. Die Schlacht um England war ein Vorspiel der verheerenden Luftangriffe, die deutsche Städte trafen.

> »BOMBT DEN GEGNER WEICH, BIS EINE RELATIV KLEINE LANDSTREITMACHT GENÜGT … DEN LETZTEN WIDERSTAND ZU BRECHEN.«
>
> Arthur »Bomber« Harris, Januar 1943

DEUTSCHER VORMARSCH IN DIE SOWJETUNION

UdSSR · Juni–Dezember 1941

An der Ostfront herrschte nach der Besetzung und Teilung Polens (1939) Ruhe. Schon in *Mein Kampf* (1924) hatte Hitler von der Notwendigkeit geschrieben, »deutschen Lebensraum« im Osten zu erobern. Bevor die USA in den Krieg eintreten würden – was sich 1941 abzeichnete –, wollte Hitler Englands letzten möglichen Verbündeten in Europa, die UdSSR, angreifen und bis zum Ural besetzen.

»UNTERNEHMEN BARBAROSSA«

Die Wehrmacht mobilisierte rund 4 Mio. Soldaten (Deutsche und Verbündete) und etwa 11 000 Panzer. Am 22. Juni 1941 schlug diese gewaltige Invasionsarmee los, verspätet, denn um Italiens gescheiterten Balkanfeldzug zu unterstützen und ihre Südflanke zu sichern, besetzten die Deutschen zuvor noch Serbien. Der enorme Angriff traf die Rote Armee völlig überraschend. Zudem war ihre Strategie, jeden Meter russischer Erde zu verteidigen, nicht geeignet, um der deutschen Blitzkriegtaktik *(S. 339)* standzuhalten.

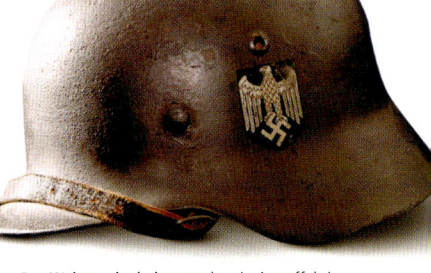

Der Wehrmachtshelm war das einzige effektive Ausrüstungsstück der Soldaten. Winterkleidung gab es nicht. Bei –40 °C fror sogar der Treibstoff ein.

SCHLACHT UM MOSKAU

Rasch stießen drei deutsche Angriffsverbände vor: im Norden Richtung Leningrad (belagert von 1941–1944), in der Mitte nach Moskau, im Süden zum Schwarzen Meer. In großen Kesselschlachten bei Minsk, Smolensk und Kiew rieben sie die Rote Armee auf und standen im August weit im Landesinneren (über 600 km). Nun traf Hitler die fatale Entscheidung, zunächst im September die Kornkammer Ukraine zu erobern und den Vorstoß auf Moskau anzuhalten. Wieder aufgenommen führte dieser bis 25 km vor die Stadt, wurde aber durch Herbstschlamm und Kälte empfindlich behindert. Da sie an den »Blitzsieg« glaubte, hatte die Wehrmacht nicht für Winterausrüstung gesorgt. Inzwischen hatte sich die Rote Armee von den schweren Verlusten erholt. Die Gegenoffensive, die General Schukow am 5. Dezember 1941 befahl, drängte die Wehrmacht innerhalb eines Monats zurück.

Eine Grenzfestung ergibt sich (Juni 1941). Einige russische Einheiten konnten sich gegen die rasch agierenden Deutschen verteidigen.

SCHLACHT UM STALINGRAD

UdSSR · **Juni 1942–Februar 1943**

Die Eroberung Moskaus war gescheitert, die Truppe war erschöpft und die Nachschubprobleme wuchsen. Dennoch hielt Hitler an seinem Fernziel fest: der Eroberung der Ölfelder südlich des Kaukasus. Im Sommerfeldzug 1942 sollte Stalingrad eingenommen werden. Es war das südrussische Industriezentrum und der Verkehrsknoten, der die Waffenfabriken versorgte, die Stalin 1941 hinter den Ural evakuiert hatte. Gleichzeitig sollte die Wehrmacht den Vorstoß nach Rostow und das Schwarze Meer vollenden.

Kapitulation in Stalingrad: 146 000 Deutsche waren gefallen, erfroren oder verhungert, über 90 000 gingen in Gefangenschaft (die nur etwa 5000 überlebten).

»FALL BLAU« UND »URANUS«

Am 29. Juni begann der Vorstoß auf Stalingrad und Rostow (»Fall Blau«). Die deutsche 6. Armee unter General Paulus eröffnete am 23. August den Angriff auf Stalingrad und erreichte noch an diesem Tag die Wolga nördlich der Stadt. Doch sie stieß auf erbitterten Widerstand der Roten Armee. Haus um Haus wurde erobert und wieder verloren. Bis November tobte der Kampf hin und her. Da Stalingrad für Hitler inzwischen zum Symbol des deutschen Siegeswillens geworden war, musste Paulus auch dann noch an der Belagerung festhalten, als Schukow mit einem erfolgreichen Zangenangriff (Deckname »Uranus«) die 6. Armee in Stalingrad einschließen konnte. Ein deutscher Entlastungsangriff scheiterte, und am 2. Februar 1943 musste Paulus kapitulieren. Vom Nachschub abgeschnitten, zogen sich auch die deutschen Verbände aus dem Kaukasus zurück. Hitlers Großmachtpläne waren gescheitert – mit enormen Verlusten.

> »ES SPIELT SICH DORT EIN HELDENDRAMA DER DEUTSCHEN GESCHICHTE AB.«
>
> Adolf Hitler zu Joseph Goebbels über die aussichtslose Lage der 6. Armee in Stalingrad, Januar 1943

Mosin-Nagant M91/30: Dieses Gewehr benutzten russische Scharfschützen im Häuserkampf in Stalingrad.

AFRIKAFELDZUG

Nordafrika **Juni 1940–Mai 1943**

Am 10. Juni 1940 hatte Italien den Alliierten den Krieg erklärt; im September stieß General Graziani von Libyen aus ins britisch verwaltete Ägypten vor. Die Wüsten Nordafrikas bildeten ein Schlachtfeld besonderer Art, und im mehrfachen Hin und Her des Kriegsgeschehens entschieden nicht die Zahl der Truppen über Sieg oder Niederlage, sondern schnelle Panzerverbände. Deren Nachschub über das Mittelmeer war von Anfang an prekär und verschlechterte sich dramatisch, als die Eroberung des britischen Stützpunkts Malta misslang (1941).

In der Schlacht von El Alamein in Nordafrika verlor Rommel allein über 400 Panzer. Von diesem Schlag konnte sich das Afrika-Korps nicht wieder erholen.

BIS EL ALAMEIN

Nach anfänglichen Erfolgen wurden die Italiener im Dezember nach Tripolis zurückgedrängt. Am 22. Januar 1941 nahmen die Briten die strategisch wichtige Festung Tobruk ein. Doch nun kamen die Deutschen ihrem Verbündeten zu Hilfe. Unter General Rommels Kommando begann das Deutsche Afrika-Korps im März einen rasanten Vorstoß nach Osten. Die britische Gegenoffensive (Operation »Crusader«) stoppte die Deutschen, doch im Juni 1942 eroberte Rommel Tobruk und drohte weiter nach Ägypten vorzurücken. Die Briten verschanzten sich bei El Alamein und drängten in einer 12-tägigen Schlacht im Oktober 1942 das Afrika-Korps zurück. Der neue britische Befehlshaber General Montgomery trieb Rommels Truppen nach Tunesien.

ERWIN ROMMEL (1891–1944)

Zum Volkshelden wurde Erwin Rommel durch den Afrikafeldzug. Den beliebten General, der 1944 nach der Invasion in der Normandie schwer verwundet wurde, konnte man nach dem Hitler-Attentat nicht als Mitverschwörer verhaften. Er wurde daher zum Selbstmord gezwungen.

OPERATION »FACKEL«

Am 8. November 1942 hatten die britisch-amerikanischen Landungen in Marokko und Algerien begonnen. Die deutsch-italienischen Truppen gerieten daraufhin in eine Zange. Die Sommeroffensive in der UdSSR schloss eine Verstärkung aus. Im März 1943 wurde Rommel nach Deutschland ausgeflogen, die letzten Achsen-Truppen mussten am 13. Mai aufgeben.

Erwin Rommel *(ganz links):* Der Panzerkommandeur wurde als »Wüstenfuchs« gefürchtet, aber auch von vielen verehrt.

ITALIEN

🏴 Italien   ⌛ Juli 1943–Mai 1945

Auf der Konferenz von Casablanca (Januar 1943) beschlossen die Alliierten, den bevorstehenden Sieg in Afrika zu nutzen und in Italien eine neue Front zu eröffnen. Sizilien sollte das Sprungbrett sein, um die Deutschen von Süden her zu bedrohen. Operation »Husky« begann am 10. Juli, doch der Vormarsch nach der Landung auf Sizilien dauerte so lange, dass der deutsche General Kesselring am 11./12. August über 100 000 Soldaten von Sizilien auf das italienische Festland evakuieren konnte.

Die 5. US-Armee marschiert in Rom ein, das von den Deutschen zur »offenen Stadt« erklärt und daher nicht bombardiert wurde.

ITALIENFELDZUG

Am 25. Juli 1943 stürzte Mussolini, und die neue Regierung schloss einen Waffenstillstand mit den Alliierten (3. September). Die Wehrmacht besetzte Rom (10. September). Gleichzeitig landeten alliierte Verbände in Salerno. 18 deutsche Divisionen standen in Italien, deren defensiver Strategie das bergige Gelände alle Vorteile bot. Der alliierte Vorstoß hingegen konnte nur durch enge Täler erfolgen und wurde immer wieder durch starke Verteidigungslinien aufgehalten, die die Deutschen quer durch die Halbinsel errichteten. Allein um das stark befestigte Monte Cassino zu überwinden, brauchten die Alliierten fast fünf verlustreiche Monate (Januar–Mai 1944). Sie versuchten, mit einer Landung in Anzio (südlich von Rom) zu kontern (Januar 1944). Der Ausbruch aus dem Landekopf gelang aber erst im Mai 1944. Am 4. Juni standen die Alliierten in Rom. Unterdessen aber verschanzten sich die Deutschen weiter nördlich in der sogenannten Gotenstellung. Im Dezember hatten die Alliierten die Po-Ebene noch immer nicht erreicht. Erst am 2. Mai 1945, kurz vor Kriegsende, ergab sich die Wehrmacht in Italien.

Der Soldatenfriedhof bei Monte Cassino: Ihn überragt das weltberühmte Kloster, das die Alliierten im Februar 1944 durch Bomben zerstört hatten.

PEARL HARBOR

📍 Hawaii (USA)   📅 7. Dezember 1941

Die USA verfolgten beunruhigt die Expansionspolitik der Japaner, die, ermutigt durch die Niederlage der europäischen Kolonialmächte, ihren Machtbereich stetig erweiterten, wie 1940 in Indochina. Ein US-Handelsembargo gab einer mächtigen Lobby in Japan den Vorwand, auf einen Präventivschlag gegen die US-Marine zu dringen, der Japans Eroberung des gesamten pazifischen Raums vorbereiten sollte. Kaiser Hirohito genehmigte den Angriff auf die US-Pazifikflotte in Pearl Harbor (Hawaii).

ÜBERFALL
Es gelang den Japanern, eine Flotte mit sechs Flugzeugträgern unbemerkt heranzuführen. In zwei Wellen starteten am 7. Dezember 1941 über 350 Bomber und Jagdflugzeuge zu ihrem Überraschungsangriff auf Pearl Harbor, versenkten 18 Kriegsschiffe und zerstörten fast 400 Flugzeuge. Über 3800 Amerikaner starben oder wurden verwundet, die Japaner verloren 55 Mann und 29 Maschinen. Nur die US-Flugzeugträger blieben verschont, da sie zu einer Übung ausgelaufen waren.

Die mit Gebeten beschriebene japanische Kriegsflagge zeigt, wie japanische Soldaten mit nationalen und religiösen Gefühlen begeistert wurden.

WELTKRIEG
Am 8. Dezember erklärten die USA Japan den Krieg; am 11. erfolgte die Kriegserklärung Deutschlands an die USA. Am 22. trafen sich Roosevelt und Churchill mit ihren Stäben. Roosevelt bekräftigte seine Leitlinie: »Deutschland zuerst«. Die UdSSR profitierte nun vom »Leih- und Pachtgesetz« und erhielt Waffen sowie Material auf Kreditbasis.

Die brennenden US-Schlachtschiffe *Tennessee* und *West Virginia* in Pearl Harbor: Beide sanken. Letzteres konnte gehoben werden und war 1944 wieder einsatzbereit.

JAPANISCHER VORSTOSS

Südostasien, Pazifik   Dezember 1941–März 1942

Japans Ziel war die Errichtung eines südostasiatischen Kolonialreichs (»Wohlstandszone«), gesichert durch einen Ring von Stützpunkten im Pazifik. Der Überfall auf Pearl Harbor war Auftakt der Angriffe auf amerikanische, britische und niederländische Kolonien sowie auf Stützpunkte in Südostasien und im Pazifik. Sechs Monate lang errang Japan Sieg um Sieg. Erst vor Midway wendete sich das Blatt.

Briten kapitulieren in Singapur (Februar 1942). Viele von ihnen mussten in japanischen Lagern in Indonesien Zwangsarbeit leisten.

Zunächst fielen der US-Stützpunkt Guam (Dezember) und Hongkong, dann landeten japanische Truppen in Britisch-Malaya und drängten die Briten durch Überraschungsangriffe aus ihren Stellungen. Die große britische Festung Singapur kapitulierte am 15. Februar 1942: Fast 100 000 Commonwealth-Soldaten gingen in Gefangenschaft. Im Januar begann von Thailand aus der Angriff auf Britisch-Birma. Zuvor, am 22. Dezember, landeten Japaner von Taiwan aus auf den Philippinen (seit 1898 US-Besitzung), errangen die Lufthoheit und drängten die Amerikaner auf die Halbinsel Bataan. Sie fiel im April 1942, am 5. Mai ergab sich der Stützpunkt Corregidor. 78 000 Filipinos und US-Soldaten kamen in Gefangenschaft.

Als am 8. März auch die birmanische Hauptstadt Rangun gefallen war, war Niederländisch-Indien (Indonesien) den japanischen Angriffen schutzlos ausgeliefert. Schon im Dezember waren sie in Britisch-Borneo gelandet, und nach dem Sieg in der Seeschlacht vor Java (27. Februar) fielen bis Ende März Batavia (Sumatra), Java, Timor und Neuhollandia (Neuguinea); Bomber attackierten zudem das australische Darwin (19. Februar).

»DAS GRÖSSTE UNGLÜCK UND DIE GRÖSSTE KAPITULATION DER BRITISCHEN GESCHICHTE.«

Winston Churchill nach dem Fall von Singapur, 1942

Nun aber hatten die Japaner einen Verteidigungsraum von über 5000 km Durchmesser zu versorgen. Anfang Juni, mit Angriffen auf die Aleuten (Inselgruppe im Nordpazifik) und die US-Basis Midway überschätzten sie ihre Kräfte, zumal die Amerikaner ihre anfänglichen Verluste ausgeglichen und den japanischen Funkcode geknackt hatten.

LANDUNG IN DER NORMANDIE

🇫🇷 Frankreich   ⏳ Juni–August 1944

Nach fast vierjähriger Vorbereitung starteten Amerikaner, Briten, Kanadier und Truppen des Freien Frankreichs die Operation »Overlord«: die Landung in der Normandie. Stichtag (D-Day) war der 6. Juni 1944. Ausgedehnte Täuschungsmanöver ließen die Wehrmacht glauben, die Landung erfolge bei Calais, daher waren ihre Abwehrstellungen in der Normandie nicht voll besetzt. Fünf Angriffskeile bewegten sich auf die normannische Steilküste zu. Über 7000 Schiffe waren am vorbereitenden Trommelfeuer und den Landungen beteiligt. Der längste der zum Angriff ausgewählten Küstenstreifen lag bei Coleville-sur-Mer (Codename »Omaha Beach«). Den dort besonders starken Küstenbefestigungen hatte das Trommelfeuer nur wenig anhaben können, sodass die Landtruppen der 1. und 29. US-Infanteriedivision schwere Verluste erlitten. Erst am Nachmittag hatten die Amerikaner einen knapp 10 km breiten und rund 3 km tiefen Küstenstreifen gesichert, dabei aber 3000 Soldaten verloren.

US-Feldtelefone ermöglichten eine schnelle Verständigung zwischen der Front und den Kommandostellen.

AUSBRUCH AUS DEN LANDEKÖPFEN

Bei Einbruch der Nacht waren insgesamt 130 000 alliierte Soldaten an Land gekommen. Sechs Tage später hatten sie die Landeköpfe zu einer durchgehenden Stellung verbunden und schafften nun schwere Panzer, Geschütze und Material heran. Doch der Ausbruch aus der engen Landezone in die Normandie gestaltete sich schwierig. Vor allem Caen wurde erbittert verteidigt. Seine Eroberung, eigentlich Ziel des ersten Tags, dauerte bis zum 9. Juli. Aber auch die deutschen Verluste an

> **GENERAL MONTOGOMERY (1887–1976)**
>
> Der Veteran des Ersten Weltkriegs (1914 in Frankreich schwer verwundet) kommandierte im Zweiten Weltkrieg die britische 8. Armee in Nordafrika. Seine minutiöse Planung führte im Oktober 1942 bei El Alamein zum Sieg über Rommels Afrika-Korps. 1944 verhinderte Montgomerys diesmal übergroße Vorsicht die Eroberung Caens noch am D-Day. Der alliierte Frankreichfeldzug litt unter permanenten Streitigkeiten mit Eisenhower, dem Kommandeur der US-Truppen in Europa, was 1945 fast zu Montgomerys Entlassung geführt hätte.

26 Luftangriffe erlitt die Stadt Caen in der Normandie zwischen dem D-Day am 6. Juni und ihrer Befreiung am 9. Juli 1945.

Soldaten und Material (u. a. 2000 Panzer) waren hoch und machten eine Gegenoffensive unmöglich. Hitler indessen genehmigte keinen taktischen Rückzug. Jeder Meter Boden sollte verteidigt werden. Die alliierten Panzerverbände wurden in ihrem Vormarsch durch die engen, von Hecken und Steinen gesäumten Straßen der Normandie gebremst. Und ihre zehnfach überlegenen Flugzeuge mussten wegen schlechten Wetters am Boden bleiben.

KESSEL VON FALAISE

Erst am 25. Juli durchstießen Panzer der 7. US-Armee die deutschen Linien bei St.-Lô: Der Vormarsch auf Paris konnte beginnen. Eine deutsche Gegenoffensive scheiterte, denn fast alle in der Normandie stehenden deutschen Truppen gerieten in den Kessel von Falaise. Der von Hitler genehmigte Rückzug kam zu spät. 50 000 Soldaten saßen bereits samt Panzern und Geschützen in der Falle. Am 19. August hatten die alliierten Spitzen die Seine überquert und bedrohten Paris. Schon am 15. war die Landung in Südfrankreich erfolgt, am 28. Marseilles und Toulon befreit. Nicht mehr lange, und die durch das Rhônetal nach Norden vorstoßende 1. französische Armee konnte sich mit der 7. US-Armee, die von Westen hereineilte, vereinigen.

US-Landetruppen im Juni 1944 in der Normandie: Bis zum 30. Juni wurden rund 850 000 Soldaten, 148 000 Fahrzeuge und 570 000 t Material an Land gesetzt.

DEUTSCHLANDS NIEDERLAGE

Frankreich, Deutschland, Russland, Ukraine   Januar 1943–8. Mai 1945

Mit der Befreiung von Paris errangen die Alliierten am 25. August 1944 vor allem einen moralischen Sieg. Die Hoffnung, der Krieg sei nun bald vorüber, trog. Die Deutschen erholten sich überraschend genehmigte die Operation »Market Garden«, eine Luftlandeoperation bei Arnheim, doch sie scheiterte am 21. September, und 6000 Alliierte gerieten in Gefangenschaft.

> »ICH WERDE SO LANGE KÄMPFEN, SOLANGE ICH NOCH EINEN SOLDATEN HABE.«
>
> Hitler zu Generaloberst Jodl

und reorganisierten ihre Verteidigung, während die Alliierten unter Versorgungsengpässen vor allem beim Treibstoff litten. Am 4. September fiel der Hafen von Antwerpen. Statt den Zugang zum Meer freizukämpfen, drängte General Montgomery auf raschen Vorstoß nach Westen und wollte die Brücken über die Maas und den Niederrhein sichern, um dann ins Ruhrgebiet vorzustoßen. Eisenhower

Von seinen Gegnern unbemerkt, rüstete Hitler zu einer Gegenoffensive: dem Durchbruch von zwei Panzer- und einer Infanteriearmee (500 000 Mann) durch die Ardennen zur belgischen Küste. Die Ardennenschlacht begann am 16. Dezember, und den an Zahlen überlegenen Deutschen gelang der Vorstoß bis fast zur Maas. Doch die Amerikaner fingen sich wieder und konnten die Schließung eines

Am 24. August 1944 erreichte die 2. französische Panzerdivision auf Nebenwegen Paris. Am nächsten Tag zog General de Gaulle mit alliierten Truppen über die Champs Elysées.

ZWEITER WELTKRIEG

Die Sowjetflagge mit Hammer und Sichel wird nach erfolgreichem Kampf am 30. April 1945 über dem Reichstag in Berlin aufgestellt.

Kessels um Bastogne verhindern. Am 8. Januar 1945 mussten die Deutschen den Rückzug antreten. Sie hatten 100 000 Soldaten und 1000 Flugzeuge verloren, die nun zur Verteidigung des Rheins fehlten. Am 2. März standen US-Truppen bei Düsseldorf, am 30. März war die alliierte Front von Emmerich bis Mannheim gesichert. Der weitere Marsch nach Osten traf nur auf vereinzelten Widerstand, erreichte am 11. April Magdeburg sowie am 25. April bei Thorgau an der Elbe die Spitze der Roten Armee.

SIEG DER ROTEN ARMEE

Der Sieg in Stalingrad (Januar 1943), *(S. 343)*, brachte der Roten Armee keinen sofortigen Durchbruch nach Westrussland, da sie zunächst bei Charkow scheiterte. Dann aber entschied sie die Panzerschlacht um den Kursker Bogen für sich, die mit 6000 beteiligten Panzern die größte der Geschichte (12./13. Juli 1943) wurde. Bis zum 6. Dezember eroberten die Russen die ukrainische Hauptstadt Kiew zurück. Aufgrund des strengen Winters wurden die Kampfhandlungen eingestellt. Danach befahl Stalin die Operation »Bagration«. Der Angriff, der die Heeresgruppe Mitte aus Weißrussland drängen sollte, begann am 24. Juni 1944 bei Minsk: 2,4 Mio. Rotarmisten standen 1,2 Mio. Deutschen gegenüber; die deutsche Front zerbrach. Im Juli erreichte die Rote Armee Polen, blieb aber östlich der Weichsel und griff nicht in den Warschauer Aufstand ein. Erst über drei Monate nach dessen Niederschlagung durch die Deutschen, eroberte sie am 17. Januar 1945 Warschau. Mit General Schukows 1. Weißrussischer Front an der Spitze begann nun der Vorstoß von 2 Mio. Rotarmisten auf Berlin.

Die Stadt wurde größtenteils vom Volkssturm, der aus Jungen und alten Männern bestand, fanatisch verteidigt. Am 30. April beging Hitler Selbstmord, am 2. Mai ergab sich Berlin. Am 7./8. Mai wurde die bedingungslose Kapitulation durch die Vertreter aller Wehrmachtsteile unterzeichnet. Der Krieg in Europa war zu Ende.

Millionen Deutsche flohen vor der heranrückenden Roten Armee, wie hier aus dem umkämpften Berlin.

DER HOLOCAUST

Der Begriff Holocaust leitet sich vom griechischen Wort *holokaustos* (»völlig verbrannt«) ab. Im Hebräischen wird die Judenvernichtung des nationalsozialistischen Deutschlands mit *Shoa* (»großes Unheil«) bezeichnet. Die »Endlösung der Judenfrage« sollte einen als »minderwertig« gebrandmarkten Teil der Bevölkerung Europas vernichten. Die NS-Rassenideologie kostete bis 1945 insgesamt etwa 6 Mio. Juden das Leben.

DIE ERSTE PHASE

1933 lebten rund 500 000 Juden in Deutschland. Mit Hitlers Machtübernahme im Januar 1933 begann ein schleichender Prozess, der die Juden aus dem politischen, wirtschaftlichen und öffentlichen Leben verdrängte. Die Nürnberger Gesetze (September 1935) nahmen ihnen sämtliche Bürgerrechte. Ehen zwischen jüdischen und »arischen« Deutschen wurden verboten. Im November 1938 eskalierte die Gewalt: In der »Reichspogromnacht« vom 9. auf den 10. November brannten die Synagogen, jüdische Geschäfte wurden geplündert, mehrere hundert Juden getötet und Tausende verhaftet. Mit dem Einmarsch in Polen (1939) und in der UdSSR (1941) erhielten die Rassepolitiker in der SS und der NSDAP einen unkontrollierten Raum für ihr Vernichtungsprogramm.

Fast verhungerte Insassen des KZ Ebensee (Österreich), unter ihnen viele ehemalige Auschwitzhäftlinge, wurden von Amerikanern befreit (6. Mai 1945).

Der Davidstern, einst Zeichen der Hoffnung auf eine jüdische Heimstatt, wurde zum Zeichen der ausgegrenzten Juden.

3,1 Mio. Juden in Polen, 2,7 Mio. in Westrussland sowie 1 Mio. in Frankreich, den Niederlanden, in Skandinavien und den Balkanstaaten gerieten in die Gewalt der deutschen Besatzer. In Polen und der Sowjetunion wüteten die Einsatzgruppen (Sondereinheiten der von der SS kontrollierten Polizei). Sie trieben Juden hinter der Front zusammen, sperrten sie in Ghettos und ermordeten sie, wie in der Schlucht von Babi Jar bei

Führende NS-Funktionäre standen im Januar 1946 auch wegen der NS-Judenpolitik vor dem alliierten Militärtribunal.

Kiew, wo am 29./30. September 1941 in der größten einzelnen Mordaktion 33 771 Juden erschossen wurden.

DIE »ENDLÖSUNG«

Am 20. Januar 1942 organisierte Gestapochef Reinhard Heydrich die Wannseekonferenz in Berlin: Führende Bürokraten wurden auf die »Endlösung der Judenfrage« eingeschworen und organisierten von nun an die systematische Vernichtung der Juden in eigens dafür eingerichteten Lagern. In Deutschland und den besetzten Ländern wurden Juden verhaftet und von der Reichsbahn in Lager transportiert, die in den eroberten Ostgebieten entweder als reine Vernichtungslager errichtet worden waren (z. B. Sobibór) oder, in Zusammenarbeit mit SS und Industrie, als Arbeits- und Vernichtungslager wie Auschwitz. Die Juden starben an Misshandlung, Unterernährung, Zwangsarbeit oder sie wurden gleich nach ihrer Ankunft in den Gaskammern ermordet. Jüdische KZ-Häftlinge mussten die Leichen in Krematorien verbrennen.

Das System der Vernichtung brach erst zusammen, als sich 1944/45 die Rote Armee näherte. Überlebende Häftlinge wurden auf Todesmärschen nach Westen getrieben, Tausende starben an Hunger, Kälte, Erschöpfung. Wer nicht mitkam, wurde erschossen.

Führende NS-Funktionäre wurden 1945/46 in den Nürnberger Prozessen wegen Verbrechen gegen die Menschlichkeit zum Tod oder zu langen Haftstrafen verurteilt. Erst in den drei Frankfurter Auschwitzprozessen (1963–1968) standen Lagermannschaften vor Gericht. Nur 300 000 Opfer der Judenverfolgung überlebten. Die meisten kehrten nicht in ihre Heimat zurück, sondern emigrierten in den jüdischen Staat Israel *(S. 384)*.

Eingangsgebäude des KZ Auschwitz: Die Eisenbahnschienen führten die Waggons mit den Häftlingen direkt in das Lager, in dem allein über 1 Mio. Juden ermordet wurden.

JAPANS NIEDERLAGE

 Südostasien, Pazifik März 1942–August 1945

Um ihre Eroberungen zu sichern, wollten die Japaner Anfang 1942 auch Port Moresby im Süden Neuguineas zur japanischen Basis machen. Eine große Trägerflotte lief aus, doch in der See-Luft-Schlacht in der Korallensee (7./8. Mai) machten amerikanische Flugzeugträger Japans Planungen zunichte. Empfindlicher noch war die Niederlage bei Midway (7. Juni). Admiral Yamomotos Überraschungsangriff auf die US-Basis misslang, weil die Amerikaner den japanischen Funkcode geknackt und unbemerkt ihrerseits eine Trägerflotte in Stellung gebracht hatten. Japan verlor vier Flugzeugträger und Hunderte Maschinen samt Piloten. Damit begann die Wende im Pazifikkrieg.

Seit August 1942 versuchten japanische Land- und Seestreitkräfte, das US-Flugfeld auf Guadalcanal (Salomonen-Inseln) zurückzuerobern; im Februar 1943 mussten sie sich zurückziehen.

Der Burma Star war ein Orden für Militärangehörige des Commonwealth, die zwischen 1941 und 1945 in Birma Dienst taten.

Inzwischen war zudem die US-Kriegswirtschaft angesprungen, und so wendete sich das Blatt auch im Pazifik zugunsten der Alliierten. Im Juni 1943 befahl General MacArthur Operation »Cartwheel«, mit der die starke japanische Operationsbasis Rabaul auf Neubritannien »neutralisiert«, also nicht direkt angegriffen, sondern vom Nachschub abgeschnitten werden sollte.

Die Alliierten eroberten kleine Inseln und errichteten dort Stützpunkte, von denen aus sie japanische Nachschubkonvois zur See oder aus der Luft angriffen.

INSELSPRINGEN

Dieser Strategie folgend eroberten amerikanische Truppen die Gilbert- und weitere Inseln, wobei sie auf erbitterten Widerstand auch kleiner Garnisonen trafen und immer wieder hohe Verluste erlitten. Doch als sie ebenfalls die Marianen gesichert hatten, konnten sie von dort aus direkte Luftangriffe auf Städte der Japanischen Inseln fliegen. Ab 1944 zeigte die Überlegenheit der USA zu Wasser und in der Luft entscheidende Wirkung. Eine Seeblockade schnitt Japan von allen Importen ab und drosselte die Kriegsproduktion immer weiter. Mit dem Sieg in der Seeschlacht im Golf von Leyte stand den Amerikanern die Rückeroberung der Philippinen offen. Die Landungen begannen am 20. Dezember 1944 und riefen nur mäßigen Widerstand hervor. Im März marschierten US-Truppen in Manila ein. Gleichzeitig drangen die Briten wieder nach Birma vor und konnten bis Mai 1945 einen Großteil des Landes sichern.

Amerikanischer Panzer M5 mit chinesischer Besatzung 1944 in Birma. Die Chinesen kämpften auf der alliierten Seite gegen ihren alten Feind Japan.

ZWEITER WELTKRIEG

GENERAL DOUGLAS MACARTHUR (1880–1964)

Der Oberkommandierende der alliierten Truppen im Südwestpazifik entstammte einer politisch engagierten Soldatenfamilie, wurde Berufssoldat, begann seine Militärlaufbahn im Ersten Weltkrieg und rückte in der Zwischenkriegszeit zum Chef des US-Generalstabs auf. Ab 1945 leitete er als alliierter Oberbefehlshaber den Wiederaufbau Japans und entwarf dessen neue Verfassung. Ab 1950 kommandierte er die UN-Truppen im Koreakrieg, wurde aber nach einer Meinungsverschiedenheit mit Präsident Truman im April 1952 abberufen.

VON IWO JIMA ZUR KAPITULATION

Im Februar 1945 landeten US-Truppen auf Iwo Jima. Einige Wochen harter Kämpfe und den Verlust von 23 000 US-Marines kostete es, bis auf der Insel Stützpunkte für Jagdflugzeuge errichtet werden konnten. Sie waren nun in der Lage, die Bombergeschwader bis über die Japanischen Inseln zu begleiten und zu sichern. US-Bomber flogen eine Folge verheerender Angriffe auf die Hauptstadt Tokio; der am 9./10. März entfachte Feuersturm forderte ungefähr 100 000 Menschenleben.

Die isolierten Inselfestungen der Japaner konnten eine nach der anderen gestürmt werden. Der Krieg war für Japan nicht mehr zu gewinnen, seine Führung aber konnte die Niederlage nicht eingestehen. Der fanatische Widerstand, den 120 000 japanische Soldaten (von denen nur 7500 überlebten) vom 26. März bis zum 30. Juni auf dem kleinen Okinawa leisteten, ließ erkennen, welche Opfer eine Landung auf den Hauptinseln fordern würde. Mit dieser Einschätzung begründete Präsident Truman den von ihm genehmigten Einsatz von Atombomben, die am 6. August Hiroshima, drei Tage später Nagasaki auslöschten *(S. 356–357)*. Eine Folge dieser Angriffe war, dass die Japaner am 2. September 1945 an Bord der *USS Missouri* ihre bedingungslose Kapitulation unterzeichneten.

Stars and Stripes über Iwo Jima im Februar 1945: US-Marines setzen ihre Flagge auf dem Mount Suribachi (gestelltes Foto).

DIE ATOMBOMBE

Noch vor Kriegsbeginn entdeckten Wissenschaftler die zerstörerische Energie, die eine unkontrollierte Kernspaltung freisetzt. Im geheimen Manhattan-Projekt entwickelten US-Forscher im (vermeintlichen) Wettlauf mit Deutschland die Atombombe. Die Welt erlebte diesen »Erfolg« in der sekundenschnellen Zerstörung von Hiroshima und Nagasaki. Das atomare Wettrüsten bestimmte den Kalten Krieg *(S. 360–361)*.

WETTLAUF ZUR BOMBE

1938 war es den deutschen Physikern Otto Hahn und Fritz Strassmann gelungen, Uranatome durch Neutronenbeschuss zu spalten. Rasch war klar, dass sich die Kernspaltung militärisch nutzen ließ. In Großbritannien und den USA wuchs die Sorge, Deutschland könne eine Bombe entwickeln. Im August 1939 beschwor Albert Einstein mit anderen Wissenschaftlern Präsident Roosevelt, etwas zu unternehmen. Dieser setzte eine Kommission ein, doch bis 1941 machte das »Uranprojekt« kaum Fortschritte. 1942 wurde das US-Atomenergieprogramm dann zum Militärprojekt, Codename »Manhattan Engineer District«, kurz Manhattan-Projekt. Die Bombe sollte gebaut werden – eigentlich gegen das nationalsozialistische Deutschland. Doch bis der erfolgreiche Test am 16. Juli 1945 in Alamogordo (New Mexico) stattfand, war der Krieg in Europa bereits vorbei.

»Fat Man«, eine Plutoniumbombe von nur 1,5 m Durchmesser, die über Nagasaki abgeworfen wurde, tötete viele Zehntausend Menschen.

Obwohl Japan zu dieser Zeit militärisch am Boden lag und erste Verhandlungen über Kapitulationsbedingungen liefen, entschied der neue US-Präsident, Harry S. Truman, den Einsatz der Waffe gegen zwei japanische Städte. Das Ausmaß der zu erwartenden Zer-

Atompilz über der Wüste Nevada: Am 25. Mai 1953 wurden dort zum ersten Mal atomare Artilleriegranaten getestet.

Das Museum für Wissenschaft und Technik in Hiroshima nach dem Abwurf der Bombe, die 48 000 Gebäude zerstörte.

störungen war bekannt, die Devise lautete also Demoralisierung eines Gegners, der nicht aufgeben wollte. Am 6. August 1945 warf der B-29-Bomber Enola Gay die »Little Boy« genannte Bombe über Hiroshima ab. Sie explodierte in 600 m Höhe mit einer Sprengkraft von 13 000 t TNT. Geschätzte 90 000 Menschen waren auf der Stelle tot, weitere 50 000 starben an Verletzungen oder der Strahlenkrankheit. Hiroshima glich einer Wüste. Über dem zweiten Ziel Kokura war der Himmel am 9. August bewölkt, so flog der Bomber stattdessen nach Nagasaki: Um 11.02 Uhr zündete die »Fat Man«-Bombe eine Sprengkraft von 22 000 t TNT. Bis zum Jahresende starben 70 000 Opfer dieses Angriffs.

ATOMARES WETTRÜSTEN

Ihr nukleares Monopol verloren die USA rasch. Die UdSSR, dann Großbritannien, Frankreich und China zogen nach und entwickelten eigene Atomwaffen. Die wachsenden Arsenale erzeugten ein prekäres Gleichgewicht des Schreckens zwischen den USA und der UdSSR, den Blockführern im Kalten Krieg. Anfang des 21. Jh. verfügten auch Israel, Indien, Pakistan und Nordkorea über nukleare Waffen. Den 1970 in Kraft getretenen Atomwaffensperrvertrag zur Begrenzung des weltweiten Arsenals an Kernwaffen haben bisher 191 Staaten unterzeichnet.

»NUN BIN ICH TOD GEWORDEN, ZERSTÖRER DER WELTEN.«

Diesen Satz aus der *Bhagavad Gita* zitierte Robert Oppenheimer, Physiker und Leiter des Manhattan-Projekts, nach dem Atombombentest von Alamogordo.

DIE MODERNE WELT 1914 BIS HEUTE

EUROPA NACH DEM KRIEG

Fast 45 Jahre war Europa nach dem Zweiten Weltkrieg durch den Eisernen Vorhang geteilt in den demokratisch-kapitalistischen Westen und den kommunistischen Ostblock. Hinter der Blockbildung verschwanden ungelöste nationale Konflikte, an demokratische Selbstbestimmung war nicht zu denken. Als die kommunistischen Regime ab 1989 zusammenbrachen, wurde Europa bald von neuen Bürgerkriegen erschüttert.

MARSHALL-PLAN

🏛 Westeuropa ⌛ 1948–1952

Die Konferenzen von Jalta und Potsdam legten Europas Nachkriegsordnung fest. Stalin reklamierte Ostpolen und das Baltikum als sowjetische Einflusssphären, was die Furcht der Westalliierten vor weiteren Expansionsgelüsten weckte.

NACHKRIEGSNOT

Überall in Europa lag die Industrie danieder, die Menschen hungerten. Nationale Widerstandsbewegungen gaben den alten Eliten die Mitschuld an zwei Kriegen und forderten eine neue Ordnung. Streiks lähmten Frankreich und Italien, Deutschlands politische Zukunft war offen. Darin und nicht in Stalins diplomatischen Kraftgebärden sahen die USA die Gefahr einer Ausbreitung des Kommunismus.

George C. Marshall erhielt für seine Verdienste um Europas Wiederaufbau 1953 den Friedensnobelpreis.

MARSHALL-PLAN

So reagierten die USA auf den Bürgerkrieg in Griechenland (1947) mit der Truman-Doktrin, die die Unterstützung demokratischer Bewegungen sowie nach und nach die weltweite Eindämmung kommunistischer Einflüsse verfolgte. Als Instrument entwickelte US-Außenminister George C. Marshall das European Recovery Program (»Marshall-Plan«) zum Wiederaufbau der europäischen Volkswirtschaften. 1948 bewilligte der Kongress 13,1 Mrd. Dollar. Stalin konstatierte die Spaltung der Welt in zwei Blöcke und verhinderte mit massivem Druck, dass Staaten des Ostblocks die US-Wirtschaftshilfe annahmen, sodass sie von 1948 bis 1952 nur 16 europäischen Staaten zugutekam.

EUROPÄISCHE GEMEINSCHAFT

West- und Südeuropa 1957–1986

Nach Kriegsende erkannten viele Politiker, dass Europa seine Volkswirtschaften nur im Verbund stärken konnte. Zudem sollte sowohl in den Augen der Idealisten als auch der Pragmatiker eine neue politische Ordnung dafür sorgen, dass zwischen den großen Mächten Europas kein weiterer, den Kontinent verwüstender Krieg ausbrechen würde. 1950 entwickelte Jean Monnet für den französischen Außenminister den »Schuman-Plan«, der zur Gründung der Montanunion führte, dem Zusammenschluss der Schwerindustrie (Kohle und Stahl) Frankreichs, Deutschlands, Italiens und der Benelux-Staaten. Mit dem Vertrag von Rom wurde 1957 die Europäische Wirtschaftsgemeinschaft (EWG) gegründet, die den freien Austausch von Gütern, Dienstleistungen und Arbeitskräften ermöglichte und die wirtschaftliche Integration der Teilnehmerstaaten förderte. Großbritannien, das zunächst den Verlust seiner wirtschaftlichen Autonomie fürchtete, trat erst 1973 bei. Bis 1986 hatten sich zwölf Staaten der EWG angeschlossen.

EUROPAS OSTBLOCKSTAATEN

Osteuropa 1947–1968

Kommunisten waren in vielen Ländern Osteuropas am aktiven Widerstand gegen die deutschen Besatzer beteiligt. Ihre spätere dominante Rolle jedoch verdankten sie eher der von Stalin verfügten brutalen Unterdrückung anderer politischer Parteien als ihrer Beliebtheit.

INSTALLIERUNG DES KOMMUNISMUS

Im Januar 1947 wurde die polnische Bauernpartei durch Wahlmanipulation um ihre Stimmen gebracht. In der Tschechoslowakei erlahmte der hartnäckige antisowjetische Widerstand 1948 nach dem mysteriösen Tod zweier führender antikommunistischer Minister. Für fast 40 Jahre herrschten in den Ländern Ost- und Mitteleuropas kommunistische Regime, gestützt auf Polizei und Geheimdienste, im Zweifelsfall auch auf die Rote Armee. Nach Stalins Tod (1953) und während des kurzen sowjetischen Tauwetters (ab 1956) versuchten einige Länder, sich dem Zugriff der Moskauer Zentrale zu entziehen und größere Autonomie zu erreichen. Doch wurde der Arbeiteraufstand in der DDR (1953) ebenso unterdrückt wie der Ungarnaufstand von 1956. Hardliner und Sowjetpanzer erstickten die Reformversuche. Gleiches geschah 1968 in der ČSSR, als tschechische Reformer um Alexander Dubček das Land politisch und ökonomisch zu erneuern suchten. Im August rollten Panzer des Warschauer Pakts den »Prager Frühling« nieder.

Ein tschechischer Demonstrant erklimmt einen Panzer des Warschauer Pakts im August 1968.

KALTER KRIEG

Seit der Potsdamer Konferenz wuchsen die Spannungen zwischen Ost- und Westalliierten. 1947 erklärte Stalins Regierung die Welt für geteilt: Dem imperialistischen Westen stehe der antiimperialistische Ostblock gegenüber. Rund um den Globus rangen beide Blöcke um Verbündete, der Kalte Krieg bestimmte die Diplomatie. Die große Konfrontation blieb wegen des atomaren Patts aus, dafür entbrannten Stellvertreterkriege.

ERSTE KONFRONTATIONEN

Zur ersten schweren Krise kam es, als die Westalliierten beschlossen, ihre Berliner Sektoren zu vereinigen und dort mit der deutschen Währungsreform (1948) die neue D-Mark einzuführen. Die Sowjetführung reagierte mit der Blockade aller Landwege und des Binnenschiffverkehrs nach Westberlin. Die Westmächte setzten keine Panzer in Bewegung, sondern Flugzeuge: Vom 24. Juni 1948 bis zum 12. Mai 1949 wurde die Stadt über eine Luftbrücke versorgt; alle drei Minuten landete einer der »Rosinenbomber«, die Lebensmittel, Kohle, Treibstoff und Medikamente brachten. Angesichts dieser Entschlossenheit hoben die Sowjets die Sperre auf.

Während der Luftbrücke 1948/49 transportierten Westalliierte mit über 277 000 Flügen 2,3 Mio. t Lebensmittel und Kohle ins isolierte Westberlin.

AUSWEITUNG DES KALTEN KRIEGS

Im April 1949 gründeten zwölf westliche Staaten die North Atlantic Treaty Organization (NATO), ein Bündnis wechselseitiger Verteidigung gegen Angriffe der UdSSR. 1949 entstanden die beiden deutschen Staaten: in den drei Westzonen die Bundesrepublik Deutschland (BRD), in der Ostzone die Deutsche Demokratische Republik (DDR). Die Spaltung der Blöcke schien unüberwindbar. Neue Schärfe erhielt sie mit den ersten sowjetischen Tests von Atombomben im August 1949.

Nachdem es am Eisernen Vorhang zu einem Patt gekommen war, wurde der Kalte Krieg globalisiert. Beide Supermächte (USA und Sowjetunion) agierten nun auf der ganzen Welt durch ihre Stellvertreter. Mit dem Sieg der Kommunisten unter der Führung Mao Zedongs im Chinesischen Bürgerkrieg eröffnete sich eine neue Front, und Maos Außenpolitik stellte die USA, wie Korea- und Vietnamkrieg *(S. 394–395)* zeigen sollten, vor große Schwierigkeiten.

Verbündete im Kalten Krieg: Fidel Castro *(links)* und Nikita Chruschtschow demonstrieren 1963 in Moskau ihre gegenseitige Solidarität.

EUROPA NACH DEM KRIEG

KUBAKRISE

Nikita Chruschtschow, seit 1953 Erster Sekretär der KPdSU und später mächtigster Mann im Staat, vertrat das Prinzip der »friedlichen Koexistenz« der Systeme. Trotzdem wurde als Antwort auf die NATO 1955 der Warschauer Pakt gegründet. 1962 ließ Chruschtschow auf Fidel Castros kommunistischem Kuba Atomraketen stationieren. Damit löste er eine Krise aus, die in einen Dritten Weltkrieg hätte führen können, wäre US-Präsident Kennedy dem Rat seiner Militärs gefolgt und hätte Kuba angegriffen. Im letzten Moment führten aber Verhandlungen zu einer friedlichen Lösung. Moskau zog die Raketen von Kuba ab, die USA ihre Raketenbasen aus der Türkei.

ENDE DES KALTEN KRIEGS

Seit 1969 wurde in bilateralen Gesprächen zwischen den USA und der UdSSR *(Strategic Arms Limitations Talks,* SALT) über eine Reduktion der Atomwaffen verhandelt, allerdings ergebnislos: Faktisch wuchsen die Arsenale der Supermächte trotz mehrerer Abkommen (auch zur Begrenzung von Defensivwaffen) bis in die 1980er-Jahre an. Das kostspielige Wettrüsten wurde zu einem der Faktoren, die die Sowjetwirtschaft schließlich ruinierten. Erst mit dem Zusammenbruch der Sowjetunion kam es Anfang der 1990er-Jahre zu realen Abrüstungsschritten und damit auch zum Ende des Kalten Kriegs.

> »VON STETTIN AN DER OSTSEE BIS TRIEST AM MITTELMEER HAT SICH EIN EISERNER VORHANG AUF EUROPA HERABGESENKT.«
>
> Winston Churchill, Rede in Fulton (Missouri), 5. März 1946

Die Tridentrakete der US-Navy war ein Instrument der »wechselseitig zugesicherten Vernichtung«. Jeder atomare Erstschlag hätte einen vernichtenden Gegenschlag der anderen Seite provoziert.

NORDIRLAND-KONFLIKT

📍 Nordirland ⚔ 1968–1997

Im Ringen um die Unabhängigkeit Irlands von Großbritannien bildete der Dubliner Osteraufstand (1916) den Auftakt bewaffneter Auseinandersetzungen zwischen der Irish Republican Army (IRA) und den britischen Autoritäten. 1922 gestanden die Briten die Gründung eines irischen Freistaats zu (die spätere Irische Republik). Nur Nordirland mit seiner überwiegend protestantischen, »unionistischen« (probritischen) Bevölkerung blieb britische Provinz.

JAHRE DER GEWALT

1968/69 führten wachsende Spannungen zwischen den protestantischen und katholischen Gemeinden Nordirlands erneut zu offener Gewalt. Ab 1969 kämpfte eine neue nationalistische Gruppe, die Provisional IRA, für einen Abzug der Briten aus Nordirland. Ihren Kämpfern gegenüber standen protestantische Paramilitärs der 1966 neu gegründeten Ulster Volunteer Force (UVF). Zwei Jahrzehnte ununterbrochener Gewaltakte folgten, darunter der »Blutsonntag« (30. Januar 1972) im nordirischen Londonderry, an dem britische Sicherheitskräfte 13 katholische Demonstranten erschossen, sowie der Bombenanschlag auf einen Pub im englischen Birmingham (21. November 1974), der 21 Menschenleben forderte. Erst

> »DER BLUTSONNTAG ... WAR REINER, UNVERDECKTER MORD.«
>
> Coroner Major Hubert O'Neill, 21. August 1973

Ende der 1990er-Jahre normalisierte sich die Situation in der Provinz. Die Provisional IRA legte die Waffen nieder und teilte sich schließlich die Macht mit den Unionisten. Über 3000 Tote kostete der Krieg und entfremdete beide Bevölkerungsgruppen voneinander.

Wandgemälde, Belfaster Protestantenviertel: »Loyalistische« (pro-britische) Kämpfer leisten paramilitärischen Widerstand.

ETA

Spanien 1959–heute

Baskische Nationalisten forderten seit dem 19. Jh. die Unabhängigkeit, kämpften im Bürgerkrieg auf republikanischer Seite und wurden unter Franco brutal unterdrückt (S. 336). 1959 nahm die ETA (*Euskadi Ta Askatasuna,* »Baskenland und Freiheit«) den bewaffneten Kampf für die baskische Autonomie auf. Zunächst richtete sich ihre Gewalt gegen die lokale Infrastruktur. Mit der Ermordung eines Polizeichefs ging die ETA 1968 zu offen terroristischer Gewalt über. 1973 ermordete sie Francos designierten Nachfolger, Admiral Luis Carrero Blanco. Nach Francos Tod wurde allen spanischen Provinzen größere Autonomie eingeräumt, wobei die Basken besonders weitreichende Vollmachten erhielten. Die ETA blieb bei ihrer Forderung eines völlig autonomen Baskenlands. Der 1998 vereinbarte Waffenstillstand wurde durch blutigen Terror gebrochen, aber 2011 wieder erneuert.

PERESTROIKA

UdSSR, Osteuropa 1985–1991

Schon unter Leonid Breschnews Regierung stagnierte 1964 die Sowjetwirtschaft. Zunehmend litt die Bevölkerung Mangel, während Parteifunktionäre weitgehende Privilegien genossen. Dissidenten, die unter Berufung auf die Schlussakte von Helsinki (1975) politische Rechte und Reformen forderten, wurden verfolgt. Doch der Zusammenbruch des Systems war nicht mehr aufzuhalten. Es erstickte an Ineffizienz und Korruption.

Margaret Thatcher, die britische Premierministerin, besucht Gorbatschow 1987 in Moskau. Für sie war er ein Mann, »mit dem wir Geschäfte machen können«.

REFORM UND ZUSAMMENBRUCH

Michail Gorbatschow, seit 1985 Generalsekretär des ZK der KPdSU, kritisierte offen die Fehler des Systems. An der (nach Lenin) führenden Rolle der KP hielt er fest. Sie sollte zur Speerspitze des Umbaus (*Perestroika*) werden, und mit einer neuen Öffentlichkeit (*Glasnost*) sollte offener informiert und Reformen diskutiert werden. 1987/88 wurden private Unternehmen zugelassen, die Breschnew-Doktrin außer Kraft gesetzt: Die Völker des Ostblocks sollten ihre Staatsform selbst bestimmen. Es folgten die friedlichen Revolutionen von 1989, in deren Folge die Sowjetunion auseinanderbrach und die deutsche Wiedervereinigung möglich wurde. Ein Putsch von Altkommunisten und Militärs scheiterte, Boris Jelzin verbot die KPdSU (1991). Gorbatschow war faktisch entmachtet und zog sich aus der Politik zurück.

ENDE DES KOMMUNISMUS

 Osteuropa, UdSSR 1989–1991

1980 zwang ein Streik der Werftarbeiter in Danzig die polnische Regierung, die von Lech Wałęsa geführte, freie Gewerkschaft Solidarność zuzulassen. Im Dezember 1981 erfolgte mit der Verhängung des Kriegsrechts in Polen der Rückschlag. Diesmal allerdings griff die UdSSR nicht ein. Bis 1988 verschlechterte sich die wirtschaftliche Lage in Polen derart, dass die Regierung das Gespräch mit den Gewerk-

> »ICH GLAUBE, DAS 20. JAHRHUNDERT GING IN DEN TAGEN VOM 19. BIS ZUM 21. AUGUST 1991 ZU ENDE.«
>
> Boris Jelzin, *Auf des Messers Schneide*

schaften wieder aufnehmen und im Juni 1989 freie Wahlen ansetzen musste. Die Kommunisten hofften auf eine Koalitionsregierung, doch Solidarność errang den Sieg. Tadeusz Mazowiecki, kein Kommunist, wurde Premierminister – Polens kommunistische Partei war entmachtet.

Lech Wałęsa nach der Zulassung der Solidarność im August 1980: Mitglieder der Gewerkschaft tragen ihren Anführer im Triumph durch Krakau.

Das DDR-Regime widersetzte sich jeder Reform. Deshalb suchten im Sommer und Frühherbst 1989 enttäuschte DDR-Bürger zu Hunderten Zuflucht im offeneren Ungarn – dem einzigen Land, in das sie ohne Visum reisen konnten. Staatsratsvorsitzender Erich Honecker forderte Moskaus Eingreifen. Doch Gorbatschow, der um den Erhalt der Sowjetunion zu kämpfen hatte, verweigerte jede Unterstützung. In der DDR wurden die Montagsdemonstrationen zur Massenbewegung. Die Regierung versuchte zunächst voller Panik, die Hardliner aus ihren Reihen zu drängen.

BORIS JELZIN (1931–2007)

Der Bauernsohn und Bauingenieur brachte es 1976 zum Parteichef von Swerdlowsk, 1981 ins ZK, ab 1985 zum Parteichef in Moskau. Im November 1987 als Radikalreformer aller Ämter enthoben, wurde er 1989 in den Kongress der Volksdeputierten und 1991 zum Präsidenten der Russischen Teilrepublik gewählt, was ihn nach dem Ende der Sowjetunion (31. Dezember) zum ersten Präsidenten des unabhängigen Russland machte. Verfassungskrise, Tschetschenienkriege, Korruption und Staatsbankrott zwangen ihn 1999 zum Rücktritt.

Am 9. November erklärte sie, die Mauer, die Berlin seit 1961 teilte, werde geöffnet. Das DDR-Regime brach zusammen. Am 3. Oktober 1990 wurden beide deutschen Staaten offiziell wiedervereinigt.

Auch in anderen Ländern waren die antikommunistischen Aktionen nicht mehr aufzuhalten: Anfang Dezember stürzte die »samtene Revolution« in der ČSSR das dortige Regime, und Ende Dezember wurde in einem blutigen Staatsstreich Rumäniens kommunistischer Diktator Nicolae Ceaușescu gestürzt und später zusammen mit seiner Frau Elena hingerichtet.

AUFLÖSUNG DER UDSSR

In Russland kämpfte KP-Chef Gorbatschow um den Zusammenhalt der erschütterten Sowjetunion. Noch hoffte er, die Reformen mit der Partei durchführen zu können. Im Referendum vom März 1991 votierten 76 Prozent der Wähler für den Erhalt der (reformierten) Sowjetunion. Am 19. August 1991 jedoch wurde Gorbatschow – inzwischen Präsident der UdSSR – von einer Gruppe von Altkommunisten verhaftet, die zum alten Sowjetsystem zurückwollten. Boris Jelzin, damals Präsident der Russischen Republik, konnte die Putschisten ausschalten. Die Macht lag nun bei der Russischen Föderation. Daraufhin erklärte die Ukraine ihre Unabhängigkeit, andere Sowjet-Republiken folgten. Gorbatschow blieb nur der Rücktritt. Am 31. Dezember 1991 um Mitternacht erlosch die UdSSR. Acht Wochen zuvor hatte Jelzin die KPdSU, das Zentrum des öffentlichen Lebens seit 1917, verboten.

Bukarest, März 1989: Nach dem Ende des Kommunismus wird die kolossale Lenin-Statue abgebaut.

Am 9. November 1989, nach wochenlangen Demonstrationen, verkündete die DDR-Regierung die Reisefreiheit für alle Bürger. Schnell strömten 50 000 Menschen zur Mauer. Bis Mitternacht waren alle Übergänge nach Westberlin passierbar. Bis 1991 wurde die Mauer abgebaut.

KRIEG IN JUGOSLAWIEN

ehemaliges Jugoslawien 1991–1995

Josip Broz, genannt Tito, Jugoslawiens kommunistischer Diktator (reg. 1945–1980), hatte den Staat 1946 zum Verbund von sechs sozialistischen Teilrepubliken (Serbien, Kroatien, Slowenien, Bosnien-Herzegowina, Montenegro und Mazedonien) gemacht, um die möglicherweise explosiven Spannungen zwischen den Ethnien und Religionen zu entschärfen. Nach dem Zusammenbruch des kommunistischen Regimes gewannen in Slowenien und Kroatien nationalistische Regierungen, die die Unabhängigkeit forderten, die Wahlen von 1990. Slobodan Milošević, Präsident der Serbischen Republik und entschiedener Verfechter der serbischen Dominanz, schürte im Namen Jugoslawiens serbische Nationalgefühle. Als Slowenien im Juni 1991 seine Unabhängigkeit proklamierte, marschierten serbisch dominierte Truppen ein, die sich aber nach einer kurzen Kampagne wieder zurückziehen mussten. Durch diesen Rückschlag belehrt, ließ Milošević stärkere Verbände gegen Kroatien ziehen, das ebenfalls seine Autonomie erklärt hatte. Ein erbitterter Krieg entbrannte, in dem die Städte Vukovar und Vinkovci zerstört und kroatische Zivilisten ermordet wurden. Erst 1992 erreichten die UN einen Waffenstillstand. Da aber geriet Bosnien, das mit muslimischen Bosniaken, Serben und Kroaten ethnisch noch gemischter war, in einen grausamen Bürgerkrieg. Drei Jahre lang belagerten bosnisch-serbische Milizen die Hauptstadt Sarajevo. Bei Srebrenica richteten sie vor den Augen der UN-Truppen ein Blutbad unter der männlichen Bevölkerung an. NATO-Bomber beendeten den Krieg und den Völkermord im August 1995. Milošević musste die Unterstützung der bosnischen Serben einstellen und das Friedensabkommen von Dayton, später den Friedensvertrag von Paris unterzeichnen. Er starb 2006 noch während seines Prozesses vor dem UN-Kriegsverbrechertribunal in Den Haag.

Ratko Mladić, Kommandeur der bosnisch-serbischen Truppen im Bürgerkrieg von 1992 bis 1995, angeklagt als Kriegsverbrecher

Die kroatische Stadt Vukovar wurde von September bis November 1991 von der jugoslawischen Armee und serbischen Milizen belagert.

HERAUSFORDERUNGEN FÜR EUROPA

📍 Europa ⌚ 1992–heute

Das Ende der kommunistischen Regime in Osteuropa eröffnete die Aussicht auf Frieden und Wohlstand in einem Europa der guten Nachbarschaft. Das zukunftsweisende Projekt trieb 1992 die Europäische Gemeinschaft (S. 359), die sich nun Europäische Union (EU) nannte, mit dem Vertrag von Maastricht voran: Gemeinsame Wirtschaftspolitik und Abstimmung in der Finanzpolitik waren die zentralen Inhalte.

Orange Revolution in der Ukraine, Dezember 2004: Demonstranten in den Straßen Kiews unterstützen den Oppositionsführer Wiktor Juschtschenko.

ERWEITERUNG UND KRISEN DER EU
1995 begann mit dem Beitritt Schwedens, Finnlands und Österreichs die Erweiterung der EU, die seit dem Beitritt Kroatiens (2013) 28 Staaten mit insgesamt über 500 Mio. Einwohnern umfasst. Als einer der, neben USA und China, größten und bedeutendsten Wirtschaftsräume der Welt ist die EU ein globaler Machtfaktor – 19 Staaten, in denen der Euro offizielle Währung ist, der Konsens über geeignete Maßnahmen nur schwer herzustellen. Das galt auch für die Sanktionen, die die EU nach der völkerrechtswidrigen Annexion (2014) der ukrainischen Halbinsel Krim gegen Russland verhängte. Verhandlungen mit Russlands »starkem Mann« Wladimir Putin führten zumindest zu einem

> »WIR WOLLEN NIE WIEDER IN EUROPA SOLDATENGRÄBER HABEN … DAS IST DIE … WICHTIGSTE BEGRÜNDUNG FÜR DIE POLITISCHE EINIGUNG EUROPAS.«
>
> Altbundeskanzler Helmut Kohl, 30. April 2004

solange die Mitgliedsstaaten an einem Strang ziehen, was angesichts der Größe und Vielfalt nicht immer gegeben ist. Eine harte Probe durchlebt der Zusammenhalt in der EU durch die Flüchtlingskrise (S. 414), die auch das Verhältnis EU–Türkei stark belastet. Aber bereits in der Eurokrise (ab 2010) war unter den brüchigen Waffenstillstand in der vom Bürgerkrieg erschütterten Ostukraine. Eine wichtige Vermittlerrolle hatte die EU bereits während der »Orange Revolution« 2004 in der Ukraine gespielt, ein Assoziierungsabkommen handelte sie mit dem flächenmäßig zweitgrößten Staat Europas 2014 aus.

AMERIKA

In der zweiten Hälfte des 20. Jh. ist die Geschichte der amerikanischen Teilkontinente von einem extremen Gefälle zwischen Armut und Wohlstand geprägt. Selbst die USA, das reichste Land der Welt, hatte mit sozialen Spannungen und Rassendiskriminierung vor allem der Afroamerikaner zu kämpfen. In Südamerika sorgten politische und wirtschaftliche Krisen sowie gelegentliche direkte Interventionen der USA für ein nur schwer zu stabilisierendes Umfeld.

WIRTSCHAFT DER USA

USA 1945–1960

Die auf Kriegsproduktion umgestellte Wirtschaft verschaffte den USA noch während des Kriegs einen Boom. Das Wachstum hielt auch in der Nachkriegszeit an, und es entstand eine neue Mittelklasse, die ihr Einkommen für reichlich vorhandene Konsumgüter ausgeben konnte. Bereits 1958 verfügten rund 83 Prozent der Haushalte über ein Fernsehgerät. Die bessere Ernährung ließ amerikanische Kinder in den 1950er-Jahren im Durchschnitt 5 bis 8 cm größer werden als ihre Großeltern um 1900. Die Lebenserwartung stieg bei Frauen statistisch von 51 auf 71 Jahre. Es kam zu einer massenhaften Migration in die Vorstädte, für die zwischen 1948 und 1958 ein gewaltiges Bauprogramm 13 Mio. neue Wohnhäuser schuf. Zum ersten Mal entwickelte sich zudem in den USA eine Jugendkultur, die in den 1960er-Jahren zu einem kulturellen Aufbruch und einer Neuorientierung führte.

Doch der Wohlstand änderte nichts an Rassentrennung und Diskriminierung. In vielen Städten vollzog sich dies auch räumlich mit einem reichen Geschäftszentrum, umgeben von ärmeren Wohnvierteln der schwarzen Bevölkerung und einem äußeren Ring hauptsächlich von Weißen bewohnter Vorstädte.

Tragbares TV-Gerät (1955): Der Überfluss beschleunigte solche technischen Innovationen.

AMERIKA

HEXENJAGD AUF KOMMUNISTEN

USA 1950–1954

Die im Kalten Krieg stetig wachsenden Spannungen zwischen den USA und der UdSSR (S. 360–361) veränderten die Stimmungslage in den USA: Eine hysterische Angst vor Unterwanderung, gar vor einer kommunistischen Revolution machte sich allenthalben breit.

Am 9. Februar 1950 behauptete der republikanische Senator Joseph McCarthy, ihm liege eine Liste von 205 Kommunisten vor, die im Außenministerium arbeiteten. Die Rede machte Furore, und um sich selbst zu rechtfertigen, veröffentlichte McCarthy weitere Anschuldigungen. Kongress-Ausschüsse wie das Komitee für unamerikanische Umtriebe (HUAC) luden Verdächtige vor. McCarthys Versuch linkes, auch liberales Gedankengut in allen Lebensbereichen auszurotten, insbesondere in der Filmindustrie und unter Gewerkschaftern, schuf ein Klima von Angst und Denunziation. Erst als er sich auch der Armee zuwandte, überspannte er den Bogen und verlor die öffentliche Zustimmung. Im Dezember 1954 verurteilte der Senat seine Aktivitäten.

Joseph McCarthy im März 1950 vor dem Ausschuss für Auswärtige Angelegenheiten des Senats

MORD AN JOHN F. KENNEDY

Dallas, Texas (USA) 22. November 1963

Am 22. November 1963 besuchte Präsident Kennedy auf einer Wahlkampftour Dallas in Texas. Als seine Autokolonne an der Dealey Plaza vorbeifuhr, fielen mindestens drei Schüsse, die den Präsidenten auf der Stelle töteten.

UNTERSUCHUNG

Um den Mord entbrannte eine heftige Kontroverse. Als Todesschütze wurde kurz nach der Tat Lee Harvey Oswald verhaftet. Zwei Tage später erschoss ihn der Gangster Jack Ruby im Polizeigewahrsam und machte danach widersprüchliche Angaben zu seinem Motiv. Kennedys Nachfolger Lyndon B. Johnson setzte die Warren-Kommission ein, die den Fall untersuchen sollte. Sie kam 1964 zu dem Schluss, dass der Präsident einem Einzeltäter, keiner Verschwörung zum Opfer gefallen sei, was die öffentliche Debatte jedoch nicht beendete.

Die Minuten vor dem Attentat: Präsident Kennedy und seine Frau Jacqueline fahren im offenen Wagen an vielen Schaulustigen vorbei.

BÜRGERRECHTSBEWEGUNG

In den 1950er-Jahren war die Diskriminierung der Afroamerikaner in vielen Südstaaten gesetzlich festgeschrieben. Seit den 1870er-Jahren waren immer wieder rassistische Gesetze verabschiedet worden, die den Schwarzen das Wahlrecht nahmen sowie den Zugang zu »weißen« Schulen und Universitäten untersagten. Sogar in öffentlichen Verkehrsmitteln durften sie nur bestimmte Plätze besetzen.

MONTGOMERY-BUS-BOYKOTT

Um 1955 entlud sich die angestaute Wut über fortdauernde Einschränkungen in gezielten Aktionen. Im Dezember 1955 weigerte sich die Afroamerikanerin Rosa Parks, ihren Platz in einem Bus für einen Weißen zu räumen. Ihre darauf folgende Verhaftung in Montgomery, Alabama, war der Zündfunke der Bürgerrechtsbewegung. Lokale Aktivisten und Mitglieder der NAACP (National Association for the Advancement of Coloured People), die schon lange für die Rechte der Schwarzen agitierte, organisierten einen Boykott der Busgesellschaft, der im November 1956 zu einem Urteil des Obersten Gerichts führte: Die Rassentrennung in den Bussen musste abgeschafft werden.

Rosa Parks sitzt auf einem vorderen Platz nach dem Ende der Rassentrennung in den Bussen.

MARTIN LUTHER KING

Der Baptistenprediger Martin Luther King Jr. (1929–1968), Organisator des Boykotts und erster Afroamerikaner, der nach dessen Ende einen Bus bestieg, wurde rasch zur Symbolfigur der Bürgerrechtler. Unbeirrt propagierte er nach dem Vorbild Mahatma Gandhis (S. 380–381) den zivilen Ungehorsam gegen ungerechte Gesetze. 1954 hatte der Oberste Gerichtshof auch die Rassentrennung an den Schulen für verfassungswidrig erklärt. Das blieb ohne Folgen, bis sich im September 1957 neun schwarze Schüler an der High-School in Little Rock, Arkansas, anmeldeten. Sie waren nicht willkommen, sodass ihnen die Bundesarmee den Zutritt zu den Klassenräumen erzwingen musste.

SIT-INS UND FREEDOM RIDES

Im Februar 1960 veranstalteten schwarze Studenten in Greensboro, North

Martin Luther King 1963 am Lincoln Memorial bei seiner berühmtesten Rede. Ein Jahr später erhielt er den Friedensnobelpreis. 1968 wurde er von einem Fanatiker in Tennessee ermordet.

Carolina, das erste Sit-in: Sie weigerten sich, in einem Restaurant die für Weiße reservierten Sitze zu verlassen, um zu demonstrieren, dass den Afroamerikanern noch immer Grundrechte verweigert wurden. 1961 testeten gemischtrassige Gruppen auf *Freedom Rides* (»Freiheitsfahrten«) in Überlandbussen, das Verbot der Rassentrennung. Gleichzeitig fand die Kampagne für die Registrierung schwarzer Wähler immer mehr Zulauf. Ihr Höhepunkt war der Marsch auf Washington im August 1963. 250 000 Menschen hörten dort Martin Luther Kings berühmte Rede *I Have a Dream* (»Ich habe einen Traum…«.) Die Regierung musste dem öffentlichen Druck nachgeben: 1964 wurde der *Civil Rights Act* verabschiedet, mit dem jede Form der Diskriminierung ungesetzlich wurde.

Ihre Krönung fand die amerikanische Bürgerrechtsbewegung 44 Jahre später, als Barack Obama 2009 zum ersten afroamerikanischen Präsidenten der USA gewählt wurde.

Die gereckte Faust der radikalen »Black Power«-Bewegung, populär in den 1960er-Jahren

WETTLAUF ZUM MOND

📍 Erdumlaufbahn, Mond   📅 1957–1969

Nach 1945 versuchten die USA und UdSSR fieberhaft, sich der deutschen Wissenschaftler um Wernher von Braun zu bemächtigen, die in Peenemünde die erste Großrakete V 2 (»Vergeltungswaffe«) entwickelt hatten. Sie war ursprünglich für die zivile Raumfahrt geplant worden. Nun brauchte man dieses Wissen, um auch den Weltraum erobern und dort Satelliten platzieren zu können. Der »Wettlauf zum Mond« wurde zu einem der Schauplätze des Kalten Kriegs *(S 360–361)* und zur propagandistischen Demonstration der Leistungskraft der Systeme. Die ersten Siege errangen die Sowjets, die am 4. Oktober 1957 mit *Sputnik I* den ersten Satelliten in die Umlaufbahn der Erde brachten. Die USA folgten 1958 mit ihrem *Explorer*. Am 12. April 1961 lagen die Russen wieder vorn, als Juri Gagarin den ersten Flug ins All unternahm. Alan Shepard, der erste amerikanische Astronaut, folgte 23 Tage später.

Verärgert, dass es dem technisch vermeintlich unterlegenen Gegner gelungen war, die USA zu überholen, bewilligte Präsident Kennedy im Mai 1961 das Apolloprogramm der NASA: In zehn Jahren sollte ein Amerikaner als erster Mensch den Mond betreten. Und tatsächlich tat mit Apollo 11 Neil Armstrong am 20. Juli 1969 seine berühmten Schritte auf dem Mond. Die USA entschieden das Rennen damit für sich.

Der sowjetische Kosmonaut Juri Gagarin umkreiste im April 1961 als erster Mensch die Erde.

Buzz Aldrin, der zweite Kosmonaut der Apollo-11-Mission, während seines historischen Gangs über die Mondoberfläche am 20. Juli 1969

AMERIKA

KUBANISCHE REVOLUTION

🏴 Kuba 📅 1953–1959

Seit 1933 war der Militärführer Fulgencio Batista eine bestimmende Kraft in der Politik Kubas. 1952 putschte er sich schließlich mit US-amerikanischer Unterstützung an die Macht und schränkte

> »JEDER VON UNS WIRD, WENN ES SEIN MUSS, SEIN OPFER BRINGEN.«
>
> Ernesto Che Guevara (1928–1967), Revolutionär und Guerillaführer

sofort zentrale Bürgerrechte ein. Daraufhin stürmte 1953 eine revolutionäre Gruppe um Fidel Castro die Moncada-Kaserne in Santiago de Cuba, scheiterte jedoch. Der erhoffte Volksaufstand blieb aus, aber das Regime geriet zunehmend unter Druck. Durch eine Generalamnestie aus dem Zuchthaus befreit, ging Castro mit 80 Gefährten nach Mexiko. Am 2. Dezember 1956 kehrte die Gruppe, der nun auch Ernesto Che Guevara angehörte, auf der Jacht *Granma* kampfbereit zurück, wurde allerdings von Batistas Truppen aufgerieben. Nur wenigen, darunter Castro und Guevara, gelang die Flucht in die Sierra Maestra. Die Guerilleros gewannen Zulauf und widerstanden den überlegenen Truppen Batistas. Am 1. Januar 1959, nach zwei Jahren vergeblicher Jagd auf die Guerilleros, floh Batista, 40 Mio. Dollar im Gepäck, aus Kuba. Castro und seine Mitstreiter zogen am 8. Januar 1959 ungehindert in Havanna ein. Zahllose, von Exilkubanern, der CIA und der US-Mafia gesteuerte (Mord-)Komplotte konnten danach nicht verhindern, dass der charismatische, unorthodoxe Marxist sein Land fast 50 Jahre führte. 2008 gab er die Staatsgeschäfte an seinen jüngeren Bruder Raúl ab, der Reformen in Gang setzte und die Wiederannäherung an die USA vorantreibt.

Fidel Castro und einige seiner Kämpfer 1957: Im kubanischen Gebirge Sierra Maestra konnten sie sich Batistas Truppen immer wieder entziehen und dabei die Bauern für die Revolution gewinnen.

ALLENDE UND PINOCHET

🏴 Chile ⌛ 1970–1990

Seit der Weltwirtschaftskrise von 1929 versuchten linke und bürgerliche Regierungen, der Armut in Chile Herr zu werden. Durchgreifende Reformen scheiterten aber stets am Widerstand der Rechten. 1970 wurde der Sozialist Salvador Allende zum Staatspräsidenten gewählt, von Anfang an bedrängt von den USA, die ein zweites Kuba verhindern wollten. Mit Zustimmung des Parlaments verstaatlichte Allende Industrie und Banken und begann eine Landreform. Die USA reagierten mit Handelsboykotten und CIA-Einsätzen. 1973 putschte die Armee unter General Augusto Pinochet. Seinem Terrorregime fielen Tausende zum Opfer, doch mit ausländischer Hilfe konnte er die Wirtschaft stabilisieren und sich bis 1990 an der Macht halten.

Fotos von Desaparecidos: Über 3000 Regimegegner kamen unter Pinochet ums Leben oder »verschwanden« – gefoltert, erschossen, ins Meer geworfen.

PERÓNS ARGENTINIEN

🏴 Argentinien ⌛ 1946–1974

Bei Gewerkschaftern und den Armen beliebt, wurde Juan Domingo Perón 1946 zum Präsidenten Argentiniens gewählt. Er setzte Wirtschaftsreformen in Gang, verstaatlichte Banken und baute das Bildungswesen aus. Seine Anhängerschaft war, wie die seiner Frau Eva (»Evita«), gewaltig, trotz der rigorosen Verfolgung politischer Gegner und der Aufnahme vieler NS-Verbrecher im Land. Mit der Legalisierung der Scheidung machte er sich die Katholische Kirche zum Gegner. Mit seinem »Dritten Weg« versuchte er sein Land außenpolitisch von beiden Blöcken des Kalten Kriegs (S. 360–361) unabhängig zu halten. Sein populistisches Regime war Teilen des Militärs zu radikal und wurde 1955 per Staatsstreich abgelöst. Seine noch immer zahlreichen Anhänger destabilisierten die Militärregierungen der 1960er-Jahre. 1973 kehrte Perón aus dem Exil zurück und wurde erneut zum Präsidenten gewählt. Mit einem rigorosen Sparprogramm konnte er die Inflation eindämmen, starb aber 1974 mit 79 Jahren. Seine dritte Frau Isabel vollendete die letzten zwei Jahre seiner Amtszeit.

María Eva Duarte: Die Schauspielerin heiratete Perón 1945 und wurde später Vizepräsidentin.

US-POLITIK IN LATEINAMERIKA

Lateinamerika 1952–heute

Seit 1823 galt in den USA Präsident Monroes Doktrin »Amerika den Amerikanern«. Ursprünglich gegen europäische Mächte gerichtet, führte diese später immer wieder zu direkten Interventionen in Lateinamerika. Im Kalten Krieg, verstärkt nach der kommunistischen Revolution in Kuba, diente die Monroe-Doktrin der antikommunistischen Eindämmungspolitik. Erst nach der Iran-Contra-Affäre (1986) drängten die USA die von ihr unterstützen politischen Systeme zur Einhaltung der Menschenrechte.

SANDINISTAS

Nach der kubanische Revolution (1959) verschärften die USA ihre antikommunistische Politik. So etwa in Nicaragua, wo 1979 die marxistischen Sandinistas unter Daniel Ortega den Diktator Anastasio Somoza stürzten. Die USA versuchten jahrelang, das neue Regime, das enge Beziehungen zu Kuba unterhielt, zu destabilisieren. Doch freie Wahlen und das Ende der Sandinistas 1990 brachte erst ein Friedensplan, den lateinamerikanische Länder selbstständig ausgehandelt hatten.

NORIEGA UND PANAMA

Im strategisch wichtigen Panama hatten die USA General Manuel Noriega, den Befehlshaber der Nationalgarde, zunächst unterstützt. Doch als er sich zunehmend im Drogenhandel zwischen Süd- und Nordamerika verstrickte und publik wurde, dass er zugleich für die CIA in Nicaragua aktiv war, ließen sie ihren Verbindungsmann fallen und marschierten 1989 in Panama ein. Noriegas Truppen leisteten ihnen kaum Widerstand. Der Kommandant wurde 1990 verhaftet und 1992 von einem Gericht in den USA wegen Drogenschmuggels zu 40 Jahren Haft verurteilt.

Manuel Noriega zeigt sich im Oktober 1989 nach einem abgewehrten Putschversuch seinen Landsleuten.

Sandinistische Kämpfer während des Bürgerkriegs in Nicaragua (1972–1979), der mit dem Sturz des Diktators Somoza endete

NEUE DEMOKRATIEN IN LATEINAMERIKA

📍 Lateinamerika ⌛ 1982–heute

In den 1980er-Jahren endeten viele Diktaturen Lateinamerikas. Es begann 1983 mit dem Fall der argentinischen Militärregierung (Junta). 1990 wurde Chiles Diktator Pinochet abgewählt. Leicht vollzog sich die Rückkehr zur Demokratie nicht, der einige Populisten hervorbrachte. 1990 wählten die Peruaner Alberto Fujimori zum Präsidenten, dessen harte Wirtschaftspolitik die Hyperinflation eindämmte und entsprechenden Beifall beim Internationalen Währungsfonds erntete. Seine Verfassungsbrüche und ein Korruptionsverdacht führten 2000 zu seinem Sturz. Hugo Chávez, ehemals Armeekommandeur, wurde 1998 zum Präsidenten Venezuelas gewählt. Der Ölreichtum des Landes erlaubte ihm eine großzügige Sozialpolitik für die arme Mehrheit, gleichzeitig unterdrückte er jede Opposition. Misstrauisch verfolgten die USA seine Versuche, Allianzen mit anderen sozialistischen Regimen, wie mit Fidel Castro (Kuba) und Evo Morales (Bolivien), zu schmieden.

Präsident Hugo Chávez (1954 bis 2013) führte in Venezuela den »Sozialismus des 21. Jh.« ein.

FALKLANDKRIEG

📍 Falklandinseln ⌛ April–Juni 1982

Argentinien und Großbritannien stritten seit Langem über die Besitzrechte an den südatlantischen Falklandinseln (Islas Malvinas), deren 2000 Bewohner eindeutig für die Briten waren. Anfang 1982 brachen die Verhandlungen ab. Am 2. April landeten argentinische Truppen auf der Hauptinsel und überwältigten den kleinen britischen Stützpunkt. Allerdings hatte Argentiniens Juntachef General Leopoldo Galtieri die Entschlossenheit der Briten unterschätzt, ihre territorialen Ansprüche zu verteidigen. Premierministerin Margaret Thatcher setzte einen größeren Flottenverband in Marsch, der am 21. Mai landete. Bis zum 14. Juni hatten die Briten Port Stanley, die Hauptstadt der Falklandinseln besetzt. Mit der Gefangennahme von 11 000 argentinischen Soldaten entschieden sie den Falklandkrieg für sich.

Der argentinische Kreuzer *General Belgrano* wurde am 2. Mai 1982 von einem britischen Atom-U-Boot versenkt. 321 Argentinier starben.

NAFTA

📍 Nordamerika ⌛ 1992–heute

Im November 1992 unterzeichneten die USA, Kanada und Mexiko das Nordamerikanische Freihandelsabkommen NAFTA, das eine Zone des freien Verkehrs von Waren, Dienstleistungen und, in sehr eingeschränktem Maß, auch Arbeitskräften über die jeweiligen Grenzen vorsah. Das Abkommen trat am 1. Januar 1994 in Kraft. Mittel- und südamerikanische Staaten, die gehofft hatten, beitreten zu können, scheiterten am Widerstand von US-Politikern, denen, aus Furcht vor einer Schwemme preiswerter Güter, schon die Aufnahme des Niedriglohnlandes Mexiko zu weit ging.

US-Präsident Bill Clinton wirbt im November 1992 auf einer öffentlichen Veranstaltung für die NAFTA.

MEXIKO UND KANADA

In Mexiko profitierte vor allem der Norden mit seinen Fabriken nahe der Grenze zu den USA von der Freihandelszone. Ansonsten blieb das Land wirtschaftlich instabil, wie die drastische Abwertung des Peso von 1994 und die anschließende Panik zeigte. Mexiko musste Anleihen von 50 Mrd. US-Dollar aufnehmen und sie mit seinen Ölreserven absichern. Die seit 1929 politisch führende Partei der Institutionalisierten Revolution verlor daraufhin an Einfluss.

Dagegen war Kanada, der andere NAFTA-Partner der USA, ein Muster an ökonomischer Stabilität, wurde allerdings von permanenten inneren Krisen gebeutelt, die durch das Autonomiestreben der wirtschaftlich bedeutenden, überwiegend französischsprachigen Provinz Quebec ausgelöst wurden. Die Bemühungen des separatistischen Parti Québecois, Volksabstimmungen in dieser Angelegenheit für sich zu entscheiden, schlugen bislang fehl.

An der Grenze zwischen den USA und Mexiko ermöglicht die NAFTA freien Warenverkehr. Die Einwanderung mexikanischer Arbeitskräfte dagegen bleibt ein politisches Problem.

ASIEN UND DER NAHE OSTEN

In Asien kam es nach dem Zweiten Weltkrieg zu politischen Turbulenzen. Blutige Kriege folgten auf den britischen Rückzug aus Palästina und Indien. Und langfristig sorgte der kommunistische Umsturz in China für Konflikte in Korea und Südostasien. Erst der wirtschaftliche Aufschwung in Ost- und Südostasien führte in der zweiten Hälfte des 20. Jahrhunderts zur Beruhigung der Verhältnisse.

INDISCHER NATIONALKONGRESS

Indien   1885–1945

1885 gründeten westlich gebildete Inder den Indischen Nationalkongress (INC), der politische Rechte einforderte. Ihrem Anspruch nach vertrat die Partei alle Inder, doch waren ihre Mitglieder mehrheitlich Hindus, weshalb sich 1906 die Muslim-Liga abspaltete.

GANDHIS PROTESTBEWEGUNG

1909 wurden den Indern in den Legislativorganen Britisch-Indiens Mitspracherechte eingeräumt, die aber vielen nicht weit genug gingen. Ab 1919 entwickelte sich der INC zu einer Massenbewegung und folgte unter Mahatma Gandhis Führung dem Prinzip des *Satyagraha*: Gewaltlose Aktionen sollten das Unrecht der Kolonialherrschaft demonstrieren. Die Briten reagierten aber mit unangemessener Härte: Im Massaker von Amritsar starben rund 400 friedliche, wehrlose Protestanten, 1200 wurden verletzt. Ghandi blieb dennoch bei seiner Strategie und organisierte 1930 den Salzmarsch gegen das britische Salzmonopol. Als die Verhandlungen mit den Briten stockten,

Streikende behindern liegend Streikbrecher (1930): *Satyagraha* bedeutet auch die gewaltlose Verweigerung jeder Kooperation mit der Kolonialmacht.

veröffentlichte er 1942 die »Quit India«-Resolution, was zu seiner Verhaftung führte, der Bewegung aber neuen Zulauf brachte. Bis 1945 kam es zu keinen weiteren, größeren Aktionen. Erst mit dem Ende des Weltkriegs verstärkte sich der Ruf nach Unabhängigkeit wieder, denn indische Soldaten hatten wegen dieser Zusage nicht nur in Asien für die Briten gekämpft. Diese mussten nun nachgeben.

TEILUNG INDIENS

Indien, Pakistan, Bangladesch 14./15. August 1947

1945 schickten die Briten eine Kabinettsdelegation, die mit Blick auf die Unabhängigkeit zwischen dem von Hindus dominierten INC und der Muslim-Liga vermitteln sollte. Letztere verweigerte jedoch die Kooperation. Ihr Anführer Mohammed Ali Jinnah rief den 16. August 1946 zum »Tag der direkten Aktion« aus, um der Forderung nach einem eigenen muslimischen Staat Nachdruck zu verleihen. Die folgenden Unruhen forderten allein in Kalkutta 4000 Tote. Die Briten erkannten die Unvermeidlichkeit einer Zwei-Staaten-Lösung, und auch der INC musste einer Teilung Britisch-Indiens zustimmen. Im Juli 1947 verabschiedete das Parlament in London den *Indian Independence Act*, der die Trennung nach Bevölkerungsmehrheiten vorsah.

Verletzte Polizisten nach Straßenkämpfen in Lahore (Punjab): Die Unruhen brachen aus, als bekannt wurde, dass die Stadt Teil Westpakistans werde.

MIGRATION UND MASSAKER

Am 14. und 15. August erhielten die beiden neuen Staaten ihre Unabhängigkeit. Pakistan spaltete sich in West- und Ostpakistan (später Bangladesch), getrennt über eine Entfernung von etwa 1500 km durch Indien. Nahezu 10 Mio. Hindus, Muslime und Sikhs, die sich auf der »falschen Seite« der neuen Grenzen wiederfanden, mussten nun vor der Gewalt, die zwischen den Gruppen eskalierte, in das jeweils andere Land fliehen. Dabei fanden allein über 1 Mio. Inder den Tod. Das Trauma des Massenexodus ist bis heute präsent. Die Willkürlichkeit der Teilung blieb in den Konflikten um den Status der Sikhs oder Kaschmirs sichtbar.

MAHATMA GANDHI (1869–1948)

Mohandas Karamchand Gandhi studierte Jura in London und ging 1893 nach Südafrika, wo er als Mitgründer des Natal Indian Congress für die Rechte der indischen Minderheit eintrat. Nach der Rückkehr in sein Heimatland engagierte er sich ab 1915 im INC. Seine Politik des zivilen Ungehorsams war ebenso umstritten wie sein Eintreten für ein geeintes Indien. Dennoch wurde er als Mahatma (»große Seele«) verehrt. 1948 wurde der Prophet der Gewaltlosigkeit in Neu-Delhi von einem nationalistischen Hindu erschossen.

ENTKOLONIALISIERUNG

Nach 1945 beherrschten europäische Mächte, namentlich Briten, Franzosen, Portugiesen und Niederländer, noch immer große Kolonialreiche. Genauere Pläne, wann und wie die Kolonien ihre Unabhängigkeit erhalten sollten, gab es nicht. Doch in den nächsten zehn Jahren hatte fast ganz Asien, nach 20 Jahren auch fast ganz Afrika die Freiheit erlangt. Nur kleine Inseln oder isolierte Territorien blieben unter Kolonialherrschaft.

ASIEN

Die Schwächung der Kolonialregime in Asien war eine Folge des Zweiten Weltkriegs. Wie in Indien *(S. 381)* entstanden auch anderswo Unabhängigkeitsbewegungen. In Französisch-Indochina nahmen Nationalbewegungen den Kampf auf und besetzten, wie Ho Chi Minhs Vietminh-Kämpfer in Vietnam, Teile ihrer Länder. Während des Indochina-Kriegs (1946–1954) gelang es der französischen Armee nicht, die Vietminh zu besiegen. Vietnam zerfiel in den kommunistischen Norden und den kapitalistischen Süden *(S. 395)*.

Sultan Mohammed V. von Marokko kehrt Ende 1955 aus dem erzwungenen Exil zurück.

AFRIKA

1956 mussten die Franzosen und Briten auf Druck der USA ihre Besetzung des Suezkanals und seiner Uferzonen aufgeben (Suezkrise). Damit schwand auch ihre Bereitschaft, an anderen afrikanischen Besitzungen festzuhalten. 1957 entließen die Briten Ghana in die Unabhängigkeit, danach wurden weitere ihrer Kolonien souverän: 1961 Tanganyika (heute Tansania), 1962 Uganda, 1963 Kenia, 1964 Sambia. Zuletzt blieb nur Rhodesien, das 1980 zum eigenständigen Simbabwe wurde *(S. 397)*. Eine ähnliche Entwicklung

Ein gigantisches Feuerwerk feierte am 1. Juli 1997 um Mitternacht die vertraglich vereinbarte Rückgabe Hongkongs von Großbritannien an China.

Politische Gefangene werden 1966 in Ghanas Hauptstadt Accra freigelassen.

nahmen die französischen Kolonien, auch wenn Frankreich diesen zunächst nur Teilautonomie gewähren, weiterhin aber die Währung, Außen- und Verteidigungspolitik kontrollieren wollte. 1960 jedoch erhielten die meisten Länder ihre uneingeschränkte Souveränität. Nur in Algerien mit seiner großen Minderheit französischer Siedler (*pieds noirs*) schienen sich die Franzosen halten zu können. 1958 versuchten französische Algerientruppen und Siedler mit einem Staatsstreich, die als zu schwach betrachtete Regierung in Paris daran zu hindern, der algerischen Freiheitsbewegung FLN Zugeständnisse zu machen. Unter General Charles de Gaulle wurde der Putsch niedergeschlagen, doch im anschließenden Bürgerkrieg (bis 1962) erzwangen die Algerier ihre Unabhängigkeit.

LETZTE VORPOSTEN

1997 gab Großbritannien Hongkong an die Volksrepublik China zurück, und 1999 übernahm diese Macao von den Portugiesen. Im Jahr 2000 blieb nur eine Handvoll kleinerer Kolonien weiterhin bestehen. Die Ära des Kolonialismus aber war zu Ende.

»DER WIND DES WANDELS BLÄST DURCH DIESEN KONTINENT.«

Harold Macmillan, britischer Premierminister, Rede vor dem Parlament Südafrikas, 3. Februar 1960

GRÜNDUNG ISRAELS

📕 Israel   📆 1917–1949

Seit den 1880er-Jahren emigrierten Juden nach Palästina (bis 1918 unter osmanischer Herrschaft), um dort einen jüdischen Staat aufzubauen. Dieses Ziel wurde 1897 vom Ersten Zionistischen Weltkongress festgeschrieben. 1917 erkannte die britische Regierung mit der Balfour-Erklärung den Anspruch der Juden auf eine »Heimstatt« an.

Der Davidstern, ein altes jüdisches Symbol, wurde 1948 in die Flagge des Staates Israel einbezogen.

UNTER BRITISCHEM MANDAT

Nach dem Zusammenbruch des Osmanischen Reichs (1918) übertrug der Völkerbund Großbritannien die Verwaltung Palästinas. Die Briten bemühten sich, einen Ausgleich zu finden zwischen den entgegengesetzten Interessen der Araber und Juden. Die gewaltsamen Auseinandersetzungen zwischen beiden Gruppen beeinträchtigten auch die Amtsgewalt der Briten. Die 1939 einberufene St. James Conference mit dem Vorschlag der Teilung Palästinas scheiterte am Widerstand der Araber. Die Briten mussten die jüdische Einwanderung begrenzen, doch nach dem Holocaust *(S. 352–353)* wurde aus der politischen auch eine moralische Frage. 1946 schlug US-Präsident Truman vor, 100 000 Juden aus Europa die Einreise zu gestatten, und die Briten konnten die den Arabern zugesagten Einreisebeschränkungen nicht länger aufrechterhalten. Sie gerieten zudem unter

Eine jüdische Familie aus einem Kibbuz (Gemeinschaftssiedlung) bei Haifa, 1948. Die Staatsgründung wurde als Realisierung des zionistischen Traums einer Heimstatt gefeiert.

ASIEN UND DER NAHE OSTEN

Der Bombenanschlag der Irgun am 22. Juli 1946 in Jerusalem galt den Büros der britischen Mandatsverwaltung in einem Hotel.

zunehmenden Druck jüdischer Untergrundorganisationen. Die paramilitärische Hagana, die Extremisten von Lechi (die Stern-Gruppe) und Irgun Tzwai Le'umi wollten die Mandatsmacht mit Terror aus Palästina vertreiben.

UN-SONDERKOMMISSION

Im Februar 1947 übergaben die bedrängten Briten die Lösung der Palästinafrage an die Vereinten Nationen. Eine Sonderkommission (UNSCOP) erarbeitete einen Teilungsplan, nach dem rund 44 Prozent des Landes den Arabern, der größere Rest den Juden zufallen, und beide Staaten eine Wirtschaftsunion bilden sollten. Jerusalem und Bethlehem sollten unter internationale Verwaltung gestellt werden.

ARABISCH-ISRAELISCHER KRIEG

Am 14. Mai 1948 endete das britische Mandat. Noch in derselben Nacht rief David Ben Gurion in Tel Aviv die Gründung des Staates Israel aus, der umgehend von den USA und der Sowjetunion anerkannt wurde. Sofort entbrannten lokale Kämpfe zwischen Juden und Arabern. Letztere lehnten den Teilungsplan und die Staatsgründung unter Berufung auf ihre Bevölkerungsmehrheit (67 Prozent) als völkerrechtswidrig ab. Sechs arabische Staaten erklärten dem jungen Israel den Krieg und intervenierten aufseiten der palästinensischen Araber. Im November hatten die Israelis nicht nur die ihnen von den Vereinten Nationen zugewiesenen, sondern auch zusätzliche, große Territorien gesichert. 500 000 Araber waren gezwungen, in arabische Nachbarstaaten zu fliehen, wo sie und ihre Nachkommen teilweise bis heute in Lagern leben.

DAVID BEN GURION (1886–1973)

Geboren als David Grün im von Russland beherrschten Polen, trat er früh der zionistischen Bewegung bei. 1906 reiste er nach Palästina aus und gehörte zu den Gründern der ersten jüdischen Landwirtschaftskommune. 1915 wurde er von den Türken ausgewiesen und verbrachte die Kriegszeit in New York. Nach der Rückkehr war er unter den Gründern der zionistischen Gewerkschaftsbewegung Histadrut und der Arbeiterpartei Mapai. 1948 bis 1953 sowie 1955 bis 1963 führte er sein Land als Premierminister. 1970 zog er sich aus dem politischen Leben zurück.

ARABISCH-ISRAELISCHER KONFLIKT

Naher Osten   1948–heute

Im Juli 1949 schloss Israel ein Waffenstillstandsabkommen mit den arabischen Staaten, die 1948 einmarschiert waren. Das führte dazu, dass den Palästinensern, die während der Kämpfe geflohen waren, die Rückkehr dauerhaft verwehrt war. In den Flüchtlingslagern, vor allem im Libanon und Westjordanland, versuchte die United Nations Relief and Works Agency (UNRWA) die Not der Palästinenser mit Hilfsprogrammen zu lindern.

sen Ägypten, Libanon und Syrien ein Verteidigungsbündnis. Israel fürchtete einen Angriff und antwortete im Juni mit einem Präventivschlag. Große Teile der ägyptischen Luftwaffe wurden am Boden zerstört, und im folgenden Sechstagekrieg eroberten die Israelis weitere Gebiete des Sinai, das Westjordanland einschließlich Ostjerusalems sowie die syrischen Golanhöhen. Der nächste Schlag Ägyptens und Syriens erfolgte 1973. Doch ihre Rechnung, Israel sei am hohen Feiertag Jom Kippur nur bedingt verteidigungsbereit, ging nicht auf. Nach anfänglichen schweren Verlusten trieb die israelische Armee die gegnerischen Truppen hinter die Grenzen von 1967 zurück. Ägyptens Präsident Anwar el Sadat erkannte später, dass er mit diplomatischen Mitteln mehr erreichen würde als mit militärischen.

> »ICH KAM MIT EINEM OLIVENZWEIG IN DER EINEN, MIT DER WAFFE DES FREIHEITSKÄMPFERS IN DER ANDEREN HAND.«
>
> Jassir Arafat, Vorsitzender der PLO, November 1974

WEITERE KRIEGE

Nach der Verstaatlichung des Suezkanals 1956 durch Ägypten beteiligte sich Israel am britisch-französischen Unternehmen, die Kanalzone zu besetzen, und eroberte große Teile der strategisch wichtigen Halbinsel Sinai. Die Verbitterung der Araber über Israel und seine westlichen Verbündeten machte sich noch mehrfach in Kriegen Luft. Im Mai 1967 schlos-

PALÄSTINENSISCHER WIDERSTAND

1964 gründeten militante Palästinenser die Palästinensische Befreiungsorganisation (PLO), die 40 Jahre lang gewaltsam versuchte, die 1948 verlorenen Territorien zurückzuerobern. Seit 1969 von Jassir Arafat geführt, war die PLO

Ein israelisches Geschütz im Jom-Kippur-Krieg (Oktober 1973) während der Gefechte um die syrischen Golanhöhen

verantwortlich für Überfälle und Raketenangriffe auf israelische Militäreinrichtungen, für Flugzeugentführungen und 1972 für den Mordanschlag auf die israelische Olympiamannschaft in München. Rückschläge erlitt die PLO 1970, als Jordanien militante Palästinenser auswies, und sie zwischen 1985 und 1988 auch aus dem Libanon vertrieben wurde.

Palästinensische Jugendliche reagieren auf ein Massaker, bei dem ein jüdischer Siedler im Februar 1994 in der Hauptmoschee von Hebron 29 Muslime tötete.

FRIEDENSPROZESSE

1978 unterzeichneten Sadat und Begin, die Präsidenten Ägyptens und Israels, die Verträge von Camp David. Israel zog seine Truppen aus dem Sinai zurück. Die Hoffnung auf ein dauerhaftes Ende des Konflikts wurde jedoch enttäuscht. 1987 begann die Erste Intifada, der palästinensische »Krieg der Steine«, mit zivilem Ungehorsam, der sich zu Gewalt und Terror steigerte, schließlich aber das widerstrebende Israel an den Verhandlungstisch brachte. Mit den Oslo-Abkommen von 1993 und 1995 erkannten sich beide Seiten erstmals offiziell an. Schrittweise sollte die Palästinensische Autonomiebehörde unter Jassir Arafat die Macht in den Besetzten Gebieten erhalten. Doch Extremisten beider Seiten ließen mit ihrem Widerstand den Oslo-Prozess scheitern. Selbstmordattentäter der radikalislamischen Hamas terrorisierten Israel von 1993 bis 1995. Am 4. November 1995 ermordete ein jüdischer Extremist Premierminister Jitzhak Rabin, der Israel durch weitgehende Zugeständnisse zur Aussöhnung mit den Arabern führen wollte. Im Herbst 2000 brach die Zweite Intifada los, und Israels Politik des Selbstschutzes verhärtete sich mehr und mehr. Neue israelische Siedlungen entstanden, und die Palästinensergebiete wurden mit einer Sicherheitsmauer abgeriegelt. Das wiederum verschaffte der radikalen Hamas Auftrieb, die 2007 im Gazastreifen die Macht übernahm. Drei Gaza-Kriege zwischen 2008 und 2014 heizten den Konflikt weiter an. Die zunehmende Radikalisierung auf beiden Seiten lässt nicht auf eine baldige Lösung des nunmehr seit sechs Jahrzehnten andauernden Konflikts hoffen.

Jassir Arafat führte die PLO von 1969 bis zu seinem Tod 2004.

ÖLPOLITIK

Seit der Gründung des Staates Israel (1948) machten die arabischen Erdölproduzenten den Ölexport immer entschiedener zur Waffe gegen die westlichen Industriestaaten. 1973 kam es zum ersten größeren Lieferboykott – mit bis heute spürbaren Folgen. Umgekehrt führte der Wille, die Öllieferungen zu sichern, immer wieder zu Interventionen westlicher Staaten in die inneren Angelegenheiten der Erdölländer.

ÖLKRISE 1973

Bereits im Sechstagekrieg 1967 (S. 386) reagierten die arabischen Staaten mit einem Ölembargo, das allerdings wegen mangelnder Geschlossenheit der Lieferländer kaum Wirkung zeigte. Darum gründeten sie 1968 die »Organisation arabischer erdölexportierender Länder« (OAPEC), die den Einsatz des Erdöls als politische Waffe koordinieren sollte.

Ihre Muskeln ließ sie zum ersten Mal 1973 im Jom-Kippur-Krieg spielen. Saudi-Arabien und Ägypten verhängten einen Lieferboykott gegen alle westlichen Länder, die Israel unterstützten. Die Ölpreise schnellten nach oben, und es kam zu einer weltweiten Wirtschaftsrezession. Wiederholt wurde dieser Versuch allerdings nicht, weil stets einige Ölförderländer im Interesse höherer Profite aus dem Verbund ausscherten. Gleichwohl widmen die Industrieländer auch noch zu Beginn des 21. Jh. ihre vordringliche politische Aufmerksamkeit der Kontrolle der Energiereserven und ihrer Verfügbarkeit. Und ein neuer Boykotteur ist hinzugekommen: Russland, im Besitz riesiger Vorkommen von Erdgas, ist ebenfalls dazu übergegangen, Ländern, die der alten Supermacht außenpolitisch in die Quere kommen, mit einem Lieferstopp oder Preiserhöhungen zu drohen.

US-Präsident Jimmy Carter begrüßt Scheich Ahmed Jamani, Saudi-Arabiens Ölminister und einer der Architekten des Ölembargos von 1973.

Autoschlangen vor nigerianischen Tankstellen: Nigeria exportiert so viel Rohöl, dass es auf dem heimischen Markt knapp wird.

IRANISCHE REVOLUTION

Iran 1979

In den 1960er-Jahren hatte Mohammed Reza Pahlevi, seit 1941 Schah von Persien, ein Modernisierungsprogramm nach westlichem Muster in Gang gesetzt. In den Moscheen dagegen gewannen die Lehren des Ayatollah Khomeini, der sich seit 1964 im Exil befand, an Einfluss. Er wollte die Monarchie durch einen schiitisch-islamischen Gottesstaat ersetzen. 1978 kam es zu Massendemonstrationen, die der Schah brutal unterdrücken ließ.

VON DER MONARCHIE ZUR THEOKRATIE

Im Januar 1979 floh der Schah vor dem drohenden Umsturz. Am 1. Februar kehrte Khomeini in den Iran zurück. Die Mehrheit der Iraner votierte für eine islamische Republik, deren Verfassung Khomeini zum obersten Führer machte. Geistliche leiten seither alle wichtigen Institutionen des Staates. Das Klima zwischen dem neuen Regime und der US-Regierung verschlechterte sich, als diese den Schah 1979 zur Behandlung seiner Krebserkrankung einreisen ließ. Radikale Studenten besetzten die US-Botschaft in Teheran und hielten ihre 52 Geiseln über ein Jahr gefangen. Iran missachtet fundamentale Menschenrechte. Auch die aggressive Propaganda gegen die USA und Israel trug bei zur außenpolitischen Isolation. Erst mit der Einigung im Streit um das iranische Atomprogramm 2015 zeichnete sich eine Normalisierung der Beziehungen ab.

Demonstrierende Iranerinnen mit dem Porträt Ayatollah Khomeinis kurz nach dessen Rückkehr in den Iran

SOWJETISCHE INVASION IN AFGHANISTAN

📍 Afghanistan ⚔ 1979–1988

1973 musste der afghanische König Mohammed Sahir Schah abdanken, 1978 übernahm die kommunistische Demokratische Volkspartei Afghanistans die Macht. Das Land wurde schrittweise säkularisiert und der Widerstand konservativer Muslime brutal unterdrückt. 1979 wurden 50 russische Berater in Herat ermordet, nun entschloss sich die UdSSR zur Invasion. Islamisten erklärten den Dschihad (Heiliger Krieg). Fast 10 Jahre dauerte der Krieg zwischen der sowjetischen Besatzungsmacht und den von USA, Saudi-Arabien und Pakistan unterstützten islamischen Milizen. Nach hohen Verlusten und unter internationalem Druck ließ Präsident Michail Gorbatschow ab Mai 1988 die Rote Armee abziehen. In den anschließenden Machtkämpfen zwischen den Widerstands- und Volksgruppen siegten die fundamentalistischen Taliban (1998) und errichteten ein Gewaltregime.

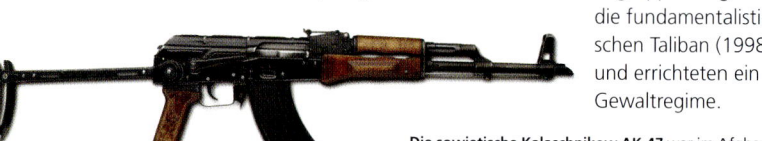

Die sowjetische Kalaschnikow AK-47 war im Afghanistankrieg (1979–1988) das zuverlässige, billige und leicht erhältliche Sturmgewehr beider Seiten.

INDISCH-PAKISTANISCHE KRIEGE

📍 indisch-pakistanisches Grenzland ⚔ 1947–1999

Nach Großbritanniens Rückzug (1947) wurde der Subkontinent in Indien und Pakistan geteilt *(S. 381)*. Strittig blieb dabei der Status des mehrheitlich muslimischen, doch von einer hinduistischen Dynastie regierten Kaschmir. Als von Pakistan unterstützte Paschtunen in das Fürstentum einfielen, erklärte der Maharadscha Kaschmirs Anschluss an Indien. Die indische Armee eroberte die Hauptstadt Srinagar und Ostkaschmir (heute der Bundesstaat Jammu und Kaschmir). Der erste Indisch-Pakistanische Krieg endete mit dem Waffenstillstand von 1949, doch kam es entlang den Demarkationslinien immer wieder zu kleineren Gefechten (so 1968 und 1999).

Ein größerer Konflikt, der Dritte Indisch-Pakistanische Krieg, wurde 1971 entfacht, als sich Ostpakistan (heute Bangladesch) mit indischer Unterstützung von Pakistan loslöste.

Kinderflüchtlinge: Etwa 10 Mio. Menschen flohen während des Bürgerkriegs 1971 bis zum erzwungenen Waffenstillstand aus Ostpakistan nach Indien.

ERSTER GOLFKRIEG

🏴 Iran, Irak ⌛ 1980–1988

Saddam Hussein (S. 413) war nach dem Staatsstreich der Baath-Partei seit 1979 Präsident des Irak und hatte den Ehrgeiz, sein Land zur Vormacht im Nahen Osten zu machen. Zum einen fürchtete das Regime nach entsprechenden Aufrufen des Ajatollah Khomeini, die religiöse Revolution des Iran (S. 389) könnte auch die große schiitische Minderheit des Irak erfassen. Zum anderen flammten die Streitigkeiten um die Schifffahrtsrechte auf dem Grenzfluss Schatt al-Arab wieder auf. Im September 1980 befahl Hussein den Angriff auf den, wie er glaubte, durch innere Konflikte geschwächten Iran. Doch die Iraner leisteten erbitterten Widerstand und stoppten den Aufmarsch im März 1981. Bis Juni 1982 hatten sie die zunächst verlorenen Gebiete zurückerobert. Danach gelang weder dem Iran noch dem Irak ein entscheidender Sieg, und es entwickelte sich ein Zermürbungskrieg mit hohen Verlusten, begleitet von Bombenangriffen auf größere Städte. Erst im August 1988 mussten beide Seiten einsehen, dass ein militärischer Sieg nicht zu erringen war, und schlossen einen Waffenstillstand. Keiner von ihnen erreichte Gebietsgewinne. 1,5 Mio. Menschen starben.

ZWEITER GOLFKRIEG

🏴 Kuwait, Irak ⌛ August 1990–Februar 1991

Im August 1990 befahl Iraks Präsident Saddam Hussein den Einmarsch in das Golfemirat Kuwait, das er als irakische Provinz betrachtete. Tatsächlich ging es ihm um die Häfen am Golf und um die großen Ölreserven des Emirats, mit denen er die immensen Kosten des Ersten Golfkriegs (100 Mrd. US-Dollar) decken wollte. Die irakische Invasionsarmee hatte Kuwait rasch unter ihrer Kontrolle, der Scheich floh nach Saudi-Arabien.

Vor ihrem Rückzug zündete die irakische Armee die Bohrlöcher einiger Ölfelder an. Das wochenlang brennende Öl verursachte schwere Umweltschäden.

OPERATION »WÜSTENSTURM«

Die internationale Gemeinschaft entzog Hussein die bisherige Unterstützung, und mehrere UN-Resolutionen forderten den irakischen Rückzug. US-Präsident George Bush sen. schmiedete eine Militärkoalition, der auch arabische Staaten beitraten. Am 17. Januar 1991 begannen die Luftangriffe (Operation »Wüstensturm«), der Vorstoß zu Land erfolgte am 24. Februar. In knapp einer Woche standen die Koalitionstruppen im Südirak, wurden jedoch zurückgezogen, sodass Husseins Generäle die schiitischen und kurdischen Volksaufstände gegen das Regime unbehelligt niederschlagen konnten.

VOLKSREPUBLIK CHINA

China · 1949–heute

Während des chinesischen Bürgerkriegs kamen im Oktober 1934 die Truppen der chinesischen Kommunisten einem möglicherweise vernichtenden Angriff der nationalistischen Kuomintang zuvor. Der legendäre »Lange Marsch« führte sie bis Oktober 1935 rund 12 500 km nach Nordwestchina, wobei die Streitmacht von 90 000 auf ein Zehntel schrumpfte. Die Führung im neuen Hauptquartier Yan'an übernahm Mao Zedong. Nach Japans Invasion 1937 hielten die Bürgerkriegsparteien einen misstrauischen Waffenstillstand. Erst im Juli 1946 nahmen die Kommunisten die Kämpfe um die Macht in China entschieden wieder auf. Nach anfänglichen Rückschlägen, aber weiterem Zulauf konnten die Kommunisten im Winter 1947 die Kuomintang-Truppen in der Mandschurei vernichtend schlagen, die nun den Rückhalt in der Bevölkerung zunehmend verloren und sich das ganze Jahr 1948 auf dem Rückzug befanden. Im

Aktivisten der Kulturrevolution (1966–1976) mit einem gegen Konfuzius gerichteten Propagandastück: Er galt als Symbol des »Konservatismus«.

Januar 1949 marschierte Maos Volksarmee in Peking ein: Die Volkrepublik China (VR) wurde ausgerufen. Die Kuomintang setzte sich nach Taiwan ab und gründete dort die Republik China. Zunächst folgte die VR China Moskaus politischer Führung, gemäß dem 1950 geschlossenen Vertrag wechselseitiger Unterstützung. In den 1960er-Jahren jedoch kühlten die Bezie-

MAO ZEDONG (1893–1976)

Der Bauernsohn aus Hunan kam 1919 nach Peking, wo er die Lehren des Marxismus kennenlernte. 1921 trat er der Kommunistischen Partei bei, 1927 führte er den – vergeblichen – Herbsternte-Aufstand an. Während des »Langen Marschs« übernahm Mao 1935 die Parteiführung. Mohnanbau und Hilfen der KPdSU ermöglichten das Überleben der Partei. Maos lange Regierungszeit (1949–1976) prägt das Land bis heute.

Präsident Nixons Besuch in China 1972 markiert den Beginn besserer Beziehungen zwischen der Volksrepublik und den USA.

Chinas Kurs. Wirtschaftsreformen lockerten die Planwirtschaft, der Export wurde verstärkt, ausländische Investoren ins Land geholt – mit beachtlichem Erfolg, wie Wachstumsraten von häufig bis zu 10 Prozent im Jahr zeigten. Als ab 1988 die meisten kommunistischen Regime zusammenbrachen, kam es auch in der VR China zu Demokratiebewegungen. Kurzfristig schien es, als verlöre die Partei ihre dominante Stellung. Doch am 4. Juni 1989 befahl Premierminister Li Peng die gewaltsame Auflösung der Demonstration auf dem Pekinger Tiananmen-Platz. Hunderte Demonstranten wurden erschossen – ein Schlag, von dem sich Chinas Menschenrechtsaktivisten bis heute nicht erholt haben. Noch gelingt es der Partei, ihre Führungsrolle durch wachsenden Wohlstand und die rigorose Unterdrückung jeglicher Opposition zu sichern. Doch die inneren Widersprüche, Gegensätze zwischen Arm und Reich, zwischen Stadt und Land, wachsen bedrohlich. Gewaltige Umweltprobleme wie auch die Mitte der 2010er-Jahre einbrechende Wirtschaft stellen das bisherige Modell zunehmend infrage.

hungen zur UdSSR nach dem für China kostspieligen und von Stalin geforderten Engagement im Koreakrieg *(S. 394)* ab sowie nach Grenzstreitigkeiten, die auch zu militärischen Zusammenstößen führten. Skeptisch gegenüber Chruschtschows Politik der Entstalinisierung verordnete Mao dem Land von 1958 bis 1960/61 den »Großen Sprung nach vorn«, eine Kampagne radikaler Industrialisierung und der Zwangskollektivierung der Landwirtschaft in Volkskommunen. Die ohne Rücksicht auf gewachsene Strukturen und Traditionen durchgesetzten Reformen führten bis 1962 zu Hungersnöten und Millionen Toten. 1966 setzte Mao die Kulturrevolution in Gang, um das Land von »bürgerlichen Elementen« zu reinigen. Die in Roten Garden organisierte Jugend bespitzelte Lehrer und Verwandte und verfolgte »Abweichler«. Nach Maos Tod 1976 versuchte seine Frau Jiang Qing die Macht zu übernehmen, doch die »Viererbande« (ihre Fraktion in der KP-Führung) wurde verhaftet und kaltgestellt. In den nächsten 15 Jahren bestimmte der Parteivorsitzende Deng Xiaoping

Die chinesische Armee ist mit über 2,25 Mio. Soldaten in Heer, Marine und Luftwaffe die drittgrößte Streitmacht der Welt.

KOREAKRIEG

📍 Korea ⌛ 1950–1953

Seit 1910 war Korea von Japan besetzt und wurde nach dessen Kapitulation 1945 entlang des 38. Breitengrads geteilt. Sowjettruppen besetzten den Norden, US-Truppen standen im Süden. 1949 zogen beide Supermächte ihre Truppen zurück, was die Spannungen zwischen Nord- und Südkorea wachsen ließ, bis Kim Il Sung, Staatschef und Vorsitzender der KP Nordkoreas, am 25. Juni 1950 den Angriff auf Südkorea befahl. Eine hauptsächlich von den USA gestellte UN-Interventionsarmee (UNC) wurde nach Südkorea entsandt, dort allerdings rasch zusammen mit der südkoreanischen Armee in den äußersten Süden der Halbinsel zurückgedrängt. Im September konnte UNC-General Douglas MacArthur die nordkoreanischen Truppen mit einer Landung bei Inchon überraschen und schnell bis zum 38. Breitengrad und weiter bis zur chinesischen Grenze vorrücken. Mit einer Gegenoffensive trieb eine chinesische »Freiwilligenarmee« die UN-Truppen wieder hinter die Demarkationslinie und eroberte Seoul (Januar 1951). Im März gewann das UNC die Stadt schon wieder zurück. Dann aber endete das rasche Hin und Her. Nach einem verlustreichen Stellungskrieg wurde 1953 ein Waffenstillstand geschlossen. Die Grenze blieb, wo sie war: am 38. Breitengrad. Nordkorea entwickelte sich zu einer extrem restriktiven Diktatur, Südkorea zum erfolgreichen Industrieland mit (seit 1987) demokratischer Verfassung.

US-Marines während der Landung bei Inchon, im September 1950: Es gelang, die kommunistischen Truppen zur chinesischen Grenze zurückzuwerfen.

ERSTER INDOCHINAKRIEG

📍 Indochinesische Halbinsel ⌛ 1947–1954

Nach dem Ende des Zweiten Weltkriegs übernahm die kommunistische, von Ho Chi Minh geführte Vietminh-Bewegung die Macht in Nordvietnam. Die Franzosen konnten die Verwaltung ihrer Kolonie Indochina nur im Süden wieder aufbauen. Eine diplomatische Einigung kam nicht zustande, vielmehr entbrannten 1947/48 sowie 1950 heftige Kämpfe.

Unter General Vo Nguyen Giaps geschickter Führung konnten Vietminh-Truppen alle französischen Angriffe abwehren und den Kolonialtruppen im Mai 1954 in der Schlacht von Dien Bien Phu die entscheidende Niederlage zufügen, woraufhin die Franzosen ihre Kolonie verloren gaben. Mit der Friedenskonferenz von Genf am 21. Juni 1954 wurde das Land entlang des 17. Breitengrads geteilt: Der Norden blieb kommunistisch, der Süden an westlichen Staaten orientiert.

ASIEN UND DER NAHE OSTEN

VIETNAMKRIEG

Vietnam 1963–1973

Die Teilung 1954 brachte Vietnam keinen Frieden. Stattdessen wurde es, wie zuvor Korea, zum Schauplatz eines Stellvertreterkriegs zwischen den Machtblöcken. Im Rahmen ihrer Eindämmungspolitik unterstützten die USA 1955 den südvietnamesischen Antikommunisten und Diktator Ngo Dinh Diem massiv: Hunderte von Militärberatern kamen nach Südvietnam. Nordvietnam reagierte, indem es die Vietcong, den bewaffneten Arm der südvietnamesischen Befreiungsbewegung, unterstützte. Immer tiefer ließen sich die USA in den Konflikt verwickeln. Bis 1963 hatte Diems Regime allein 500 Mio. US-Dollar Militärhilfe erhalten. Im August 1964 nahm US-Präsident Johnson den Zwischenfall im Golf von Tonkin, als US-Schiffe beschossen worden waren, zum Vorwand für Luftangriffe auf Nordvietnam. Die ersten amerikanischen Bodentruppen kamen im März 1965, und bis Juli standen und kämpften an die 50 000 US-Soldaten in Vietnam. Zehnmal so viele waren es schließlich auf dem Höhepunkt des Vietnamkriegs im April 1969, dazu noch 47 000 Australier und Neuseeländer. Weder sie noch

Erkennungsmarken (»Hundemarken« genannt) erleichterten die Identifizierung der getöteten US-Soldaten.

Repressionen gegen Zivilisten noch die US-Flächenbombardements konnten den Widerstand der Vietcong-Guerilla brechen. Mit den wachsenden Verlusten, insbesondere während einer Angriffsserie der Vietcong im Januar 1968, wurde der Krieg in der amerikanischen Bevölkerung zunehmend unpopulär. Ab August 1969 begann die US-Regierung, den Krieg zu »vietnamisieren«: Sie zog Truppen zurück. Endgültig besiegelt wurde das während der Pariser Friedensverhandlungen am 27. Januar 1973. Innerhalb von 60 Tagen sollte der letzte US-Soldat Vietnam verlassen. Lange konnte sich das südvietnamesische Regime ohne US-Unterstützung nicht halten. Im April 1975 marschierten die Vietcong in der Hauptstadt Saigon ein. 1976 wurden Nord- und Südvietnam unter kommunistischer Führung wiedervereinigt

Im Vietnamkrieg wurden Hubschrauber, wie dieser US-Chinook, zum ersten Mal in größerem Umfang zu Kampf- und Versorgungsflügen eingesetzt.

JAPAN, CHINA UND DIE »TIGERSTAATEN«

📍 Ostasien ⌛ 1945–heute

Nach seiner Niederlage blieb Japan sechs Jahre lang von US-Truppen besetzt. Als US-Militärgouverneur leitete General MacArthur mit Premierminister Shigeru Yoshida Japans Wiederaufbau und Westorientierung. Das Land bekam eine demokratische Verfassung. Rasch sprang die Wirtschaft an und wuchs ab Mitte der 1950er-Jahre rapide. Zunächst wurde die Schwerindustrie restrukturiert. In den 1960er-Jahren spezialisierte sich dann Japans Wirtschaft auf High-Tech-Geräte im Autobau, der Computertechnik und Unterhaltungselektronik. Trotz des Rückschlags der Ölkrise von 1973 (S. 388) stand Japans Industrieproduktion in den 1990er-Jahren nach den USA weltweit an zweiter Stelle. Erst Ende der Dekade führten der überbewertete Yen und exzessive Kreditvergaben zu einer Rezession, die über zehn Jahre anhielt.

Sonys Walkman ist typisch für die technische Innovationswelle Japans in den 1970er-Jahren.

TIGERSTAATEN

Ab Mitte der 1960er-Jahre schafften auch Südkorea, Taiwan, Singapur und Hongkong den Sprung. Sie erreichten, oft als »Tigerstaaten« bezeichnet, japanische Erfolgsbilanzen. Thailand, Malaysia und andere schlossen ab 1990 auf, und China gehört mit seinem rasanten Wachstum seither sogar zur Spitzengruppe der Industrienationen.

Thailand allerdings überdehnte sein kreditfinanziertes Wachstum. Als 1997 ausländische Investoren ihr Geld abzogen, führte dies zu einer Finanzkrise, in die auch andere Länder Südostasiens hineingerieten, weil internationales Kapital abwanderte. Zwar konnten sich die Tigerstaaten zunächst erholen, doch 2007/08 wurden sie in die globale Finanz- und Wirtschaftskrise gerissen, die mit dem Zusammenbruch des US-Immobilienmarkts ihren Ausgang nahm.

Die Skyline von Pudong, dem neuen Viertel Shanghais, zeigt den dramatischen Sprung in der technisch-ökonomischen Entwicklung asiatischer Städte seit 1990.

AFRIKA

Die Entkolonialisierung Afrikas schuf Staatsgebilde, die nicht mit ethnischen Grenzen übereinstimmten. Zahlreiche Bürgerkriege waren die Folge. Afrikas reiche Reserven an Bodenschätzen konnten aufgrund mangelnder Infrastruktur und instabiler Machtverhältnisse nicht genutzt werden, um moderne Volkswirtschaften zu entwickeln. Viele politische Anführer regierten diktatorisch und vernachlässigen die Entwicklung ihrer Länder, die vom Weltmarkt abgehängt wurden.

SÜDRHODESIEN

Südrhodesien (heutiges Simbabwe) 1962–heute

In der britischen Kronkolonie Südrhodesien brachten die Wahlen von 1962 die rechte Rhodesische Front zurück an die Macht. Weil sie den Schwarzen politische Rechte verweigerte (250 000 Weiße herrschten über 5 Mio. Schwarze), verweigerte Großbritannien dem Land die Unabhängigkeit. Am 11. November 1965 überrumpelte Ian Smith, der Anführer der Rhodesischen Front, die Briten mit einer einseitigen Unabhängigkeitserklärung. Die Vereinten Nationen verurteilten das Regime als »rassistisch«, ein internationales Embargo und andere Sanktionen folgten, konnten das Regime von Ian Smith aber nicht erschüttern. Afrikanische Befreiungsbewegungen, vor allem die ZANU mit Ndabaningi Sithole an der Spitze, erkannten, dass Verhandlungen über die Rechte der schwarzen Mehrheit ergebnislos blieben, und gingen zum bewaffneten Kampf über. Smith sah sich vermehrten Guerilla-Aktionen gegenüber, die die rhodesische Wirtschaft zusätzlich lähmten.

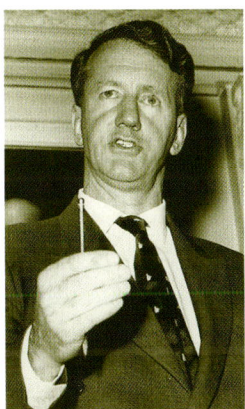

Ian Smith kurz vor der einseitigen Unabhängigkeitserklärung

SIMBABWE

Nach dem Zusammenbruch der portugiesischen Herrschaft in den Nachbarländern Mosambik und Angola (1974) auch innerafrikanisch isoliert, musste die rhodesische Regierung 1978 einer Verfassungsänderung zustimmen. Die Wahlen von 1979 gewann der gemäßigte nationale Block, angeführt von Bischof Abel Muzorewa. Neuwahlen im Februar 1980 brachten Robert Mugabe, den Vorsitzenden der ZANU an die Macht, der Simbabwe seit nun drei Jahrzehnten diktatorisch regiert.

POSTKOLONIALES AFRIKA

Afrika 1960–heute

Mit dem Ende der europäischen Herrschaft in Afrika entstanden über 50 Staaten, die vor unendlich vielen, durch die Jahre des Kolonialismus und durch willkürliche Grenzziehungen verschärften Problemen standen. Im Kalten Krieg (S. 360) wurde auch Afrika zum Schauplatz von Stellvertreterkriegen der Supermächte. Die Kriege am Horn von Afrika zeigten das Muster. 1974 wurde Äthiopiens Kaiser Haile Selassie von Oberst Mengistu Haile Mariam und seiner marxistischen Militärjunta (Derg) gestürzt. Diese konnte mithilfe der massiven Unterstützung der UdSSR und Kubas fast das ganze Land unter Kontrolle bringen. Als sich Mengistu 1977 am Ogadenkrieg gegen Somalia beteiligte, wurde dies zum Bündnispartner der USA. Auf sich allein gestellt versank es ab 1991 im Chaos.

Robert Mugabe, Chef der ZANU-Partei, ist seit 1987 Staatspräsident von Simbabwe.

HUNGER UND BÜRGERKRIEG

Die Verstaatlichung der Industrie und die Kollektivierung der äthiopischen Landwirtschaft lösten Hungersnöte aus, denen 1984/85 wahrscheinlich 1 Mio. Menschen zum Opfer fielen. Der Klimawandel (S. 408) sowie fortgesetzte Unruhen in der Region erzwangen immer wieder Kriseninterventionen, verhinderten aber damit die langfristige Entwicklung Äthiopiens. Nach dem Abzug der Portugiesen, übernahmen marxistische Gruppen 1975 die Macht auch in Angola und Mosambik. In beiden Ländern kam es zu langen Perioden des Bürgerkriegs. In Angola endete der Konflikt zwischen der marxistischen MPLA und der antikommunistischen, von Jonas Sawimbi geführten UNITA erst mit dessen Tod im Jahr 2002.

Das zweifelhafte Erbe, das Europa in Afrika hinterließ, verursachte zudem in Belgisch-Kongo Probleme. Dieses wurde 1960 unter Patrick Lumumba selbstständig, kurz darauf jedoch spaltete sich die an Bodenschätzen reiche Provinz Katanga ab. Die Belgier kehrten mit Söldnern zurück und intervenierten zugunsten des Separatisten Moïse Tschombé. Daraufhin traten UN-Friedenstruppen auf den Plan und drängten Tschombés Söldner zurück. Zum Profiteur dieser blutigen Kriege um Gold und Einfluss wurde Joseph-Désiré Mobutu, der

Ruandische Flüchtlinge, die 1994 dem Massaker der Hutu-Milizen an den Tutsi entkommen sind. Danach wurde an vielen Hutu grausame Rache genommen.

AFRIKA

das Land 1965 bis 1997 regierte und dabei, wie viele Diktatoren Afrikas, die Ressourcen des Landes als seinen Privatbesitz betrachtete.

RUANDA UND SIMBABWE

Ruanda wurde 1923 als Völkerbundsmandat (ab 1946 als UN-Mandat) Belgien zugesprochen. Der Kolonialverwaltung gelang es bis zur Unabhängigkeit 1962 nicht, die traditionellen Spannungen zwischen Hutu und Tutsi zu mildern. Ein erstes Massaker an den Tutsi 1964 ging dem Völkermord von 1994 voraus, in dessen Verlauf Hutu-Milizen über eine halbe Million Tutsi umbrachten. Im gleichzeitigen Bürgerkrieg konnte sich die Tutsi-geführte Rebellenarmee der Ruandischen Patriotischen Front gegen Regierungstruppen und Hutu-Milizen durchsetzen. Viele Hutus flohen u. a. nach Zaire und benutzten die internationalen Lager als Basen zur Wiedereroberung Ruandas. Die Wirren destabilisierten

Warnung vor Landminen: eine noch immer gefährliche Hinterlassenschaft des Bürgerkriegs in Mosambik von 1992

die gesamte Region. Simbabwe war als eine der starken Volkswirtschaften Afrikas in die Unabhängigkeit gegangen, doch unter Robert Mugabes autokratischem Regime (seit 1980) lag die Wirtschaft bald am Boden. Die Enteignung weißer Farmen zugunsten der »Veteranen« der Unabhängigkeitsbewegung (ab 2000) ruinierte auch die Landwirtschaft, gleichzeitig stieg die Inflationsrate enorm an. Im September 2008 unterzeichneten Mugabe und Morgan Tsvangirai, der Führer der oppositionellen Partei Bewegung für demokratischen Wandel, ein Abkommen der Machtteilung zwischen Regierung und Opposition. Im Februar 2016 feierte Mugabe als ältestes Staatsoberhaupt der Welt mit großem Aufwand seinen 92. Geburtstag – in seinem verarmten Land. Die Aussichten für Simbabwe sind trüb.

BEFREITES SÜDAFRIKA

Südafrika 1958–1999

Hendrik Verwoerd, Premier von 1958 bis 1966, war der ideologische Begründer und Architekt der Apartheid-Politik, die mit strikter gesetzlicher Rassentrennung alle Nicht-Weißen in Südafrika diskriminierte. Die Apartheid bestimmte, wo diese leben und arbeiten durften, beschränkte ihre Bewegungsfreiheit und verwehrte ihnen politische Bürgerrechte. Zunächst wendeten sich die europäischen Mächte, selbst noch Kolonialherren in Afrika, nicht gegen diese Ungleichheit.

WIDERSTAND

Am 21. März 1960 schossen Polizeikräfte in eine friedliche Demonstration, die der Pan Africanist Congress (PAC) im Township Sharpeville organisiert hatte. Sie töteten 69 Menschen und verletzten weitere 180. Das Massaker gilt als Wendepunkt in der Geschichte Südafrikas. Danach griffen die Anti-Apartheid-Aktivisten ihrerseits zu militanteren Politikformen, zum Beispiel zu Sabotageakten, die der bewaffnete Arm des Afrikanischen Nationalkongresses (ANC), seit 1961 unter Nelson Mandelas Führung, gegen Regierungseinrichtungen richtete. Mit anderen ANC-Aktivisten wurde Mandela verhaftet und zu lebenslänglicher Haft verurteilt. In den 1970er- und 1980er-Jahren eskalierte der gewaltsame Widerstand, der sich

> »NIE, NIE, NIE WIEDER SOLL DIESES SCHÖNE LAND UNTERDRÜCKUNG DES EINEN DURCH DEN ANDEREN ERFAHREN«.
>
> Nelson Mandela, Rede zum Amtsantritt am 9. Mai 1994

NELSON MANDELA (1918–2013)

Geboren in der Transkei engagierte Mandela sich bereits als Student gegen die Apartheid, trat 1944 dem ANC bei und verteidigte gewaltfreie Aktionen. Nach dem Sharpeville-Massaker (1960) wurde er aber zum Anführer des bewaffneten Arms des ANC. Im August 1962 verhaftet, saß er bis 1990 im Gefängnis. Nach seiner Freilassung trat er für die friedliche Versöhnung ein. Diese Politik verfolgte er von 1994 bis 1999 auch als erster schwarzer Präsident Südafrikas.

Wellblechhütten im schwarzen Wohngebiet (Township) von Soweto: Unter solchen Bedingungen lebten viele Schwarze im Apartheid-Regime – und danach.

zunehmend gegen die Homelands wandte, einer Einrichtung rein schwarzer Wohngebiete, die als Vorstufe zu späteren (schein-)selbstständigen Staaten dienten. Ohne Rücksicht auf elementare Menschenrechte verfolgten Polizei und Militär jegliche Opposition. Im Juni 1976 begannen die Unruhen in Soweto, die 16 Monate anhielten und in deren Verlauf 600 bis 700 Menschen erschossen wurden. 1979 jedoch verlor das Regime seine rhodesischen Verbündeten *(S. 397)*, und ab 1986 verhängte die internationale Gemeinschaft Wirtschaftssanktionen über Südafrika. Zu Reformen kam es allerdings nicht.

ENDE DER APARTHEID

Erst ein Regierungswechsel ebnete den Weg des Wandels. Der 1989 zum Präsidenten gewählte Frederik W. de Klerk hob kurz darauf das Verbot des ANC und anderer Oppositionsgruppen auf. Am 11. Februar 1990 wurde Nelson Mandela aus der Haft entlassen und konnte vor 120 000 Zuhörern im Stadion von Soweto seine Politik der Versöhnung verkünden. Er begann

Flagge des ANC: Der Speer symbolisiert den Widerstand gegen Kolonialismus und Apartheid.

Gespräche mit der Regierung de Klerk, die zur Machtbeteiligung der schwarzen Mehrheit des Landes führen sollten. Nicht nur viele Weiße behinderten diesen Aufbruch, auch extreme Gruppierungen der Schwarzafrikaner, die von Versöhnung mit Rassisten nichts wissen wollten. Eine Versammlung für ein demokratisches Afrika (Dezember 1991) sowie eine Abstimmung unter der weißen Bevölkerung – 68 Prozent stimmten für den Wandel – stärkten de Klerks Position. Nach elfmonatiger Unterbrechung wurden die Verhandlungen im März 1993 wieder aufgenommen. Vom 26. bis zum 28. August fanden die ersten allgemeinen und freien Wahlen in Südafrika statt, und das neue Parlament stimmte am 9. Mai 1994 für Mandela als Präsident. Dieses Amt hatte er bis 1999 inne. Sein Eintreten für nationale Versöhnung trug ihm breite internationale Anerkennung ein. 1993 erhielten Mandela und de Klerk den Friedensnobelpreis.

Lange Schlangen bildeten sich vom 26. bis 28. August 1994 vor den Wahllokalen. Von 22,7 Mio. zur Wahl berechtigten Südafrikanern gingen 19,7 Mio. (87 Prozent) zur Wahl. Wie erwartet gewann der ANC eindeutig mit 62,6 Prozent der Stimmen. Das war das Ende der Apartheid.

NEUE AUFGABEN

Nach dem Zusammenbruch der kommunistischen Systeme und dem Ende des Kalten Kriegs Anfang der 1990er-Jahre schien manchen »das Ende der Geschichte« gekommen und wesentliche Herausforderungen gemeistert zu sein. Doch schon bald wurden die Regierungen des 21. Jh. neben wiederaufgelebten älteren politischen Krisen mit neuen tödlichen Krankheiten, Umweltkatastrophen sowie international agierenden, radikalislamischen Terrornetzwerken konfrontiert.

UMSTRITTENE BIOTECHNIK

⚑ weltweit   ⌛ 1945–heute

Seit 1945 bemüht sich die Ernährungs- und Landwirtschaftsorganisation der Vereinten Nationen (FAO), den Hunger in der Welt zu besiegen. Das 1960 gegründete International Rice Research Institute konnte mit seinen Forschungsprojekten erreichen, dass die durchschnittlichen Ernteerträge ab 1965 um jährlich 2,5 Prozent stiegen. Diese »Grüne Revolution« kann die Not der rasch wachsenden Bevölkerungen unterentwickelter Länder zumindest lindern.

GENTECHNIK

Seit den 1990er-Jahren haben Wissenschaftler biotechnologische Methoden und Verfahren entwickelt, um die Erbanlagen von Pflanzen rascher als mit traditionellen Züchtungsmethoden zu verändern und so z. B. die Krankheitsresistenz vieler Getreidesorten zu verbessern. 1996/97 löste der US-Konzern Monsanto mit seinem Import genetisch veränderter Sojaprodukte nach Europa öffentliche Kontroversen um die Verträglichkeit und langfristige Risiken von gentechnisch

Genmanipulierte Pflanzen im Treibhaus: Welche Folgen ihre Aussaat im Freien und ihre Kreuzung mit nicht veränderten Pflanzen hat, ist ungeklärt.

manipulierten Nahrungsmitteln aus. Im Februar 1997 wurde das aus Stammzellen geklonte Schaf Dolly geboren. Die immer tieferen Eingriffe in die Grundbausteine des Lebens entfachten eine völlig neue Debatte über die Grenzen gentechnischer Manipulationen und unsere Verantwortung für die Natur.

MEDIZINISCHE FORTSCHRITTE UND NEUE KRANKHEITEN

weltweit ・ 1967–heute

Das vergangene Jahrhundert brachte große Fortschritte in der Medizin, so etwa 1928 die Entwicklung des ersten Antibiotikums, Penicillin, durch Alexander Fleming. Seit 1950 werden Antibiotika erfolgreich gegen tödliche Krankheiten wie Tuberkulose oder Syphilis eingesetzt. Manche Infektionskrankheiten, z. B. die Pocken, konnten ausgerottet werden, andere wiederum, wie Cholera oder Typhus, grassieren bis heute in unterentwickelten Ländern, wo täglich Tausende von Menschen sterben, die sich mit verseuchtem Trinkwasser infiziert haben.

Mit der ersten, 1967 geglückten Herztransplantation überwand die medizinische Forschung weitere Grenzen.

Die rote Schleife ist seit Beginn der 1990er-Jahre ein Zeichen der Solidarität mit HIV-Infizierten.

NEUE KRANKHEITEN

Die durch das HI-Virus verursachte Immunkrankheit AIDS wurde 1981 zum ersten Mal bei homosexuellen Amerikanern diagnostiziert. Inzwischen hat sich das Virus weltweit ausgebreitet und bis 2014 ca. 37 Mio. Menschenleben gefordert. Wegen mangelnder Aufklärung und medizinischer Versorgung sind vor allem afrikanische Staaten betroffen. Die Atemwegsinfektion SARS 2002/03 sowie 2009 die mexikanische »Schweinegrippe« ließen befürchten, es könne zu einer ähnlich verheerenden Pandemie kommen wie 1918/19. Damals starben 20 Mio. Menschen an der »Spanischen Grippe«. Das extrem ansteckende, meist tödlich verlaufende Ebolafieber ist seit 1976 bekannt. Die bislang schlimmste Epidemie suchte 2014 Westafrika heim – mit mindestens 12 000 Toten.

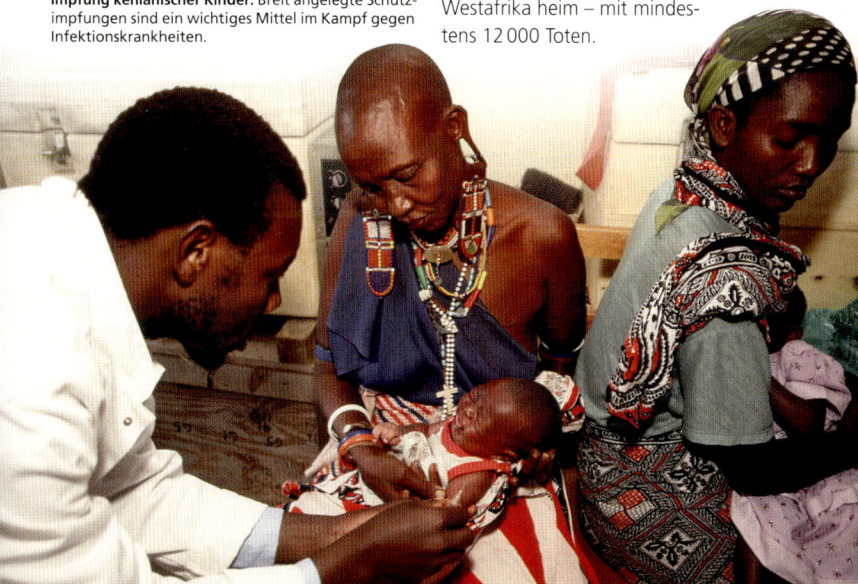

Impfung kenianischer Kinder: Breit angelegte Schutzimpfungen sind ein wichtiges Mittel im Kampf gegen Infektionskrankheiten.

GLOBALISIERUNG

Multinationale Unternehmen nutzen die Unterschiede nationaler Rechtssysteme und organisieren ihre Wirtschaftsmacht global. Angesichts dessen wirken nationale Regierungen immer ohnmächtiger. Der weltweite Konsum gleicher Produkte schwächt Traditionen und alteingesessene Kulturen. Unabhängige Nichtregierungsorganisationen (NGOs) versuchen, grenzübergreifend eine internationale Zivilgesellschaft zu mobilisieren.

WOHLSTAND DURCH WACHSTUM

In gewissem Sinn hat die »Globalisierung« in der Jungsteinzeit begonnen, als der Gütertausch auch weiter entfernte Nachbarn in Kontakt brachte. Die Entwicklungen der zweiten Hälfte des 20. Jh. veränderten jedoch die Grundlagen der Weltwirtschaft. 1944 trafen sich Vertreter von 44 Staaten in Bretton Woods (USA), um ein System fester Wechselkurse zu etablieren, die von Weltbank und Internationalem Währungsfonds kontrolliert wurden. Handelsbarrieren fielen, Zahlungsvorgänge wurden erleichtert. 1995 nahm die Welthandelsorganisation (WTO) ihre Arbeit auf, wurde zur Schlichtungsstelle zwischen nationalen Regierungen und entwickelte das Regelwerk des internationalen Handels weiter. 2008 hatte sie 153 Mitgliedsstaaten. Zwischen 1950 und 2000 stieg das Volumen gehandelter Güter auf das nahezu Sechzehnfache an. Ab etwa 1980 deregulierten viele Staaten Güter- und Finanzmärkte und privatisierten Staatsunternehmen.

Barcodes, ab 1974 in den USA eingeführt, sind ein effektives Mittel, den weltweiten Weg der Waren elektronisch zu verfolgen.

Parkplatz einer Toyota-Fabrik bei Derby (England). Seit 1964 montiert der japanische Autohersteller seine Fahrzeuge auch im Ausland.

Weltweit freie Märkte, so die Hoffnung, würden letztlich allen Nationen größeren Wohlstand bringen. Die technische Basis zur Beschleunigung der Waren-, Informations- und Geldströme lieferten in den 1990er-Jahren die digitalisierte Kommunikation und das Internet. Sie ermöglichen zudem die Zerlegung und globale Neugruppierung ganzer Lieferketten.

McDonald-Restaurant in Kuwait-Stadt: Der »Goldene Bogen« ist ein Symbol der Globalisierung.

GLOBALISIERUNGSKRITIK

Dies hat aber auch seine Schattenseiten. Multinationale Unternehmen verlegen die Produktion in Billiglohnländer, wo Arbeits-, Naturschutz und Sicherheitsstandards weniger strikt gehandhabt werden. Nicht nur die industrielle Produktion, auch Dienstleistungen, wie z. B. Call-Center zur Kundenbetreuung, werden ausgelagert. Das Ausnutzen von Lohndifferenzen senkt die Kosten, steigert den Profit. So wird auch die Konkurrenz um Arbeitsplätze globalisiert, wobei die arbeitenden Menschen weniger mobil sind als die Unternehmen. Das hat Globalisierungskritiker auf den Plan gerufen, die auf die nachteiligen Folgen für die Menschen sowohl in Industrie- als auch in Entwicklungsländern verweisen. Denn das seit dem Ende des Zweiten Weltkriegs stetige Wirtschaftswachstum hatte seinen Preis. Inzwischen werden die Schäden an gesellschaftlichen Strukturen und Umwelt sichtbar. Krisen erfassen rasch den ganzen Globus. Doch ist der Globalisierungsprozess nicht mehr zu stoppen. Die Frage ist vielmehr, ob und wie er international zu steuern ist. Dass sich die Märkte nicht selbst regulieren, sondern staatliche Eingriffe notwendig sind, zeigte seit 2007 die weltweite Finanz- und Wirtschaftskrise.

KLIMAWANDEL UND UMWELTBEWEGUNG

weltweit 1980–heute

Seit der Industriellen Revolution *(S. 288–289)* ist die Durchschnittstemperatur weltweit gestiegen, wobei sich die globale Erwärmung seit Mitte des 20. Jh. erheblich beschleunigt. Zwischen 1995 und 2007 wurden die seit Beginn meteorologischer Aufzeichnungen (1880) zehn wärmsten Jahre gemessen, globale Wärmerekorde wurden 2014 und, noch einmal gesteigert, 2015 verzeichnet. Mit dem natürlichen Klimawandel allein ist der rasante Temperaturanstieg nicht zu erklären, zu einem beträchtlichen Teil ist er von den Menschen verursacht.

Recycling-Symbol: Weltweit versucht man inzwischen, Abfalllasten zu reduzieren.

TREIBHAUSEFFEKT
1988 wurde der Zwischenstaatliche Ausschuss für Klimaänderungen (IPCC) gegründet, um den Klimawandel zu erforschen. 2007 legte er einen Bericht vor, demzufolge die Temperatur bis Ende des Jahrhunderts zwischen 1,8 und 4 °C steigen wird.

Als Grund wird der sogenannte Treibhauseffekt angegeben: Die gestiegene Konzentration an CO_2 (Kohlendioxid) in der Atmosphäre verhindert die Rückstrahlung der Sonnenenergie ins All. Damit heizt sich die Erdatmosphäre wie in einem Treibhaus kontinuierlich auf. Der Effekt beschleunigt sich, weil erwärmte Ozeane weniger CO_2 binden können oder auftauende Dauerfrostböden Methangase freigeben. CO_2 gelangt durch die Verbrennung fossiler Brennstoffe in die Luft. Allein jeder der 232 Mio. Kraftwagen in den USA bläst jährlich fünf Tonnen dieses Gases in die Luft. Die Folgen der Erwärmung sind inzwischen sichtbar. Gebirgsgletscher

> »KÜNFTIGE GENERATIONEN WERDEN SICH MIT RECHT FRAGEN: WAS HABEN SICH UNSERE ELTERN EIGENTLICH GEDACHT?«
>
> Al Gore, *Eine unbequeme Wahrheit*, 2006

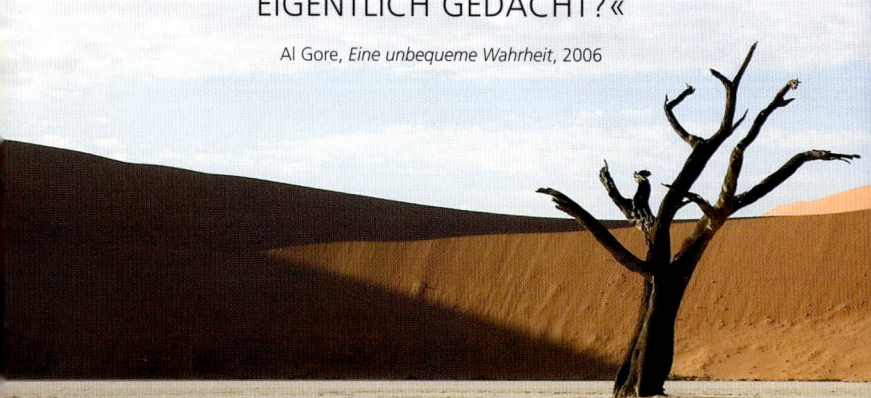

Windturbinen produzieren Energie mit relativ geringen Eingriffen in die Umwelt.

schmelzen ab, ebenso das Packeis der Arktis und die Eisplatten der Antarktis. In vielen Regionen der Welt ändern sich die Niederschlagsmuster, sodass Millionen Menschen in den 1980er-Jahren unter den afrikanischen Dürren litten. Schwere Wetterereignisse, wie Wirbelstürme, Fluten, Trockenheit, häufen sich. Auch das lässt sich auf die Erderwärmung zurückführen.

ARTENSTERBEN UND ENTWALDUNG

Vielen Tierarten droht das Aussterben. Die Weltnaturschutzunion IUCN betrachtet allein in Afrika 688 Fisch-, Vogel- und Säugetierarten als gefährdet. Bevölkerungswachstum, vergrößerte Anbauflächen und Klimaveränderungen nehmen ihnen den Lebensraum. Breit angelegte Rodungen der Regenwälder erhöhen zudem den CO_2-Gehalt in der Luft, weil die Pflanzen nicht mehr große Mengen dieses Gases aufnehmen können.

UMWELTBEWEGUNG

Womöglich ist die Erwärmung der Erde inzwischen unumkehrbar. Aber es gibt unzählige Aktivisten in Nichtregierungsorganisationen wie etwa Greenpeace, die für ein gesellschaftliches Umdenken eintreten, um die Entwicklung wenigstens zu bremsen. Sie haben bewirkt, dass Investitionen in die Nutzung erneuerbarer Energien, wie Sonnen-, Wind- und Gezeitenenergie, inzwischen steigen. Neue Branchen entstehen, die auf Biogase zurückgreifen oder Rohstoffe aus Altprodukten zur Wiederverwendung aufbereiten. Noch zögern viele Politiker, die Erkenntnisse der Klima- und Umweltexperten in politische Programme umzusetzen aus Furcht, die Zustimmung von Industrie, Lobbyisten und Beschäftigten der »alten« Industrien zu verlieren. Doch immer mehr Menschen sind davon überzeugt, dass die globale Erwärmung zu einer Umweltkatastrophe führen wird. Die Vereinten Nationen beschlossen erstmals 1997 im sogenannten Kyoto-Protokoll völkerrechtlich verbindliche Werte für die Reduktion von Treibhausgasen. Einen Durchbruch in der Klimapolitik brachte der UN-Klimagipfel in Paris, 2015, auf dem sich 195 Staaten einstimmig verpflichteten, den Anstieg der globalen Durchschnittstemperatur auf deutlich unter 2°C zu senken.

In vielen Regionen sind die Niederschlagsmengen gesunken, und ehemals fruchtbares Land wird allmählich zur Wüste.

BESCHLEUNIGTE BEWEGUNG UND KOMMUNIKATION

weltweit · **1958–heute**

Seit dem Ersten Weltkrieg wurden Verkehrs- und Nachrichtentechniken permanent verbessert. Eine Reise, die über Land oder zur See einst Wochen dauerte, kann heute mit dem Flugzeug in Stunden bewältigt werden. Und sekundenschnell sausen ungeheure Datenmengen per Mouseklick um den Globus.

LAND- UND FLUGREISEN

Der Reise- und Transportboom des 20. Jh. wurde vor allem möglich durch Fortschritte im Motoren- und Flugzeugbau mit immer stärkeren Kraftwagen sowie stetig schnelleren Langstreckenmaschinen. Statistiker schätzen, dass 2030 auf weltweit ausgebauten Straßennetzen 1,2 Mrd. Fahrzeuge fahren werden. Rasanter entwickelte sich nach dem Zweiten Weltkrieg der private Flugverkehr, mit dem 2008 bereits 4,5 Mrd. Passagiere unterwegs waren. In der Antike erforderte eine Fahrt von Rom nach London Wochen und viel Geld. Im 21. Jh. dauert eine solche Reise mit dem Flugzeug weniger als drei Stunden und kostet nicht mehr als ein durchschnittlicher Tagesverdienst in diesen Ländern.

Das iPhone von Apple, seit 2007 auf dem Markt, ist handlicher Computer und Telefon zugleich.

SCHNELLERE KOMMUNIKATION

Zunächst konnten Nachrichten per Telefon, dann drahtlos per Funk übermittelt werden *(S. 292–293)*. Ab 1958 jedoch revolutionierte die Entwicklung der Mikrochips die gesamte Nachrichtentechnik. Sie fungierten als Rechner, erlaubten, weil die Zahl gleichzeitig ausführbarer Operationen explodierte, das Speichern, Verarbeiten, Versenden immer größerer Datenmengen in Computern und Handys. Das erste Mobilfunknetz ging 1978 in Chicago in Betrieb. 1969 war ein Vorläufer des Internets funktionsfähig, ab 1991 stand das World Wide Web der Öffentlichkeit zur Verfügung. Unternehmen und Privatpersonen nutzen heute ein globales Kommunikationsnetz von ungeahnter Reichweite und Leistungskraft – die technische Grundlage der wirtschaftlichen Globalisierung.

Mobiltelefone verbinden auch entlegene Dörfer mit der Welt, ohne dass aufwendige Infrastrukturen (Kabelnetze) geschaffen werden müssten.

11. SEPTEMBER 2001

🌐 weltweit 📅 September 2001

Am 11. September 2001 steuerten islamistische Terroristen Passagierflugzeuge in das New Yorker World Trade Center und ins Pentagon in Washington.

ANGRIFF AUF DIE USA
Um 8.46 Uhr raste der gekaperte American-Airlines-Flug 11 in den Nordturm des World Trade Center, 16 Minuten später gefolgt vom American-Airlines-Flug 175. Über 2500 Menschen fanden den Tod. Um 9.37 Uhr stürzte American-Airlines-Flug 77 ins US-Verteidigungsministerium und tötete 184 Menschen. Weitere 40 Personen starben, als schließlich um 10.03 Uhr United-Airlines-Flug 93, wahrscheinlich unterwegs zum Kapitol oder zum Weißen Haus, bei Shanksville (Pennsylvania) abstürzte. Nie zuvor hatten die USA einen Terrorangriff solcher Wucht erlebt. Mit einfachen Methoden (Taschenmesser und Bombendrohungen) hatten die Angreifer die Maschinen in ihre Gewalt gebracht, die Gesamtoperation aber war nur möglich mit monatelang ausgefeilter Logistik und modernster westlicher Technik. Zu einem Unternehmen dieser Art war nur das radikalislamische Terrornetzwerk al-Qaida fähig, das Osama bin Laden von Afghanistan aus führte. Darum gilt er als Urheber des Anschlags.

> **OSAMA BIN LADEN (1957–2011)**
> Der Sohn eines saudi-arabischen Unternehmers unterstützte die islamistischen Mudschaheddin im Afghanistankrieg *(S. 390)* und gründete um 1988 das Terrornetzwerk al-Quaida. 2011 wurde er von einem US-Kommando getötet.

»HEUTE WURDEN DIE BÜRGER UNSERES LANDES, UNSERE ART ZU LEBEN, JA UNSERE FREIHEIT ZIEL EINES ANGRIFFS.«
US-Präsident George W. Bush, 11. September 2001

Explosionen im New Yorker World Trade Center, dem Ziel der Terrorattacke von al-Qaida am 11. September 2001

DIE MODERNE WELT 1914 BIS HEUTE

BRENNPUNKT NAHER/MITTLERER OSTEN

Afghanistan, Irak, Syrien · ab Oktober 2001

Nach dem Abzug der sowjetischen Besatzungstruppen (S. 390) brach 1989 in Afghanistan ein Bürgerkrieg aus, in dem sich ab 1995 der Sieg der radikalislamistischen Taliban abzeichnete. Widerstand leistete die aus verschiedenen Stammesführern bestehende Nordallianz, die zur Jahrtausendwende allerdings nur noch etwa 10 Prozent des Landes kontrollierte. Das Gewaltregime der Taliban, bot sich als Operationsbasis und Zuflucht für die von Osama bin Laden geführte Terrororganisation al-Quaida an, die für die Anschläge vom 11. September 2001 in New York und Washington (S. 411) verantwortlich war. Die westliche Welt stand unter Schock, US-Präsident George W. Bush rief den »Krieg gegen den Terror« aus.

Taliban-Milizen bei Kabul im Februar 1995 nach ihrem raschen Vorstoß von Kandahar nach Norden

AFGHANISTANKRIEG

Als die Taliban den Forderungen, bin Laden an die USA auszuliefern, nicht nachkamen, begann am 7. Oktober 2001 mit amerikanischen und britischen Luftangriffen der Afghanistankrieg. Bereits am 13. November waren die Taliban aus der Hauptstadt Kabul vertrieben, kurz darauf aus Kandahar: Sie schienen besiegt. Eine neue Regierung unter Hamid Karzai, einem Vertreter der Nordallianz, trat an. NATO-Truppen (mit Einheiten der Bundeswehr) sollten den Friedens- und Wiederaufbauprozess absichern, gerieten aber selbst unter Beschuss durch die Taliban, die von Pakistan aus die Anschläge planten, mit denen sie auch die Zivilbevölkerung terrorisierten. Obwohl 2014 der erste demokratische Machtwechsel in der Geschichte des Landes erfolgte, bleibt die Lage extrem unsicher.

IRAKKRIEG UND BESETZUNG

Nachdem der Irak als einziges UN-Mitglied die Anschläge vom 11. September 2001 nicht verurteilt hatte, rückte dessen Präsident Saddam Hussein erneut in den Fokus der US-Politik (S. 391). George W. Bush beschuldigte ihn (fälschlich), Terroristen zu unterstützen und Massenvernichtungswaffen vorzuhalten. Ohne UN-Mandat griffen die USA zusammen mit Großbritannien und einer »Koalition der Willigen« (ohne Deutschland) völkerrechtswidrig den Irak an: Am 20. März 2003 fielen die ersten Bomben auf Bagdad, Bodentruppen marschierten ein, am 1. Mai erklärte Bush den Krieg für beendet. Saddam wurde gefangengesetzt, wegen Kriegsverbrechen und Massakern an Kurden und Schiiten vor ein Tribunal gestellt und 2006 hingerichtet.

Die US-Besetzung des Irak (bis 2011) sorgte dafür, dass 2005 zumindest erste demokratische Wahlen durchgeführt

NEUE AUFGABEN 413

werden konnten. Doch politische Stabilität wurde nicht erreicht, vielmehr schürten amerikanische Kriegsverbrechen wie der Folterskandal von Abu Ghraib den Hass auf den Westen. Milizen und Terrororganisationen bekämpften die Besatzer und die neue politische Führung, Bombenanschläge und Selbstmordattentate erschütterten das Land, Millionen Zivilisten waren auf der Flucht.

ARABISCHER FRÜHLING

Von der Revolution in Tunesien (2010/11) ausgehend, erhoben sich auch in anderen nordafrikanischen und arabischen Ländern die Menschen gegen korrupte und despotische Herrscher. Doch die Hoffnungen auf die Bildung moderner Zivilgesellschaften zerbrachen, nur Tunesien schaffte den Übergang zur Demokratie. Dagegen versank etwa Libyen nach Sturz und Tod von Staatschef Gaddafi (2011) in Gewalt, Armut und politischem Chaos. In Ägypten gewannen nach dem Rücktritt von Präsident Mubarak (2011) die islamischen Muslimbrüder die Wahlen, ein Putsch brachte dann jedoch eine autoritäre Militärregierung an die Macht, die von islamistischen Terroristen bekämpft wird.

SADDAM HUSSEIN 1937–2006

Seit 1957 war er Mitglied der Baath-Partei. An deren Putsch 1968 führend beteiligt, regierte er den Irak von 1979 bis zu seinem Sturz 2003 nach innen und außen mit harter Hand. Im Iran-Irak-Krieg erhielt er US-Unterstützung. 2006 wurde er hingerichtet.

Flucht vor dem Krieg: Der seit 2011 andauernde Bürgerkrieg in Syrien führte 2015/2016 zur größten Fluchtbewegung seit Ende des Zweiten Weltkriegs.

SYRIENKRIEG

Mit der blutigen Niederschlagung friedlicher Proteste gegen das Regime von Baschar al-Assad begann Anfang 2011 der Bürgerkrieg, der zunächst charakterisiert war durch den rücksichtlos geführten Kampf der Regierungsarmee gegen Rebellenmilizen. Aufbrechende religiöse, ethnische und regionale Konflikte führten bis 2015 zur Bildung einer Vielzahl von Kriegsparteien. Die Einmischung von außen – USA und Russland sowie der schiitische Iran und das sunnitische Saudi-Arabien als konkurrierende Regionalmächte – machte die Lage noch unübersichtlicher und gefährlicher. Zerstörte Städte, Dörfer und Kulturstätten, weit über 200 000 Tote und Millionen Flüchtlinge sind das Fazit im vierten Kriegsjahr.

KURDEN

Die Kurden, ein Volk von 30 Mio., leben in einem Gebiet, das zwischen Türkei, Iran, Irak und Syrien aufgeteilt ist. Ihr alter Traum von einem eigenen Nationalstaat erhielt neue Nahrung durch die Autonomie, die die Kurden im Nordirak 2005 erlangten. Deren Streitkräfte, die Peschmerga, erwiesen sich (unterstützt von deutschen Waffenlieferungen) 2015 als erfolgreiche Kämpfer gegen die Terrorherrschaft des Islamischen Staats (IS). Gleichzeitig beendete der türkische Staatspräsident Erdogan, scharfer Gegner eines Kurdenstaats, abrupt den Friedensprozess mit der kurdischen Untergrundorganisation PKK, ungeachtet der Gefahr eines Bürgerkriegs im Südosten der Türkei, der Heimat von 15 Mio. Kurden.

JENSEITS DES NATIONALSTAATS

Große Hoffnungen auf Frieden in der Welt waren nach dem Ersten Weltkrieg mit dem Völkerbund verbunden, später dann mit den Vereinten Nationen (UN), die sich nach dem Zweiten Weltkrieg gründeten. Aber Kriege, Not und Verfolgung ließen sich auch durch das Zusammenwirken der internationalen Staatengemeinschaft nicht aus der Welt schaffen, dennoch zeigen Problemlösungen jenseits des Nationalstaats Wirkung.

»FAILED STATES«

Durch Bürgerkriege, religiöse, ethnische und regionale Konflikte, Korruption und Misswirtschaft können Staaten unregierbar werden oder zerfallen. Ein Beispiel für einen »gescheiterten Staat« (»failed state«) ist Somalia, wo seit 1991 ein Bürgerkrieg tobt, Milizen, Warlords und Terrorgruppen die Zentralregierung praktisch entmachtet haben. Zur Bedrohung des internationalen Schiffsverkehrs wurde die Piraterie vor Somalias Küsten, die seit 2008 durch die Präsenz von europäischen Kriegsschiffen eingedämmt wird. Im Kosovo helfen Polizisten, Richter, Zollbeamte bei der Stabilisierung eines jungen, vom Scheitern bedrohten Staats. Seit 1948 setzen die Vereinten Nationen Streitkräfte bei Friedensmissionen ein: Soldaten aus UN Mitgliedsländern waren 2015 in 16 Krisenregionen von Afghanistan bis Zypern präsent.

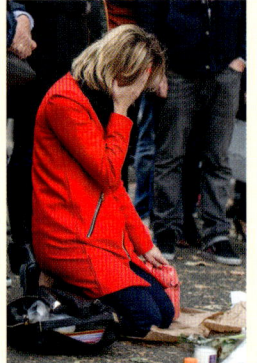

Islamistischer Terror in Europa: Trauer nach den Anschlägen in Paris am 13. November 2015.

ISLAMISTISCHER TERRORISMUS

Gescheiterte Staaten können schnell zu Brutstätten des islamistischen Terrorismus werden: Die Terrormiliz al-Shabaab beherrscht etwa die Hälfte Somalias (2015). Im Norden Nigerias versuchen die Dschihadisten von Boko Haram seit 2010 mit immer brutaleren Methoden einen Gottesstaat zu errichten. Im Zusammenhang mit dem Irakkrieg (S. 413) formierte sich die Terrormiliz

Bill Gates *(links)* und Warren Buffett haben über 52 Mrd. US-Dollar für Gesundheits- und Erziehungsprojekte gestiftet. Neben NGOs werden private Stiftungen immer wichtiger.

Islamischer Staat (IS), die in Irak und Syrien ein eigenes Territorium erobert hat und 2014 ein »Kalifat« gründete. IS ist auch in Libyen, ebenfalls ein »gescheiterter Staat«, präsent sowie in über 30 anderen Ländern. Die Gefährdung auch westlicher Staaten zeigen die Anschläge vom 13. November 2015 in Paris, deren mutmaßlicher Drahtzieher, ein belgischer Islamist, dem IS nahesteht.

POSITIVE ENWICKLUNGEN

Schreckensmeldungen über Kriege, Krisen und Terror beherrschen auch im 21. Jh. die Nachrichten. Aber es gibt auch Gutes zu vermelden: So ist im Zeitraum von 1990 bis 2015 die Kindersterblichkeit weltweit um die Hälfte gesunken (von 12,7 Mio. auf 5,9 Mio.) und die Lebenserwartung deutlich gestiegen (von 65 auf 71 Jahre), 91 Prozent aller Menschen haben Zugang zu Trinkwasser (1990 77 Prozent) und die Zahl der Hungernden konnte von über 1 Mrd. auf 795 Mio. reduziert werden. Zu verdanken ist die positive Entwicklung auch den Bemühungen von Unterorganisationen der Vereinten Nationen wie etwa dem Kinderhilfswerk UNICEF oder dem UNO-Flüchtlingshilfswerk. Weltweit engagieren sich Nichtregierungsorganisationen (NGOs) in humanitärer Mission; neben traditionsreichen wie dem 1863 gegründeten Roten Kreuz sind private Hilfsorganisationen wie »Ärzte ohne Grenzen« oder kirchliche Hilfswerke wie »Brot für die Welt« zu nennen. Nicht zu unterschätzen ist das Engagement von privaten Stiftungen. Die mit Abstand größte ist die mit einem Stiftungskapital von 42,9 Mrd. US-Dollar ausgestattete »Bill & Melinda Gates Foundation«, die in 100 Ländern der Erde gegen Hunger und Krankheiten kämpft.

Somalische Kinder in einem Flüchtlingslager: 2013 waren weltweit geschätzte 51 Mio. Menschen auf der Flucht, 2015 schon 60 Mio.

Register

Fett gesetzte Seitenzahlen verweisen auf Haupteinträge; *kursive* Seitenzahlen auf Abbildungen und Bildunterschriften.

A

Aachen 191
Abbas I. 229, *229*
Abbasiden-Kalifat 169, **181**, 182
Abdul Hamid II. 297
Abdülmecid 297
Aborigines (Australien) 69
Abu Bakr 180
Abu Hureyra (Syrien) 72, 74
Abusir 93
Abydos 79
Accra *383*
Achämeniden **112**, 113, *113*, 114, 124–125
Ackerbau 68, **72–73**
Actium, Schlacht von 133
Adams, John 263
Adena-Völker 207
Adrianopel 141, 183
Affen, Werkzeuggebrauch der 62
Afghanistan 102, 168, 185, 222, 411
    Krieg **412**
    Sowjetische Invasion **390**
Afrika
    Entkolonisierung 382, 397
    Europas Kolonien **307**
    Frühe Entdecker **306**
    Homo sapiens **65**
    Landwirtschaft 73
    Nordafrika 181
    Postkoloniales **398–399**
    Reiche **306–309**
        Zweiter Weltkrieg *344*
    Südlich der Sahara **186–187**
Agila 189
Agilulf 188
Agra 222
    Taj Mahal 223, *224–225*
Ägypten 226, 382, 413
    Ackerbau 73
    Altes Reich **92**, 97
    Dritte Zwischenzeit 99
    Eroberung 115
    Erste Zwischenzeit 92, 96
    Feldzüge 88, 92
    Fremdherrschaft 99
    Geeintes Reich 79
    Götter 97, *97*
    Grabschätze *92*
    Griechenland 127
    Großstaat 78
    Kalifat 181
    Mittleres Reich 92, **96**
    Mohammed Ali **308**
    Neues Reich 88, 92, **98–99**
    prädynastisches **79**
    Ptolemäer in 126
    Pyramiden 92, **93**, *93*
    Religion **97**
    Rom 126
    Schrift 17, 90, *90*, *91*
    Spätzeit 99
    Städte 78, 79
    Texte 91
    Zweite Zwischenzeit 96
Ahmose I. 93, 98
Ahura Mazda 114
Aibak, Qutb-ud-Din 185
AIDS 405
Aischylos 123
Akbar **222–223**
Akkad 84, 85
Akkadisches Reich **85**
Akkon 199
Akropolis *118*
Alamo, Schlacht von *264*
Alam-Standarte *180*
Alarich 143, *143*
Alaska 66, 264
Alaud-Din Khalji, Sultan 185
Albanien 183
Alboin 188
Aldrin, Buzz *374*
Alemannen 139, *143*
Aleppo 87, *168–169*
Alexander der Große 112, 113, 116, 119, *124–125*
    Eroberungszüge **124–125**
    Nachfolger **126**
Alexander I., Zar 278, 286
Alexander II., Zar 287
Alexander III. von Makedonien 126
Alexander III., Zar 287
Alexandria 127, 202
Alexios I. (Byzanz) 198, 203
Alfred der Große 189, *189*
Algerien 307, 344, 383
Ali Pascha, Muhammad 308
Allenby, General 319, *319*
Allende, Salvador 376
Alp Arslan 182
Alphabete 91, 177
al-Qaida 411, *411*, 412, 415
Altamira (Felsmalerei) 59, 69
Amalaswintha 188
Amazonasbecken 68
Amenemhet I. 96
Amenophis IV. (Echnaton) 97, 99
Amerika (Kontinent)
    Europäer in **260**
    Frühgeschichte **106–107**
    Frühmoderne **232–237**
    Klassische Zeit **154–157**
    Mittelalter **204–209**
    Nachkriegszeit **370–379**
    Spanier in **232–234**
    Ureinwohner **66**, 264
Amerika, Vereinigte Staaten von *siehe* USA
Amiens, Frieden von 278
Amritsar, Massaker von 380
Amundsen, Roald 305
Anatolien 75, 87, 89, 182, 183, 198
Anawrahta, König 178
ANC *siehe* Südafrika
Ancien régime 272
Angeln, Volk der 189
Angelsachsen **189**
Angkor **178**
    Tempelstadt 148, *178*
Anglo-Maratha-Kriege 295
Anglo-Mysore-Kriege 295
Angola 307, 398
Antarktis, Entdeckung der **305**
Antibiotika 405
Antigoniden 126
Antigonos I. von Makedonien 126
Antiochia 198
Antiochos I. 127
Antoninus Pius, Kaiser 136, 137
Antwerpen 247, 350
Anyang 105
Anzio 345
Apartheid **400–401**, 402
Aq Qoyunlu 228
Arabische Revolte 319
Arabischer Frühling 413
Arabisch-Israelischer Konflikt **386–387**
Arafat, Jassir 387, *387*
Arakan 178, 296
Arbeiterbewegung **290**, *290*
Archimedes 127
Architektur
    Neoklassik *22–23*
    Renaissance 239
Argentinien 376, 378
    Falklandkrieg **378**
Arianismus 143
Aristophanes 123
Aristoteles 21, 123, 238
Arkebusen 174, 175
Armada, Spanische 247
Armenien 114, 182
Arnheim 350
Arras, Union von 247
Artaxerxes III. 113
Artensterben 69, **409**
Ashanti, Volk der *307*
Ashoka 146, **147**, *147*, 149
Asien
    Antike Ostasien **104–105**
    Antike Südostasien **102–103**
    Entkolonialisierung 382
    Frühmoderne **218–231**
    Mittelalter Ostasien **162–179**
    Mittelalter Südostasien **162–179**
    Nachkriegszeit **380–396**
    Reiche **294–301**
Assurnasirpal II. 89
Assyrien 87, 88, 89
Assyrisches Reich **89**
Atahualpa 233
Atatürk, Kemal Mustafa 297, 319
Athalerich 188
Athen
    Akropolis 118, *118*, 123
    Antike 116, 117
    Demokratie in **118–119**
    Krieg mit Sparta 18, 122, 124
    Parthenon **120–121**, 123
Äthiopien 60, 65, 306, 307, 398
Atomwaffen 357, 361, *361*, 378, 413
    Atombombe 355, **356–357**, *356*, 360
    Wettrüsten 356, 357
Aton 97, 99
Attila 145, *145*
Auckland, Neuseeland 304
Aufklärung **254–255**
Augustus (Octavian), Kaiser **133–135**, *133*

REGISTER

Aurangzeb 223
Aurelian, Kaiser 139
Auschwitz, Vernichtungslager *352, 353, 353*
Austerlitz, Schlacht von 278
Australien 302
    Entdeckung **303**
    Föderation **304**
    Kunst der Aborigines 69
    Sträflingskolonie 303
    Vorgeschichte 66, 67
Australopithecinen **60**, 61, 62
Authari, König 188
Avaren 191
Avebury, Wiltshire 76
Azincourt, Schlacht von 201, *201*
Azteken 17, 154, 175, 204, **206**, 232, 233
    Ballspiel *155*, 156, 207
Aztlán 206

B

Babi Jar, Massaker von 353
Babur 222
Babylon 84, 85, 86, 88, 89, 112
Babylonisches Reich (Frühzeit) **86**
Baekje 176, 177
Bagan (Birma) **178**
Bagdad 169, 181, 182, 227, 229, 413, *413*
Bahadur Schah II. 296
Baktrien 125
Balfour-Erklärung 384
Bali, Tempel 148
Balkankriege 314
Bangladesch 381, 390
Banpo (China) 104
Barcodes *406*
Bartholomäus-Nacht (Massaker) 245
Basileios II. 203
Basken 363
Basra 413
Bass, George 303
Bastille, Sturm auf die 272, *274–275*
Batista, Fulgencio 375
Bayeux, Teppich von *195*
Belgien 247, *278*, 288, 399
    Erster Weltkrieg 315, 316
    Zweiter Weltkrieg 339
Belgisch-Kongo 398
Belgrad 183, 226, 227
Bell, Alexander Graham 292, *293*
Bellingshausen, Fabian von 305
Belutschistan 146
Ben Gurion, David 385, *385*
Benedikt von Nursia 196
Benediktinerorden 196, *196*
Bengalen 184, 222, 237, 271, 294–295, 296
Benin **187**
Benz, Karl 292, *292*
Beophung, König 176
Beringstraße 66
Berlin 270, 351, *351*
    Luftbrücke 360, *360*
    Mauer 365, *366–367*
Bessemer, Henry 288
Bestattungen
    Ägypten 93, 97

China 105, *105*
    Grabbeigaben 69, *75*, 85, *99*, 104, *144*, *152*, 157
    Rituale 63, 67
Bethlehem 385
Bewässerung 78, 79, 92, 102, 207, 331
Bibel 238, *242*, 243, 244, *244*
    Altes Testament 17, 86, *241*
Bildung, hellenistische 127
Bindusara 146
Biotechnologie **404**
Birma
    Britisch-Birmanische Kriege **296**
    Mittelalter **178**
    Zweiter Weltkrieg 347, *354*, 354
Birmingham, Bombenanschlag in 362
Bismarck, Otto von 282, 284, *284*, 307
Black-Power-Bewegung *373*
Blanco, Luis Carrero 363
Blaxland, Gregory 303
Blitzkrieg **339**, 342
Boethius 188
Böhmen 248, 338
Bolivar, Simón 268, *268*
Bolivien (frühe Kulturen) 208
Bolschewiki 318, 326, 327, 328, 329
Bonampak (Mauerbilder) *205*
Boris II. 203
Borneo 67, 347
Borobudur *148–149*, 179
Bosnien 183, 314, 368
Bosnien-Herzegowina 368
Boston Tea Party 262, *262*
Botany Bay 302, 303
Botticelli, Sandro *239*
Boxeraufstand (*Yihetuan*) 299
Braddock, Edward 261
Brahma 148
Brasilien 216, *231*, 232, 269
Breckenridge, John 265
Breschnew, Leonid 363
Brétigny, Frieden von 201
Brettspiel, sumerisches 85
Bronzen
    China 104, 105, *105, 150*
    Ife 187, *187*
    Industal 102
    Japan 170
Bronzezeit 75, **88**
Brown, John 265
Brunelleschi, Filippo 238, *239*
Brutus, Marcus 132, 133
Buchara 168, 182
Buchdruck 21, **244**
Buddha, Figuren des 127, *148*, *163*, 170, *179*
Buddhismus 145, 146, 147, **148–149**, 179
    Japan 170
    Korea 176
    Stupas *148–149*
    Tempel *145*
Buffett, Warren *415*
Bulgaren 203
Bulgarien 75, *75*, 281, 369
Bulguksa, Tempel 176
Bumerang 67
Bunker Hill, Schlacht von 262

Buren 307, 309
    »Großer Treck« 309
    Kriege **309**, *309*
Burgen (Mittelalter) 193
Bürgerrechtsbewegung (USA) **372–373**
Bursa 183
Burton, Richard 306
Bush, George 391
Bush, George W. 411, 412, 413
Byblos 88
Byzantinisches Reich 115, 183, 199, **202–203**, 226
Byzanz 119, 194, 203

C

Cabot, John 231
Cabral, Alvares 231
Caen (Zweiter Weltkrieg) 348–349, *349*
Caesar, Julius 18, 132, *132*, 133, 142
Cahokia 207
Cahuachi 157
Caillié, René-August 306
Caligula, Kaiser 135
Calvin, Johannes 243
Calvinismus 243, 249
Cambrai 320
Cannae, Schlacht bei 131
Canossa 197
Cão, Diogo 230
Capet, Hugo 191
Caracalla, Kaiser 138
Carbonari 283
Carnac (Megalithen) 76
Carrhae, Schlacht bei 114, 115, 138
Carter, Howard 16, 17
Carter, Jimmy *388*
Cartier, Jacques 231
Cascajal 107
Cashel, Rock of *193*
Castillon, Schlacht von 174, 201
Castro, Fidel *360*, 361, 375, *375*, 378
Çatal Höyük (Türkei) 69, 74, 78
Ceaușescu, Nicolae 365
Chaldiran, Schlacht von 226, 228
Chalukya, Königreich 184
Cham 178, 179
Champa 179
Champollion, François *91*
Chan Chan 208, 209
Chandernagore 294
Chandragupta I. 147
Chandragupta II. 147
Chandragupta Maurya 146
Chang'an 163
Chapin, Mesa von *207*
Charkow 351
Chauvet, Frankreich 69
Chávez, Hugo 378, *378*
Chavin de Huántar 106, *106*
Chavin-Kultur **106**, *106*, 154, 157
Chichén Itzá 205
Chichimeken 204
Chile 268, 269, 376, 379
    Erste Besiedlung 66
Chimú 208
China 10, 61, *75*, 150–153, 178
    Ackerbau 72, 73

REGISTER

Antike **104–105**
Atombombe 357
Außenhandel 219
Dorfkulturen 104
Drei Reiche 162
Eroberungen 163
Frühe Neuzeit **218–219**
Geschichtsschreibung 18–19
Götter *162*
Große Mauer *152–153*
Han-Dynastie 110, **152–153**, 162
Jin-Dynastie 165, 168, 219
Kaiser, der erste **151**, *153*
Kommunismus 380, **392–393**
Korea 176, 177, 301, 394
Kulturrevolution *392*, 393
Ming-Dynastie **165**, *165*, 174, 177, **218**, 219, *219*, 298
Mittelalter **162–169**
Mongolen in **165**, 169
Qing-Dynastie **219**, **298–299**
Schrift 90
Schusswaffen 174, *174*, 175
Shang-Dynastie 104, **105**
Song-Dynastie **164**
Streitende Reiche **150**
Tang-Dynastie **163**
Uneinigkeit **162**
Volksbefreiungsarmee *393*
Wirtschaft, heute 396
Chinesisch-Japanischer Krieg 299
Chlodwig, König 143, 190
Chola-Reich 184
Choson-Dynastie 177
Chosrau II. 115
Christchurch (Neuseeland) 304
Christentum 10, 140, 148, 149, *149*
China 299
Europa 20, 143, 188, 189, **196–197**
Kreuzzüge **198–199**
Mönchswesen **196**
orthodoxes 194, 250
Päpste **197**
Staatsreligion 20, 140, 149
Chroniken, kirchliche 20
Chruschtschow, Nikita 360, *361*, *363*
Chufu (Cheops), Pharao 93, *93*
Churchill, Winston 319, 339, 340, *340*
Cicero 238
Cixi, Kaiserin 299, *299*
Claudius, Kaiser 134–135
Clemenceau, Georges 324, *325*
Clive, Robert 271, 294, *294*, 295
Clovis-Kultur 66–67
Cluny, Reformabtei 196
Codex Cospi 206
Colbert, Jean-Baptiste 252
Commodus, Kaiser 137, 138
Compiègne, Waffenstillstand von 321
Computer 410
Cook, James 302, *302*, 305
Coricancha 209
Cortés, Hernán 233, *233*
Cranach, Lukas *242*
Crécy, Schlacht von 174, 201
Cro-Magnon-Kultur 59, 67, 69
Cromwell, Oliver *249*, 249

Custer, George, General 264
Cuzco 160, 209, 233

D

da Gama, Vasco 230, *230–231*
Dagobert I. 190
Dai Viet **179**
Dakien 136, 139
Dalhousie, Lord 295
Dallas 371
Damaskus (Moschee) *181*
Dänemark
England 189
Zweiter Weltkrieg 339
Danzig (Gdansk) *338*, 364
Dapenkeng-Kultur 104
Dardanellen 319
Dareios I. 112, 113, 117
Dareios III. 112, 125
Darwin, Charles 16, 293
Davison, Nathaniel 93
Dayala, Schlacht bei 147
D-Day, *siehe* Landung in der Normandie
DDR *siehe* Deutschland
de Clerk, F.W. 401
de Gaulle, Charles 383
Delacroix, Eugène *281*
Delhi 222, 223, 229, 296
Sultanat von 184, **185**, 222
Delphi 123
Demokratie
Athen **118–119**
China 393
Lateinamerika **378**
Parteiendemokratie, konstitutionelle 285
Spanien 336
USA 258
Deng Xiaoping 393
Denikin, General 328
Derg 398
Descartes, René 255, *255*
Desiderius, König 188
Deutsch-Französischer Krieg 282, 283, **284**
Deutschland
Berliner Mauer 365, *366*, *367*
Bundesrepublik, Gründung der 360
Deutsche Demokratische Republik (DDR) 360
Arbeiteraufstand 359
Zusammenbruch 364–365, *366–367*
Erster Weltkrieg **315–318**, *315*, *316–317*, 320, *321*, 321, 324–325, 326
Faschismus **333**
Hyperinflation 330, *330*
Juden **352–353**
Reichseinigung (1871) 282
Wiedervereinigung 365
Zweiter Weltkrieg 338, **342–343**, 348–349, **350–351**
Dias, Bartolomeu 230
Díaz, Porfirio General 269
Diderot, Denis 255
Dien Bien Phu, Schlacht von 394

Diokletian, Kaiser 139, 140, 149
Dionysos, Gott 123
Djenné (Große Moschee) *186*
Djoser, Pharao 93
Doherty, John 290
Dolni Veštonice (Tschechien) 68
Dominikaner 196
Domitian, Kaiser 136, 137, 149
Doryläum 198
Drake, Francis 247
Dreißigjähriger Krieg 217, 247, 248, 251, **252**
Karte *217*
»Dreizehn Faktoreien« (China) 298
Druiden 142
Dschihad (»Heiliger Krieg«) 390
Dschingis Khan *168*, 168, **169**, *169*, 228
Dubček, Alexander *359*
Dublin 362
Dubois, Eugène 16
Dunedin (Neuseeland) 304
Dünkirchen (Evakuierung) 339, *339*

E

East India Company
siehe Ostindien-Kompanien
Ebensee, KZ *352*
Ebola 405
Ebro-Schlacht 336
Ecuador 268
Edessa 199
Edirne 183
Edo 220, 300
Eduard III. 201
Edward der Ältere 189
Effingham, Lord Howard von 247
Eiffelturm *289*
Einstein, Albert 356
Eisenbahnbau 264, 286, 288, 289, 295, 299
Eisenhower, Dwight D. 355, 395
Eiszeit **64**, 66, 72
El Alamein, Schlacht von 344, *344*, 348
El Salvador 206
Elagabal, Kaiser 139
Elba 279
Elektrizität 292
11. September 2001 **411**, *411*, 412, 415
Elisabeth I. von England 247, *247*
Elisabeth, Zarin von Russland 270
Elsass-Lothringen 284, 325
Emanuel I. von Portugal *230–231*
Emmer 72, *72*
Energie, erneuerbare 409
England
Angelsachsen 189, 194
Atomwaffen 357
British Raj 295
Bürgerkrieg **249**
Erster Weltkrieg 315, *315*, 317, 318, 319, 320
Falklandkrieg 378
Frauenwahlrecht 337
Handelsimperium 237
Heptarchie 189
Industrialisierung 285, 288, 289, 290

REGISTER

Irland 362
Italienische Kriege 245
Krieg mit Frankreich 261, 278, 279, *279*
Luftschlacht **340**, *340*, 341, *341*
Nordamerika 232, 234, 235, 260, 261, 262–263, 271
Normannen 195
Palästina 384–385
Römer 135, 141, 142
Rückzug aus Indien 380–381
Siebenjähriger Krieg 271
Sklavenhandel 253
Unabhängigkeit der Kolonien 262–263, 382–383
Viktorianisches **285**, *289*
Zweiter Weltkrieg 338, 339, *339*, 340–341, 342, 344, 347, 348–349
Enki (Gottheit) 79
Entdeckungsreisen 216, **230–231**, 236
Entwaldung **409**
Enver Pascha 297, *297*
Ephesus 119, *136*
Erasmus von Rotterdam 238, *238*, 244
Erderwärmung **408–409**, 415
Erdöl, Konflikte um 388
Eridu 79
Erlitou-Kultur 104
Escorial (Madrid) *246*
ETA **363**, 414–415
Etrusker 128, 129
Euklid 127
Euphrat 78, 82, 84, 98
Euripides 123
Europa
  Amerika **235**, **260**
  Antike **100–101**
  Erste Besiedelung 67
  Erster Weltkrieg **314–318**, **320–325**, 326
  Feudalismus 188, **192–193**
  Handelsimperien **236–237**, 236
  Konzert der Mächte 280, 281
  Mittelalter **188–201**
  Nachkriegszeit (Zweiter Weltkrieg) *313*, **358–358**, 360
  Renaissance 21
  Revolutionen 1848 281
  Wege in die Neuzeit **238–255**
  Weltwirtschaftskrise 331
  Zeit der Imperien **270–293**
  Zweiter Weltkrieg 312, **338–343**, **345**, **348–353**
  Karte *313*
Europäische Union (EU) 369, 414, 415
Europäische Wirtschaftsgemeinschaft (EWG) **359**
Evans, Sir Arthur 16, 101
Evolutionstheorie 293
Ewuare, Herrscher von Benin 187

F

Fabrikarbeitsgesetze 285
Fabriken 250, 288, *288*, 327, 363, 379, *406*
Falaise, Kessel von 349
Falklandinseln, Schlacht um 318

Falklandkrieg **378**
»Fall Blau« 343
Faraday, Michael 292
Faraway Bay (Australien), Höhlenkunst aus 68
Faschismus
  Deutschland **332–333**
  Großbritannien 331
  Italien **332–333**
  Spanien 336
Fatehpur Sikri *223*
Fatimiden-Kalifat 181
Felsenkunst 69, *69*, *115*
Ferdinand II., Kaiser, König von Böhmen 248
Ferdinand von Aragon, König 246
Fernsehen 24, *25*
Feudalismus 24, 188, **192–193**
Feuer, Bezähmung des 61
Feuerstein 61, *62*, 68
Feuerwaffen
  Colt Revolver 286
  Gewehre 343, 390
  Handfeuerwaffen **174**, 245
  Maschinenwaffen 175, 317
Film 23, 293
Finnland 286, 327, 369
Fischjagd 68
Flavier-Dynastie 136
Fleming, Alexander 405
Flinders, Matthew 303
Floß 66
Flüchtlinge 369, *414–415*
Fort St. George *236–237*
Fotografie 23, 267, 286
Franco, Francisco 336, *336*, 363
Franken 139, 141, 143, 189, 190, 191, 197
Frankreich
  Absolutismus **252**
  Asien 299, 300
  Code Napoléon 276, 277
  Deutsch-Französischer Krieg 282, 283, **284**
  Dreißigjähriger Krieg 248
  Entkolonialisierung 382, 383
  Erster Weltkrieg 315, *315*, 316, 317, 320, 321, 324, 325
  Frauenwahlrecht in **337**
  Handelsimperium 236–237
  Höhlenmalerei 69
  Hundertjähriger Krieg *175*, **201**
  Industrialisierung 289
  Indochina-Krieg 394
  Italienische Kriege 245
  Karolinger **190–191**, 195, 197
  Kolonialmacht in Afrika 297, 307, 382, 383
  Kolonialmacht in Amerika 234, 235, 260, 261, 264, 271, 272
  Merowinger **190**
  Napoleon I. 264, **276–279**
  Napoleon III. 282, 283, **284**
  Napoleonische Kriege 277, **278–279**
  Religionskriege **245**
  Revolution 23, 259, **272–273**, 278
  Siebenjähriger Krieg **270–271**
  Zweite Republik 281

Zweiter Weltkrieg 338, **339**, 352
befreites Frankreich 348, 349, 350, *350*
Franz Ferdinand, Erzherzog (Attentat) 314, *314*, 315
Franz von Assisi 196
Franziskanerorden 196
Französische Revolution 23, 259, **272–273**, 278
  Schreckensherrschaft 273
Frauenwahlrecht **337**
Friedrich der Große Barbarossa 199
Friedrich II. von Preußen 46, 270, *270*
Friedrich V. von Böhmen 248
Fruchtbarer Halbmond (Naher Osten) 72
Fruchtbarkeitskulte 69, *69*, 74, 103, *213*
Frühe Hochkulturen **80–107**
  Chronik **29–33**
  Karte *82–83*
Fujiwara, Familie der 171
Fünfjahresplan (UdSSR) 329
Fußabdrücke (Vorgeschichte) 60, 66

G

Gades (Cadiz) 88
Gadsden Purchase 264
Gagarin, Juri 374, *374*
Gage, Thomas, General 262
Gaixia 152
Galapagosinseln 293
Galeeren *88*
Galen 21, 254
Galilei, Galileo 254
Galizien 318
Gallien 18, 131, 190
  Franken 143, 190
  Hunnen 145
  Römer 132, 139, 141, 142
  Westgoten 189
Gallier 131
Gallipoli (Halbinsel) 183
  Schlacht von **319**
Galtieri, Leopoldo 378
Gandhara 127
Gandhi, Mahatma 372, 380, 381, *381*
Gangaikonda Cholapuram 184
Gangestal 73
Gao 186
Gaozu, Kaiser 152, 163
Garibaldi, Giuseppe 283, *283*
Gates, Bill *415*
Gazastreifen 387
Gegenreformation 21, **243**
Gelbe Turbane (Sekte) 153
Gelber Fluss 153
  Siedlungen 104, *104*
Gempei-Kriege 171, 172
General Belgrano (Kreuzer) 378
Generalstände (Frankreich) 272
Gentechnisch veränderte Pflanzen 404, *404*
Georgia 235, 265
Germanen 133, 136, 137, 139, 141, *141*, 142, 143, 188, 189, 192, 197, 202

REGISTER

Geschichte
  Perspektiven 15
  Quellen 14–15, 19
  Studium **14–15**
Geschütze, mittelalterliche 175
Gesellschaften
  frühe 16, 68, **72–79**, 74
  Japan (Shogune) 221, *221*
  komplexe 59, 61, 69, 84
  römische 129
  Stammesgesellschaften 212
Geta, Kaiser 138
Getreide, früheste Arten von 72, 73
Gettysburg, Schlacht von 267
Gewerkschaften 288, **290**, 333, 371
Ghaggar-Hakra (Fluss) 102
Ghana 186, 382, *383*
Ghettos, jüdische 352
Ghilzai, Mahmud 229
Gibbon, Edward 141
Giftgas (Erster Weltkrieg) 317, 320, *322–323*
Gilbertinseln 354
Gilgamesch-Epos 17, *17*
Girondisten 273
Gizeh 93
Globalisierung **406–407**
Glyphen 156
Go-Daigo, Kaiser 172, 173
Golanhöhen 386, *386*
Gold 75, 399
  Grabbeigaben 75, 144, *144*, 157
  Handel 186, 187, 208
  Inka 209, *209*
  Schmuck 102, 113, 157
  Totenmaske *101*
Golfkriege **391**
Gorbatschow, Michail 363, *363*, 364, 365, 390
Gordian, Kaiser 115
Gordon, Charles George 308, *308*
Gorham-Höhle (Gibraltar) *63*
Göring, Hermann 340
Goryeo-Dynastie 176, 177
Go-Sanjō, Kaiser 171
Goten 139, *139*, 141, *143*, 143, 197
  Ostgoten 143, **188**, *188*
  Westgoten 141, 143, **189**, *189*, 190
Gottfried von Villehardouin 20
Grabbeigaben siehe Bestattungen
Grabenkrieg 316–317
Grabhügel 76, 144, *144*, 170, *170*, 207
  Figuren *170*
Grabmale
  Ägypten 16, *17*, *94–95*, *96*, 99
  Grabbeigaben 69, 75, 85, *99*, 104, *144*, *152*, 157
  hellenistische *127*
  Japan *170*
  Malerei *96*, 170
  megalithische 76, *77*
  Persien *112*
  Taj Mahal *226–227*
Grammofon 293
Gran Columbia 268
Grant, Ulysses S. 267
Graziani, General 344
Gregor VII., Papst 197, *197*

Gregor von Tours 20
Griechenland
  Achämeniden 112
  Ägypten 99, 126
  Alexander der Große 119, **124–125**, *124–125*
  Befreiungskrieg 280, 281
  Bürgerkrieg 358
  Demokratie, attische **118**
  Dunkles Zeitalter 101, 191
  Einfluss, kultureller 119, 127, 145, 238
  Frühzeit **116–127**
  Handel 119
  Hellenismus **127**
  Historiker 18, 25, 93, 122, 127, 125, 144
  Klassik 110, **123**, *123*
  Kolonien 82, 116, **119**, *119*, 123
  Kunst 123
  Makedonier 124, 125, 126
  Mykene 88, 100, **101**, *101*
  Peloponnesischer Krieg 18, **122**
  Perserkriege **117**
  Philosophie, antike 123, *123*
  Religion 123
  Römer 110, 118, 126, *126*, 127, *136*
  Schrift 91, *91*
  Schriftsteller (Dichter) 123, 127
  Sprache 21, 127
  Stadtstaaten 116, 117, 119, 122, 123, 124, 127
  Tempel 123
Grönland 194
Großbritannien siehe England
Großer Nordischer Krieg **251**
»Großer Terror« (Moskauer Prozesse) 329
Groß-Simbabwe 186, 187, *187*
Guadalcanal 354
Guadeloupe 271
Guangdong 151, 153
Guangzhou 298
Guangxi 153
Guatemala 154, 156, 206
Guernica 336
Guevara, Ernesto Che 375
Guillaume de Nangis 20
Guiscard, Robert 195
Gulag 329
Gundestrup, Kessel von *142*
Gung Ye 176
Gupta, Reich der 145, 146, **147**, 184
Gustav I. Wasa 251
Gustav II. Adolf 248
Gutenberg, Johannes 244, *244*
Gwisho 68

H

Habsburger 227, *243*, 245, 247, 248, 251, 281, 287, 314
Hadrian, Kaiser 136–137
Hadrianswall *137*
Hahn, Otto 296
Haile Selassie, Kaiser 398
Halaf-Kultur 79
Hamas 387
Hamburg, Luftangriffe auf 341

Hammurabi 86, *86*
Handel
  Entwicklung 74
  Europäische Imperien **236–237**
  Globalisierung **406–407**
Han-Dynastie 19, 110, **152–153**, 162, 176
Haniwa 170
Hannibal **130–131**, *130–131*
Harappa 102, 103
Harris, Arthur 341
Harsha, Kaiser 184
Harun al-Rashid *191*
Harvey, William 254
Hasdrubal 131
Hastings, Schlacht von *195*
Hatra 115
Hatschepsut *94–95*, 98
Hatti 87
Hattin, Schlacht bei 199
Hattusa 87, *87*, 88
Haussmann, Baron 284
Hawaii 212
Hebron 387
Heinrich II. von Frankreich 245
Heinrich IV. von Frankreich 245, *245*, 252
Heinrich IV., Kaiser 197
Heinrich V. von England 201, *201*
Heinrich VI., Kaiser 195
Heinrich VIII. von England 243
Hellenismus **127**
Henges 76, *76*
Hephtaliten 147
Herakleopolis 96
Herat 146
Herder, Gottfried von 22
Herodot 18, 93, 144
Hertz, Heinrich 292
Hethiter 83, **87**, *87*, 88, 99
Heydrich, Reinhard 353
Hidalgo y Costilla, Miguel 269
Hideyoshi, Toyotomi **220**, *220*
Hierakonpolis (Ägypten) 79
Hieroglyphen 17, 90, *90*, *91*
Hindenburg, Paul von 333
Hinduismus **148**, *148*
Hindus (Konflikte mit Muslimen) 184, 380, 381
Hirohito, Kaiser 346
Hiroshima 355–357, *357*
Hispaniola 232
Historiker 10, 14, 15, **18–19**, 21, 22, 23, 24, 25, 93, 122, 127, 144
Hitler, Adolf 326, 333, *333*, *334–335*, **338**, 340, 342, 343, 349, 350, 351, 352
Hitler-Stalin-Pakt 338
HIV 405
Ho Chi Minh 382, 394
Höhlenmalerei 16, 59, 62, 66, 68, 69, *70–71*
Hohokam 207
Hōjō, Clan der 173
Holland siehe Niederlande
Holocaust **352–353**, 384
Holstein 282
Homelands 400–401
Homer 116
Homo erectus 16, **61**, *61*, 62

Homo habilis **61**, *61*, 62
Homo heidelbergensis 62
Homo neanderthalensis 63
Homo sapiens 60, 61, 63, **64–67**, *67*
  Afrika **65**
  Wanderungen *59*, **66–68**
Honecker, Erich 364
Hongkong 298, *382*, 396, *383*
Hongwu, Kaiser 165
Honorius, Kaiser 141
Hoover, Herbert 331
Hopewell-Völker 207
Hopliten *122*
Hōryū-ji 170, *170*
Hubschrauber 239, *395*
Hügelgräber 76
Hugenotten 243, 245
Huitzilopochtli 206
Humanismus 21, 123, **238**
Humayun 222
Hundertjähriger Krieg *175*, **201**
Hunnen 141, 144, **145**
Hussein, Saddam 391, 413, *413*
Hutu *398*, 399
Hyksos 96, 98
Hyperinflation 330, *330*

I

Iberische Halbinsel (Vorgeschichte) 63, 73
Ibn Khaldun 20–21
Ieyasu, Tokugawa **220**
Ife **187**, *187*
Ilias 116
Imperialismus **22–23**, *23*
Imperien, Zeit der **257–309**
  Chronik **46–50**
  Karte *258–259*
Impfung 405
Indien **146–149**
  Ackerbaukulturen 73
  Aufstand 295, 296, *296*
  Briten **294–296**, 380, 382
  Chola **184**
  Krieg mit Pakistan **390**
  Mittelalter **184–185**
  Moguln-Herrschaft **222–223**
  Schrift 90
  Siebenjähriger Krieg 271
  Sultanat Delhi 184, **185**
  Teilung **391**
  Völker 145, **146**
Indischer Nationalkongress (INC) 295, 380, 381
Indisch-Pakistanische Kriege **390**
Indochina 346, 382
Indochina-Krieg **394**
Indonesien 184
Indrapura 179
Indravarman II. 179
Indus (Fluss) 102
Indus-Kultur 16, 82, **102–103**
Indus-Schrift 102, *102*
Industrielle Revolution 285, **288–289**, 290, 291, 292
Inkas *109*, 175, 204, 208, **209**, 233
Insignien *237*
Internationaler Währungsfonds (IWF) 378, 406

Internet 410
Intifada
  Erste Intifada 387
  Zweite Intifada 387
Intolerable Acts 262
Ionien 116, 117
IRA 362, 415
Irak 72, 73, 319
  Erster Golfkrieg **391**
  Krieg **413**
  Zweiter Golfkrieg **391**
  siehe auch Mesopotamien
Iran 112, 114, 144, 168, 182, 185, 377, *389*, 412
  Erster Golfkrieg **391**, 413
  Handel 102
  Revolution **389**, 391
  siehe auch Persien
Irland
  Bürgerkrieg **362**, *362*
  Kelten 142
  Wikinger 194
Isabella, Königin von Kastilien 230, 232, 246
Isfahan *228*, 229
Islam 148, 149
  Afrika 186
  Entstehung **180**
  Hinduismus 380–381
  Historiker 20–21
  Kreuzfahrerstaaten 199
  Manuskripte *21*
  Schiiten 229, 413
  Sunniten 413
Islamischer Staat 414, 415
Island 194
Ismail I. 228–229
Ismail Pascha 308, *308*
Israel 353, 357
  Arabisch-Israelischer Konflikt **386–387**
  Arabisch-Israelischer Krieg 385
  Erste Besiedlung 65
  Gründung 353, **384–385**, 388
Issos, Schlacht bei 125, *126*
Istanbul (Dolmabahce-Palast) *297*
Italien
  Einigung **283**
  Faschismus **332–333**
  Königreich 277
  Zweiter Weltkrieg 344, **345**
Italienische Kriege 175, 245
Itzcóatl 206
Iwan IV., der Schreckliche, Zar 250
Iwo Jima 355, *355*
Iznik (Moschee) *183*

J

Jäger und Sammler **68**
Jahan, Schah 223, *228*
Jahangir 223
Jakobiner 273
Jalta 358
Jamani, Scheich Ahmed 388
Jameson Raid 309
Jangtsekiang (Fluss und Flusstal) 299
  erste Siedlungen 10, 72, 82, 104
Janszoon, William 302
Japan

Ashikaga-Periode 173
Asuka-Periode **170**
Buddhismus 149
Bürgerkrieg 173
Erste Besiedlung 67
Fujiwara-Periode **171**
Handel 300
Heian-Periode **171**
Industrialisierung 301
Korea 177, 394
Maske *221*
Meiji-Restauration **300–301**
Militärfahne *346*
Mittelalter **170–173**
Nachkrieg, Wiederaufbau **396**
Nara-Periode **170**
Shogunat **172–173**, **220–221**
Teezeremonie 221, *221*
Vereinigung **220**
Wege in die Neuzeit **220–221**
Wirtschaft 396
Zweiter Weltkrieg **346–347**, **354–355**
Jarmuk, Schlacht von 180
Java 67, 179
  Seeschlacht vor 347
Jayavarman II. 178
Jayavarman VII. 178
Jeanne d'Arc 201, *201*
Jefferson, Thomas 263
Jelzin, Boris 364, *364*, 365
Jericho 74, *78*
Jerusalem 180, 198, 199, 202, 226, 319, *385*
Jerusalem, Königreich 199
Jesus Christus 149
Jiang Qing 393
Jiankang 162
Jinnah, Mohammed Ali 381
Johannes V. Palaiologos 183
Johannes VI. Kantakouzenos 183
Johanniterorden 226
Johnson, Lyndon B. 371, 395
Jom-Kippur-Krieg 386, *386*, 388
Jomon 170
Juden *siehe* Judentum
Judenitsch, General 328
Judentum 148, 149
  Holocaust **352–353**
  Symbol *352*, *384*
  Zionismus **384–385**
Jugoslawien, Bürgerkrieg in *368*, 369
Julius I., Papst *241*
Jungsteinzeit (Neolithikum) 72, 104
Jurchen 164, 168, 219
Justinian, Kaiser 188, 202, *202*
Jüten 189

K

Kabul 222, 412
Kacheln, osmanische *183*, *227*
Kadaram 184
Kadesch 87, 98, 99
  Schlacht von 87
Kaifeng 164
Kairo 226, 319
Kalahari-Wüste 68
Kalender 76, 85, 223
  Azteken *206*

REGISTER 423

Maya 156
Zapoteken 155
Kalil, al-Ashraf 199
Kalinga 146, 147
Kalkutta 237, 271, 294, 381
Kalter Krieg 24, 313, 357, **360–361**, 398, 414
Kamakura 172, 173
Kambodscha 148, 162
   Mittelalter (Angkor) **178**
Kambuja 178
Kamose 98
Kanada 64, 235, 260, *261*, 271
   Auswanderung 66
   Grenze zu den USA 264
   NAFTA 379
Kandahar 412
Kanischka 145
Kanonen 174, 175, 183, 222, *222*, 226, 247, *284*
Kant, Immanuel 255
Kanus 66
Kapetinger, Dynastie der 191, 201
Kapitalismus **253**, 285, 288
Kapkolonie 309
Kappadokien 126
Karl der Große 188, 190–191, *191*, 197
Karl I. von England 246, 249
Karl II. von England 249
Karl V. von Frankreich 201
Karl V., Kaiser 242, 243, *243*, 246, 247
Karl VI. von Spanien 268
Karl VIII. von Frankreich 245
Karl XII. von Schweden 251, *251*
Karolinger **190–191**, 192, 194, 195
Karolingische Renaissance 191
Kartäuser 196
Karthagena 189
Karthago 88, **130–131**, 181, 202
Karzai, Hamid 412
Kaschmir 222, 381, 390
Kassiten 86, 88
Kaukasus 286, 343
   Ackerbau 73
Kaungai 178
Kaya 176
Keilschrift 16, *16*, 17, 84, 90, *90*, 91
Kelten 131, **142**, 196
Kenia 382
Kennedy, John F. **371**, *371*, 374
Keramik und Porzellan 14
   China 104, *104*, 152, 219, *298*
   erste Funde 73
   Kamáres 100
   Korea *177*
   Nordamerika 207
   Polynesien 212
   Südamerika 106, *155*, 157
Kerenski, Alexander 326, 327
Khmer, Reich der 178
Khomeini, Ayatollah 389, *389*
Kiew 168, 194, 351, 353, *369*
Kigali 399
Kilij Arslan, Sultan 198
Kim Il Sung 394
Kinderarbeit 285
King, Martin Luther 372, 373, *373*

Kisch 86
Kitchener, Lord 308
Klasies Cave (Südafrika) 65
Klassenkämpfe 24, 25, 291
Klassisches Altertum **108–157**
   Chronik **34–38**
   Karte *110–111*
Kleinasien 117, 124, 136, 216, 218
Kleisthenes 118
Kleopatra 133
Klonen 404
Knossos 16, 100, 101
Koguryo 176–177
Koltschak, Admiral 328
Kolumbien 268
Kolumbus, Christopher 230–231, *232*, *232*
Kommunikation, weltweite **410**
Kommunismus 329, 363
   China 380, **392–393**
   USA **371**
   Zusammenbruch **364–365**, 368, 369
Komyo, Kaiser 173
Konfuzianismus 152, 221
Konfuzius 392
Kongo (Fluss) 306
»Kongoakte« 307
Konstantin, Kaiser **140**, *140*, 149
Konstantinische Wende 140
Konstantinopel 140, 183, 194, 198, 199, 200, 202, 203, *203*, 250, 319
Konya (Ince Menare Medrese) *182*
Kopernikus, Nikolaus 254
   Weltmodell des *254*
Koprulu, Mehmet 227
Korea
   Bürgerkrieg 177
   China 153, 177
   Drei Reiche 176
   Japaner 177, 301
   Koreakrieg 392–393, **394**
   Mittelalter **176–177**
   Vase *177*
   Zweiter Weltkrieg 355
Korinth 116, *126*
Kornilow, Lawr, General 327, 328
Kornzölle 285
Korrallensee, Schlacht in der 354
Kosovo 414
Kreta 83, **100–101**
Kreuzzüge **198–199**, *199*, 226
Krim, Annexion 369
Krimkrieg 284, 286, 287
Kroatien 368-369
Krupp 289
Ktesiphon 115
Kuba 232, 271, 377, 378, 398
   Raketenkrise **361**
   Revolution in **375**, 377
Kublai Khan 165, 169
Kumara Gupta 147
Kunst
   Felsenkunst 69, *69*
   früheste Formen 65
   Griechenland 123, *123*
   Höhlenmalerei 62, 66, 68, **69**
   Japan 170, *171*
   Maya *205*
   Minoer 101, *101*

   Moguln 222
   Mumien *126*
   Perspektive *25*
   Renaissance 239
   Song-Dynastie *164*
   Vorgeschichte **69**
   Wüstenzeichnungen 157, *158*
Kupfer 75, *75*
Kurden 413
Kurgane 144
Kursker Bogen, Panzerschlacht am 351
Kuschana **145**, *145*, 146, 147
Kuwait 391, *391*
Kyaswa, König 178
Kyoto 170, 171, 173, 220, 301
Kyros II. 112, *112*
   Grab (Pasargadae) *112*

L

La Venta (Mexiko) 107, *107*
Labyrinth, minoisches 101
Laetoli, Fußabdrücke von 60
Lake Mungo (Australien) 67
Lamas 73, *73*
Landung in der Normandie **348–349**, *348–349*
»Langer Marsch« (China) 392
Langobarden 188, 191, 202
Lapita-Kultur 212
Lascaux, Höhlenmalerei von 62, 69, *70–71*
Lateinamerika
   Neue Demokratien **378**
   Unabhängigkeit 258, 259, **268–269**
   US-Politik **377**, 379
Lawrence, T. E. 319, *319*
Lazar, Fürst von Serbien 183
Le Thanh-Ton 179
Leakey, Richard und Louis 16
Lee, Robert E. 267
Legalismus 150, 151, 152
Leibeigenschaft, Abschaffung der 287, 288
Lenin, Wladimir Iljitsch 326, *326*, 327, **329**, 363, 365
Leningrad 342
Leo III., Kaiser 203
Leo IX., Papst 197
Leonardo da Vinci 239, *239*
Leonidas, König 117, *117*
Leowigild, König 189
Lepenski Vir (Serbien) 68
Lepidus 133
Leshan, Buddha-Statue von *163*
Lewis, Meriwether 264
Leyte, Schlacht im Golf von 354
Li Yuan 163
Liberia 307
Libyen 413
Lincoln, Abraham 265, *265*, *266*, 267
Lindisfarne 194
Linear-A-Schrift 100
Linear-B-Schrift 101
Lin-yi 179
Litauen (Allianz mit Polen) **251**, *251*
Liu Bang 152, 153, *153*
Livia (Frau des Augustus) 135, *135*
Livingstone, David 306, *306*

Livius 18
Lixus 88
Lloyds of London *253*
London, Luftangriffe auf 340
Longshan-Kultur 104
Louis Philippe, »Bürgerkönig« 281, *281*, 284
Louisiana (USA) 235, 264, 267
Loyola, Ignatius von 243, *243*
»Lucy«, Skelettfund 60
Ludendorff, Erich von 321
Ludwig der Fromme 191
Ludwig V. 191
Ludwig XIII. 252
Ludwig XIV. 252, *252*
Ludwig XVI. 272–273, *272*
Ludwig XVIII. 277
Luftfahrt 292–293, 410
Luftkrieg (Zweiter Weltkrieg) 340, **341**
Lugalzagesi, König 84, 85
Lumumba, Patrice 398
Luoyang 153, 162
Luther, Martin **242–243**, *242*

M

Maastricht-Vertrag 369
Macao 236, 383
MacArthur, Douglas 354, 355, *355*, 394, 396
Machiavelli, Niccolò 14, 21, 239
Machu Picchu *210–211*
Macquaherie, Lachlan 303
Madras *236–237*, 271, 294
Madrid 336
Magadha 146
Magellan, Ferdinand 231, 302
Magyaren 191
Mahabharata 148
Mahdi-Aufstand **308**
Mahmud II. 297
Mailand, Edikt von 140
Majapahit-Reich 179
Majiabang-Kultur 104
Makedonier, Dynastie der 124, 125, 126, 203
Makedonisches Reich **124–125**, 126
Makowski, Wladimir 287
Malaya (Zweiter Weltkrieg) 347
Malaysia 396
Mali **186**, *186*
Malia, Palast von 100, *100*
Malik Schah I. 182
Malta 76, *77*, 344
Mamelucken 169, 199, 226
Mamertiner 130
Mandela, Nelson 400, *400*, 401
Mandschurei 164, 301, 392
Manhattan Projekt 356, 357
Manila 354
Mansa Musa 186
Manutius, Aldus 244
Manzikert, Schlacht von 203
Mao Zedong **392–393**, *392*
Maori **213**, 213, 304, 305, *305*
Marathon 117
Marconi, Guglielmo 292
Marcus Antonius 133
Mari 78, 86, 90
Maria Theresia von Österreich, Kaiserin 46, 270

Marianeninseln 354
Mark Aurel, Kaiser 136, *136*, 137, 138
Markomannenkriege 137
Marlborough, Herzog von, General 252
Marne, Schlacht an der 316, 321
Marokko 88, 336, 382
  Zweiter Weltkrieg 344
»Marsch auf Rom« 332, *332*
Marseilles 119, 349
Marshall, George C. 358, *358*
Marshall, Sir John 16
Marshall-Plan **358**
Marston Moor, Schlacht am 249
Martinique 271
Marx, Karl 24, 25, 291, *291*
Marxismus 24, **291**, 392
Maschinengewehr 175, 317
Masken *105*, 221
  Totenmaske 98, *101*
Mastaba 93
Maurya-Reich 110, 144, **146**, 147
Maximian, Kaiser 139, 140
Maximus, Fabius 131
Maya-Kultur 154, 156, *205*
  Inschriften 90–91
  Klassische Periode **156**
  Mittelalter 204, **205**
  Religion 156, *156*
Mayapán 205
Mazarin, Kardinal 252
Mazedonien 368
Mazowiecki, Tadeusz 364
Mazzini, Giuseppe 283
McCarthy, Joseph **371**, *371*
Meder 89, 112
Medina 180
Medizin, Fortschritte der 254, **405**
Megalithbauten **76–77**, *77*
Mehmed I. 183
Mehmed II. 183, *183*, 203, 226
Mekka 180, 186
Melanesien 212
Memphis 79, 92, 93, 96
Menander 127
Mengistu Haile Mariam 398
Mensch, Evolution des **60–69**
Mentuhotep II., Nebhepetre 96
Mercia 189
Merowinger 143, **190**, *191*
Mesopotamien *79*, 84, 86, 319
  Gesellschaften 84
  Handel 75, 79, 84, 88, 102
  Literatur, Schriften 84, 90, 91
  Römer 136, 138
  Städte 58, 78, 79, 84
Metallverarbeitung 75, *75*
  Japan 170
  Kelten 142
  Maurya *147*
  Moche 157
  Nazca 157
Mexico City 206, *269*
Mexiko 207, 284, 320, 336, 375
  Eroberung 232, **233**
  Klassische Periode **154–155**
  Unabhängigkeit 264, *264*, 268, 269

  Völker 93, **107**, **154–155**, 156, 160, **204–206**
  Wirtschaft 205, 379, *379*
  siehe auch Azteken
Michelangelo Buonarroti 239
  Sixtinische Kapelle *240–241*
Midway, Schlacht von 354
Mikrochips 410
Milošević, Slobodan 368
Minamoto Yoritomo 172
Minamoto, Familie 171, 172
Ming-Dynastie **165**, *165*, 174, 177, **218**, 219, *219*, 298
Minoer 16, **100–101**, *100*
Minsk 342, 351
Mitanni 87, 98
Mithridates I. 114
Mitochondriale Eva 65
Mittelalter **158–213**
  Chronik **39–42**
  Chroniken **20–21**
  Karte *160–161*
Mittelamerika
  Ackerbau 72, 73
  Kulturen 106, **107**, **154–155**, *155*, **156**, 160, 204, 206
  Schrift 90–91, 107
  Spanier 234
  Vorgeschichte 106
Mixteken-Kultur 155
Mladić, Ratko 368
Mnajdra-Tempelkomplex (Malta) *77*
Mobutu, Joseph 399
Moche, Kultur der 154, **157**, *157*, 208
Moctezuma II. 233
Mogollon, Volk der 207
Mogulin 23, 160, 185, 218, **222–223**, *223*
Mohammed (Prophet) 20, 149, 180
Mohammed bin Tughluq, Sultan 185
Mohammed von Ghor 185
Mohammed V. von Marokko *382*
Mohenjo-Daro 16, 102, **103**, *103*
  Zitadelle 103, *103*
Mönchtum **196**
Mond, Landung auf dem 374, *374*
Mongke, Großkhan 169
Mongolen **168–169**, 181, 182, 250
  Angriff auf Japan 173
  Birma 178
  China **165**, 219
  Dolch *168*
Monnet, Jean 359
Monroe, James 377
Mont St. Michel *196*
Montcalm, Marquis von 261, *261*
Monte Cassino 345, *345*
Montenegro 281, 368
Montesquieu, Charles-Louis 255
Montgomery (Alabama) 272
Montgomery, Bernard 344, 348, 350
Montréal 261
Morales, Evo 378
Mosaike
  Alexander der Große *124–125*
  Islam *181*
  Justinian *202*

REGISTER

Mosambik 397, 398, *399*
Moseley, Oswald 331
Moskau 250, 279, 286, 326, 328, 329, *360*, *363*, *364*
  Glockenturm Iwan der Große *250*
  Zweiter Weltkrieg 342, 343
Moskowien 250
Motorflug 292–293
Motya 88
Mound Builders 207
Muawiyah 181
Mudschaheddin 411, 412
Mugabe, Robert 397, *398*, 399
Mumbai (Bombay) 295, *414*, 415
Mumifizierung 97, *97*, 126, *126*, 144, 157
Münchner Konferenz 338
Munhumutapa-Reich 187
Münzen
  Gedenkmünze Quebec 261
  Griechenland *119*
  Karl der Große 191
  Rom *138*
Murad I. 183
Murad II. 183
Murasaki Shikibu, Hofdame 171
Muromachi-Shogunat *172*, 173
Mursili III. 87
Muskete 174, *174–175*, 175
Muslime
  Konflikte mit Hindus 380–381
  siehe auch Islam
Muslim-Liga 380, 381
Mussolini, Benito 332–333, *332*, 345
Muzorewa, Abel 397
Mykene 101, *101*
Mykener 88, **101**, 116
Mysore 184
Mythologie 14, **17**, 18, 97, *123*, 157, *179*, *239*, *241*

N

Nabatäa 136
NAFTA **379**
Nagaoka 170
Nagasaki 355, 356, 357
Naher Osten
  Ackerbau 14, 59, 73
  Eroberungen 83, 98, 116, 124, 128, *169*, 203, 226
  Frühe Hochkulturen 16, 78, 83, **84–91**
  Kriege 17, 83, 202, 203, 313, 319, **385**, **386**, **391**
  Mittelalter **180–183**
  Religion 148, 149, 180
Nanchao 178
Nanjing (Nanking) 162, 165, 299
  Frieden von 298
Nantes, Edikt von 245
Napoleon (I.) Bonaparte 14, 264, 268, 269, 270, **276–277**, *277*, 278, *278*, 279, *279*
Napoleon III. 282, 283, **284**
Napoleonische Kriege 270, 277, **278–279**, 280, 285, 308
Naqada (Ägypten) 79
Naqsh-e-Rustam *115*
Narathihapate, König 178

Narmer 79
Naseby, Schlacht von 249
Nationalismus 270, **280–281**, 301, 332
Nationalsozialismus 333, *334–335*, 352–353, 376
Nationalstaaten **414–415**
NATO 360, 361, 368
Naturwissenschaft, Entwicklung der **254**, **292–293**
Navarino, Schlacht von 280
Naxos, Marmorlöwen von *116*
Nazca 154, **157**
  Geoglyphen 157, *157*
Neandertaler 62, **63**, *63*, 67
Nechen (Hierakonpolis) 79
Nelson, Horatio 278
Nero, Kaiser 134, 135
Nerva, Kaiser 136, 137
Neuassyrer 89
Neubritannien 354
Neuguinea *302*
  Erste Besiedlung 66
  Zweiter Weltkrieg 347, 354
Neuseeland
  Besiedlung 212, **213**
  Europäische Besiedlung **304**
  Frauenwahlrecht 337
  Kriege **305**
Neuzeit **312–415**
  Chronik **51–55**
  Karte *312–313*
New Deal 331
New Model Army 249
New York 261, 263, 393, 395
  World Trade Center 411, *411*
Newgrange (Irland) 76, *77*
Newton, Isaac **254**, *254*
Niaux, Höhlenmalerei von 69
Nicaragua 377, *377*
Niederlande 243, 246, 248, 252, 300, 309, 347
  Aufstand gegen Spanien 246, **247**
  Entkolonialisierung 382
  Handelsimperium 237, *237*
  Zweiter Weltkrieg 339, 352
Niederländische Ostindien-Kompanie *siehe* Ostindien-Kompanien
Niederländisch-Ostindien 347
Niger (Fluss) 306
Nigeria 187, *388*
Nikephoros II., Kaiser 203
Nikolaus I., Zar 286–287
Nikolaus II., Zar 287, *287*, 301, 326
Nil (Fluss)
  Hochwasser 79, 92
  Quellen 306
Ninive 78, 89, *89*
Nippur 86
Nishapur 182
Nisibis 115
Nixon, Richard *393*
Nobunaga, Oda **220**, *220*
Nordamerika (frühe Kulturen) **207**
Nordirland
  »Blutsonntag« 362
  Dubliner Osteraufstand 362
  Ulster Volunteer Force (UVF) 362
Nordkorea 357, 394
Noriega, Manuel **377**

Normannen 195, *195*, 197, 203
Northumbria 189
Norwegen 194
  Zweiter Weltkrieg 339
Nowgorod 194
Nubien 92, 96, *98*
Nürnberg, Reichsparteitage in *334–335*
Nürnberger Gesetze 352
Nürnberger Prozesse 353, *353*

O

Obama, Barack 373
Obrenović, Milan *280*
Obsidian 74
Octavian *siehe* Augustus
Odoaker 141, 143
Odyssee 116
Offa, König 189
Okinawa 355
Olduvai-Schlucht (Tansania) 60, 61
Olmeken 106, **107**, *107*, 154
Olympia 116, 123
Omo (Äthiopien) 65
Onin-Krieg 173
Operation, militärische
  siehe auch Unternehmen
  »Cartwheel« 354
  »Crusader« 344
  »Fackel« 344
  »Gomorrha« 341
  »Market Garden« 350
  »Overlord« 348
  »Uranus« 343
  »Wüstensturm« 391
Opfer
  Azteken 206, *206*
  Maya 156, 205
  Mesopotamien 79
  Olmeken 107
  Persepolis 113
  Rom 19
  Selbstopfer 156
  Shang 105
  Tolteken 204
Opiumkriege 294, **298–299**
Oppenheimer, Robert 357
Oranje-Freistaat 309
Orden
  Burma Star 354
  Queen's South Africa 309
Orhan, Sultan 183
Orléans 201
Ortega, Daniel 377
Osama bin Laden *25*, 411, 412
Oslo-Abkommen 387
Osmanisches Reich 169, 202, **226–227**, 228, 229, 230, 250, 259, 297, 314
  Aufstieg **183**, 218
  Befreiungsbewegungen 280–281, 314
  Erster Weltkrieg 319, *319*
Osterinseln 212, **213**
Österreich 243, 271, 273, 278, 280, 282, 283, 284, 315, 325, 338, 369
Österreich-Ungarn 280, 281, 314, 315, 321, 324, 325

REGISTER

Ostindien-Kompanien
  East India Company 236, 237, *237*, 253, 262, 285, 294, 295, 296
  Niederländische Ostindien-Kompanie (VOC) 236, 237, 253, 302
Oswald, Lee Harvey 371
Otranto 183
Otto I., Kaiserkrone des *197*
Otto von Freising 20
Owen, Robert 291
Oxus, Schatz von *113*
Ozeanien **302–303**

P

Pachacuti 209, *210*
Pahlevi, Mohammed Reza 389
Pakistan 72, 73, 102, 381
  Indisch-Pakistanischer Krieg **390**
Palästina 199
  Eroberung 115, 319
  Feldzüge 96, 98, 198–199, 276, 319
  Gründung Israels **384–385**
  Konflikt mit Israel **386–387**
Palenque 156, *156*
Pallava, Königreich von 184
Palmyra 115, 139
Panama 268, 377
  Erste Besiedlung 66
Pandya-Reich 184
Panipat, Schlacht von 222, *222*
Pankhurst, Emmeline 337
Pannonien 138, 191
Panzer 336, 359, *359*, 360
  Erster Weltkrieg 320, 321, 325
  Zweiter Weltkrieg 339, 341, 342, *344*, 348, 349, 350, *350*, 351, *354*
Papsttum 149, 161, **197**, 243
Paracas 154, 157
Paris 201, 244, 284, 297, 316
  Deutsch-Französischer Krieg 282, 284
  Französische Revolution 272, *272*, 273, *275*
  Frieden von (1763) 264, 270, 271, *271*
  Frieden von (1783) 263
  Napoleonische Kriege 277, 279
  Zweiter Weltkrieg 339, 349, 350, *350*
Park, Mungo 306
Parks, Rosa 372
Parthenon 120–*121*, 123
Parther 112, **114**, *114*, 115, 144
Pataliputra 145, 147
Paulus, Friedrich, General 343
Pavia 188
  Schlacht von 175, *245*
Pazifik, Erkundung des **302**
Pazyryk 144
Pearl Harbor **346**, *346*
Peking 165, 218, 219, 299, 392
  Tiananmen-Platz 393
  Verbotene Stadt 165, *165*, *166–167*, 218
»Peking-Mensch« 61
Peloponnesischer Krieg 118, **122**
Pepi II., Pharao 92
Perestroika **363**

Perikles 118, 120
Perlen (Frühzeit) 65, 75
Perón, Eva **376**, *376*
Perón, Juan Domingo **376**
Perry, Matthew 300
Persepolis 113, *113*, *115*
Pershing, John, General 320
Persien **112–115**, 389
  erobert von Byzanz 202
  erobert von Makedoniern 124–125
  erobert von Rom 114
  Krieg mit Griechenland **117**
  Parther **114**
  Religion **114**
  Safawiden 218, **228–229**
  Sassaniden **115**, 180
  Seldschuken 182
  siehe auch Iran
Peru 378
  Eroberung 232, **233**
  Frühe Kulturen 157, **208–209**, 208
  Chavín 82, **106**, 154, 157
  Chimú 208
  Inka 160, 204, 208, **209**, 233
  Moche **157**
  Nazca **157**, *157*
  Unabhängigkeit 268, 269
Pest (Schwarzer Tod) **200**
Pétain, Philippe 339
Peter von Amiens 198
Peter I. (der Große), Zar 250, 286
Peter III., Zar 270
Peterloo, Massaker von *290*
Phaistos 100, *100*
Pharaonen *10*, 84, 90, 92, 93, 96, 97, 99, 127
Phidias *120*, 123
Philipp II. von Makedonien 124
Philipp II. von Spanien 234, 246, *246*, 247
Philipp IV. von Frankreich 20, 201
Philipp IV. von Makedonien 126
Philippe Auguste, König 199
Philippinen 237, 271
  Zweiter Weltkrieg 347, 354
Philister 88
Philosophen 22, 254, 255
  Antikes Griechenland 116, 123
Phönizier 83, **88**
  Alphabet 91
Picasso, Pablo 25
Piemont 283
Pilsudski, Józef, Marschall 331
Pinochet, Augusto 376
Pippin II. 190
Pippin III. 190
Pi-Ramses 99
Pius VII., Papst 276
Pizarro, Francisco 233
Plantagenet (Königshaus) 201
Plassey, Schlacht von **294**, 295
Platon 123
PLO (Palestinian Liberation Organization) 386–387, *387*
Pocken 405
Poitiers
  Baptisterium Saint Jean *190*
  Schlacht von 189, 201
Polen 168, 243, 286, 287, 288, 325, *338*, 358, 369

Diktatur 331
Ende des Kommunismus 364
Polen-Litauen 217, 250, **251**, *251*
Zweiter Weltkrieg 338, 339, 341, 342, 351, 352
Poltawa, Schlacht bei 251
Polybios 127
Polynesien **212–213**
Pompeius 132
Pompeji *19*
Port Stanley 378
Portugal 246
  Entkolonialisierung 269, 382, 383
  Handelsimperium 236
  Kolonien 234, 268, 269, 307
  Krieg mit Frankreich 278–279
Potidaea 122
Potsdamer Konferenz 358
Prambanan, Tempelanlage von 148
Preseli, Wales 77
Preußen 280, 281, 325
  Deutsches Reich (Gründung) **282**
  Frankreich 273, 278, 279, 284
  Siebenjähriger Krieg **270–271**, *271*
Princip, Gavrilo 314
Protestantismus **242–243**, 252
Provisional IRA 362
Prunkpalette des Narmer *79*
Ptolemäer 99, 126, *126*
Ptolemäus, Claudius 230, 231, *232*
Pudong **396**
Punische Kriege 88, **130–131**
Punjab 145, 295, *295*, *381*
Puritaner 235
Putin, Wladimir 369
Pyinbya, König 178
Pylos 101
Pyramiden
  Ägypten 92, 93, *93*
  Chavín 106
  Mexiko 154
  Moche-Kultur 157
  Olmeken 107
  Stufenpyramiden 78, 79, 156, *156*
  Teotihuacán 154
  Tolteken 204, *204*

Q

Qalaat Al Gundi *199*
Qin 150–151, 152, 153, 218
Qin Shi Huangdi 151, *151*
Qing-Dynastie 166, 216, 218, **219**, *219*, 258, **298–299**
Quan-nam 179
Quebec 260, 261, 379
  Gedenkmünze *261*
Quetzalcoatl 206
Quipus 209

R

Rabin, Jitzhak 387
Radio 292, 410
Rajaraja I. 184
Rajendra I. 184
Rajendra III. 184
Raketen 361, *361*, 374, 387, 413
Raleigh, Sir Walter 235
Ramayana 148

Ramses II. 98, 99, *99*
Ramses III. *88*, 98
Rangun 347
Rashtrakuta, Königreich 184
Ravenna 143
 Kirchenmosaik *202*
 Schlacht von 175
Recht
 Code Napoléon (Frankreich) *276*, 277
 Römisches Recht
  (Zwölftafelgesetz) 129
Recycling *408*
Reformation 21, 197, 238,
 242–243, 248, 251
Religion
 Ägypten **97**, *97*
 Antikes Griechenland 123
 Azteken 206
 erste Spuren 69
 Inka 209
 Kelten 142
 Persien **114**, 228
 Priesterkaste 74, 78
 Religionsfrieden 242, 252
 Weltreligionen 111, **148–149**
Remus *128*
Renaissance 14, 21, 123, 216,
 239, 254
Rhodes, Cecil 307
Richard I. Löwenherz 199
Richelieu, Kardinal 252
Ritter *192*, 193, *193*, 198
Roanoke Island 235, *235*
Robespierre, Maximilien 273, *273*
Roderich, König 189
Rollo 195
Rom, Römisches Reich 10, 20,
 133–140, *141*, 202
 Bürgerkrieg 132, 135
 Eroberungen 88, 129, 133
 Geschichtsschreibung 18
 Heer 134, 140, *141*
 Karte *111*
 Klassische Periode **128–141**
 Kolosseum *135*
 Königtum 128
 Liktor *129*
 Ostrom (Byzanz) 115, 141, 183,
  199, **202–203**, 226
 Patrizier 129
 Perserkriege 114, 115
 Plebejer 129
 Punische Kriege **130–131**
 Regierung 134
 Republik 128, **129**, *132*
 Schrift 91
 Senat 129
 Tempel *129*
 Tetrarchie 139, 140
 Trajansäule 137, *137*
 Zwölf Tafeln 129
Romanow (Zarenhaus) 250
Romanus IV. 182
Römische Verträge 359
Römisch-Katholische Kirche 243
Rommel, Erwin, General 344, *344*
Romulus 128, *128*
Romulus Augustulus, Kaiser 141
Roosevelt, Franklin D. 331, *331*,
 346, 356

Rosette, Stein von *91*
Ross, James 305
Rote Turban-Armee 165
Rousseau, Jean-Jacques 255, *255*
Royal Airforce (Zweiter Weltkrieg)
 340, *340*, 341
Royal Exhibition Building
 (Melbourne) *304*
Rua, König 145
Ruanda *398–399*, *399*
Ruby, Jack 371
Rum, Sultanat 182
Rumänien 136, 281, 365
Rus, Kiewer 168, **194**
Russisch-Japanischer Krieg 287, 301
Russland 251, *251*, 264, 280, 300,
 364, 367, 413
 Aufstieg **250**
 Bürgerkrieg **328**
 Erster Weltkrieg 315, 318, 319,
  321, 326
 »Großer Terror« 329
 Industrialisierung 289, 291
 Krim, Annexion 369
 Krimkrieg 284, *286*
 Leibeigenschaft, Abschaffung der
  287, 288
 Lenin und Stalin **329**
 Napoleonische Kriege 278, 279
 19. Jh. **286–287**
 Oktoberrevolution (1917)
  24, *24*, **327**
 Öl und Politik 388
 Reich 286
 Revolution (1905) 287, 326
 Siebenjähriger Krieg **270–271**
 Unruhen 326
Rüstung
 Helme *122*, *134*
 Ritter *193*
 römische *134*

S

Saarbrücken 284
Sachsen, Königreich 191, 251, 270
Sachsen, Volk der 189
Safawiden 226, **228–229**, *229*
Safi I. 229
Sagunt 130
Sahelzone 186
Sahir Schah, Mohammed 390
Saigon 395
Sailendra, Königreich 179
Saint-Simon, Henri de 291
Sakkara (Pyramiden) 93, *93*
Saladin, Sultan 199
Salerno 345
SALT 361
Samarkand 168, 222
Sambesi (Fluss) 306
Sambia 382
Samsuiluna 86
Samurai 172, 173, *173*, 221, 301,
 301
San Felipe, Fort (Puerto Rico) 260
San Lorenzo (Mexiko) 107
San Martin, José de 268, 269
San Salvador 230
San, Volk der 68
Sandinistas **377**, *377*

Sanherib 89, *89*
Sarajevo 314, 368
Sarenput II. (Grabmalerei) *96*
Sargent, John Singer *322–323*
Sargon II. 89
Sargon, König 84, 85, *85*
Sarmaten 144
SARS 405
Sassaniden 112, 114, **115**, 144,
 145, 148, 180
Satsuma-Rebellion 301, *300–301*
Satyagraha 380, *380*
Säugetiere, Artensterben der 67
Sawimbi, Jonas 398
Schamanen 69, 74
Schapur I. 115, *115*
Schia, Schiiten 228, 389
Schießpulver 174–175
»Schießpulververschwörung« 21
Schiffe
 Auslegerboot, polynesisch *212*
 Erste Boote 67
 Phönizier *88*
 Schlachtschiffe *346*
 Sklavenschiffe *253*
 Spanische Armada 247
 Triere (Dreiruderer) *122*
 U-Boote *318*
 Wikingerschiffe *194*
Schimpansen 60, 62
Schlacht um England (Zweiter
 Weltkrieg) 340, *340*, 341, *341*
Schlesien 46, 270, 325
Schleswig 282, 325
Schmuck
 Antike 102, 157
 Persien *113*
Shoah siehe Holocaust
Schottland, Kelten in 142
Schreiber 19, 84, 91
Schrift, Entwicklung der 17, **90–91**
Schriften, Schriftsysteme
 China 105, 151, *151*
 Hieroglyphen 17, 90, *90–91*
 Indus 102, *102*
 Inka 209
 Keilschrift 16, *16*, 17, 84, 90,
  90, 91
 Linear A 100
 Linear B 101
 Maya 156
 Olmeken 107
 Zapoteken 155
Schriftlichkeit 91
Schukow, Georgi, General
 342, 343, 351
Schumann-Plan 359
Schwangerschaft, Länge der 65
»Schwarzhemden« (Italien) 332
Schweden 194, 217, 235, 271
 Aufstieg **251**
 Dreißigjähriger Krieg 248
 EU 369
 Industrialisierung 289
 »Schweinegrippe« 405
Scipio 131
Scott, Robert 305, *305*
Sechstagekrieg 386, 388
Sedan, Schlacht von 282, 284

REGISTER

Seefahrer 230, 236
 Minoer 100
 Phönizier 88
 Polynesier 212
Seekrieg (Erster Weltkrieg) **318**
Seevölker *88*, 89, 98
Seianus 135
Seidenstraße 114, 163, 168
Seiwa, Kaiser 171
Sejong 177
Seldschuken 181, 182, 183, 198, 203
Seleukiden 114, 126, 146
Selim I. 226, 228
Selim II. 227
Selim III. 297
Senegal 271
Serbien 183, 227, *280*, 281, 297, 314, 315, 342, 368, 369
Sethi I. 98
Seuchen 137, 145, 173, 205, 207
 Pest 200
Severus Alexander 139
Severus Septimius, Kaiser 138
Sforza, Ludovico 245
Shackleton, Sir Ernest 305
Shanghai 298, 299, *396*
Sharpeville 400
Shenyang, Palast *219*
Shenzong, Kaiser 164
Shepard, Alan 374
Sherman, William 267
Shirakawa, Kaiser 171
Shiva 148, *148*
Shogune **172–173**, 218, **220–221**, 300, *300*, 301
Shōmu, Kaiser 170
Shōtoku Taishi 170, *170*
Shu, Königreich 162
Sibirien (erste Besiedlung) 67
Siddhartha Gautama (Buddha) 148
Sidon 88
Siebenjähriger Krieg 262, 270–271
Siedlungen (erste Dörfer) **74**
Siem Reap 178
Silber 75, 102, 209, 298
 Birmanischer Dolch *296*
 Gundestrup-Kessel *142*
 Persien *114*
 Silbermünzen *119*, *234*
 Spanier in Südamerika 234, 235, 236, 246
Silla 176, 177
Silvester I., Papst *140*
Sima Qian 19, *19*
Simbabwe 397, 399
Sinai 91, 386, 387
Sindh 295
Singapur 396
 Zweiter Weltkrieg 347, *347*
Singh, Dhuleep 295
Sippar 86
Sithole, Ndabaningi 397
Siwa, Oase, Orakel *125*
Sixtinische Kapelle *240–241*
Sizilien
 Griechen 119
 Kriege 130
Skandinavien, Ackerbau 73
Skara Brae *74*
Sklavendynastie 185

Sklaverei *23*, 134, 144, 153, 269, 307
 Abschaffung 267, 309
 Auktionen *265*
 Heloten 122
 Militärsklaven (Mamelucken) 169
 Sklavenhandel 187, **253**, *253*
 USA **265**, 266, *266*
Skulpturen und Reliefs
 Ägypten *99*
 Champa *179*
 Grabmal *127*
 Griechenland *117*, *118*
 Indien *147*, *184*
 Industal *102*, *103*
 Japan *171*
 Marmorlöwen *116*
 Maya *205*
 Mexiko *107*
 Osterinseln 213, *213*
 Peru *106*
 Rom *136*, *138–139*
 Tolteken *204*
 Venusfigurinen 68, 69, *69*
 Vorgeschichte 68, *79*
Skythen **144**
Slowenien 368
Smith, Adam 22, 291
Smith, Ian 397, *397*
Smoot-Hawley-Zolltarifgesetz 331
Snofru, Pharao 92, 93
Sofia 183
Sogdien 125
Sokrates 123, *123*
Solidarność 364
Solon 116, 118
Somalia 398, 405, 414
Somme, Schlacht an der 317
Somoza, Anastasio 377, *377*
Song-Dynastie 160, 162, **164**, *164*, 165
 Malerei *164*
Songhai 186
Sonne, Kult der 97, 99
 Sonnengott 86, *87*, 97, 99, 123, 208, 209, *209*
Sophokles 123
Soweto 401
Sozialdemokratie 282, *290*
Sozialismus **291**, 329, 378
Sozialrevolutionäre 328
Spanien 238, 243, 245, 252, 271, 282
 Amerika 206, **232–234**, 260, 264, 268–269
 Armada 235, **247**
 Aufstand der Niederlande **247**
 Bürgerkrieg **336**
 Einigung **246**
 ETA 363
 Griechen 119
 Großmacht 246, *246*
 Handelsimperium 236
 Karthager 130, 131
 Muslime 149, 161, 181, 246
 Römer 141
 Napoleon 278
 Westgoten 141, 143, **189**, *189*
Spanischer Erbfolgekrieg 252

Sparta 116, 117, *117*
 Kriege mit Athen 18, **122**, 124
Spee, Maximilian Reichsgraf von, Vizeadmiral 318
Speke, John Hanning 306
Sprache, Entwicklung der 61, **62**, 65
Srebrenica 368
Sri Lanka 184
Srinagar 390
Srivijaya **179**, 184
Städte, erste **78**
Stadtstaaten 78, 84, 100, 156, 176, 205
 Griechenland 116, 117, 119, 122, 123, 127
Stahlproduktion 288–289
Stalin, Joseph **329**, *329*, 351, 358, 359
Stalingrad 343, *343*, 351
Stanley, Henry Moreton 306
Star Carr (England) 68
Staraya Ladoga 194
Stelen
 Chavín 106
 Kathargo *131*
 Thutmosis I. 98
Stephenson, George (Dampfmaschine) *289*
Steppenvölker **144–145**, 219
Stonehenge 76, **77**
Straßen 412
 China 151
 Inka 209
 Mohenjo-Daro 103
 Osmanen 183
 Persepolis 113
 Rom 134, *134*
 Russland 286
 Seidenstraße 114, 163, 168, 200
 Teotihuacán 154
Straßenverkehr 410
Strassmann, Fritz 356
Stuart, John McDouall 303
Sturt, Charles 303, *303*
Südafrika 187, 381
 ANC 400–401, *401*, *402–403*
 Apartheid **400–401**, *401*, *402–403*
 Burenkriege **309**
 Erste Besiedlung 65, *65*
 Europäische Erkundung 306
 Europäische Kolonien 307, 309
Südamerika
 Erste Besiedlung 67
 Frühe Kulturen 111, 154, **157**, 161, **208**
 Spanier 216, 232, **234**, 246
 Unabhängigkeit **268–269**, 283
Sudan 308
Sudetenland 338
Südkorea 176, 394, 396
Südpol 305
Südrhodesien 397
Sueton 18
Suezkanal 307, *308*, 382, 386
Suffragetten (Frauenwahlrecht) **337**
Sui-Dynastie 162, 163
Süleiman I. der Prächtige 226–227
Sulla 132
Sumatra 67, 179
Sumerer *16*, **84–85**, *85*

REGISTER

Sun Yat-Sen 299
Sundiata Keita 186
Sunga 147
Suppiluliuma I 87
Suryavarman 178, *178*
Susa (Iran) 78, 85, 113
Syagrius, Feldherr 190
Syrakus 119, 122, 130
Syrien
   Antike 86, 119, 126, 134, 139
   byzantinisches 180, 203
   Eroberung 115, 308
   Feldzüge 96, 98, 99
   Israelkonflikt 386
   Kreuzritter 199
   Krieg 413, 414
   Übergang zum Ackerbau 72

T

Tabâtabâ'î, Ghulâm Husayn Khân 23
Tacitus 18
Tahiti 212
Taiping-Rebellion **299**
Taira, Familie der 171
Taiwan 219, 301, 347, 392, 396
Taj Mahal 223, *224–225*
Takauji, Ashikaga 172, 173
Takht-i-Rustam, Tempel 145
Tal der Könige (Ägypten) 93, 99
Taliban 390, 412, *412*
Tamamo-no-mae 172–173
Tamerlan 169, 228
Tamura Maro 171
Tanganjikasee 306
Tang-Dynastie 160, 162, **163**, *136*, 177
Tannenberg, Schlacht bei 318
Tansania 60, *60*, 382
Tarquinius Priscus 128
Tarquinius Superbus 128
Tasman, Abel 302
Tasmanien 67, 303
Tayasal 205
Technik
   Industrielle Revolution 288
   moderne 24–25, *386*
Telefon 410
Tempel
   Ägypten *94–95*, *125*
   Angkor 178, *178*
   Azteken 206
   Bagan 178
   Champa *179*
   Chola 184, *184*
   Grabmale *94–95*
   Griechenland 123
   Inka 209
   Japan 170, *170*
   Korea *176*, 177
   Kushanen 145
   Maya 156
   megalithisch 77
   Ming 218
   Rom 129
   Srivijaya 179, *179*
   Tiahuanaco 208
Tempelritter (Templer) 199
Tenochtitlán 17, 206, **233**
Teotihuacán **154**, *154*

Terrakotta-Figuren
   Chinesische Krieger 151
   japanische *170*
Terrorismus (11. September 2001) **411**, *411*, 412, 413, 414, 415
Teschik-Tasch 63
Tetrarchie 139, 140
Texas 264, 267, 371
Texcoco 206
Thailand 178, 396
Thanjavur 184, *184*
Thatcher, Margaret *363*, 378
Theben 96, 98, 99, 116, 117, 124
   Grabtempel 93, *94–95*
Theoderich I. 143, 188
Thera 100
Thermopylen 117, *117*
Thessalien 101, 132
Thrakien 126, 183
Thukydides 18, 122
Thutmosis I. 98
Thutmosis II. 98
Thutmosis III. 98
Tiahuanaco 204, **208**
   Sonnentor *208*
Tiberius, Kaiser 135, *135*
Tiglath-Pileser III. 89
Tigerstaaten **396**
Tigris (Fluss) 78, 82, 84, 115, 125
Tikal 156
Timbuktu 186, 306
Tiryns 101
Tito, Josip 368
Titus, Kaiser *135*, 136
Tlacopan 206
Tlaloc 206
Tobruk 344
Tocqueville, Alexis de 23
Tödaiji-Tempel (Nara) 170
Tokio 220, 300, *301*, 355
Tokugawa-Shogunen **220–221**, 300
Toledo 189
Tollán 204, 205
Tolpuddle Martyrs 290
Tolteken **204**, *204*, 205
Topiltzin Quetzalcoatl 204
Totenkult 97
Totenmasken
   Ägypten 97
   Mykene *101*
Totentanz 200
Toulon 349
Trafalgar, Schlacht bei 278
Trajan, Kaiser 114, 136, 137
Transvaal 309
Trasimenischer See, Schlacht am 130, 131
Treibhauseffekt 408
Triere *122*
Trotzki, Leo 327, 328, *328*, 329
Truman, Harry S. 355, 356, 384
Tschechoslowakei (ČSSR) 365
   Invasion 359, *359*
   Zweiter Weltkrieg 338
Tschombé, Moise 398
Tsvangirai, Morgan 399
Tudhalija III. 87
Tugrul Beg 182
Tukulti-Ninurta I. 89
Tula 204

Tullus Hostilius 128
Tunesien 297, 414
   Karthago 88, **130–131**, 181, 202
   Zweiter Weltkrieg 344
Tupac Inkas 209
Türkei
   Ackerbau 72
   Hethiter **87**, *87*
   Krimkrieg *286*
   Kurden 413
   Osmanisches Reich **183**, **226–227**, 319
   Staatsreform **297**
   Tulpenzeit 227
Turkmenistan, Ackerbau in 73
Tuspa 89
Tutanchamun 98, *98*
   Grab des 16, *17*, 99
Tutsi *398*, 399
Tyrus 88

U

Ubaid-Kultur 79
U-Boote *318*, 320, 378
Udayagiri (Tempelreliefs) 147
UdSSR, Sowjetunion 332, 363, 346, 393
   Afghanistan **390**, 412
   Bürgerkrieg **327**
   Expansionspolitik 358
   Gründung 329
   Kalter Krieg 313, 357, **360–361**, 371
   Perestroika **363**
   Separatfrieden von Brest-Litowsk 321
   Weltraumflug **374**
   Zusammenbruch **365**, 369
   Zweiter Weltkrieg **342–343**, 352
Uganda 382
Ugarit (Keilschriftarchiv) 90, 91
Ugedei 168, 169
Ujjain 145
Ukraine 329, 342, 365, 369, *369*
Ulm, Schlacht von 278
Umayyaden-Kalifat **181**
Umweltbewegung 404, **409**
UN, United Nations (Vereinte Nationen) 397, 414, 415
   FAO 404
   Klimagipfel Paris 2015 409
   UNSCOP 385
Ungarn 226, 227, 297, 359, 364
Unternehmen, militärisches
   »Barbarossa« 342
   »Seelöwe« 340
Ur 84, **85**, 86
Urban II., Papst 198
Uruk 79, 84, *84*
USA, Vereinigte Staaten von Amerika
   Afghanistan 412
   Bürgerkrieg **265–267**, *266*, *267*
   Bürgerrechte **372–373**
   Einwanderung 288
   Erkennungsmarken *395*
   Erster Weltkrieg **320**
   Erweiterung der Union **264**
   Frauenwahlrecht 337
   Grenze zu Kanada 264
   Irak 412-413

Iran 389
Kalter Krieg 313, 357, **360–361**, 371
Konföderation 265, 266
Koreakrieg **394**, *394*
Lateinamerika **377**, *379*
Revolutionskrieg **262–263**
Unabhängigkeitserklärung 263, *263*
Vietnamkrieg 395
Weltraumfahrt **374**
Wiederaufbau 267
Wirtschaftswachstum **370**
Zweiter Weltkrieg **346**, *348–349*, 350, 354
Usbekistan 63
Uthman, Kalif 180

V

Valentinian III., Kaiser 141
Valerian, Kaiser 115, 139
Vandalen 141
Varna (Vorgeschichte) 75, *75*
Varro, General 131
Vasallen 192, *193*
Vatikan (Sixtinische Kapelle) *240–241*
Venezuela 268, 378, *378*
Venusfigurinen 68, 69, *69*
Verbrennungsmotor 292
Verdun, Schlacht von 317
Vereeniging, Frieden von 309
Vereinte Nationen *siehe* UN
Vergil 238
Verhüttung 75
Versailler Vertrag (1919) 307, **324–325**, *325*, 332, 338
Versailles, Schloss *252*
 Spiegelsaal *282*, *325*
Verus, Lucius *136*, 137
Vesalius 254
Vespasian, Kaiser 135, *135*, 136
Victoria Terminus (Bombay) *295*
Victoriafälle, Victoriasee 306
Viehzucht, Entwicklung der 72, 73, 74
Vietnam 382, 394
 China 153
Vietnamkrieg 360, **395**, *395*
Vijaya 179
Vijayanagar-Reich 185
Viktor Emmanuel II. 283
Viktor Emmanuel III. 333
Viktoria I., Königin von England 285, *285*
Vilcabamba, Festung 233
Villa, Francisco Pancho 268, 269
Vinkovci 368
Vitruv 238
Vogel-Jaguar IV., König 156
Völkerbund 324, *338*, 384, 399, 414
Völkerschlacht (bei Leipzig) 279
Völkerwanderungen **66–68**
 Karte *58–59*
Voltaire 22, 255
Vorgeschichte **56–79**
 Chronik *29*
 Karte *58–59*
 Studium **16–17**
Vorratsbehälter, frühe *73*
Vukovar 368, *368*

W

Waffen
 Schießpulver **174–175**
 Speerspitze (Clovis-Kultur) *67*
 Wurfaxt *141*
Waikato-Krieg *305*
Waitangi, Vertrag von 304, 305
Wałęsa, Lech 364, *364*
Wall Street, Börsenkrach (1929) **330–331**, *330*
Wallenstein, Albrecht von *248*
Wandmalerei
 Maurya *146*
 Maya *205*
 Mexiko *154*
 Minoer *101*
Wandu 176
Wang Geon 176, 177
Wang Mang 153
Wari 204, 208, *208*
Wari Kayan 157
Warschau 339, 351
Warschauer Pakt 359, *359*, 361
Washington, George 262, 263, *262–263*
Waterloo, Schlacht von 277, *278*, 279
Watts, James 288
Wege in die Neuzeit **214–255**
 Chronik **43–46**
 Karte *216–217*
Wei, Königreich 162
Weißer Lotus (Revolte) 298
Wellington, Herzog von 279
Wellington (Neuseeland) 304
Weltausstellung (London, 1851) *285*
Welthandelsorganisation (WTO) 406–407
Weltkrieg, Erster 24, 289, 297, 312, **314–325**, 337, 414
 Beginn **315**
 Ende **321**, 326
 Grabenkrieg **316–317**
 Osteuropa **318**
 Seekrieg **318**
 USA, Kriegseintritt der **320**
 Westfront **316–317**
Weltkrieg, Zweiter 14, 24, 25, 312, **338–357**, 380, 382
 Atombomben 355, **356–357**
 Ausbruch 338–339
 Ende **350–351**, **354–355**
 Holocaust **352–353**
 Landung in der Normandie **348–349**, *348–349*
 Italien **345**
 Japan 346, **347**, **354–355**
 Kriegsgründe 325
 Luftwaffe 340, *341*
 Nachkriegseuropa 358–359, 360
 Karte *313*
 Nordafrika **344**
 Ostfront **342–343**
 Schlacht um England 340
 USA **346**
 Westfront **348–349**
Weltumseglung 301, 302
Weltwirtschaftskrise **330–301**, 333, 376, 407

Werkzeug (Entwicklung und Gebrauch) 61, **62**, *62*, 63, 75, *75*, 106
Wessex 189
West Kennet (Wiltshire) 76
Westbihar 295
Wettlauf zum Mond 374
Wien (Revolution um 1848) *280*, 287
Wiener Kongress 280, 281, 283
Wikinger 189, 191, **194**, 196
Wilhelm der Eroberer 195
Wilhelm I., Kaiser 282, *282*
Wilhelm II., Kaiser 299, 325
Wilhelm von Oranien 247
Willandra Lakes (Australien), Homininen in 66
Wilson, Woodrow 320, 324
Windturbinen *409*
Wolfe, General 261
Woodhenge, Wiltshire 76
Woolley, Leonard 16
Worcester, Schlacht von 249
Worms, Reichstag von 242
Wormser Konkordat 197
Wright, Wilbur und Orville 292–293
Wu, Königreich 162
Wudi, Kaiser 152, 153
Wüste, Ausbreitung der *408–409*

XYZ

Xerxes I. 112, 117
Xiangbei 162
Xianyang 151, 152
Xiongnu 152, 162
Xuanzong, Kaiser 163
Yamomoto, Isiroku, Admiral 354
Yangdi, Kaiser 162
Yangshao-Kultur 104, *104*
Yaxchilán 156, *205*
Yayoi 170, *170*
Yazdegerd III. 115, 180
Yi Song-gye, General 177
Yongle, Kaiser 165, *165*, 166
Yoruba, Volk der 187
Yoshida, Shigeru 396
Yoshimasa, Shogun 173
Yoshimitsu 173
Yoshimoto, Imagawa 220
Ypern 317
Yuan 165, 177
Yucatán 154, 156, 204, 205, 233
Zakros 100
Zama, Schlacht von *130–131*
Zamora, San Pedro de la Nave *189*
Zapata, Emiliano 269
Zapoteken 107, 154, **155**, *155*
Zeitungen 22, 244
Zenobia, Königin 139
Zenon, Kaiser 143
Zhao Kuangyin 164
Zhengzhou 105
Zhou-Dynastie 82, 105, 150
Zhoukoudian, Höhle von 61
Zhu Yuanzhang 165
Zikkurats 78, 84, 85
Zimri-Lim 86
Zisterzienser 196
Ziying, Kaiser 151
Zoroastrismus 114, *114*
Zülpich, Schlacht von *143*

Dank

Der Verlag dankt folgenden Personen und Institutionen für die Erlaubnis zum Abdruck ihrer Fotografien.

(Legende: o–oben, u–unten/unterhalb, M–Mitte, a–außen, l–links, r–rechts, go–ganz oben)

1 Getty Images: Sisse Brimberg (go). **2–3 Getty Images:** Bruno Morandi. **4 Corbis:** India Picture. **5 Getty Images:** Travelpix Ltd. **6–7 Getty Images:** Tom Bonaventure. **8–9 Getty Images:** Jeremy Woodhouse (go). **9 Corbis:** Werner Forman (uM). **Getty Images:** Check Six (Mr). **10–25 Corbis:** Bettmann (agol) (agor). **10–11 Getty Images:** Hisham Ibrahim. **12–13 Alamy Images:** Porky Pies Photography (go). **Getty Images:** Fred Mayer (u). **14–413 Corbis:** (Panel image) Getty Images: DEA/G. Cozzi (go) (ml). **14 Corbis:** Anthony Bannister; Gallo Images (Mo). **15 Corbis:** Yann Arthus-Bertrand. **16 Corbis:** Gianni Dagli Orti (u). **17 Alamy Images:** Mary Evans Picture Library (ur). **Getty Images:** Time & Life Pictures (u). **18 Corbis:** The Gallery Collection (M). **19 Alamy Images:** Keith Heron (l). **Ancient Art & Architecture Collection:** Uniphoto Press Japan (ul). **20 The Art Archive:** Bibliothèque Mazarine Paris (ul). **21 akg-images:** akg-images (u). **Corbis:** Angelo Hornak (u). **22 Corbis:** Leonard de Selva (Mo). **22–23 Corbis:** William Manning (u). **23 Corbis:** Hulton-Deutsch Collection (gor). **24 Corbis:** Enzo & Paolo Ragazzini (u). **25 Corbis:** The Gallery Collection (o); Reuters (u). **26–27 Getty Images:** B. Anthony Stewart (u); Keren Su (go). **28–55 iStockphoto.com:** Mustafa Deliormanli (agol) (agor). **29 Getty Images:** Nico Tondini (u). **30–31 Corbis:** Kenneth Garrett (u). **32 Corbis:** Christie's Images (u). **33 Corbis:** Stapleton Collection (go). **34–35 Getty Images:** Stuart Dee (u). **36 Photolibrary:** Imagestate RM (u). **37 Corbis:** Araldo de Luca (u). **38 Corbis:** Free Agents Limited (u). **41 Corbis:** The Gallery Collection (go). **42 Getty Images:** DEA/C. Sappa (u). **44 Corbis:** Tetra Images (u). **46 Corbis:** Werner Forman (u). **48 Corbis:** Francis G. Mayer (go). **49 Corbis:** Bernard Annebicque (u). **50 Corbis:** Bettmann (u). **54 Getty Images:** NASA/Handout (u). **55 Corbis:** Ron Sachs (goM). **56–57 Corbis:** Joe Cornish (l); Travel Ink (go). **60–79 Corbis:** Jonathan Blair (agol) (agor); **60 Corbis:** Wolfgang Kaehler (u). **DK Images:** Natural History Museum (o). **61 DK Images:** Natural History Museum, London: The Natural History Museum, London (Mo). **62 Getty Images:** The Bridgeman Art Library (Mu). **63 DK Images:** Natural History Museum (u). **Science Photo Library:** Javier Trueba/MSF/Science Photo Library (u). **64 Corbis:** Jacques Langevin (u); John Van Hasselt (go). **65 DK Images:** Natural History Museum (gor). **66 Corbis:** The Gallery Collection (Mro); Michael Amendolia (ur). **66–67 Getty Images:** Photolibrary (u). **67 DK Images:** American Museum of Natural History (Mu). **68 Corbis:** Barry Lewis (u). **DK Images:** Natural History Museum (u). **69 Corbis:** Ali Meyer (Mu); Pierre Colombel (go). **70–71 Corbis:** Pierre Vauthey. **72 Corbis:** Alfredo Dagli Orti (u). **73 Alamy Images:** Ozimages (u). **Getty Images:** Japanese School (Mo). **74 Corbis:** Adam Woolfitt (Mo). **Getty Images:** Travel Ink (u). **75 Corbis:** Cordaiy Photo Library Ltd. (ul). **Getty Images:** The Bridgeman Art Library (go). **76 Getty Images:** The Bridgeman Art Library (u). **77 Corbis:** Gianni Dagli Orti (ur). **Getty Images:** Nico Tondini (u). **78 Alamy Images:** INTERFOTO (u). **Corbis:** Charles & Josette Lenars (Mo). **79 Corbis:** Alfredo Dagli Orti (ul). **Getty Images:** The Bridgeman Art Library (gor). **80–81 Corbis:** Bob Krist (u); Kevin Schafer (u). **84–107 Corbis:** Ladislav Janicek (agol) (agor). **84 Corbis:** Bruno Morandi (u); Nik Wheeler (ul). **85 Corbis:** Gianni Dagli Orti (u). **Getty Images:** Middle Eastern (Mlo). **86 Corbis:** Gianni Dagli Orti (ul). **87 Corbis:** Burstein Collection (Mo); The Art Archive (u). **88 Corbis:** Gianni Dagli Orti (Mro) (ul). **89 Getty Images:** Jane Sweeney (u). **90 Corbis:** Middle Eastern (Mo). **90–91 Corbis:** Brooklyn Museum (u). **91 Getty Images:** Egyptian (gor). **92 Corbis:** Brooklyn Museum (uM); Werner Forman (u). **93 Corbis:** The Gallery Collection(goM). **iStockphoto.com:** Jan Rihak (u). **94–95 Getty Images:** Ary Diesendruck (M). **96 Corbis:** Atlantide Phototravel (ul). **97 Corbis:** Gianni Dagli Orti (Mo). **Getty Images:** Patrick Landmann (u). **98 Corbis:** Neil Beer (u). **99 Corbis:** Fridmar Damm (u); Sandro Vannini (uM). **100 Corbis:** Gail Mooney (u). **Getty Images:** Guy Vanderelst (go). **101 Corbis:** Jean-Pierre Lescourret (Mu); Wolfgang Kaehler (Mr). **102 Getty Images:** Robert Harding (Mu). **103 Corbis:** Luca Tettoni (ul); Paul Almasy (gor). **104 Alamy Images:** Liu Xiaoyang (go). **Corbis:** Christie's Images (u). **105 Alamy Images:** Liu Xiaoyang (u). **Corbis:** Asian Art & Archaeology, Inc. (Mo). **106 Corbis:** Charles & Josette Lenars (ul); Gianni Dagli Orti (u). **107 Corbis:** Danny Lehman (u); Gianni Dagli Orti (Mo). **108–109 Corbis:** Werner Forman (u). **Photolibrary:** CM Dixon (u). **112–157 Getty Images:** Image Source (agol) (agor). **112 Corbis:** Gianni Dagli Orti (go); Paul Almasy (u). **113 Alamy Images:** Visual Arts Library (London) (Mlo). **Getty Images:** DEA/W. BUSS (u). **114 Corbis:** Gianni Dagli Orti (Ml) (uM). **115 Corbis:** Paul Almasy (u). **116 Corbis:** John Heseltine (go). **Getty Images:** Marco Simoni (ur). **117 Alamy Images:** Rolf Richardson (u). **118 Corbis:** Wolfgang Kaehler (ur). **119 Corbis:** Hoberman Collection (Mo); José Fuste Raga (u). **120–121 Alamy Images:** nagelestock.com. **122 DK Images:** Hellenic Maritime Museum (ul). **Getty Images:** Greek (M). **123 Corbis:** Araldo de Luca (gor). **DK Images:** British Museum (ul). **124–125 Corbis:** Araldo de Luca (u). **125 Corbis:** Michele Falzone (gor). **126 Corbis:** Sandro Vannini (Mo). **iStockphoto.com:** David H. Seymour (u). **127 Corbis:** Christophe Boisvieux (u). **128 Corbis:** Fred de Noyelle (Mru). **Getty Images:** Glenn Beanland (u). **129 DK Images:** British Museum (Mo). **Getty Images:** Panoramic Images (u). **130–131 Corbis:** School of Giulio Romano (Mo). **131 Corbis:** Roger Wood (Mo). **132 The Bridgeman Art Library:** (u). **133 Corbis:** Hoberman Collection (Mo). **133 Corbis:** Bob Sacha (ur). **134 Corbis:** Sandro Vannini (ul). **135 Corbis:** Barney Burstein (gor); Karl-Heinz Haenel (u). **136 Getty Images:** Roman (Mo). **136–137 Getty Images:** Lee Frost (u). **137 Corbis:** image100 (u). **138 Corbis:** Hoberman Collection (Mo). **138–139 Corbis:** Araldo de Luca (u). **140 akg-images:** Tristan Lafranchis (u). **141 Corbis:** The Gallery Collection (go). **DK Images:** The Board of Trustees of the Armouries (uM). **142 Corbis:** Werner Forman (u). **iStockphoto.com:** Trudy Karl (go). **143 Getty Images:** Ary Scheffer (u); Time & Life Pictures (u). **144 Corbis:** Bettmann (u). **Getty Images:** AXEL SCHMIDT (Mru). **145 Alamy Images:** Danita Delimont (u). **Getty Images:** Hulton Archive (Mo). **146 Corbis:** Adam Woolfitt (go); Lindsay Hebberd (u). **147 Alamy Images:** (ul); Sherab (gor). **148 Corbis:** Philadelphia Museum of Art (Mo). **148–149 Getty Images:** Panoramic Images (u). **149 Getty Images:** Paleo-Christian (gor). **150 Corbis:** Asian Art & Archaeology, Inc (ur) **Frank Lukasseck (u). **151 Corbis:** Danny Lehman (u). **152 Corbis:** Royal Ontario Museum(Mo). **152–153 Getty Images:** Tom Bonaventure (u). **153 The Art Archive:** British Library (Mu). **154 Corbis:** Danny Lehman (u). **Getty Images:** Stephen Sharnoff (u). **155 Corbis:** Charles & Josette Lenars (Mo); Danny Lehman (u). **156 Corbis:** Danny Lehman (u). **157 Corbis:** Brooklyn Museum (u); Yann Arthus-Bertrand (gor). **158–159 Corbis:** Arthur Thévenart (u). **Getty Images:** French School (u). **162–213 Corbis:** Paul Almasy (agol) (agor). **162 Getty Images:** James Marshall (u). **163 Corbis:** Frank Lukasseck (u). **164 Corbis:** Asian Art & Archaeology, Inc (Mo); Burstein Collection (u). **165 Corbis:** David Sailors (ul). **166–167 Photolibrary:** View Stock. **168 DK Images:** British Museum (Mo). **168–169 Getty Images:** DEA/C. Sappa (u). **169 Alamy Images:** The London Art Archive (u). **170 Corbis:** Angelo Hornak (ur); Christie's Images (Mo). **171 Corbis:** Asian Art & Archaeology, Inc. (Mo); Christie's Images (u). **172–173 Corbis:** Christie's Images (u). **174–175 DK Images:** The Board of Trustees of the Armouries (u). **175 The Art Archive:** The Art Archive/British Library (gor). **176 Corbis:** Fridmar Damm (u). **177 Corbis:** Bohemian Nomad Picturemakers (ur); Philadelphia Museum of Art (ull). **178 Corbis:** Joson (Mo). **179 Corbis:** Luca Tettoni (Mo); Michael Freeman (u). **180 The Trustees of the British Museum:** The Trustees of the British Museum (uM). **Corbis:** Jim Zuckerman (go). **181 Corbis:** Roger Wood (u). **182 Corbis:** Arthur Thévenart (u). **183 Corbis:** The Gallery Collection (u). **Getty Images:** Bridgeman Art Library (Mu). **184 Corbis:** (go); Frédéric Soltan (Mu). **185 Corbis:** Sheldan Collins (u). **186 Corbis:** Remi Benali (Mru); Staffan Widstrand (u). **187 Corbis:** Great Enclosure (u); Paul Almasy (Mo). **188 Corbis:** Alfredo Dagli Orti (Mo). **DK Images:** British Museum (uM). **189 Alamy Images:** M. J. Mayo (gor). **Corbis:** Geoffrey Taunton; Cordaiy Photo Library Ltd. (u). **190 Corbis:** Gian Berto Vanni (u). **191 Corbis:** The Bridgeman Art Library (gor) (uM). **192 Corbis:** Alfredo Dagli Orti (Mro). **192–193 Getty Images:** Travel Ink (u). **Getty Images:** Eric Van Den Brulle (goM). **194 Getty Images:** David Lomax/Robert Harding (u). **195 Corbis:** English School (Mo); French School (u). **196 Getty Images:** Guy Vanderelst (u); Guy Vanderelst (go). **198 Corbis:** The Gallery Collection (ull). **199 Corbis:** Kevin Fleming (o). **200 Getty Images:** French School (gor). **201 Alamy Images:** Jeremy Pardoe (u); Hulton Archive (Mu). **202 Corbis:** Richard T. Nowitz (u); Vanni Archive (go). **203 Corbis:** Philip de Bay (Mo). **204 Corbis:** Keith Dannemiller (go); Paul Almasy (ur). **205 Corbis:** Bettmann (goM); Charles & Josette Lenars (u). **206 Corbis:** Werner Forman (gor). **DK Images:** British Museum (u). **207 Corbis:** George H.H. Huey (u); Werner Forman (Mo). **208 Corbis:** (uM). **209 Alamy Images:** Deco (u). **210–211 Getty Images:** David Madison (u). **212 Corbis:** Macduff Everton (Mo). **DK Images:** International Sailing Craft Association, Lowestoft (ur). **213 Corbis:** Kevin Schafer (u). **Getty Images:** The Bridgeman Art Library (Mo). **214–215 Corbis:** The Gallery Collection (u). **Getty Images:** The Bridgeman Art Library (go). **215–255 Getty Images:** Andreas Cellarius (agol) (agor). **218 Corbis:** Kimbell Art Museum (go). **Getty Images:** Keren Su (u). **219 DK Images:** British Museum (Mo). **220 Corbis:** Bettmann (Mo). **220–221 Corbis:** Brooklyn Museum (u). **221 Corbis:** Werner Forman (goM). **222 DK Images:** National Museum, New Delhi (u). **Getty Images:** Bishn Das (Mo). **223 DK Images:** National Museum, New Delhi (u). **Getty Images:** Travel Ink (u). **224–225 Corbis:** Steve Allen/Brand X. **226 Corbis:** The Gallery Collection (Mo). **Getty Images:** Islamic School (u). **227 Corbis:** Francesco Venturi (gor). **228 Corbis:** Tilman Billing (u). **229 Corbis:**

DANK

The Gallery Collection (gor). **Getty Images:** Persian School (uM). 230 **Getty Images:** Neil Fletcher & Matthew Ward (Mo). 230–231 **Getty Images:** (u). 231 **Getty Images:** (gor). 232 **Getty Images:** Dioscoro Teofilo de la Puebla Tolin (u); Macduff Everton (gor). 233 **Getty Images:** (Mo). 234 **Corbis:** Danny Lehman (u); Hoberman Collection (Mo). 235 **Getty Images:** Theodore de Bry (Mo). 236 **Getty Images:** Indian School (Mo). 236–237 **Alamy Images:** The London Art Archive (u). 237 **Corbis:** Dave Bartruff (gor). 238 **Corbis:** Bettmann (go); Michael Nicholson (uM). 239 **Corbis:** Alinari Archives (Mo); Arte & Immagini srl (u). 240–241 **Getty Images:** Juan Silva. 242 **Corbis:** James L. Amos (Mro) (u). 243 **Getty Images:** Hulton Archive (uM); The Art Archive (gor). 244 **Corbis:** Bettmann (Mo) (u). 245 **Corbis:** Michael Nicholson (uM). **Getty Images:** Ruprecht Heller (Mro). 246 **Corbis:** Arte & Immagini srl (ul). **Getty Images:** Max Alexander (gor). 247 **Alamy Images:** INTERFOTO (Mo). 248 **Getty Images:** Feodor Dietz (u). 249 **DK Images:** David Edge (Mo). **Getty Images:** Robert Walker (ur). 250 **Corbis:** Demetrio Carrasco (ul). 251 **Getty Images:** Hulton Archive (uM). 252 **Corbis:** Jacques Morell/Kipa (u). **Getty Images:** Hulton Archive (goM). 253 **Corbis:** Bettmann (gor). **DK Images:** Wilberforce House Museum, Hull (u). 254 **Corbis:** Stefano Bianchetti (Mo). **Getty Images:** The Bridgeman Art Library (u). 255 **Corbis:** Stapleton Collection (Mo). **Getty Images:** Fabrice Coffrini (ur). 256–257 **Getty Images:** Hulton Archive (u). 260–309 **Getty Images:** Chip Forelli (agol) (agor). 260 **Corbis:** Tony Savino (u); Will & Deni McIntyre (go). 261 **Corbis:** Bettmann (u). **Getty Images:** English School (Mo). 262 **Corbis:** Bettmann. 262–263 **Corbis:** Bettmann (u). 263 **Getty Images:** American School (gor). 265 **Corbis:** Bettmann (u); The Corcoran Gallery of Art (Mo). 266 **Corbis:** Francis G. Mayer (u). 267 **Corbis:** Bettmann (Mo). **DK Images:** US Army Heritage and Education Center – Military History Institute (ur). 268 **Corbis:** Bettmann (u); Christie's Images (Mo). 270 **Corbis:** Bettmann (ul); Gianni Dagli Orti (go). 271 **akg-images:** (Mo). **Getty Images:** French School (u). 272–273 **Corbis:** Danish School (u). 273 **Corbis:** The Gallery Collection (ur). **Getty Images:** French School (u). 274–275 **Getty Images:** Stefano Bianchetti (Mo). 276 **Corbis:** The Gallery Collection (Mro). 276–277 **Getty Images:** Nicolas Andre Monsiau (u). 277 **Corbis:** Elio Ciol (Mo). 278 **Corbis:** José Méndez (gor). **Getty Images:** Ernest Crofts (u). 279 **Corbis:** Stefano Bianchetti (go). 28 **akg-images:** (Mo). **Corbis:** Alfredo Dagli Orti (u). 281 **Corbis:** The Gallery Collection (Mo). 282 **akg-images:** Irmgard Wagner (Mu). **Getty Images:** Anton Alexander von Werner (u). 283 **Corbis:** Bettmann (Mo). 284 **Corbis:** Gianni Dagli Orti (u). 285 **Corbis:** Bettmann (ur); Historical Picture Archive(gor). 286 **Corbis:** Hulton-Deutsch Collection (u). **DK Images:** The Board of Trustees of the Armouries (goM). 287 **Corbis:** The State Hermitage Museum, St. Petersburg, Russia (uM). **Getty Images:** Vladimir Egorovic Makovsky (gor). 288 **Corbis:** Bettmann (Mo). 288–289 **Corbis:** Bettmann (u). 289 **Getty Images:** Bridgeman Art Library (gor). 290 **Corbis:** Austrian Archives (Mo); Bettmann (u). 291 **Getty Images:** Gerd Schnuerer (ur). 292 **Corbis:** Bettmann (Mo). **DK Images:** Darwin Collection, The Home of Charles Darwin, Down House (English Heritage) (Mu). 293 **Corbis:** Stefano Bianchetti (u). 294 **Alamy Images:** Rolf Richardson (uM). **Corbis:** Frédéric Soltan (go). 295 **Corbis:** (Mo). 296 **DK Images:** Judith Miller/Wallis and Wallis (uM). **Getty Images:** Hulton Archive (Mlo). 297 **Corbis:** Antony Joyce (u). **Getty Images:** Hulton Archive (Mo). 298 **Corbis:** Royal Ontario Museum (Mo). 299 **Getty Images:** Time & Life Pictures (gor). 300 **Corbis:** Bettmann (Mo). 300–301 **Corbis:** Asian Art & Archaeology, Inc (u). 301 **Corbis:** Underwood & Underwood (gor). 302 **Corbis:** Dave G. Houser (go); Hulton-Deutsch Collection (ul). 303 **Alamy Images:** Neil Setchfield (u). 305 **Corbis:** Bettmann (ul). **DK Images:** British Museum (gor). 306 **Corbis:** Marc Garanger (go). **Royal Geographical Society:** Royal Geographical Society (Mu). 307 **Getty Images:** English School (u). 308 **Alamy Images:** Mary Evans Picture Library (Mu). **Getty Images:** The Gallery Collection (Mro). 309 **DK Images:** Royal Green Jackets Museum, Winchester (u). **Getty Images:** General Photographic Agency (u). 310–311 **Getty Images:** Stocktrek Images (M); Sylvain Grandadam (u). 314–415 **Getty Images:** Alan Copson (agol) (agor). 314 **Getty Images:** Time Life Pictures (go) (Mu). 315 **Corbis:** CORBIS (u); Michael Nicholson (Mo). 316 **Corbis:** Michael St. Maur Sheil (Mo). 316–317 **Corbis:** Hulton-Deutsch Collection (u). 317 **DK Images:** Collection of Jean-Pierre Verney (u). 318 **Corbis:** CORBIS (Mlo). **DK Images:** Collection of Jean-Pierre Verney (uM). 319 **Getty Images:** Getty Images (Mu); Hulton Archive (u). 320 **Corbis:** Swim Ink (uM). **Getty Images:** Mansell (Mo). 321 **iStockphoto.com:** susandaniels (Mo). **Photolibrary:** Stapleton Historical Collection (u). 322–323 **Alamy Images:** D. Bayes/Lebrecht Music & Arts. 324 **Corbis:** Bettmann. 324–325 **Corbis:** Bettmann (u). 325 **Corbis:** Massimo Listri (gor). 326 **Corbis:** Bettmann (go) (Mr). 327 **Getty Images:** Olivier Renck (u). 328 **Corbis:** Underwood & Underwood (u). 329 **Getty Images:** Moor (Mo); Russian School (u). 330 **Alamy Images:** PjrFoto/studio (Mro). **Corbis:** Bettman (u). 331 **Corbis:** Bettmann (u). 332 **Corbis:** Stefano Bianchetti (u). 333 **Corbis:** epa (Mo); Hulton-Deutsch Collection (ur). 334–335 **Getty Images:** Topical Press Agency. 336 **Corbis:** Bettmann (u); Swim Ink (Mo). 337 **Corbis:** Bettmann (Mo). 338 **Corbis:** Bettmann (go). **Mary Evans Picture Library:** Mary Evans Picture Library (ul). 339 **Getty Images:** Keystone (u); Roger Viollet (Mo). 340 **Corbis:** Bettmann; Hulton-Deutsch Collection (u). 341 **Corbis:** Hulton-Deutsch Collection (u). 342 **Alamy Images:** akg-images (ul). **iStockphoto.com:** Robert Lemons (gor). 343 **DK Images:** Imperial War Museum, London (u). **Getty Images:** Thomas D. McAvoy. (gor). 344 **The Art Archive:** The Art Archive (Mro). 345 **Corbis:** David Lees (u). **Getty Images:** Hulton Archive (Mo). 346 **Corbis:** Bettmann (u). 347 **Getty Images:** Popperfoto(Mro). 348 **DK Images:** Imperial War Museum, London (Mo). 348–349 **Getty Images:** Time Life Pictures (u). 351 **Getty Images:** Popperfoto (u); Yevgeny Khaldei (gor). 352 **Getty Images:** National Archives (Mro); Pedro Ugarte (Mu). 352–353 **Getty Images:** Scott Barbour (u). 353 **Corbis:** (gor). 354 **Corbis:** Time & Life Pictures (ul). 355 **Corbis:** Joe Rosenthal (u). **Getty Images:** Hulton Archive (gor). 356 **Getty Images:** Hulton Archive (Mro). 356–357 **Corbis:** Bettmann (u). 357 **Corbis:** Bettmann (u). 358 **Corbis:** Yale Joel (Mu). **iStockphoto.com:** Ufuk Zivana (go). 359 **Corbis:** epa (u). 360 **Corbis:** Bettmann (Mro). **Getty Images:** AFP (u). 361 **Corbis:** Bettmann. 362 **Getty Images:** Christopher Furlong (u). 363 **Getty Images:** AFP (Mru). 364 **Corbis:** Maciej Noscinski (go). **Getty Images:** Sergei Guneyev (u). 365 **Getty Images:** Andre Durand (r). 366–367 **Getty Images:** Tom Stoddart Archive. 368 **Corbis:** Antoine Gyori (u). **Getty Images:** Gabriel Bouys (Mo). 369 **Corbis:** Vasily Fedosenko (Mro). 370 **Corbis:** Bettmann (u); Gregor Schuster (go). 371 **Corbis:** Bettmann (u). **Getty Images:** Michael Rougier (Mo). 372 **Corbis:** Rosa Parks Riding the Bus (u). 372–373 **Getty Images:** Bob Adelman (u). 373 **Corbis:** David J. & Janice L. Frent Collection (Mo). 374 **Corbis:** Bettmann (Mro). **Getty Images:** NASA (u). 375 **Corbis:** Bettmann (u). 376 **Getty Images:** Victor Rojas (gor). **Photolibrary:** Jose Francisco Ruiz (Mu). 377 **Corbis:** Claude Urraca/Sygma (u). **Getty Images:** Bob Sullivan (Mo). 378 **Corbis:** HO/Reuters (Mo); Reuters (u). 379 **Corbis:** Ken Cedeno (u). **Getty Images:** Robert Giroux (Mo). 380 **Corbis:** (Mru); Brian A. Vikander (u). 381 **Alamy Images:** Tibor Bognar (ur). **Getty Images:** Keystone (u). 382 **Getty Images:** Roger Viollet (Mo). 382–383 **Getty Images:** Paul Chesley (u). 383 **Getty Images:** Harry Dempster (gol). 384 **Corbis:** Jerry Cooke (u). 385 **Corbis:** Hulton-Deutsch Collection (gol). **Getty Images:** Ralph Morse (u). 386 **Getty Images:** Gabriel Duval (u). 387 **Corbis:** Rula Halawani (go). **Getty Images:** Cynthia Johnson (Mu). 388 **Corbis:** (gor); George Steinmetz (ul). 389 **Corbis:** Bettmann (u). 390 **Corbis:** Bettmann (u). **DK Images:** The Board of Trustees of the Armouries (Mlo). 391 **Corbis:** Peter Turnley (Mu). 392 **Corbis:** Bettmann (u) (Mro). 393 **Corbis:** Bettmann (gol); Joe Chan (u). 394 **Getty Images:** Hank Walker (Mlu). 395 **Corbis:** Bettmann (u); Nathan Benn (gor). 396 **Corbis:** Paul Hardy (u). **DK Images:** Sony Corporation, Japan (Mo). 397 **Corbis:** Moodboard (u). **Getty Images:** Central Press (Mu). 398 **Corbis:** Bishop Asare (Mo). 398–399 **Corbis:** David Turnley (u). 400 **Corbis:** David Turnley (u). 401 **Alamy Images:** INTERFOTO (Mu). **Corbis:** Gideon Mendel (go). 402–403 **Corbis:** David Brauchli. 404 **Corbis:** Peter Ginter (ur). **Getty Images:** 3D4Medical.com (u). 405 **Corbis:** Liba Taylor (u). **iStockphoto.com:** rocksunderwater (Mo). 406 **iStockphoto.com:** imagestock (Mro). 406–407 **Getty Images:** David Goddard (u). 407 **Getty Images:** Joe Raedle (goM). 408–409 **Getty Images:** Grant Faint (u). 409 **Corbis:** Matthias Kulka/zefa (u). 410 **Corbis:** Reuters (ul); Rick Friedman (Mo). 411 **Getty Images:** Lyle Owerko (u). 412 **Getty Images:** Robert Nickelsberg (u). 413 **Corbis:** Olivier Coret (gor); Sygma (ul). 414 **Corbis:** Arko Datta (Mo). 414–415 **Corbis:** Peter Turnley (u). 415 **Getty Images:** Nicholas Roberts (u). 416 **Corbis:** Massimo Listri (M).

Umschlagabbildungen:
Vorderseite: **Getty Images:** Tom Stoddart
Rückseite: **Dorling Kindersley:** Eddie Gerald

Nachweis der Zitate
S. 15: L. P. Hartley, The Go-Between. Aus dem Englischen von Maria Wolff. Edition Epoca, Zürich 2008.
S. 364: Boris Jelzin, Auf des Messers Schneide. Tagebuch des Präsidenten. Aus dem Russ. von Helmut Ettinger. Siedler Verlag, Berlin 1994.

Der Verlag hat sich bemüht, alle Rechteinhaber ausfindig zu machen. Eventuelle Auslassungen wird der Verlag bei entsprechendem Hinweis gerne in einer späteren Auflage korrigieren.

Alle anderen Abbildungen: © Dorling Kindersley
Weitere Informationen unter **www.dkimages.com**

Alle Themen auf einen Blick

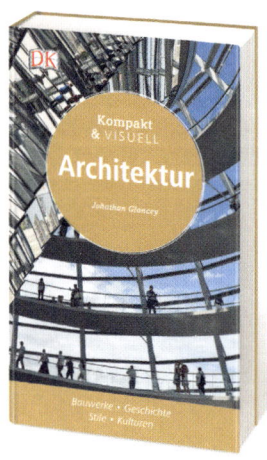

Kompakt & Visuell: Architektur
512 Seiten / 19,95 € [D], 20,60 € [A]
978-3-8310-3134-4

Kompakt & Visuell: Geschichte
432 Seiten / 19,95 € [D], 20,60 € [A]
978-3-8310-3135-1

Kompakt & Visuell: Kunst
512 Seiten / 19,95 € [D], 20,60 € [A]
978-3-8310-3137-5

Kompakt & Visuell: Mythologie
352 Seiten / 19,95 € [D], 20,60 € [A]
978-3-8310-3138-2